浙江省高职院校"十四五"重点教材

职业教育·道路运输类专业教材

隧道工程

（第2版）

薛廷河　主　编
张冰冰　副主编
姚爱军　主　审

人民交通出版社

北京

内 容 提 要

本书为浙江省高职院校"十四五"重点教材、职业教育道路运输类专业教材。全书共八章,主要包含总论、隧道建筑材料与结构构造、隧道衬砌设计基础、围岩分级与围岩压力、施工方法及钻爆作业、新奥法支护技术、复杂条件下的隧道施工、隧道养护与维修管理等内容。各章前后呼应、互相补充。

本书可作为高等职业教育路桥隧相关专业隧道工程类课程教材,也可供中等职业教育交通类专业师生培训学习,还可作为有关专业技术人员进一步提高隧道工程技术水平的参考读物。

本书配有教学课件,教师可通过加入职教路桥教学研讨群(QQ:927111427)获取。

图书在版编目(CIP)数据

隧道工程 / 薛廷河主编. — 2版. — 北京:人民交通出版社股份有限公司, 2025.1. — ISBN 978-7-114-19829-8

Ⅰ. U45

中国国家版本馆CIP数据核字第2024KY9989号

Suidao Gongcheng

书　　名:	隧道工程(第2版)
著 作 者:	薛廷河
责任编辑:	陈虹宇
责任校对:	龙　雪
责任印制:	张　凯
出版发行:	人民交通出版社
地　　址:	(100011)北京市朝阳区安定门外外馆斜街3号
网　　址:	http://www.ccpcl.com.cn
销售电话:	(010)85285911
总 经 销:	人民交通出版社发行部
经　　销:	各地新华书店
印　　刷:	北京印匠彩色印刷有限公司
开　　本:	787×1092　1/16
印　　张:	18.75
字　　数:	454千
版　　次:	2014年5月　第1版
	2025年1月　第2版
印　　次:	2025年1月　第2版　第1次印刷
书　　号:	ISBN 978-7-114-19829-8
定　　价:	55.00元

(有印刷、装订质量问题的图书,由本社负责调换)

第 2 版前言

党的二十大报告强调,要加快建设交通强国、数字中国。随着中国隧道建设事业的飞速发展,隧道养护的基础性作用和地位也越来越重要。面对日益庞大的养护市场,《中华人民共和国国民经济和社会发展第十四个五年规划和 2035 年远景目标纲要》明确提出了"推进科学养护决策,提升养护水平"的要求。《关于实施中国特色高水平高职学校和专业建设计划的意见》提出:到 2035 年,一批高职学校和专业群达到国际先进水平,引领职业教育实现现代化,为促进经济社会发展和提高国家竞争力提供优质人才资源支撑。其中打造高水平专业群的任务之一,即建设开放共享的专业群课程教学资源和实践教学基地,组建高水平、结构化教师教学创新团队,深化教材与教法改革,推动课堂革命。本教材顺应我国隧道建设与教育改革新形势,围绕新时代交通强国建设新内涵、新要求,立足"双高计划"建设标准,对第 1 版进行了相应修改和调整。

本版教材重点对第三章衬砌断面设计基础进行了大刀阔斧的修改。由设计案例引导,重新编排内容,在不大幅增加课程教学任务的前提下,使同学们轻松掌握隧道设计的基础知识。这是其他专科教材不具备的,也避免了本科教材因计算部分篇幅大而偏研究性思维。如此,本教材巧妙地结合设计案例实现了既适用于原来的专科生教学,也能满足正在到来的大量高职本科生的教学需求。此外,在相关新规范的指导下,编者对教材第八章隧道养护与维修管理进行了大幅度修改,大幅增加了维修养护管理的相关案例,结合近年来我国公路隧道养护维修与管理的最新成果,重点阐述了公路隧道各种典型病害的成因、发展规律,提出了针对性的养护方法和维修管理技术。

教材修订后有以下特色。

(1)采用最新标准规范。本书内容以公路山岭隧道钻爆法施工为主线,同时兼顾铁路山岭隧道。本次修订采用的新规范包括:《公路隧道设计规范 第一册 土建工程》(JTG 3370.1—2018)、《铁路隧道设计规范》(TB 10003—2016)、《公路隧道施工技术规范》(JTG/T 3660—2020)、《公路隧道养护技术规范》(JTG H12—2015)等。

(2)反映最新理论技术。自2000年以来,我国隧道工程建设取得了突飞猛进的发展,在设计理论、施工技术等诸多方面有了长足的进步,这些新的理论与技术发展亦应及时反映在教材中。基于此,本教材对一些专业知识进行补充和更新,另外也做了些必要的调整和删减,从而适应隧道工程建设对人才培养的要求。

(3)工学结合,数字资源丰富。本教材在编写过程中充分考虑技术技能型人才培养的特点和要求,以"工学结合、能力培养"为原则,构建符合专业需要的知识和能力结构,培养并提高学生学习和应用专业技术知识的能力。同时,结合信息化教学的任务需求,以二维码为媒介,将重要知识点的视频和动画等作为数字资源穿插在教材相应章节中,以帮助学习者快速理解和掌握重点内容。

本教材共八章七大模块,按64学时编写,授课教师可按课程标准要求酌情选用。本教材由浙江交通职业技术学院薛廷河担任主编,浙江交通职业技术学院张冰冰担任副主编。具体编写人员分工为:浙江交通职业技术学院薛廷河编写第一章、第二章、第四章、第五章、第六章、第七章、第八章第二节和第三节,浙江交通职业技术学院张冰冰编写第三章第一节、第三节和第四节,浙江交通职业技术学院钱银华编写第八章第一节,浙江交工集团股份有限公司陈军义编写第三章第二节。本教材由北京工业大学姚爱军教授主审。

本教材引用和参考了大量的专业文献资料,在此对其作者表示最诚挚的谢意。

鉴于编者水平有限,书中难免有错误和不完善之处,恳请各位授课教师和读者在使用过程中不吝批评指正。

编　者

2024年5月

第1版前言

按照《国家中长期教育改革和发展规划纲要(2010—2020年)》(以下简称《纲要》),要大力发展职业教育,到2020年,形成适应经济发展方式转变和产业结构调整要求、体现终身教育理念、中等和高等职业教育协调发展的现代职业教育体系,满足人民群众接受职业教育的需求,满足经济社会对高素质劳动者和技能型人才的需要。同时《纲要》强调,把提高质量作为重点,以服务为宗旨,以就业为导向,推进教育教学改革,实行工学结合、校企合作、顶岗实习的人才培养模式。

职业院校的一线教师,尤其要重视教育教学。在过去相当长的时间里,国内职业院校各专业大都在摸索中前行,要么脱胎于原来的中专模式,稍加改进;要么沿袭本科的学科体系教学模式,改改样子包装一下,变成了今天五花八门的职业教育教学模式。显然,这些都已无法适应现阶段新的世界经济形势下,中国职业教育进一步大发展的迫切要求。所以探讨如何完善和改进教学方法,打破旧的不适应职业教育规律的教学模式,就成为当务之急。但是,盲目和急躁只会使情况变得更糟,编者认为,建立一个全新的有活力的职业教育教学新模式或新方法,合理的课程改革思路是一切行动的出发点。

而课程改革的一个重点就是教材建设。虽然教学不能完全围着教材转,但无可否认的是,一本好的教材不仅为教师实施教学提供了好的素材,事实上也为同行业各校相同课程教学工作的开展提供了必要的范本。当前,国内高职高专类专业教材经过多年的建设有了明显的进步,但也存在两个极端的现象:一个是教材以至今仍在沿用的传统教材为主,理论性强,与生产实践密切相关的内容很少,造成高职层次的学生很难接受。出现这种现象,主要是由于我国职业教育课程开发没有完全摆脱学科体系,尤其高等职业教育课程多数还是本科课程的压缩,课程改革没有明显的进展。另一个刚好相反,教材几乎完全抛弃该课程应当涉及的专业基础知识,将一个个现场生产工艺流程堆在一起,不管前后逻辑关系,也违背了学生认知规律,实际效果不尽如人意。这是近几年出现的一些所谓新式教材,号称改革力度很大,实际走向了另一个极端。本教材正是在这一背景下,结合多年的教学实践和积累,并参考了国内一些相关的隧道课程类教材资料而编写完成。

本教材另一个重要特点是,每一章前面都设计了学习目标和思考与练习。尤其思考与练习中的课前思考既可用于指导学生课前预习,也可作为下次教师课堂教学中有针对性课堂提问的参考范围,以引导学生提前准备,再结合课堂讨论或练习,就能起到更好的教学效果。

全书共八章七大模块,按64学时编写,授课教师可按课程标准要求酌情选用。本书由浙江交通职业技术学院薛廷河担任主编。具体参加编写人员分工为:浙江交通职业技术学院薛廷河编写总论、第二章、第三章第一节、第四章、第五章、第六章、第七章第一节、第八章,浙江交通职业技术学院钱银华编写第三章第二节,浙江浙西高速公路管理有限公司李庆锡编写第七章第二节。

本教材由北京工业大学姚爱军教授主审。

本教材引用和参考了大量的专业文献资料,在此对其作者表示最诚挚的谢意。

编者水平有限,书中难免有错误和不完善之处,恳请各位授课教师和读者在使用过程中不吝批评指正。

编　者

2013年10月

资源索引页

序号	资源位置	资源名称	页码
1	第一章 第三节	1.1-新奥法洞身开挖方法及安全控制要点	4
2	第一章 第三节	1.2-软土隧道施工方法	4
3		1.3-沉管施工	4
4	第二章 第一节	2.1-隧道系统锚杆、超前锚杆及其区别	12
5	第二章 第一节	2.2-洞身衬砌类型	17
6	第三章 第一节	3.1-建筑限界	38
7	第四章 第一节	4.1-围岩工程性质	78
8	第四章 第三节	4.2-稳定性分级	85
9	第五章 第二节	5.1-全断面法与连拱隧道施工	101
10		5.2-单、双侧壁导坑开挖法	101
11	第五章 第三节	5.3-先拱后墙法	114
12	第五章 第四节	5.4-风动凿岩机钻眼	121
13		5.5-液压凿岩机钻眼	121
14		5.6-爆破材料	123
15		5.7-炮眼种类与炮眼布置	130
16		5.8-周边眼的控制爆破	130
17	第六章 第一节	6.1-锚杆的安设	155
18		6.2-喷射混凝土施工准备及施工质量控制要点	159

续上表

序号	资源位置	资源名称	页码
19	第六章 第二节	6.3-隧道防水施工前后准备	173
20	第七章 第一节	7.1-隧道地质超前预报	189
21	第七章 第二节	7.2-大管棚施工技术	197
22		7.3-洞外超前支护管棚质量控制要点	197
23	第八章 第一节	8.1-隧道养护等级	211
24	第八章 第二节	8.2-土建结构检查	215

资源使用说明：

1. 扫描封面二维码，注意每个码只可激活一次；

2. 长按弹出界面的二维码关注"交通教育出版"微信公众号并自动绑定资源；

3. 公众号弹出"购买成功"通知，点击"查看详情"，进入后即可查看资源；

4. 也可进入"交通教育出版"微信公众号，点击下方菜单"用户服务—图书增值"，选择已绑定的教材进行观看。

目录 >>>

第一章　总论 ·· 1
　第一节　隧道工程的基本概念 ·· 2
　第二节　隧道分类 ··· 2
　第三节　隧道施工方法 ··· 4
　第四节　隧道工程技术的发展历程 ·· 5

第二章　隧道建筑材料与结构构造 ··· 11
　第一节　隧道建筑材料及洞身衬砌结构 ····································· 12
　第二节　隧道洞门结构 ·· 24
　第三节　明洞结构 ·· 26
　第四节　附属设施构造 ·· 28
　第五节　通风设施构造 ·· 34

第三章　隧道衬砌设计基础 ·· 37
　第一节　隧道建筑限界及内轮廓设计 ·· 38
　第二节　初期支护结构体系 ·· 46
　第三节　衬砌结构设计 ·· 50
　第四节　设计示例 ·· 59

第四章　围岩分级与围岩压力 ··· 77
　第一节　围岩的概念与工程性质 ·· 78
　第二节　围岩的失稳破坏性态 ··· 83
　第三节　围岩的稳定性分级 ·· 85
　第四节　围岩压力 ·· 89

第五章　施工方法及钻爆作业 ··· 95
　第一节　概述 ··· 96

第二节　新奥地利隧道施工法(新奥法)……………………………………………101
　　第三节　传统的矿山法………………………………………………………………113
　　第四节　钻爆作业……………………………………………………………………116
第六章　新奥法支护技术……………………………………………………………………154
　　第一节　初期支护技术………………………………………………………………155
　　第二节　防排水措施…………………………………………………………………170
　　第三节　二次衬砌施工………………………………………………………………178
第七章　复杂条件下的隧道施工……………………………………………………………188
　　第一节　特殊地质地段隧道施工……………………………………………………189
　　第二节　超前支护与预加固围岩……………………………………………………195
第八章　隧道养护与维修管理………………………………………………………………203
　　第一节　概述…………………………………………………………………………204
　　第二节　土建结构的养护与检查……………………………………………………213
　　第三节　常见病害的防治措施………………………………………………………247
参考文献………………………………………………………………………………………288

第一章

总论

学习目标

(1) 了解中国公路及铁路隧道的发展历程及现状。
(2) 认识隧道工程的若干基本概念。
(3) 熟悉隧道的不同分类方法。

思考与练习

1. **课前思考**
(1) 三个基本概念：隧道、衬砌、导坑。
(2) 隧道按长度分为哪几类？
2. **课后练习**
(1) 隧道按施工方法分为哪几类？
(2) 隧道按用途分为哪几类？

第一节 隧道工程的基本概念

在隧道设计与施工中常用的概念很多,在后面各章会逐步接触到,这里仅简单介绍一些最基本的概念,以期帮助读者在后面各章学习过程中快速理解隧道工程中各项概念术语。

地下工程:指深入地面以下为开发利用地下空间资源所建造的地下土木工程,它包括地下交通设施(如地下停车场、地铁、隧道)、地下水利设施(如引水隧洞、排水隧洞)、地下能源与资源开发设施(如矿井、油气储存库、核废料处置场)、地下城市基础设施(如综合管廊、线缆沟)及其他地下用途的地下设施。

隧道:以任何方式修建,最终使用于地表以下的条形建筑物,其空洞内部净空断面在 $2m^2$ 以上者均为隧道。

导坑:也称导洞,是分部开挖隧道时,最先开挖的一个小断面坑道。矿山法施工的几种基本方案均应用导坑。矿山法中不同的施工方法,应用的导坑的部位不同,常用的有下导坑、上导坑和侧导坑三种。导坑的断面形状多采用梯形,以承受两侧地层的水平推力。在较坚硬和整体的地层中,可用矩形或弧形断面。导坑是独头的坑道,施工较困难,费用较高。因此,它的断面尺寸应尽可能小,但高度应满足装渣机翻斗的净空要求,也要考虑工人操作方便。

衬砌:为防止围岩变形或坍塌,沿隧道洞身周边用钢筋混凝土等材料修建的永久性支护结构称为衬砌。一般的衬砌结构应满足以下三点要求:

(1)内轮廓应能满足使用上的要求。
(2)形状和尺寸使结构受力状态最为合理。
(3)用料应适合施工和养护的要求。

洞门:为保持洞口上方及两侧路堑边坡的稳定,在隧道洞口修建的墙式构造物称为洞门。

附属建筑物:除了衬砌、洞门等主体建筑物外,隧道中还需设置附属建筑物,包括避车洞、防水及排水设备、通风系统、电力及通信设备等。

隧道施工技术:主要研究各种隧道施工方法所需的技术方案和措施,隧道穿越特殊地质和不良地质地段时的施工手段,隧道施工过程中的通风、防尘、防有害气体及照明,风、水、电作业的方式和围岩变化的测量监控方法等。

隧道施工管理:主要解决施工组织设计(含施工方案选择、施工场地布置、施工技术措施、施工进度控制、材料供应、劳动力和机具安排等)和施工中的技术管理、计划管理、质量管理、经济管理、安全管理等。

第二节 隧 道 分 类

隧道种类很多,从不同的角度有不同的分类。按隧道所处地质条件不同,可分为土层隧道和岩石隧道;按埋置深度不同,可分为浅埋隧道和深埋隧道;按隧道所处位置不同,可分为越岭隧道、沿河隧道和城市隧道等;按施工方法不同,可分为明挖隧道和暗挖隧道;按长度不同,可分为特长隧道、长隧道、中长隧道和短隧道。铁路隧道和公路隧道有不同的长度划分标准,见表1-1。

隧道按长度分类　　　　　　　　表1-1

隧道分类	特长隧道	长隧道	中长隧道	短隧道
铁路隧道$L(m)$	$L > 10000$	$3000 < L \leq 10000$	$500 < L \leq 3000$	$L \leq 500$
公路隧道$L(m)$	$L > 3000$	$1000 < L \leq 3000$	$500 < L \leq 1000$	$L \leq 500$

按用途不同,隧道可分为交通隧道、水工隧道、市政隧道、矿山隧道。

1. 交通隧道

这是隧道中数量最多的一种,它们的作用是提供运输通道。交通隧道还可进一步分为:

(1)铁路隧道。我国山地、丘陵、高原等山区面积约占全国面积的2/3,铁路穿越这些地区时,由于坡度和弯道半径的限制,需要修建隧道以克服高程或平面障碍。它既可使线路顺直、缩短,避免许多无谓的展线;又可以减小坡度,使运营条件得以改善,从而提高牵引定数。

(2)公路隧道。公路的限制坡度和限制最小曲线半径要求都不如铁路严格,过去在山区修建公路时为降低工程造价,常常不修建费用昂贵的隧道,而多以绕行通过,因此过去公路隧道数量不多。但是高速公路要求线路顺直、平缓、路面宽敞,于是在穿越山区时,也常采用隧道方案。此外,在城市附近,为避免平面交叉,利于高速行车,也常采用隧道方式通过。

(3)水底隧道。当交通线需要横跨河道时,一般可以架桥或使用轮渡通过。但是河道通航需要较高的净空,桥梁两端的引道需占用宝贵的城市用地或修建结构复杂的长引桥,若采用水底隧道,既不影响河道通航,也避免了风暴天气轮渡中断的情况。

(4)地铁隧道。地铁隧道是解决大城市交通拥挤、车辆堵塞等问题,并能快速运送大量乘客的一种城市交通设施。它可以使很大一部分地面客流转入地下,可以高速行车,且可缩短车次间隔时间,节省乘客的乘车时间,便利乘客的活动。在战时,地铁隧道还可以起到人防作用。

(5)航运隧道。当运河需要越过分水岭时,克服高程障碍成为十分困难的问题,一般需要绕行很长的距离。如果修建航运隧道,把分水岭两边的河道沟通起来,可以缩短航程,航船可迅速而顺直地驶过,大大改善航运条件。

(6)人行地道。城市闹市区行人众多,而且与车辆混行。在横跨十字路口处,即使有指示灯和人行横道线,机动车也不得不频频减速,甚至要停车避让。为了提高交通运送能力以及减少交通事故,除架设街心高架桥以外,也可以修建人行地道和地下立交车道。这样可以缓解地面交通的压力,也大大减少了交通事故。

2. 水工隧道

水工隧道(也称为隧洞)是水利枢纽的一个重要组成部分,按用途又可分为如下几种:

(1)引水隧道。引水隧道是将水引入水电站的发电机组,产生动力资源的通道。

(2)尾水隧道。尾水隧道是发电机组的排水通道。

(3)导流隧道或泄洪隧道。导流隧道或泄洪隧道是疏导水流或水库容量超限后泄洪的通道。

(4)排沙隧道。排沙隧道是用来冲刷水库中淤积的泥沙,把泥沙裹带出水库的通道。有时也用来放空水库里的水,以进行库身检查或建筑物修理。

3. 市政隧道

市政隧道是城市中为安置各种不同市政设施而修建的地下孔道。许多城市利用地下空间,把市政设施安置在地下,既不占用地面面积,又不扰乱高空位置和影响市容。市政隧道按用途可进一步分为:

(1)给水隧道。城市自来水管网遍布市区,利用地下孔道来容纳安置这些管道,既不占用地面,也可避免其遭受人为破坏。

(2)污水隧道。城市污水需要引入污水处理厂进行集中处理,但有时仍有部分污水需要排放到城市以外,这就需要地下的排污隧道。

(3)管路隧道。城市供应煤气、暖气、热水等的管道,一般都安置在地下的管路隧道,经过防漏及保温措施处理后,再把这些能源送到居民家中。

(4)线路隧道。城市中,输送电力的电缆以及通信电缆都安置在地下孔道中,这样既可以保证其不被人们的地面活动损伤或破坏,又避免其悬挂在高空,有碍市容。这些地下孔道大多沿着街道两侧敷设。

也有将以上四种隧道合建成一个大隧道的做法,称之为"共同沟"。

(5)人防隧道。为了战时防空,城市中需建造人防工程。人防工程除应设有排水、通风、照明和通信设备以外,在洞口处还需设置各种防爆装置,以阻止冲击波的侵入。同时,要做到多口联通、互相贯穿,在紧急时刻可以随时找到出口。

4. 矿山隧道

在矿山开采中,常设一些隧道(也称为巷道),从山体以外通向地下矿体。矿山隧道包括:

(1)运输巷道。运输巷道是矿车与行人的主要通道,用于人员、矿物、材料、设备的运输,包括车场(矿车调运)中的各种巷道、石门(穿越岩层的巷道)、运输巷(顺岩层巷道)、材料巷等。

(2)通风巷道。所有地下巷道都需要有风流,用于输送新鲜空气,排除有害气体和废气,调节温度。矿山井下有时还根据风流要求,设置专门的通风巷,以保证风量和风压,使有害气体不会进入危险区,不让新鲜风流与回风流混合。

(3)专用设备、材料巷道。如机车库、炸药库、变电所、水泵房等,这类巷道又称洞室。

(4)其他巷道。如水仓(存放地下水的巷道)、联络巷道、人行巷道等。

第三节　隧道施工方法

微课1.1
新奥法洞身
开挖方法
及安全控制要点

微课1.2
软土隧道
施工方法

微课1.3
沉管施工

隧道施工方法是隧道开挖、支护与测量方法及施工管理的总称。

具体隧道施工方法的选取需要根据隧道所处位置的工程地质和水文地质,并结合隧道的断面尺寸、长度、衬砌类型,以及隧道使用功能、施工设备与施工技术水平等因素,综合考虑后决定。目前,可供选择的隧道施工方法如图1-1所示。

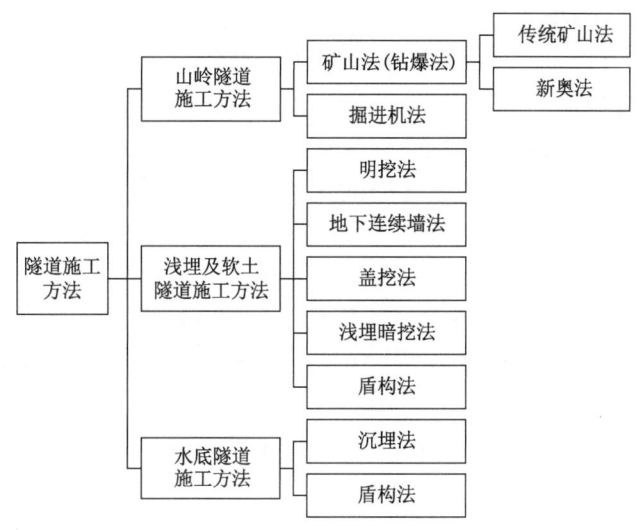

图1-1 隧道施工方法

不同的岩性条件对各种开挖方法有特定的适用性,见表1-2。

各种开挖方法对岩性条件的适用性　　　　表1-2

岩性等级	岩石类别	重度(kN/m³)	内摩擦角(°)	开挖方法				
Ⅵ	松土	15~16	9~27	人工开挖	—	—	—	盾构加单臂掘进机、拼装衬砌
Ⅴ	普通土	15~18	30~40		—	—	—	
Ⅳ	硬土	18~20	56~60		—	宜用单臂掘进机	—	
Ⅲ	软岩	22~26	65~70	—	宜用钻爆法		可用全断面隧道掘进机	—
Ⅱ	次坚岩	24~28	70~80	—		—		—
Ⅰ	坚硬岩	25~30	80~87	—		—		—

第四节　隧道工程技术的发展历程

一、国外隧道工程的发展

早在远古年代,人类的祖先就已经会利用天然洞穴作为栖身之所了,并且逐步会在平原地区挖掘类似天然洞穴的窑洞来居住。公元前2180—前2160年,在古巴比伦城幼发拉底河下修筑的人行隧道,是迄今已知的最早用于交通的隧道,该隧道为砖砌构造物,长190m,是奴隶在极危险的作业条件下完成的。在公元元年前后的古罗马时代，人们利用棚架支护和卷扬提升方法，开挖了数量较多的军用隧道和水工隧道，开挖方法是火烧开挖面，烧热后急速泼冷水使岩石开裂。

现代隧道开挖技术是在火药发明和19世纪的工业革命后出现的，尤其是铁路的出现对隧道建造起到了很大的推动作用。第一座铁路隧道于1826—1830年建设在英国利物浦至曼彻斯特的铁路线上，全长1190m。火药的改进和钻眼工具的出现，促使隧道的修建技术有了显著的提高，其中影响较大的是1898年建成的穿越了阿尔卑斯山的辛普朗隧道。在该座隧道中，第一次应用了TNT炸药和凿岩机。1857—1871年，连接法国和意大利的仙尼斯山隧道建成，长12850m；日本于1971年在新干线上修建的大清水隧道全长22230m；意大利于1989年修建的辛普伦隧道长达19700m；2016年建成运营的新圣哥达隧道，全长57.1km，是目前世界上最长的铁路山岭隧道。

除了山区的铁路隧道以外，国外又发展修建了一些在城市附近跨越河海的水底隧道。美国修建了宾夕法尼亚东河水底隧道，长7190m；日本修建了新关门隧道，长达18675m，1988年又建成了本州青森至北海道函馆间的青函海底隧道，长达53850m，海底部分就有23300m，是目前世界上最长的水底隧道。此外，比较著名的还有1994年建成通车的英法海峡隧道，长50.50km。

欧洲运输量急剧增长，迫切需要扩大公路网，因而随之出现了不少著名的公路隧道。如跨越法国和意大利边境的勃朗峰隧道，长11.7km；奥地利的阿尔贝格公路隧道，长14.0km；瑞士的圣哥达公路隧道，长16.3km。

二、国内隧道工程的发展

（一）新中国成立以前隧道工程的历史

我国先秦时期的古籍《左传》中，曾有"隧而相见"的记载，说明当时已经有通道式的隧道了。三国时期的"官渡之战"中，曹操采用挖掘地道的方式进攻袁绍。封建时期各个朝代的帝王陵寝均修在地下，如河北满城的汉代王陵、唐代的帝王墓都是依山为陵，明代的定陵壮丽堂皇，成为游览胜地。17世纪初宋应星所著的《天工开物》是我国有关地下工程方面最早的书籍，它详细记载了竖井采煤法。最早用于交通的隧道为"石门"隧道，位于今陕西省汉中市褒谷口内，建于东汉明帝永华九年。

第一座铁路隧道是清朝在台湾修建的狮球岭隧道，建造时间为1887—1891年，轨距1067mm，长261.4m，最大埋深61m，位于台北—基隆线上。1903年在滨州建成兴安岭隧道，按双线断面施工，铺设单线，长3077m，是我国第一座长度超过3km的铁路隧道。

1908年，詹天佑主持修建的京张铁路，是我国自行设计、施工的第一条铁路，在关沟段建有4座隧道，总延长1645m，其中最长的八达岭隧道（1091m），是我国自主修建的第一座越岭铁路隧道。1939年为增建滨绥二线修建的杜草隧道，长3840m。

民国时期，我国共建铁路隧道427座，总长度达113.881km。这一时期隧道大部分分布在东北地区的线路上。这些隧道的兴建培养造就了一批中国自己的隧道建设人才和专家，为日后中国大规模的隧道建设事业创造了条件和积蓄了力量。

(二)新中国成立以来隧道工程的发展和成就

1. 铁路隧道

新中国成立后,我国开展了大规模的铁路建设,在川陕云贵等省山岭地带修建了大量隧道,如著名的大瑶山隧道、秦岭隧道等。截至2023年底,中国铁路营业里程达到15.9万km,其中,投入运营的铁路隧道18573座,总长23508km。截至2023年底,中国已投入运营的高速铁路总长超过4.5万km,共建成高速铁路隧道4561座,总长7735km,其中,长度大于10km的特长隧道115座,长约1471km。青藏铁路西宁—格尔木段二线工程中的新关角隧道,全长32.645km,是世界高海拔长隧道的代表,于2014年底建成通车。大理—瑞丽铁路上的高黎贡山隧道长34.54km,是我国最长的在建铁路隧道。表1-3是我国改革开放以来建成的部分有代表性的铁路山岭隧道汇总。

我国部分已建成的铁路长大隧道　　　　表1-3

隧道名称	线路名称	长度(m)	车道数×洞口数	竣工年份	备注
松山湖隧道	莞惠城际铁路	38813	1×2	2017	国内已运营的最长铁路隧道
新关角隧道	青藏铁路西格段二线	32645	1×2	2014	世界高海拔长隧道
西秦岭隧道	兰渝铁路	28238	1×2	2014	两台TBM和钻爆法施工
太行山隧道	石太客专	27848	1×2	2007	—
中天山隧道	南疆铁路	22452	1×2	2015	TBM和钻爆法施工,四高一富地质区
南吕梁山隧道	中南部铁路通道	21632	1×2	2014	穿越高瓦斯煤系地层
乌鞘岭隧道	兰新铁路	20050	1×2	2006	国内单线长度第一,纵向射流
秦岭隧道Ⅰ线/Ⅱ线	西康铁路	18456	1×2	2000/2003	国内单线长度第二,纵向射流
大瑶山隧道	京广铁路	14295	2×1	1987	国内双线长度第一
大别山隧道	合武客专	13254	2×1	2008	—

2. 公路隧道

与发达国家相比,我国的公路隧道建设起步较晚。20世纪80年代前,仅个别公路设有一些短隧道。

改革开放以来,随着国民经济的迅速发展,全国性高等级公路路网开始形成。由于其线形技术指标较高,当其进入山区或重丘区时,不可避免地需要采用隧道来穿山越岭。截至1999年底,我国建成公路隧道1217座,总延伸里程406.7km,其中采用新奥法施工的近60%。

进入21世纪,我国公路特长隧道发展迅速,公路隧道长度以每年单洞300km的速度递增。截至2019年,我国公路特长隧道数量增长至1175座,公路特长隧道长度达到521.75万m。2019年我国公路长隧道数量达到4784座,同比2018年增加469座,隧道总长度为826.31万m,同比2018年增加84.13万m。截至2023年底,公路隧道数量达到27297座。目前,我国已运营的最长公路隧道为秦岭终南山隧道(18.02km,钻爆法施工);在建的最长公路隧道为新疆天山胜利隧道(22.13km,钻爆法施工);最长的盾构法水下公路隧道是上海长江隧道,全长8.95km;新近运营的港珠澳大桥水下沉管隧道,全长6.7km,最大覆水深度44m,是迄今世界上最长的海底沉管隧道。

现已建成的我国主要陆地特长公路隧道如表1-4所示,主要水下公路隧道如表1-5所示,修建技术难度更高的大跨度公路隧道如表1-6所示。

我国主要陆地特长公路隧道　　　　　　　　　　　　表1-4

序号	隧道名称	长度(m)	位置	车道数×洞口数	通风方式
1	秦岭终南山公路隧道	18020	陕西	2×2	3竖井分段送排式纵向通风
2	米仓山隧道	13800	四川	2×2	中部通风竖井深435m
3	大坪里隧道	12290	甘肃	2×2	2竖井分段纵向式
4	包家山隧道	11500	陕西	2×2	3斜井分段纵向式
5	宝塔山隧道	10391	山西	2×2	竖斜井送排式纵向通风
6	泥巴山隧道	9985	四川	2×2	斜井+竖井分段纵向式
7	麻崖子隧道	9000	甘肃	2×2	斜竖井送排+射流风机纵向式
8	龙潭隧道	8700	湖北	2×2	立坑送排+射流风机纵向式
9	米溪梁隧道	7923	陕西	2×2	左(右)洞单井送排式通风
10	括苍山隧道	7930	浙江	2×2	纵向式+半横流式(排烟)

我国主要水下公路隧道　　　　　　　　　　　　表1-5

序号	隧道名称	长度(m)	位置	车道数×洞口数	通风方式
1	太湖隧道	10790	江苏	3×2	半横向式通风+纵向通风
2	上海长江隧道	8955	上海	3×2	横向式
3	胶州湾隧道	7800	山东	3×2	半横向式通风+纵向通风
4	海沧隧道	7100	福建	3×2	半横向式通风+纵向通风
5	港珠澳大桥海底隧道	6700	广东、香港、澳门	3×2	半横向式通风+纵向通风
6	厦门翔安隧道	5960	福建	3×2	竖井送排+射流风机纵向式
7	外环越江隧道	2882	上海	4×2	纵向式
8	上中路隧道	2800	上海	2×2	横向式(双层双向)
9	复兴东路隧道	2785	上海	3×2	横向式(双层双向)
10	南京玄武湖隧道	2660	江苏	3×2	射流风机诱导型纵向式
11	珠江隧道	1238	广东	3+3	纵向式(公路、铁道并用)

我国主要大跨度公路隧道　　　　　　　　　　　　表1-6

序号	隧道名称	长度(m)	位置	车道数×洞口数
1	白鹤嘴隧道	1240	重庆	4×2
2	龙头山隧道	1020	广东	4×2
3	万石山隧道	1170	福建	3×2
4	大阁山隧道	496	贵州	4×1

续上表

序号	隧道名称	长度(m)	位置	车道数×洞口数
5	金州隧道	521	辽宁	4×1
6	雅宝隧道	260	广东	4×2
7	金鸡山隧道	200	福建	4×2（连拱）
8	罗汉山隧道	300	福建	4×2（连拱）
9	魁岐隧道	1596.1	福建	6×2（1号）、8×2（2号）

下面对几个有代表性的隧道工程作重点说明：

（1）秦岭终南山公路隧道。秦岭终南山公路隧道长18.02km，位于国家高速公路网包头—茂名线陕西境内，是世界第二长的山岭高速公路隧道，最大埋深超过1700m，于2007年1月试通车，如图1-2所示。

图1-2　秦岭终南山公路隧道

为通风与防灾，采取竖井分段送排式纵向通风方式，设置三座换风竖井及地下机房，竖井直径为11.5m，井深661m。通风主要按照正常运营和火灾工况下需风量设计。交通量按2025年交通量$N=25849$辆/d，2035年交通量$N=45000$辆/d设计。如图1-3所示。

为了降低驾驶员长时间在隧道内驾驶的疲劳，每座隧道洞内共设三处特殊照明带，每处特殊照明带长150m，宽20.9m（隧道标准宽为10.5m），高11.9m（隧道标准高为7.6m），如图1-4所示。

图1-3　秦岭终南山公路隧道主要构成示意图

图1-4　秦岭终南山公路隧道照明效果图

(2)厦门翔安隧道。厦门翔安隧道是我国第一座钻爆法开挖的六车道海底公路隧道,工程中遇到大量软弱地层和风化槽(囊),采取了超前预注浆加固、CRD(交叉中隔壁法)、双侧壁导坑等多种工法,取得了良好效果,如图1-5所示。隧道长5960m,为通风与防灾,采取竖井送排式纵向通风方式,在浅海区域设置两座换风竖井。厦门翔安隧道洞口段施工如图1-6所示。

a)注浆前掌子面呈泥塑状、不稳定

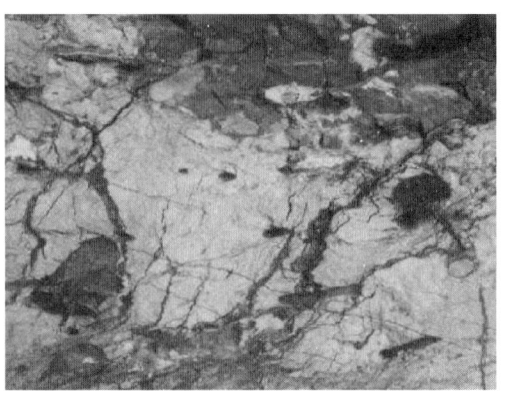
b)注浆后掌子面干燥稳定

图1-5 厦门翔安隧道软弱地层施工段注浆前后对比

图1-6 厦门翔安隧道洞口段施工

(3)海太长江隧道。海太长江隧道号称"万里长江第一隧",连接苏州、南通两地,是苏北、苏南、上海融合发展及长三角一体化发展的重要公铁通道,国家发展和改革委员会印发的《长江干线过江通道布局规划(2020—2035年)》中确定的"十四五"时期重点建设的公铁两用过江通道项目。项目全长39.07km,其中过江隧道长11.185km,北接线长15.724km,南接线长12.161km。海太长江隧道具有"长、大、高、深"的特点,全线采用双向六车道高速公路标准建设,设置互通式立交5处、服务区1处。过江隧道采用盾构法施工,隧道内径14.6m、外径16.0m,是国内距离最长、断面最大的水下盾构隧道。项目于2022年底前开工建设,建设总工期六年。

第二章
隧道建筑材料与结构构造

学习目标

(1)认识锚杆、喷射混凝土等建筑材料。
(2)熟悉洞身衬砌类型。
(3)熟悉洞门、明洞结构形式。

思考与练习

1. 课前思考

(1)喷射混凝土与锚杆各有什么作用?
(2)全长黏结式锚杆与端头锚固式锚杆有何不同之处?
(3)直墙式支护结构与曲墙式支护结构有何区别?(提示:重点考虑几何特征和受力特点)
(4)装配式衬砌有何特点?
(5)锚喷支护与复合衬砌之间有何关系?

2. 课堂讨论或练习

(1)图2-8~图2-11显示几种不同隧道复合衬砌的构造,阐述它们的共同点并进一步说明其不同之处。
(2)明洞与一般隧道的主要区别在哪里?

3. 课后练习

(1)隧道洞门有哪几种常见形式？阐述各自的适用条件。

(2)简述隧道洞门的作用。

(3)锚杆按其对围岩加固的区域分为哪几种？

(4)锚杆按其在岩体中的锚固形式分为哪几种？

(5)分析说明常见洞身支护结构各自的优缺点或适用条件。

第一节　隧道建筑材料及洞身衬砌结构

一、隧道建筑材料

隧道建筑材料应具有足够的强度和耐久性，在某些环境中，还必须具有抗冻、抗渗和抗侵害性。同时应充分考虑降低造价、就地取材、施工便利等因素。

微课2.1
隧道系统锚杆、超前锚杆及其区别

1. 喷射混凝土

喷射混凝土是以压缩空气为动力，将掺有速凝剂的混凝土混合料与水混合成浆状，喷射到坑道的岩壁上凝结而成的。

喷射混凝土的混合材料：强度等级不低于32.5级的普通硅酸盐水泥，粒径不大于输送管半径的卵石或碎石，不含土质或杂物的河砂，少量的速凝剂。

喷射混凝土的喷射方式有干喷、湿喷和潮喷三种。

(1)干喷——将掺有速凝剂的混凝土混合料输送到喷头处与高压水混合。

(2)湿喷——将水和混凝土混合料搅拌充分使其在喷头处与速凝剂混合，然后喷出。

(3)潮喷——将混凝土混合料预加水成潮湿状，再在喷头处与高压水混合。

在一些大断面隧道工程中，由于混凝土喷射量大，机械化程度高，也有采用混合喷射工艺，亦即分次投料混合喷射的。

喷射混凝土的作用与效果见表2-1。

喷射混凝土的作用与效果　　　　　　　　　　　　　　表2-1

喷射混凝土的作用与效果	概念图
支承围岩作用。喷层能与围岩密贴和黏结，并给围岩表面以抗力和剪力，从而使围岩处于三向受力的有利状态，防止围岩强度恶化	
"卸载"作用。喷层的柔性能有控制地使围岩在不出现有害变形的前提下达到一定程度的塑性，从而使围岩"卸载"；同时，喷层的柔性也能使喷层中的弯曲应力减小，有利于混凝土承载力的发挥	承载圈

续上表

喷射混凝土的作用与效果	概念图
填平补强围岩。喷射混凝土可射入围岩张开的裂隙,填充表面凹穴,使裂隙分割的岩块层面粘连在一起,保持岩块间的咬合、镶嵌作用,提高其间的黏结力、摩阻力,有利于防止围岩松动,并避免或缓和围岩应力集中	
覆盖围岩作用。喷层直接粘贴在岩面,形成防风化和止水的防护层,并阻止节理裂隙中充填物流失	
阻止围岩松动。喷层是紧跟开挖、及时进行支护的,早期强度较高,因而能及时向围岩提供抗力,阻止围岩松动	
分配外力。通过喷层把外力传给锚杆、网架等,使支护结构受力均匀	

2. 锚杆

锚杆是一种插入围岩岩体内的杆形构件,利用杆端锚头的膨胀作用,或利用灌浆黏结,把锚杆固定在岩体内,使之增加岩体的密实程度,补强抗剪能力,起到组合、悬吊及挤压的作用,从而提高围岩的自稳能力,如图2-1所示。

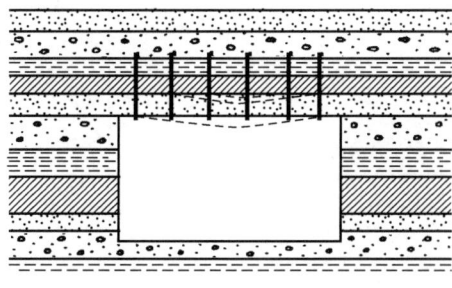

图2-1 锚杆加固围岩示意图

图 2-2 是一种螺纹钢式树脂锚杆，由杆体、锚盘、球形垫圈、摩擦垫圈、螺母、阻尼塞组成。锚固剂是它的配套产品。

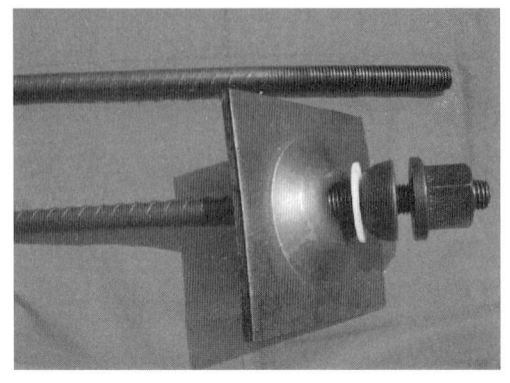
a)左旋无纵肋树脂锚杆

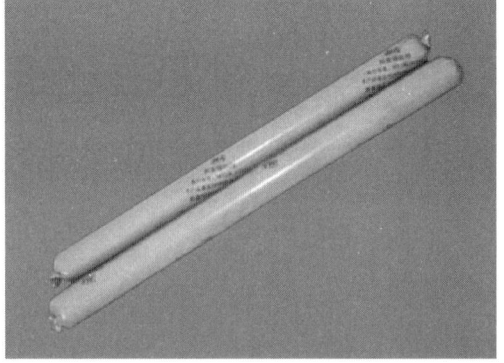
b)锚固剂——左、右旋锚杆配套产品

图 2-2　无纵肋螺纹钢式树脂锚杆

（1）锚杆的作用与效果（表 2-2）。

锚杆的作用与效果　　　　　　　　　　　　　　表 2-2

锚杆的作用与效果	概念图
支承围岩。锚杆能限制约束围岩变形，并向围岩施加压力，从而使处于二向应力状态的洞室内表面附近的围岩保持三向应力状态，因而能防止围岩强度恶化	
加固围岩。系统锚杆的加固作用，使围岩尤其是松动区的节理裂隙、破裂面等得以联结，因而增大了锚固区围岩的强度。锚杆对加固节理发育的岩体和围岩松动区是十分有效的，有助于裂隙岩体和松动区形成整体"加固带"	
提高层间摩阻力，形成"组合梁"。对于水平或缓倾斜的层状围岩，用锚杆群能把数层岩层连在一起，增大层间摩阻力，从结构力学观点来看，就形成"组合梁"	
"悬吊"作用。为防止围岩局部的掉落或滑落，用锚杆将局部失稳的岩体同稳定围岩联结起来从而使其加固	

是否采用锚杆，要看是否具备能够发挥锚杆效果的围岩条件。这些条件是：

① 锚杆和围岩间要有适当的锚固力。

②在不连续性围岩中锚杆要横切不连续面设置。

③在连续性围岩中,在设置锚杆的范围内,围岩位移差要大。

不满足以上条件,采用锚杆的效果是比较小的,甚至没有效果。例如以下条件:

①在含水的黏性土中,锚固材料和围岩间产生滑动,锚固力有时不充分。

②松砂等因围岩的强度小,也不能获得锚固力,但如对围岩进行改良,也有可能使锚杆产生效果。

③塑性区域超过锚杆设置范围的场合,但此时可加长锚杆长度。

④围岩破坏,在产生的滑面内设置锚杆的场合。

⑤在不连续性围岩中,锚杆没有横切不连续面的场合。

锚杆支护设计应根据隧道围岩条件、隧道断面尺寸、作用部位、施工条件等合理选择锚杆设计参数。

(2)锚杆种类。

①按其对围岩加固的区域可分为系统锚杆、局部锚杆和超前锚杆三种。

a. 系统锚杆——系统锚杆强调的是联合作用,即群锚效应;

b. 局部锚杆——局部锚杆强调的是对围岩的局部加固作用;

c. 超前锚杆——超前锚杆强调的是支护的超前性。

②按其施工工艺可分为普通砂浆锚杆、中空注浆锚杆、组合中空锚杆和自进式锚杆。

③按其作用原理可分为全长黏结式锚杆、端头锚固式锚杆和摩擦式锚杆三种。

全长黏结式锚杆采用水泥砂浆或树脂等胶结材料作为锚固剂。全长黏结式锚杆不仅有助于锚杆的抗剪和抗拉以及防腐蚀作用,而且具有较强的长期锚固能力,能更有效地约束围岩松弛变形。此外,全长黏结式锚杆安装简便,在无特殊要求的各类地下工程中,可大量用于初期支护和永久支护。在隧道工程中,全长黏结式锚杆常作为系统锚杆和超前锚杆使用。

端头锚固式锚杆,利用内、外锚头的锚固来限制围岩变形松动。端头锚固式锚杆安装容易,工艺简单,安装后即可起到支护作用,并能对围岩施加预应力。但其杆体易腐蚀,锚头易松动,影响长期锚固力,一般用于硬岩地下工程中的临时加固。隧道工程中,端头锚固式锚杆一般只用作局部锚杆。

摩擦式锚杆,因其锚固作用的耐久性不好,故不适合作为永久支护,而只作为临时支护使用,隧道工程中很少采用。

混合式锚固锚杆,是端头锚固式锚杆与全长黏结式锚杆的结合。它既具有全长黏结式锚杆的优点,又可以施加预应力,以增强对岩体变形的约束能力。但其安装施工较复杂,一般只用于对大型地下洞室围岩、大坝坝体、高边坡土体等大体积、大范围工程结构物的加固。国外有采用大型射钉锚杆的,主要用于土体边坡的加固。

自稳时间短的围岩,宜采用全黏结树脂锚杆或早强水泥砂浆锚杆。软岩、收敛变形较大的围岩地段,可采用预应力锚杆,预应力锚杆的预加应力不小于100kPa。预应力锚杆的锚固端必须锚固在稳定岩层内。岩体破碎、成孔困难的围岩,宜采用自进式锚杆。

用于永久支护的锚杆应为全长黏结式锚杆或预应力注浆锚杆。其他类型的锚杆不能作为永久支护,当需作为永久支护时,锚孔内必须注满砂浆或树脂。

3. 其他材料

(1)钢拱架。

钢拱架因其整体刚度和强度均较大,对围岩松弛变形的限制作用更强,可及时阻止有害松动,也可以承受已发生的松弛荷载,保证坑道稳定与安全,还可以作为超前支护的反支点。钢拱架有花钢拱架和型钢拱架两种结构形式,见图2-3。

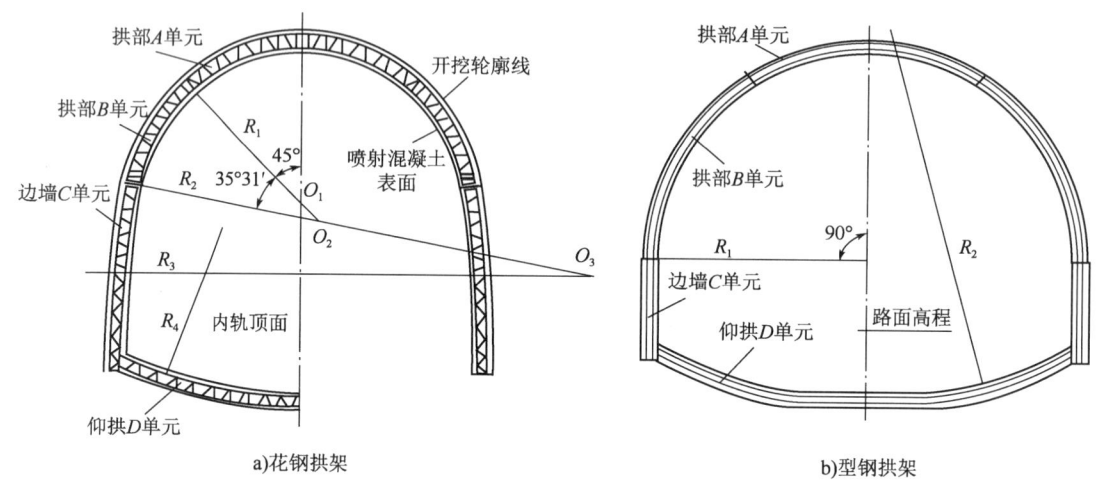

a)花钢拱架 b)型钢拱架

图2-3 钢拱架

花钢拱架(或称为格栅钢架)是采用螺纹钢筋焊接而成的拱形钢桁架。花钢拱架一般在工厂加工、现场拼装。花钢拱架与混凝土及其他材料有更好的相融性,因此其在现代隧道工程中广泛用作初期支护。

型钢拱架是采用型钢(工字钢、钢管、U型钢)弯制而成的拱形钢架。型钢拱架一般在工厂加工、现场拼装。型钢拱架的表面积较小,与混凝土及其他材料的相融性较差,因此其一般只在现代隧道工程中工程抢险和塌方处理时作为临时支撑使用。

钢拱架的截面高度一般为100~200mm。当隧道断面较大或围岩压力很大时,钢拱架的截面高度可取200~250mm;当隧道断面很大,围岩压力也很大时,钢拱架的截面高度可取250~300mm。

(2)钢筋混凝土。

隧道施工时,在暗挖地段可以采用现浇钢筋混凝土。暗挖地段就地绑扎钢筋比较困难,通常不采用整体就地浇筑钢筋混凝土。但地震区的公路隧道、明洞、偏压隧道、通过断层破碎带及淤泥和流砂等地质不良地段的隧道,则均须采用钢筋混凝土衬砌。

目前,许多高速公路隧道复合式衬砌中的内衬(二次衬砌)一般采用钢筋混凝土,所以钢筋混凝土在隧道衬砌支护中的使用率非常高。

(3)片石混凝土。

为了节省水泥,在岩层较好地段的边墙衬砌,可采用片石混凝土(片石的掺量不应超过总体积的20%)。此外,当起拱线以上1m以外部位有超挖时,其超挖部分也可用片石混凝土进行回填。石料的抗压强度不应低于30MPa,为保证质量,严禁使用风化片石。

(4)料石或混凝土预制块。

料石或混凝土预制块,用强度等级不低于M10的水泥砂浆砌筑衬砌。

优点:能就地取材,大量节约水泥和模板,可保证衬砌厚度并能较早地承受荷载。

缺点:整体性和防水性差,施工进度慢,要求砌筑技术高。

4. 隧道建筑材料选用

(1)隧道工程常用的各类建筑材料,可选用下列强度等级:

①混凝土:C50、C40、C30、C25、C20。

②石材:MU100、MU80、MU60、MU50、MU40。

③水泥砂浆:M20、M15、M10。

④喷射混凝土:C30、C25、C20。

⑤混凝土砌块:MU30、MU20。

⑥钢筋:HPB300、HRB400、HRB500。

(2)建筑材料的选用,应符合下列规定:

①应符合结构强度和耐久性的要求,同时满足抗冻、抗渗和抗侵蚀的要求。

②当有侵蚀性水作用时,所用混凝土和水泥砂浆均应采用具有抗侵蚀性能的特种水泥和集料配制,其抗侵蚀性能的要求,视水的侵蚀特征确定。

③最冷月平均气温低于-15℃的地区及受冻害影响的隧道,混凝土强度等级应适当提高。

(3)混凝土和砌体所用的材料除应符合国家有关标准规定外,还应符合下列要求:

①混凝土不应使用碱活性集料。

②钢筋混凝土构件中,钢筋的技术条件应符合现行国家标准《钢筋混凝土用钢 第2部分:热轧带肋钢筋》(GB 1499.2)与《钢筋混凝土用钢 第1部分:热轧光圆钢筋》(GB 1499.1)的规定。

③片石强度等级不应低于MU40,块石强度等级不应低于MU60,条石、料石强度等级不应低于MU80,混凝土砌块强度等级不应低于MU20,不应采用有裂缝和易风化的石材。

④片石混凝土内片石掺量不得超过总体积的20%。

二、洞身衬砌结构

为了保持围岩稳定,确保施工与运营安全,隧道开挖后,应进行必要的衬砌支护。公路隧道衬砌,根据隧道围岩等级、施工条件和使用要求可分别采用锚喷支护、整体式衬砌、复合式衬砌。高速公路、一级公路、二级公路的隧道应采用复合式衬砌。三级及三级以下公路隧道,在Ⅰ、Ⅱ、Ⅲ级围岩条件下,除洞口段外可采用喷锚衬砌;隧道洞口段、Ⅳ~Ⅵ级围岩洞身段应采用复合式衬砌或整体式衬砌。此外,应用盾构法施工的隧道一般采用装配式衬砌。

微课2.2
洞身衬砌类型

(一)喷锚衬砌

喷锚衬砌是锚杆、喷射混凝土、钢筋网、钢拱架等单独或组合使用的支护结构。最简单的喷锚衬砌由两部分组成:喷射混凝土支护层和锚杆。

喷锚衬砌常用的材料有喷射混凝土(有时加钢筋网或钢纤维)、锚杆和钢拱架三种,可根据地质条件和结构条件的变化组合使用。组合使用时,各部分的比例应根据各自的适应性和实际需要选择和调整,见图2-4、图2-5。喷锚衬砌是初期支护最基本的结构形式,也是在常规条件下的隧道工程中使用最多的工程措施。因此,人们也常将喷锚衬砌称为常规支护。

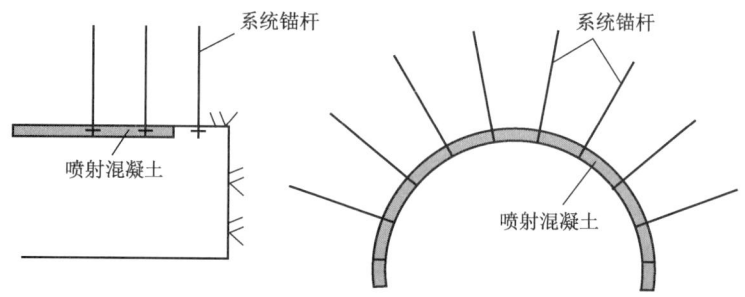

图2-4 喷锚衬砌(系统锚杆+喷射混凝土)

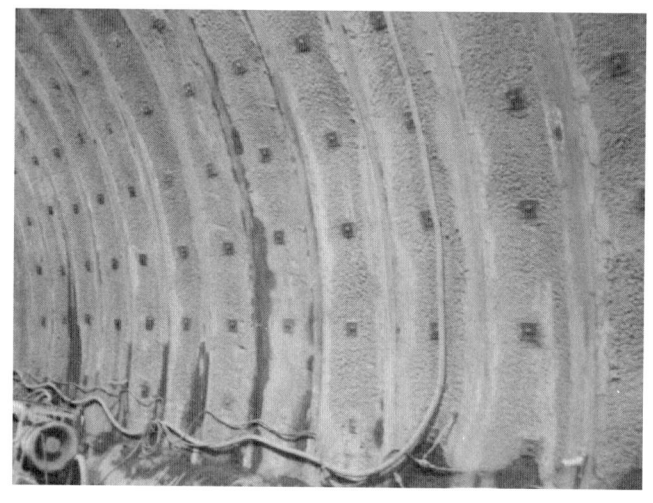

图2-5 某隧道现场喷锚衬砌效果

喷锚衬砌的喷射混凝土厚度不应小于50mm。大面积淋水地段、膨胀性地层、能造成衬砌腐蚀的地段、最冷月平均气温低于-5℃的地区或有冻害的地段,不宜采用喷锚衬砌。

(二)就地模筑混凝土整体式衬砌

整体式衬砌是在坑道内竖立模板、拱架,然后浇筑混凝土而成的。

优点:对不同地质条件适应性强,易于按需成型,且适合多种施工方法。

1. 直墙式衬砌

直墙式衬砌适用于地质条件比较好的Ⅱ、Ⅲ级围岩,如图2-6所示。采用先做拱圈后做边墙的先拱后墙法施工时,常常做成大拱脚。这种大拱脚薄边墙衬砌适合于地质条件极好、整体岩体坚固的情况,这时围岩没有水平侧压力或侧压力很小。

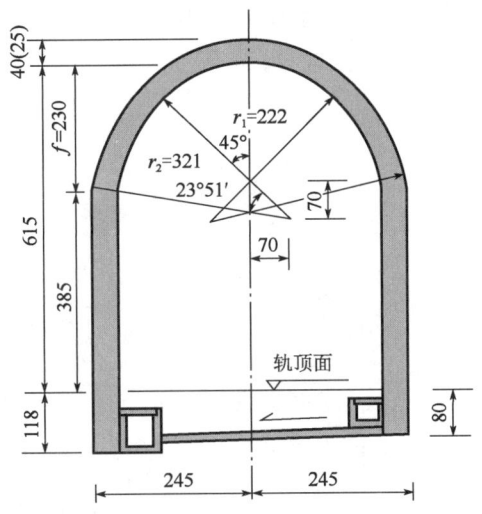

图 2-6　直墙式衬砌（尺寸单位：cm）

直墙式衬砌由以下三部分构成：

(1)上部拱圈。

(2)两侧竖直边墙。

(3)下部铺底。

上部拱圈以大小不等的半径分别做成三段圆形弧线，正中约90°范围内用较小的半径，两边用较大的半径，总体看来其矢跨比较大。早年为了施工方便，上部拱圈多采用半圆形。但有不少拱圈出现内缘开裂现象，为改善结构受力状况，后改为尖拱。

拱圈是等厚的，所以外弧的半径是各自增加了一个拱圈厚度的尺寸。由于它们是同心圆弧，所以内外半径的圆心是重合的。两侧边墙是与拱圈等厚的竖直墙，与拱圈平齐衔接。因洞内一侧设有排水沟，所以有水沟一侧的边墙要深一些。

如侧压力不大，为了节省圬工，也可简化边墙，改为石砌边墙，或采用混凝土柱或边墙、连拱式边墙（统称花边墙）。

2. 曲墙式衬砌

曲墙式衬砌适用于地质条件比较差的Ⅲ～Ⅴ级围岩，岩体松散破碎，强度不高，有地下水，侧向水平压力大的情况，如图2-7所示。

曲墙式衬砌也由三部分构成：

(1)顶部拱圈。

(2)侧面曲边墙。

(3)底部仰拱。

曲墙式衬砌顶部拱圈的内轮廓与直墙式衬砌的一样，但拱圈截面厚度是变化的，拱顶处薄而拱脚处厚。因此，不但拱部的外弧与内弧的半径不同，而且它们各自的圆心位置也是相互不重合的。侧墙内轮廓是一段圆弧，半径较大；侧墙外轮廓上段也是一个圆弧，但半径更大，其下段变为直线形，稍稍向内偏斜。

对于Ⅲ～Ⅳ级围岩，在无地下水、基础不产生沉陷、无上鼓力的情况下，可以不设仰拱，只设底板。对于Ⅳ～Ⅴ级围岩，在有地下水、可能会产生基础下沉的情况下，则必须设置仰拱，且曲墙底面应予加宽(厚度),以抵抗上鼓力,防止结构整体下沉。仰拱是用另一个半径做出的弧段。在Ⅴ~Ⅵ级围岩,且有地下水时,竖向压力和水平压力都很大,上鼓力较大时,则衬砌宜设成近圆形(蛋形)或圆形断面。

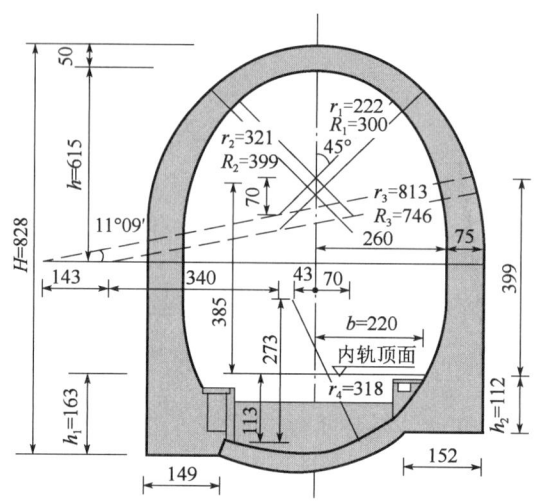

图2-7 曲墙式衬砌(尺寸单位:cm)

（三）复合式衬砌

1. 复合式衬砌的构造

复合式衬砌是一种多层支护结构形式,在不同的时间先后施作,所以也有人称它为"双层衬砌"。实际上,加上中间的防水层,复合式衬砌是一种三层结构,如图2-8~图2-11所示。

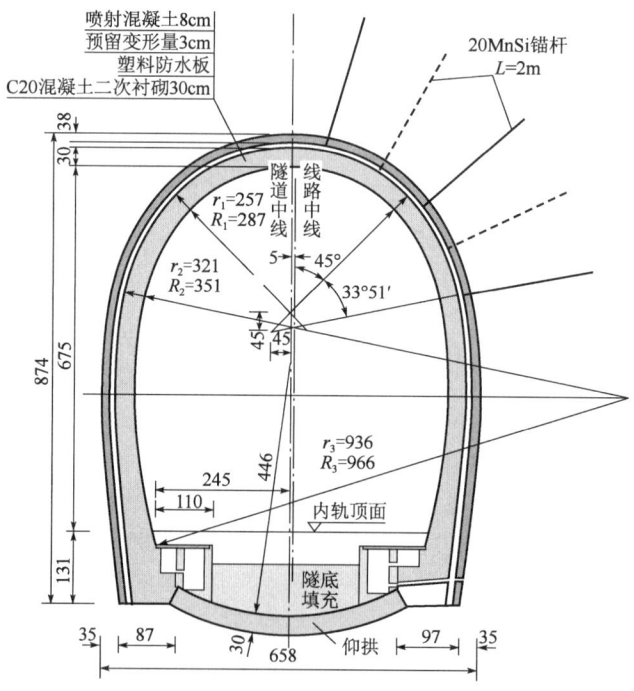

图2-8 复合式衬砌(铁路单线,尺寸单位:cm)

第二章 ▶ 隧道建筑材料与结构构造

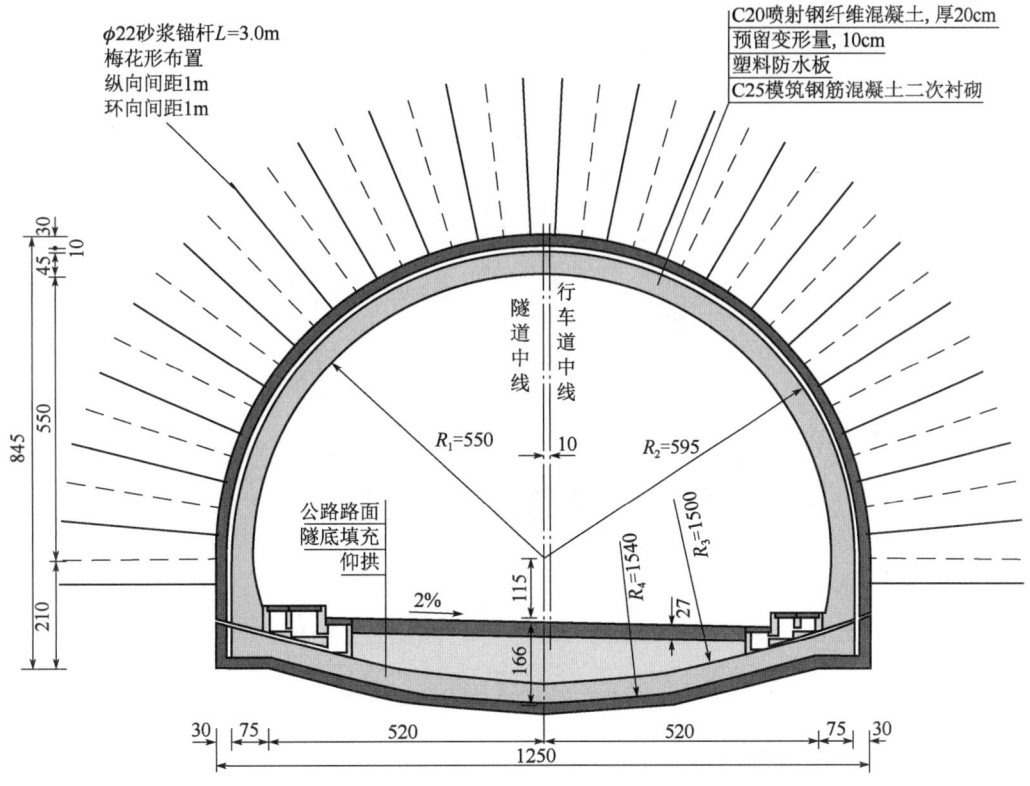

图 2-9 复合式衬砌（公路双车道，尺寸单位：cm）

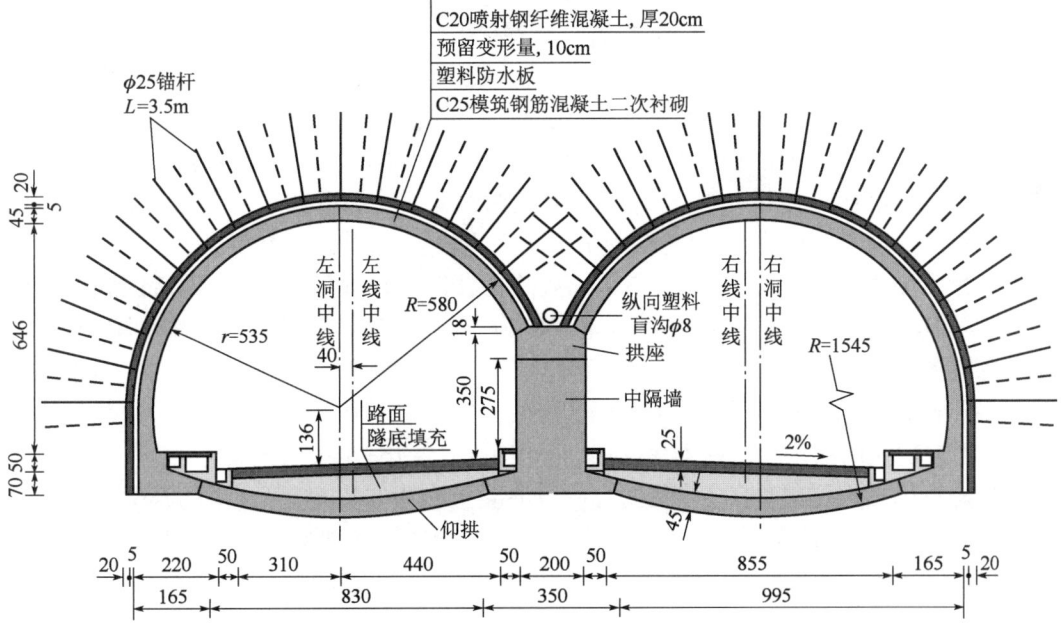

图 2-10 复合式衬砌（多线连拱，尺寸单位：cm）

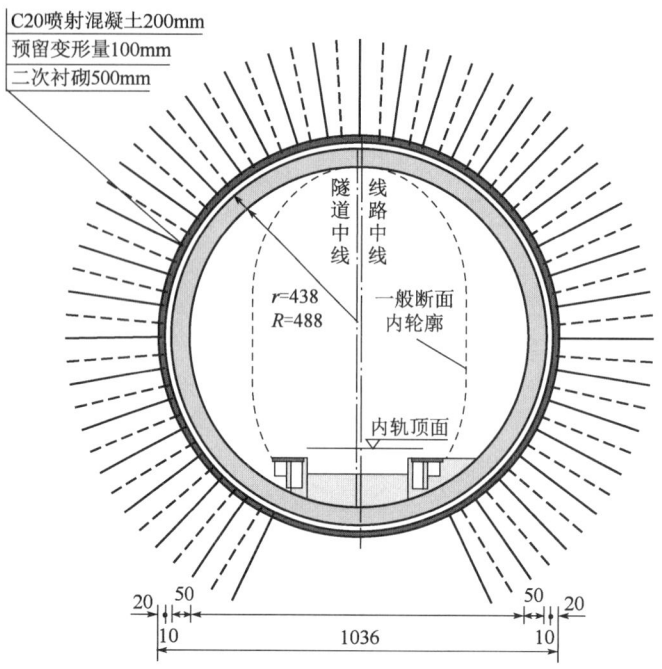

图 2-11 复合式衬砌(铁路单线,圆形断面,尺寸单位:cm)

复合式衬砌由三部分组成：

(1)外衬(亦称初期支护)。

(2)内衬(内层衬砌的简称,亦称二次衬砌)。

(3)防水层(内外层衬砌之间的结构隔离层)。

复合式衬砌对不同地层条件的适应性很强,而且其形状(弧度)简单,二次衬砌厚度变化较少(多为30～50cm等厚),自20世纪90年代起,在各类隧道工程中广泛使用。

初期支护是现代隧道工程中帮助围岩获得稳定的基本手段。由于复合式衬砌主要是采用喷射混凝土和锚杆作为基本组合形式,并通过调整初期支护参数来适应围岩级别以及围岩松弛范围和松弛程度变化的,所以初期支护层次变化较多,施作工艺较复杂。

二次衬砌主要作为安全储备,用于承受后期围岩压力。隧道投入使用后的服务年限很长,要能够承受后期围岩压力,降低洞内空气阻力,满足洞内功能性构造要求和美观要求,保证隧道在服务过程中的稳定性和耐久性,因此现代隧道工程中一般均设计有二次衬砌。二次衬砌有多种材料和构造形式,但以就地模筑混凝土或钢筋混凝土为主,也有采用装配式钢筋混凝土作为二次衬砌的。二次衬砌多采用等厚度截面,变化较少,构造较简单。

复合式衬砌是指锚喷作为初期支护,模筑混凝土作为二次衬砌(两层间根据需要可设置防水层)的一种永久性承载结构。通过工程类比、理论计算和现场监控量测来确定支护衬砌设计参数和二次衬砌施作时间,达到既利用、加固围岩,又充分发挥围岩承载能力的目的。

2. 复合式衬砌的特点

(1)复合式衬砌将整个人工支护结构分解为"初期支护"和"二次衬砌"两大部分,各部分分别起到不同的作用,两部分分别参与支护体系并与围岩共同工作,但其直接目的又各有侧重。因此,复合式衬砌比较符合隧道——地下工程结构体系的力学变化过程和变化规律。

(2)复合式衬砌主要靠初期支护来维护围岩稳定和安全,并通过调整初期支护参数来适应地质条件变化,即适应不同的围岩级别以及围岩松弛范围和松弛程度变化。这种适应性既能充分调动并利用围岩自我承载、自我稳定的能力,又可以充分发挥支护结构的承载能力和支护材料的力学性能。

(3)复合式衬砌中的二次衬砌主要作为安全储备而设置,一般要求在施作初期支护并获得稳定后,再施作二次衬砌,并借用防水层作为结构隔离层,使得二次衬砌的受力状态得以改善。但在必要时,还可以提前施作二次衬砌,以调用其承载能力,保障安全。

(4)与传统的同等厚度的模筑混凝土单层衬砌相比,复合式衬砌的受力状态更好,承载能力更高。有研究资料显示,在Ⅳ~Ⅴ级围岩的隧道中,采用锚喷作为"初期支护"、模筑混凝土作为"二次衬砌"的复合式衬砌,与单层衬砌相比,工程投资可减少5%~10%,极限承载能力可提高20%~30%。

(5)与传统的整体式衬砌相比,复合式衬砌尤其是初期支护的构造及施工工艺复杂,这使保证施工质量具有一定难度。

(四)装配式衬砌

装配式衬砌是将若干工厂或现场预先制备的构件,运入坑道内,用机械将它们一环接着一环拼接而成。

国外早在19世纪就已开始试用这种衬砌。我国在宝兰铁路线上曾试用过拱部半圆形的装配式衬砌,在黔桂铁路线上试用过"T"字形镶嵌式装配式衬砌,目前在地下铁道工程中采用较多。随着装配式衬砌技术的不断改进和完善,其将具有较好的应用前景。

(1)装配式衬砌具有下列特点:
①一经装配成环,不需养生时间,即可承受围岩压力。
②预制的构件可以在工厂成批生产,在洞内可以机械化拼装,从而改善了劳动条件。
③现场使用,不需要临时支撑,如拱架、模板等,从而节省了大量的支撑材料及劳力。
④拼装速度因机械化而提高,缩短了工期,还有可能降低造价。
⑤整体性较差,受力状态不太好,尤其是接缝多,防水性能较差,必须单独加设有效的防水层,在富水地层中应用时需要有较多的支持措施。
⑥需要坑道内有足够的拼装空间。
⑦制备构件尺寸要求有一定的精度。
(2)装配式衬砌的构造要求:
①组装后必须具有良好的整体性,能立即承受荷载,并具有足够的强度和耐久性。
②管片形状简单,尺寸统一,便于工厂预制。
③管片类型少、规格少、配件少,大小和质量合适,便于机械拼装。
④必须加设有效的防水层及排水设施。

第二节 隧道洞门结构

一、洞门的作用

隧道两端洞口处应设置洞门,其作用为:

(1)减少洞口土石方开挖量。洞口段范围内的路堑是依照地形与地质条件而开挖的,当隧道埋深较大时,开挖量就很大。设置隧道洞门,可同时起到挡土墙的作用,减少土石方开挖量。

(2)稳定边坡。由于边坡上的岩体不断受到风化,坡面松石容易滚落入隧道口。设置洞门就可以减少引线路堑的边坡高度,缩小正面仰坡的坡面长度,从而使边坡、仰坡得以稳定。

(3)引离地表流水。地表流水往往汇集到洞口,如不予以排除,将会侵及线路,妨碍行车安全。修建洞门,可以把流水引入侧沟,保证了洞口的正常干燥状态。

(4)装饰洞口。洞口是隧道唯一的外露部分,尤其在城市附近的隧道,应当配合城市的美化,予以艺术处理。

二、洞门的形式

1. 洞口环框

洞口环框不承载,起加固洞口和减少雨后洞口滴水的作用,用作简单装饰。

适用条件:洞口石质坚硬而稳定的Ⅰ级围岩,地形陡峻而又无排水要求。

环框微向后倾,其倾斜度与顶上的仰坡一致。环框的宽度与洞口外观相匹配,一般不小于70cm,突出仰坡坡面不少于30cm。图2-12为洞口环框示意图,图2-13为一隧道洞口环框的工程实例图。

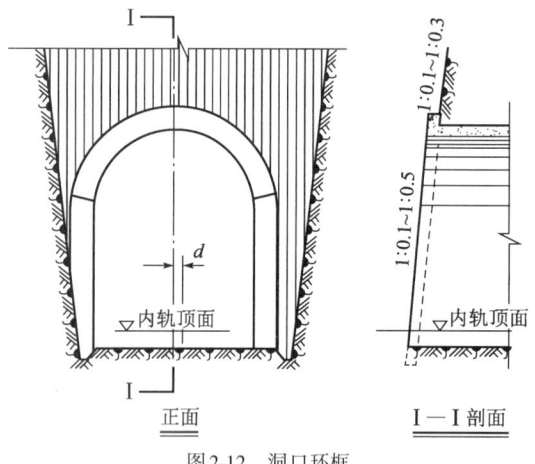

图2-12 洞口环框

图2-13 洞口环框工程实例图

2. 端墙式洞门

在隧道口正面设置一堵能抵抗山体纵向推力的端墙,不但起挡土墙的作用,而且能支持洞口正面上的仰坡,并将仰坡流下来的地面水汇集到排水沟中去。

该洞门适用于地形开阔、岩质基本稳定的Ⅰ~Ⅲ级围岩地区。端墙的构造一般是采用等厚的直墙,墙身微向后倾斜,斜度为1:0.1。这样受到的土压力比竖直墙小,而且对端墙的倾覆稳定有好处。如图2-14所示。

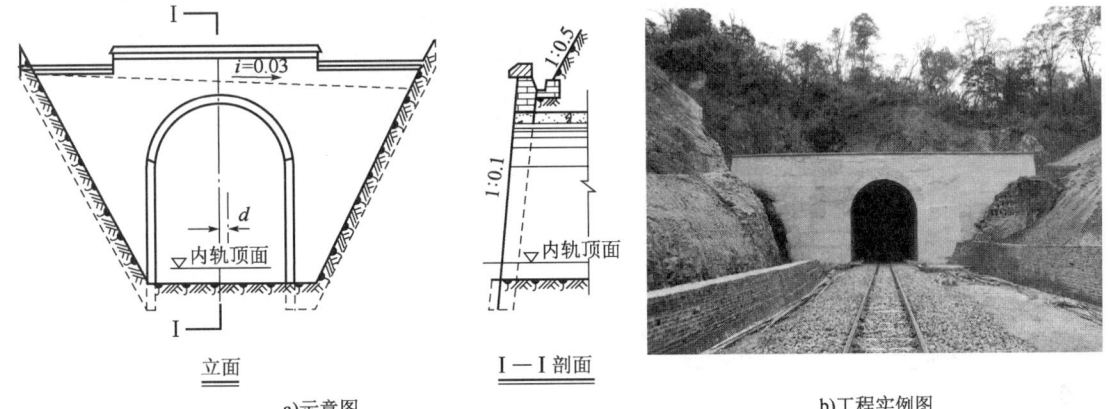

a)示意图　　　　　　　　　　　　　　　b)工程实例图

图2-14　端墙式洞门

3. 翼墙式洞门

在端墙式洞门外,增加单侧或双侧的翼墙,称翼墙式洞门。

该洞门适用于Ⅳ~Ⅵ级地质较差的围岩。翼墙与端墙共同作用,抵抗山体纵向推力,增加洞门抗滑移和抗倾覆的能力。

翼墙的正面端墙一般采用等厚的直墙,微向后方倾斜,斜度为1:0.1。翼墙前面与端墙垂直,顶面斜度与仰坡坡度一致。墙顶上设流水凹槽,将洞顶上的水从凹槽引至路堑边沟内。翼墙基础应设在稳固的地基上,其埋深与端墙基础相同。洞门顶上,端墙与仰坡坡脚之间的排水沟一般采用60cm宽、40cm深的槽形,沟底应有坡度不小于3%的排水坡,如图2-15所示。

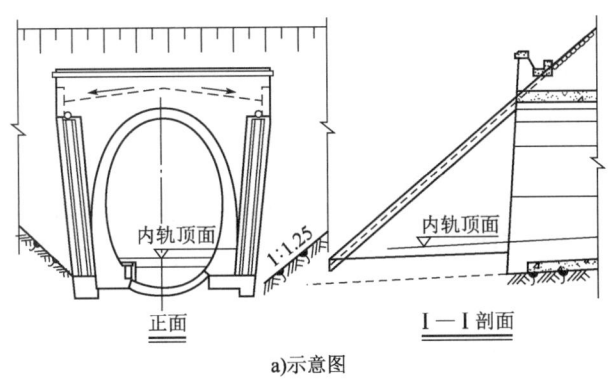

a)示意图　　　　　　　　　　　　　　　b)工程实例图

图2-15　翼墙式洞门

4. 其他形式

(1)柱式洞门。

受地形或地质条件限制,不能设置翼墙时,可在端墙中部设置两个断面面积较大的柱墩,以增强端墙的稳定性,如图2-16所示。

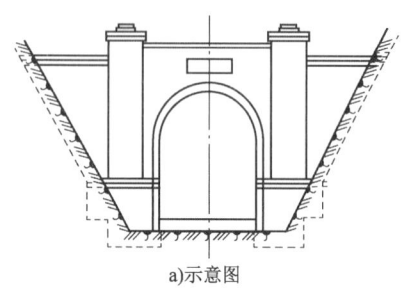 

a)示意图　　　　　　　　　　　　b)工程实例图

图2-16　柱式洞门

(2)台阶式洞门。

当洞门处于傍山侧坡地区,洞门一侧边坡较高时,为减小仰坡高度及外露坡长,可以将端墙顶部改为逐步升级的台阶形式,减少仰坡土石方开挖量。这种洞门的特点是适应地形,并起一定美化作用,如图2-17所示。

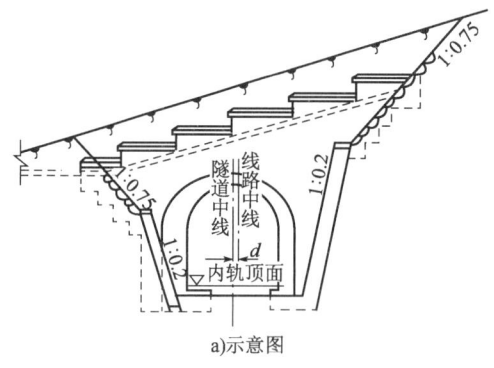 

a)示意图　　　　　　　　　　　　b)工程实例图

图2-17　台阶式洞门

(3)斜洞门。

当线路方向与地形等高线斜交时,也可将洞门做成与地形等高线一致,使洞门左右仍能保持近似对称。斜洞门及衬砌斜口段的受力情况复杂,施工也不方便,因此只有在十分必要时才采用。斜洞门端墙与线路中心线的交角 α 不应小于45°,斜洞门端墙应与洞口段衬砌整体砌筑。

第三节　明洞结构

一、明洞的概念

明洞是用明挖法修建的隧道,先修筑结构物,再回填覆盖土石。明洞一般修筑在隧道的进出口处,当地质状况差且洞顶覆盖层薄,用暗挖法难以施工时,或洞口路堑边坡上有落石而危及行车安全时,均需要修建明洞。

明洞有多种形式,但采用最多的是拱式明洞和棚式明洞。

二、拱式明洞

当洞口的地形或地质条件难以用暗挖法修建隧道时,如洞口附近埋深很浅,施工时不能保证上方覆盖层的稳定,或者深路堑、高边坡上有较多的崩塌落石,以致对行车有威胁时,常常需要修筑拱式明洞来防护。拱式明洞结构坚固,可以抵抗较大的推力,适用范围较广。

拱式明洞一般分为路堑式和半路堑式两种。

1. 路堑式拱式明洞

路堑式拱式明洞一般位于两侧都有高边坡的路堑中。在挖出路堑的基面上,先修建与隧道衬砌相似的结构,但是截面尺寸稍大一些,再回填覆盖土石;两侧墙外填以浆砌片石,使其密实;上面填以土石,夯紧并覆盖防水黏土层,层上留有排水的沟槽,以防止地表水的渗入,如图2-18所示。

2. 半路堑式拱式明洞

半路堑式拱式明洞主要用在浅埋且傍山隧道地段。由于其靠山一侧受到压力,而外侧压力较小,所以将外侧边墙相对地加厚、加深,将基础放在稳固的基岩上,以其衬砌横断面结构轴线的不对称,来适应内外压力的不对称。

若外侧边坡低下、覆盖层较薄、外墙暴露,为减缓落石对衬砌结构的冲击作用,可以将外墙加高,形成耳墙,并在洞顶回填土石。回填土表面夯填黏性土或浆砌片石覆盖,并设置向外的排水坡,排除地表水,防止地表水下渗,如图2-19所示。

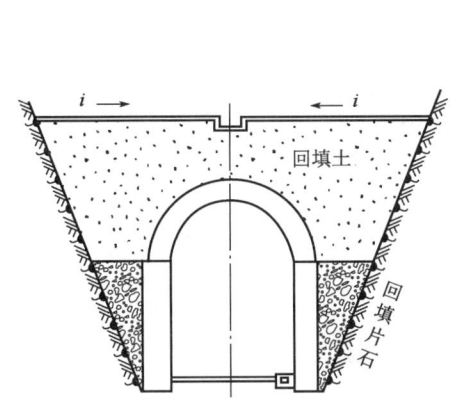

图2-18 路堑式拱式明洞

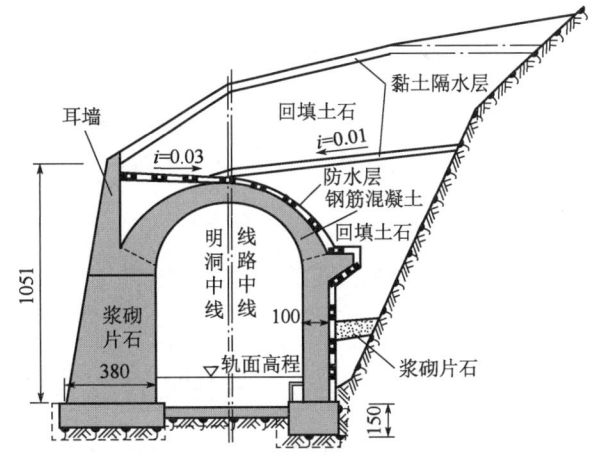

图2-19 半路堑式(耳墙式)拱式明洞(尺寸单位:cm)

若外侧边坡低下,或墙下地基承载力不足,则可做成深基础,形成长腿式拱式明洞。也可以在保证结构稳定条件下,将外墙做成连拱形式(形成侧洞),以节省圬工,降低对地基承载力的要求,洞外光线可以射进来,空气也可以流进来,洞内条件得以改善。

拱式明洞衬砌结构多采用就地模筑钢筋混凝土(拱圈、内边墙)。半路堑式拱式明洞的外边墙体积大,可以用混凝土、片石混凝土或浆砌片石。

明洞顶上回填土石是为了缓冲落石对衬砌的冲击,它的厚度应视落石下坠的实际情况通过计算而定,一般不应小于1.5m。在填土面上应留有坡度不小于1:1.5的排水坡。

拱式明洞应设置环向伸缩缝,其纵向间隔为6~20m,可视实际情况而定。如设置有侧洞,伸缩缝应避开侧洞位置。

三、棚式明洞

当山坡的塌方、落石数量较少,山体侧向压力不大,或因受地质、地形限制难以修建拱式明洞时,可采用棚式明洞,简称棚洞。

棚洞是一种框架结构,顶上不是拱圈而是平的梁板,内墙一般为重力式墩台结构,外墙可采用立柱式、连拱墙式或刚架结构。还有一种悬臂式的棚式明洞也很常见,如图2-20所示。

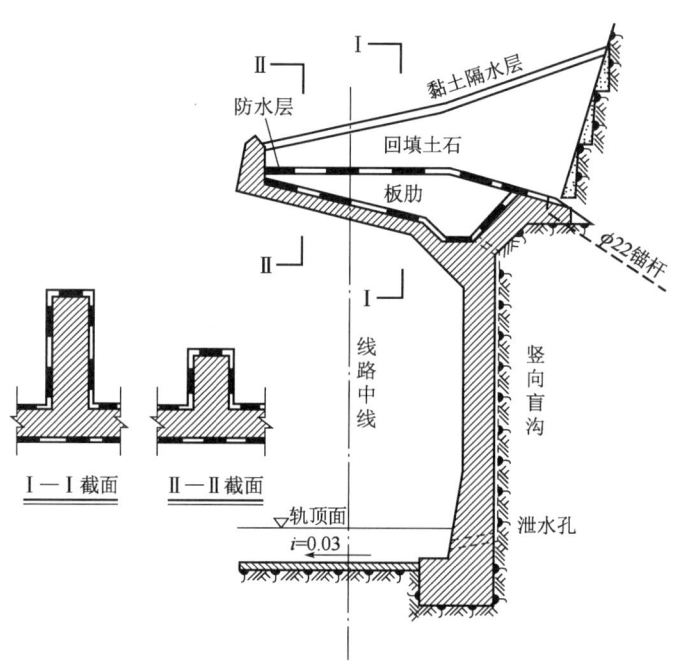

图2-20 悬臂式棚式明洞剖面(本书直径符号ϕ后若无特别说明,数值单位均为mm,余同)

第四节 附属设施构造

为了使隧道能够正常使用,保证车辆或列车通行安全,除了上述主体建筑物以外,隧道内还要设置一些附属建筑物。

较长的公路隧道中,需要设置紧急停车带作为避让车道,避免抛锚车辆长时间占据行车道。在长大隧道中,如果是两洞并行,还需要在两洞之间设置行人横洞和行车横洞,作为紧急疏散和救援通道。

铁路隧道的附属设施主要包括安全避让设施（大小避车洞）、排水设施、电力及通信设施等。还有一些专门的构造设备，如洞门的检查梯、仰坡的截水沟、洞内变压器洞库、电力牵引接触网的绝缘梯车间、无人值守增音室等。可以按照具体需要予以布置。

一、紧急停车带和避车洞

1. 公路隧道紧急停车带

紧急停车带就是专供紧急停车使用的停车位置。在隧道中，尤其在长大隧道中，当行驶的车辆发生故障时，其必须尽快离开干道，避让至紧急停车带，以减少交通阻塞，避免发生交通事故。因此，高速公路、一级公路的特长隧道和长隧道，应根据需要设置紧急停车带。对于10km以上的特长隧道还应考虑设置方向转换场（或称回车道设施），使车辆能在发生火灾时避难和退让。

紧急停车带的间隔主要根据故障车的可能滑行距离和人力可能推动的距离而定。一般很难断言其距离的大小，如小轿车较卡车滑行的距离长，人力推动也较省力；下坡方向较上坡方向滑行的距离长，人力推动时也省力。依据经验，公路隧道内紧急停车带的间距一般为500~800m。

我国目前参照世界道路协会（PIARC）的隧道委员会推荐值来确定紧急停车带的有关参数，即超过2km的隧道必须考虑设置宽2.5m、长25~40m的紧急停车带，间隔约为750m，见图2-21。

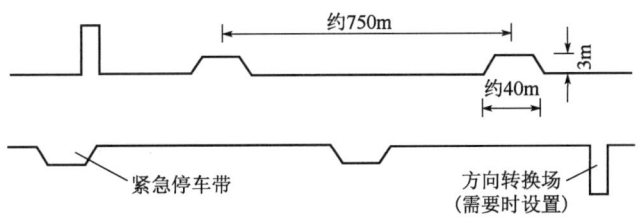

图2-21 紧急停车带及方向转换场设置示意图

在区段范围内，隧道横断面加大，围岩相对稳定性降低，施工时应注意选择适当的开挖方法。

2. 铁路隧道避车洞

为了保证在隧道内工作的检查、维修人员能避让行驶中的列车，并存放必要的备用材料和停放小型维修机具，铁路隧道在全长范围内应按一定间距设置避车洞。避车洞分为小避车洞和大避车洞两种。专供洞内作业人员待避的称为小避车洞，如图2-22所示；既供洞内作业人员待避，又能存放一些必要的材料和停放线路维修小型机具的称为大避车洞。

《铁路隧道设计规范》(TB 10003—2016)规定大、小避车洞应在隧道全长范围内，在两侧边墙上交错设置。其间距以一侧计：对碎石道床每隔300m，对整体道床每隔420m设大避车洞一处。不分道床种类，每隔60m设小避车洞一处。小避车洞的净空尺寸为宽2m，凹入边墙1m，上为拱形，中心高2.2m。大避车洞净空尺寸为宽4m，凹入边墙2.5m，上为拱形，中心高2.8m。

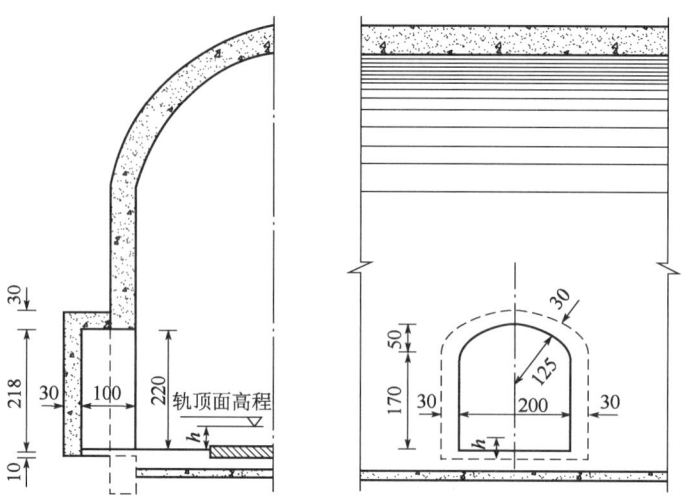

图 2-22 小避车洞(尺寸单位:cm)

一般来说,隧道长度在 300m 以下时,可以不设大避车洞。长度在 300~400m 范围内,可在隧道中央设一处大避车洞。当隧道邻近有农村市镇,或曲线半径不大、视距较短时,小避车洞可以适当增加。

避车洞的修建,使衬砌构造变得复杂,因此,为保证避车洞部位隧道衬砌的整体性,使受力良好,避车洞洞壁应采用同级混凝土与隧道衬砌同时浇筑。避车洞不宜设在衬砌的伸缩缝或沉降缝的断面上,也不宜设在衬砌断面变化的衔接处。避车洞的地面应与道床及侧水沟的盖板顶面等高齐平,以使维修人员及小车等可以平顺进入。为便于人员在光线暗淡的隧道内寻找标志,从而迅速地奔向最近的避车洞,且不跨越线路,应将避车洞内以及周边洞身用石灰浆刷成白色,并在两侧距离为 10m 处的边墙上各绘一个白色的指向箭头,保证避车洞标志在运营期间鲜明醒目。

二、隧道防水措施

隧道防水措施分为模筑混凝土衬砌防水、塑料板防水、分区隔离防水、注浆堵水四种。一般以模筑混凝土衬砌防水为主,塑料板防水为辅,且塑料板防水是以模筑混凝土衬砌防水为依托的。

1. 模筑混凝土衬砌防水

内层衬砌所采用的就地模筑混凝土本身就具有较好的防水性能,称为结构防水。但由于施工工艺的原因而存在施工缝,或由于施工质量问题而导致混凝土不够密实时,其防水性能就会显著降低。在防水要求较高时,一般应采取改善施工质量、提高混凝土抗渗等级或增设塑料板防水层等措施。在防冻要求较高时,还应结合防水要求设置保温隔热层,避免冰水冻融对衬砌结构的破坏。

2. 塑料板防水

塑料板防水是指在内、外层衬砌之间敷设软聚氯乙烯薄膜、聚异丁烯片、聚乙烯片等防水卷材的辅助防水措施。对于明洞衬砌结构,则可在其外喷涂乳化沥青等防水剂作为防水层。塑料板防水可以很好地弥补模筑混凝土衬砌防水的不足。塑料板厚度一般为1.2mm。

当喷层表面凹凸不平时,须事先以砂浆敷面,做成找平层,务必使岩壁与防水层密贴。在防水层接缝处,一般用热气焊接或电敏电阻焊接,亦可用适当的溶剂进行熔解焊接,以保证其防水的质量。隧道内铺装好的防水板见图2-23。

图2-23 隧道内铺装好的防水板

3. 分区隔离防水

隧道穿越地层范围大,地下水的埋藏条件复杂,往往在同一座隧道的不同区段中地下水的出露情况差异很大。目前,隧道工程中常采用分区隔离防排水技术,即在隧道长度方向将地下水分区隔离,并针对富水地段,重点采取有效的防排水措施,以达到提高全隧道防水效果、降低防排水成本的目的。

4. 注浆堵水

采用超前小导管或超前长钢管将适宜的胶结材料压注到地层节理、裂隙、孔隙中,不仅可以加固围岩,同时也起到了堵水作用,更可以防止地下水大量流失,较好地保护地下水环境。在隧道内层衬砌施作完成后,若因内层衬砌混凝土质量等问题而产生渗漏,也可以向衬砌与围岩之间的缝隙压注胶结材料以实现堵水。

三、隧道排水设施

若经常有地下水渗漏进隧道内,隧道内将变得潮湿,路面湿滑,或钢轨及扣件易于锈蚀,木枕易于腐烂,设备的使用寿命缩短。水量较大时,容易发生漏电事故和金属的电蚀现象。在严寒地区,冬季渗入洞内的水结成冰凌,倒挂在衬砌上,覆盖路面或轨面,侵入限界,危及行车安全,增加养护维修费用。

在隧道工程中,尤其是在有压水地层条件下,很难做到完全堵住地下水。因此,适当排放地下水,降低水压,是避免地下水渗漏到隧道内的有效措施。

除了长度在100m以下,且常年干燥无水的地层以外,一般水文地质条件下的隧道均应设置排水设施,将地下水汇集、引流并排放到洞外。

隧道内的排水设施有盲沟(管)、泄水孔、排水沟(管)和渡槽几种。

1. 盲沟(管)

盲沟(管)是在衬砌与围岩之间设置的汇水、过水通道。它主要用于引导较为集中的局部渗流水。可根据需要设置纵向和环向盲沟(管),但必须将水流引入衬砌墙脚的泄水孔中。

我国较为传统的盲沟(管)有灌砂木盒、灌砂竹筒。其加工、安装均较麻烦,且接头处易被混凝土阻塞,所以现在逐步被新型柔性盲沟(管)替代。

柔性盲沟(管)通常由工厂加工制造。它具有现场安装方便、布置灵活、连接容易、接头不易被混凝土阻塞、过水效果良好、成本也不太高等优点。

目前使用较多的柔性盲沟主要是弹簧软管盲沟和化学纤维渗滤布盲沟。

(1)弹簧软管盲沟。这种盲沟一般采用10号铁丝缠成直径$5\sim 8cm$的圆柱形弹簧或采用硬质且具有弹性的塑料丝缠成半圆形弹簧,或带孔塑料管,以此作为过水通道的骨架,安装时外覆塑料薄膜和铁窗纱,从渗流水处开始沿环向铺设并接入泄水孔,可引排局部渗水,见图2-24a)。

(2)化学纤维渗滤布盲沟。这种盲沟将结构疏松的化学纤维布作为水的渗流通道,其单面有塑料敷膜,安装时使敷膜朝向混凝土一面,可以阻止水泥浆渗入滤布,汇集引排大面积渗水。这种渗滤布盲沟质量轻,便于安装和连续加垫焊接,宽度和厚度也可以根据渗排水量的大小进行调整,是一种较理想的渗水盲沟,见图2-24b)。

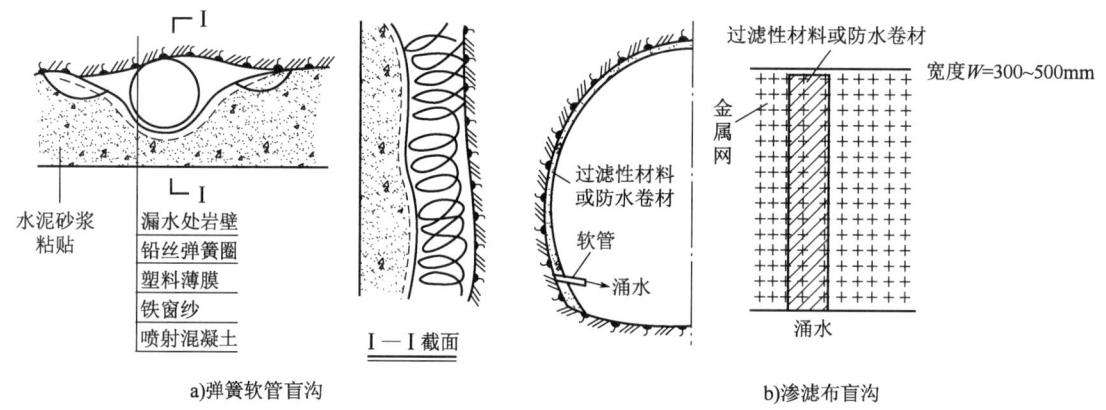

图2-24 弹簧软管盲沟引排局部渗水、渗滤布盲沟汇集引排大面积渗水

2. 泄水孔

泄水孔是设于衬砌边墙下部的出水孔道,它将盲沟流出的水直接泄入隧道内的纵向排水沟,见图2-25。

3. 排水沟(管)

隧道内纵向排水沟(管)有单侧、双侧、中心式三种形式,它是根据线路坡度、路面形式、水量大小等因素确定的,见图2-25。

侧式排水沟设在线路的一侧或两侧。当为单侧时,应设在来水的一侧;如为曲线隧道,则应设在曲线内侧。双侧排水沟隔一定距离应设一横向联络沟,以平衡两侧不均匀的流量。这种排水沟便于检查且不受行车的干扰。其主要适用于公路隧道和多数铁路隧道。

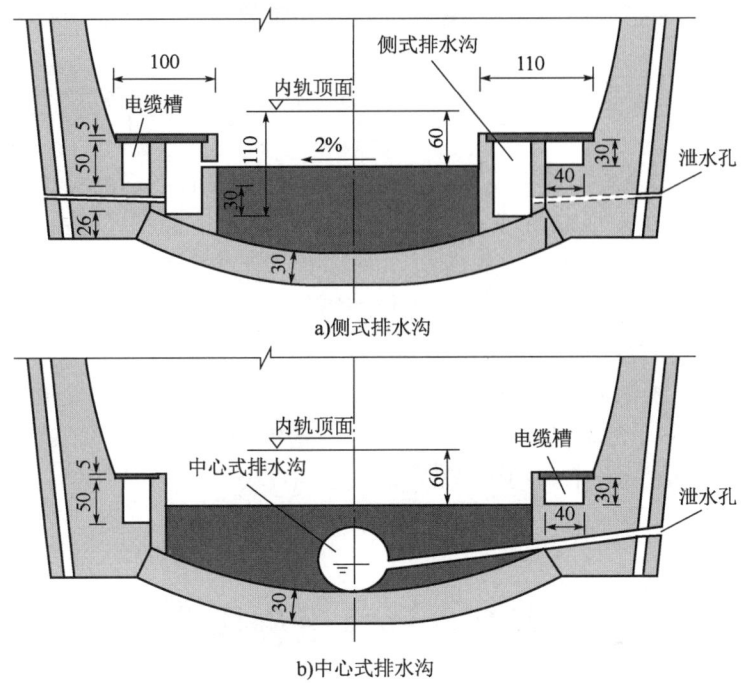

图 2-25 排水沟(尺寸单位:cm)

中心式排水沟设在线路中线的下方,或设在两线之间。中心式排水沟的清理或检修,必须在行车间隔时间内进行,不甚方便。其主要适用于采用整体道床的隧道中和双线隧道设有仰拱时,或者排水流量较大时。公路隧道一般不设置中心式排水沟。

排水沟总的过水断面大小,根据排水量的大小而定,一般底宽不应小于40cm,深度不小于35cm。为保持沟深不变,沟底纵向坡度宜与线路坡度一致。隧底填充面的横向排水坡坡度应不小于2%,不大于3%。

隧道内纵向排水沟沟身均采用混凝土现场模筑,水沟上面设有预制的钢筋混凝土盖板,平时成为人行道。盖板顶面应与避车洞底面平齐。排水沟在一定长度上应设检查井,以便随时清理残渣。

在严寒、高寒地区的隧道中,需特别设计保温隔热层等防冻设施,防止因流水冻结而堵死沟身,或因结冰影响行车安全,或因冻融作用破坏衬砌。防冻设施一般是将排水沟加深,并用轻质混凝土做成上、下两层,分别铺设盖板,上层用保温材料密实填充,厚度为30~70cm。

4. 渡槽

当隧道内层衬砌已施作完成,但有少量渗漏时,可在隧道衬砌的内表面,每隔一定的距离开凿一道竖向的环形凹槽引排渗水。槽的大小依水量而定。槽内填以卵石,槽的外表面仍以混凝土封盖。环槽下端连接到预留的水管,通到侧排水沟。地下水从外方流到隧道衬砌的周边,便进入渡槽,自顶上沿两侧流到槽底,然后经水管排到边沟去。

渡槽排水多用于既有隧道,漏水量较大,已无法用其他防水措施解决时,作为事后整治衬砌漏水病害的处理措施。值得注意的是,渡槽引排渗水,虽然可以取得较好的处理效果,但是它削弱了衬砌的强度和整体性,处理不好还会进一步加剧渗漏,因此在新建隧道中不允许使用这种方式。

四、电缆槽

照明、通信、信号以及电力等各种电缆穿过隧道时,必须有一定的保护措施,以防止因潮湿、腐烂以及人为破坏而出现漏电、触电等事故。电缆槽就是沿着衬砌边墙下方设置的用于放置和保护各种电缆的沟槽,如图2-25所示。电缆槽一般设置在排水沟的外侧紧邻边墙脚的位置。电缆槽槽身为混凝土现浇,盖板则是钢筋混凝土板,盖板起防护作用。

电缆槽又分为通信电缆槽和电力电缆槽,必须分开设置。通信电缆或公路、铁路信号电缆可以放在同一个电缆槽的细砂垫层上,也可以搁置在槽内支架上,但电缆间距应不小于100mm。电力电缆必须单独放置在另外的电力电缆槽内,并且必须搁置在槽内支架上。支架按设计要求的间隔安装。此外,由于电缆需要转弯(半径不允许小于1.2m,以免弯曲折断)和维修接续,电缆槽每隔一定长度,还设置了电缆余长腔。

第五节 通风设施构造

隧道通风可分为施工期间的通风和运营期间的通风。施工期间的通风是临时性的。这里主要介绍运营期间通风设施的构造。

在运营期间,隧道内行驶的施工机械和汽车、火车,都会排出大量有害气体和烟尘,并散发许多热量。这些有害气体和烟尘,主要是一氧化碳、氮氧化物和可吸入颗粒物。如果地层中含有有毒有害气体(如天然气等),它还会从衬砌缝隙渗透出来。这些有毒有害气体,如果不能及时排出,长时间积聚起来,浓度就会越来越高,使隧道内的空气变得潮湿、闷热、污浊和缺氧,使过往机车、车辆的燃油发动机功效降低,人员呼吸困难、健康受到威胁,洞内结构和设备也容易被腐蚀。

因此,必须设法及时通风换气,把隧道内积聚的有毒有害气体排除出去,保持空气新鲜和温度适宜,这是保证隧道内行车安全、保证司乘人员和洞内维修人员身体健康的基本要求。

公路和铁路隧道设计规范都明确规定了隧道内空气的卫生标准:公路隧道内CO含量,洞内工作室不超过24ppm,正常运营不超过150ppm,发生事故15min以内不超过250ppm;烟尘含量,高速公路和一、二级公路不超过$0.0075m^{-1}$、二、三、四级公路不超过$0.0090m^{-1}$。铁路列车通过隧道15min以后,空气中的CO的浓度应在$30mg/m^3$以下,NO_x换算成CO的浓度应在$8mg/m^3$以下,气温不宜超过25℃。

要达到这一标准,除了减少汽车、火车的废气排放量,提高运行速度和降低洞内风阻以外,还应采取有效的通风换气措施,及时排除隧道内积聚的有毒有害气体,保持空气新鲜和温度适宜,保证隧道内行车安全,保证司乘人员和洞内维修人员身体健康。

通风方式分为自然通风、机械通风和混合通风三种。我国公路和铁路系统总结了多年实践经验,在隧道设计规范中规定了隧道通风方式选择的一般要求:

(1)单向行车公路隧道长度在500m以下,可不设置机械通风设施。

(2)铁路单线隧道,内燃机车牵引的长度在2000m以上,电力机车牵引的长度在8km以上,宜设置机械通风设施。若行车密度较低、自然通风条件较好，可适当放宽要求。

（3）双向行车的公路和铁路隧道应根据行车密度、自然条件等具体情况，确定需要设置机械通风设施的隧道长度，并选定适宜的通风方式。双向行车的公路隧道，当 $LN \geq 600$（km·对/d）时，应采用机械通风或混合通风；当 $LN < 600$（km·对/d）时，可采用自然通风。内燃机车牵引的双线铁路隧道，当 $LN \geq 100$（km·对/d）时，应采用机械通风或混合通风。其中，L 为隧道长度（km），N 为行车密度（对/d）。

一、自然通风

自然通风是利用洞口两端气压差在洞内形成的自然风流和汽车或列车运行所引起的活塞风流来达到通风换气的目的，因而是一种简单而又节约能源的通风方式，在选择通风方式时应优先考虑。利用自然通风的隧道，一般不需要增加通风设施。为保证和改善自然通风效果，一般应尽量将隧道设计成直线隧道和坡道，并将洞内衬砌表面作得平整光滑一些，以减少对风流的阻碍。

自然通风是由隧道两个洞口的大气条件（气压、温度、风速等）和高差引起的压头差值所引起的。

自然通风效果的影响因素很多，通风效果不稳定，目前还没有准确、可靠的自然通风设计计算方法，故在实际应用中，仍然主要以实践经验为准来确定是否需要采用更有效的通风方式。

二、机械通风

在长大隧道中，自然通风往往不能满足洞内空气质量要求，就必须考虑采用更有效的机械通风。

机械通风是设置一系列通风机械，送入新鲜空气或吸出污浊空气，达到通风换气、保持洞内空气新鲜的目的。通风机械一般采用纵向轴流式通风机，也称轴流风机。轴流风机的出口风速在30m/s左右，对隧道内空气的纵向流动可以起到"引射作用"，故也称为射流通风。轴流风机的特点是体积小、风力大、风向可逆、费用低，但噪声大。

轴流风机通常悬吊于拱顶部位，也有设置在侧墙部位的，一般都要占用隧道断面空间，因此在确定隧道净空时，就必须考虑到风机的安装位置，保证风机不侵入建筑限界。轴流风机的纵向布置形式有两种：一种是将风机集中布置在洞口段，但由于风机离洞口较近，"短路"现象较明显，通风效率较低，故主要适用于中长隧道；另一种是沿隧道纵向等距离布置，其间距宜在100~150m范围内，每个断面上设1~2台风机，这种布置形式可以保证洞内风流均匀稳定，主要适用于长大隧道。

三、混合通风

长大隧道的形状往往比较复杂，比如平面曲线、纵面人字坡。单一的自然通风或机械通风难以排除洞内污浊空气。此时可考虑在隧道中适当位置设置适当数量的竖井、斜井、横洞等辅助坑道作为通风道，并把风机安置在辅助坑道中，借助辅助坑道的"负压作用"和风机的"引射作用"，加大洞内空气流速和流量，排出污浊空气，保证空气新鲜，称为混合式通风，如图2-26所示。

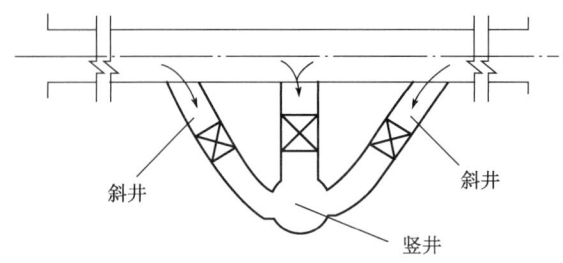

图 2-26 竖井、斜井式通风

实际应用中,行车方向不同,以及汽车或火车行驶到不同位置时,隧道及辅助坑道内的空气流向会发生改变,致使通风换气功效降低。对此问题,应通过通风道位置选择,风机功率、风压和流量选择以及风流方向控制来加以改善。

第三章

隧道衬砌设计基础

学习目标

(1)掌握隧道建筑限界的概念。
(2)掌握隧道初期支护组合形式和设计方法。
(3)了解复合式衬砌的结构组成和参数选取方法。

思考与练习

1. 课前思考
(1)隧道支护结构由哪些部分组成?
(2)隧道建筑限界是什么?
2. 课后练习
(1)图示说明公路(或铁路)隧道建筑限界各组成部分的含义。
(2)隧道衬砌的结构轴线设计应符合哪些原则?

第一节 隧道建筑限界及内轮廓设计

隧道设计可分为建筑设计、结构设计和施工设计。

隧道建筑设计:根据隧道在交通线上的作用,隧道所处的地形、地质条件,以及其与线路之间的关系,选择隧道位置,并进行隧道平面、纵断面和横断面设计。隧道平面、纵断面线形设计原则:平面线形"宜直不宜弯",纵断面线形"宜坡不宜平",尽可能采用单坡型。隧道横断面设计就是要根据车辆限界确定隧道建筑限界。洞口位置选择原则:早进晚出,避开沟心,避开不良地质条件,尽可能设在山体稳定、地质较好、地下水不太丰富的地方。

隧道结构设计:在隧道位置选定,平面、纵断面和横断面设计已完成的基础上,根据隧道所穿越地层的工程地质条件即围岩的稳定能力的强弱,拟定相应的支护参数,并提出相应的施工方案。隧道结构参数包括隧道衬砌的内轮廓(即净空)、结构轴线、截面厚度,结构形式、材料种类、施工方法(工艺)等。

本章简要介绍隧道横断面设计、隧道支护结构设计的有关内容。

一、隧道限界与净空

微课3.1
建筑限界

1. 铁路机车车辆限界和公路汽车限界

以普速铁路为例,我国对全国铁路线上正在运行的各种型号机车和车辆,均作了全面的调查和统计,将这个需要保证的横断面规定为"机车车辆限界",即机车车辆限界是在统计了机车和车辆横断面最大轮廓尺寸的基础上,考虑机车车辆技术改造预留空间需要,以及考虑列车装载规章允许的扩大货物后,都不允许超出的界限。

公路汽车限界同理。

A=机车车辆限界=机车车辆最大轮廓尺寸+机车车辆技术改造预留空间。

2. 铁路、公路建筑接近限界

针对铁路上各种建筑物和设备,规定了"铁路建筑接近限界"。这个限界是指全国铁路线上所有的建筑物和设备(包括电力、通风、照明、安全、监控及内装等附属设施)都不允许侵入的范围,以保证列车往来行驶绝无剐碰并安全通过。

B=建筑接近限界=A+线路铺设误差+线路变形和位移+列车运行振动、摇动、摆动+允许的货物超限尺寸。

同理,根据各种车道与公路设施之间的空间关系,《公路工程技术标准》(JTG B01—2014)也规定了公路隧道的建筑接近限界,即公路线上所有的建筑物和设备都不允许侵入的范围,以保证车辆往来行驶绝无剐碰并安全通过。

3. 铁路隧道建筑限界

隧道是交通线上的永久性建筑物,一旦建成,就不便改动。考虑在"直线建筑接近限界"与隧道衬砌之间,需要为照明、通信和信号等设备的安装提供一个足够的空间。因此,隧道建筑限界是指铁路/公路线上所有的建筑物不得侵入的范围,以保证提供足够的设备安装空间和列车(汽车)往来行驶绝无剐碰并安全通过。公式表述为

C=隧道建筑限界=B+设备最大尺寸+设备安装误差+衬砌施工误差+衬砌变形和位移。

(1)客货共线铁路隧道建筑限界($v{\leqslant}160$km/h)。

内燃牵引区段隧道建筑限界如图3-1所示。

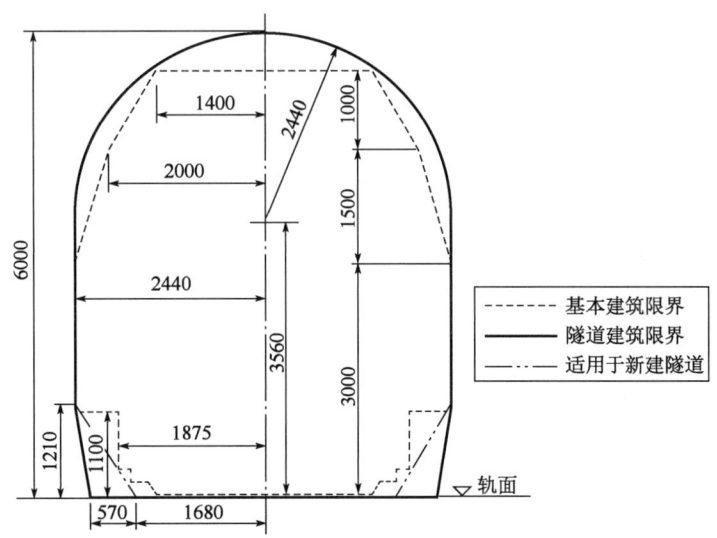

图3-1 内燃牵引区段隧道建筑限界($v{\leqslant}160$km/h,尺寸单位:mm)

电力牵引区段隧道建筑限界如图3-2所示。

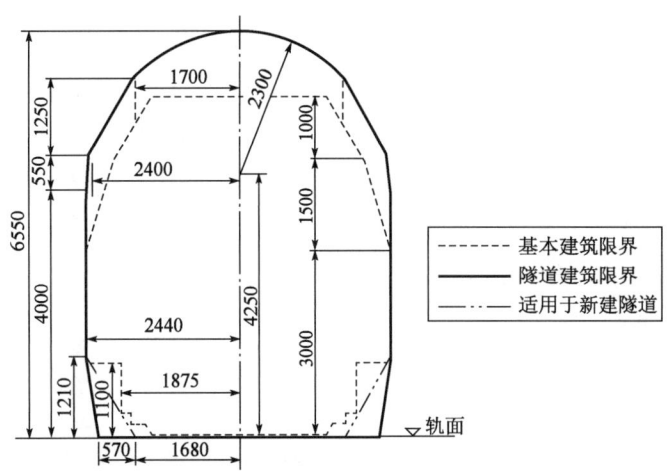

图3-2 电力牵引区段隧道建筑限界($v{\leqslant}160$km/h,尺寸单位:mm)

(2)客货共线铁路隧道建筑限界(160km/h<$v{\leqslant}200$km/h)。

内燃牵引区段隧道建筑限界如图3-3所示。

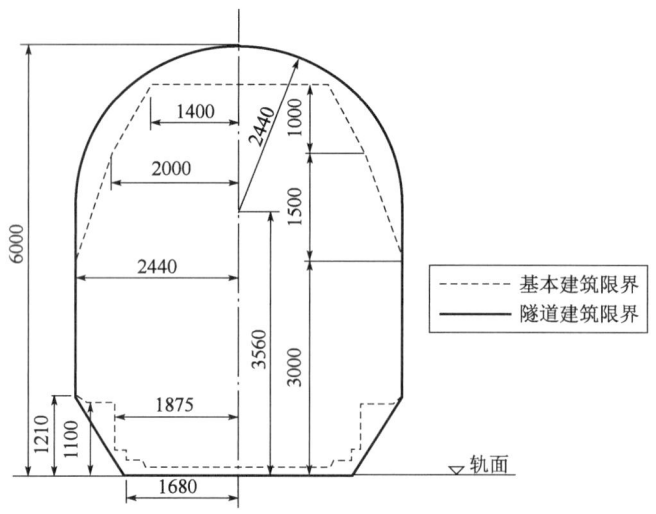

图3-3 内燃牵引区段隧道建筑限界(160km/h<v≤200km/h,尺寸单位:mm)

电力牵引区段隧道建筑限界如图3-4所示。

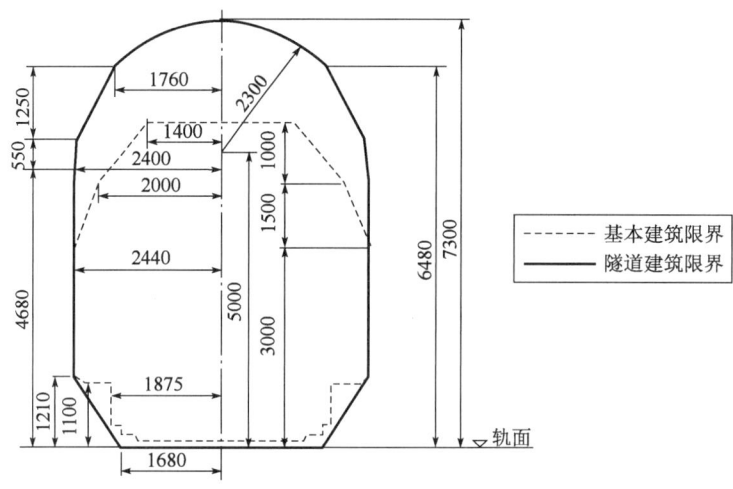

图3-4 电力牵引区段隧道建筑限界(160km/h<v≤200km/h,尺寸单位:mm)

(3)曲线上隧道建筑限界加宽办法。

曲线内侧加宽(mm):

$$W_1 = \frac{40500}{R} + \frac{H}{1500}h \tag{3-1}$$

曲线外侧加宽(mm):

$$W_2 = \frac{44000}{R} \tag{3-2}$$

式中:R——曲线半径,m;

H——计算点自轨面算起的高度,mm;

h——外轨道超高,mm。

$\frac{H}{1500}h$ 的值也可以用内侧轨顶为轴,将有关限界旋转 θ 角 $\left(\theta = \arctan\frac{h}{1500}\right)$ 求得。

曲线上建筑限界的加宽范围,包括全部圆曲线、缓和曲线和部分直线。加宽方法可采用图3-5所示的阶梯形方式,或采用曲线圆顺方式。

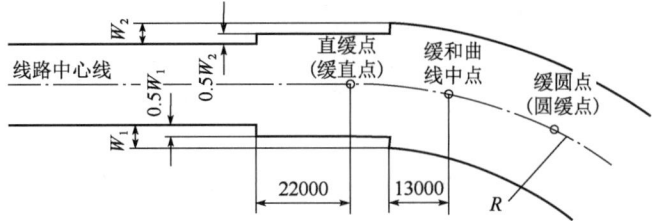

图3-5 曲线隧道建筑限界加宽(尺寸单位:mm)

4. 公路隧道建筑限界

公路隧道建筑限界由行车道宽度(W)、侧向宽度(L)、人行道宽度(R)或检修道宽度(J)等组成。当设置人行道时,含余宽(C),见图3-6。

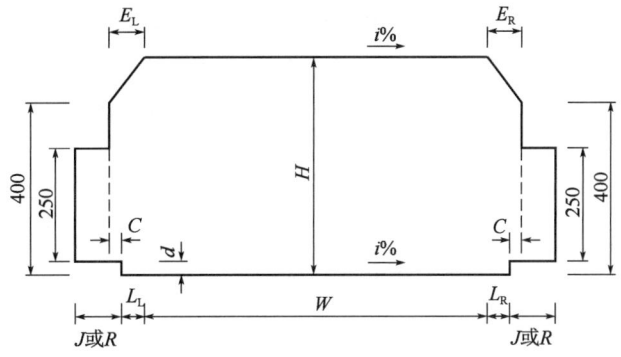

图3-6 公路隧道建筑限界(尺寸单位:cm)

H-建筑限界高度;W-行车道宽度;L_L-左侧侧向宽度;L_R-右侧侧向宽度;C-余宽;J-检修道宽度;R-人行道宽度;d-检修道或人行道的高度;E_L-建筑限界左顶角宽度,包含余宽C;E_R-建筑限界右顶角宽度,包含余宽C。

注:当$L_L \leq 1m$时,$E_L=L_L$;当$L_L>1m$时,$E_L=1m$。
当$L_R \leq 1m$时,$E_R=L_R$;当$L_R>1m$时,$E_R=1m$。

各级公路隧道建筑限界横断面组成及相应基本宽度的数值规定可参见《公路隧道设计规范 第一册 土建工程》(JTG 3370.1—2018)第4.4.1节和表3-1。

两车道公路隧道建筑限界横断面组成及基本宽度(m) 表3-1

公路等级	设计速度 (km/h)	车道宽度W	侧向宽度L		余宽C	检修道宽度J 或人行道宽度R		建筑限界 基本宽度
			左侧L_L	右侧L_R		左侧	右侧	设检修道
高速公路 一级公路	120	3.75×2	0.75	1.25	0.50	1.00	1.00	11.50
	100	3.75×2	0.75	1.00	0.25	0.75	0.75	10.75
	80	3.75×2	0.50	0.75	0.25	0.75	0.75	10.25
	60	3.50×2	0.50	0.75	0.25	0.75	0.75	9.75
二级公路	80	3.75×2	0.75	0.75	0.25	1.00	1.00	11.00
	60	3.50×2	0.50	0.50	0.25	1.00	1.00	10.00
三级公路	40	3.50×2	0.25	0.25	0.25	0.75	0.75	9.00
	30	3.25×2	0.25	0.25	0.25	0.75	0.75	8.50
四级公路	20	3.00×2	0.50	0.50	0.25			7.50

注:三车道、四车道隧道除增加车道数外,其他宽度同表;增加车道的宽度不得小于3.5m。

公路隧道建筑限界如图3-6所示,在建筑限界内不得有任何土建工程部件(包括隧道本身的通风、照明、安全、监控及内装等附属设施所需要的必要富余量)侵入。各级公路两车道隧道建筑限界宽度应不小于表3-1的基本宽度,并应符合下列规定:

(1)建筑限界高度:高速公路、一级公路、二级公路取5.0m,三、四级公路取4.5m。

(2)设检修道或人行道时,检修道或人行道宜包含余宽;不设置检修道或人行道时,应设不小于0.25m的余宽。

(3)隧道路面横坡:隧道为单向交通时,应设置为单面坡;隧道为双向交通时,可设置为双面坡;横坡坡率可采用1.5%~2.0%,宜与洞外路面横坡坡率一致。

(4)路面采用单面坡时,建筑限界底边线与路面重合;采用双面坡时,建筑限界底边线应水平置于路面最高处。

(5)单车道四级公路的隧道应按双车道四级公路标准修建。

高速公路、一级公路隧道应在两侧设置检修道,二级、三级公路隧道应在两侧设置人行道并兼作检修道,检修道或人行道宽度应符合表3-1的规定;连拱隧道行车方向左侧、四级公路隧道可不设检修道或人行道,但应保留不小于0.25m的余宽;设计速度大于100km/h时,余宽应不小于0.5m。检修道或人行道的高度可按250~800cm取值,并应综合考虑下列因素:

①检修人员或行人步行时的安全。
②满足其下放置电缆、给水管等的空间尺寸要求,以及电缆沟排水空间要求。
③紧急情况下,驾乘人员拿取消防设备方便。

5. 铁路、公路隧道净空

铁路(公路)隧道净空是指轨面(路面)以上衬砌内轮廓线所包围的空间。隧道净空的大小应以不侵入隧道建筑限界为准。在此条件下,不仅要使隧道净空有较高的面积利用率,宜小不宜大,够用为度,而且要使隧道衬砌结构受力合理,并尽量简化断面形状以便于施工。因此,在隧道横断面设计和施工时,实际隧道净空尺寸均比规定的建筑限界略大一些,形状也简单一些。

D=直线隧道净空=C+结构受力合理预留尺寸+形状便于施工预留尺寸。

二、衬砌内轮廓的初步拟定

1. 隧道衬砌断面拟定原则、内容和方法

建筑限界确定以后,隧道净空应以够用为度,大小适中,满足各项功能性构造要求,即内轮廓线应以不侵入隧道建筑限界为准,衬砌断面的形状应满足结构受力合理的要求,并尽量简化外形(内轮廓线形状)以便于施工(模板形状简单)。概括地说,就是"大小够用为度,形状受力合理,施工简单方便"。

采用工程类比方法拟定隧道衬砌结构断面形状和尺寸,需要做出三个方面的选择:第一是选定衬砌断面的大小,即确定所需内轮廓(即净空)的尺寸大小,保证车辆安全通过;第二是选定衬砌断面计算轴线的形状,调整并保证衬砌结构受力合理且形状简单;第三是选定衬砌的厚度,检算并保证衬砌结构有足够的强度、刚度和稳定性。

隧道衬砌是一个超静定结构,不能直接用力学方法得到截面尺寸,因此在现代隧道工程中,仍然主要采用工程类比方法来进行衬砌断面的设计,即比照以往隧道工程的经验,先拟定一种结构断面形状和尺寸,按照这个断面尺寸来检算在围岩压力作用下的内力。如果截面强度不足,或截面富余太多,就得调整断面形状和尺寸,重新计算,直至合适为止。

2. 公路隧道内轮廓拟定

公路隧道内轮廓净空断面应符合下列要求:
(1)满足隧道建筑限界所需空间,并预留不小于50mm的富余量。
(2)满足洞内装饰所需空间。
(3)满足通风、照明、消防、监控、指示标志等交通工程及附属设施所需空间。
(4)断面形状有利于围岩稳定、结构受力。

隧道内轮廓断面形状及尺寸可参照图3-7~图3-12拟定。

①高速公路、一级公路两车道隧道限界图和内轮廓图(120km/h)如图3-7、图3-8所示。

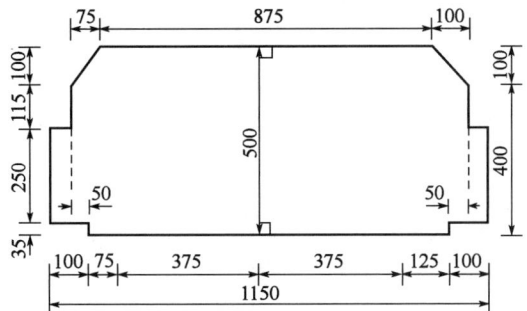

图3-7 高速公路、一级公路两车道隧道限界图(120km/h)(尺寸单位:cm)

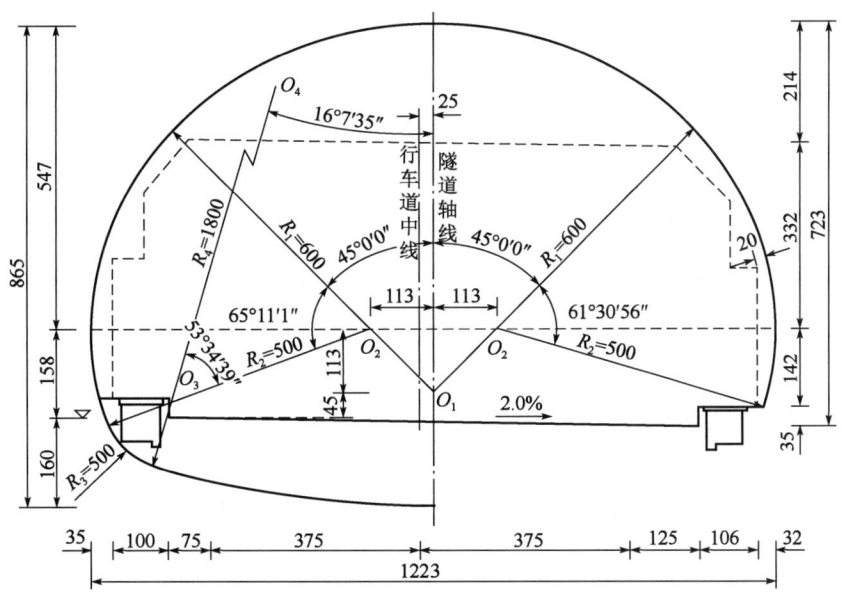

图3-8 高速公路、一级公路两车道隧道内轮廓图(120km/h)(尺寸单位:cm)

②高速公路、一级公路三车道隧道限界图和内轮廓图(120km/h)如图3-9、图3-10所示。

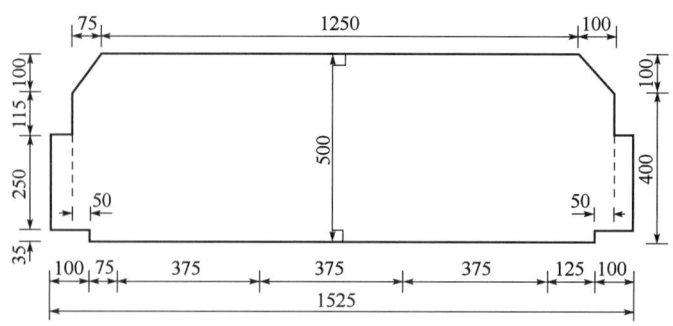

图 3-9　高速公路、一级公路三车道隧道限界图（120km/h）（尺寸单位：cm）

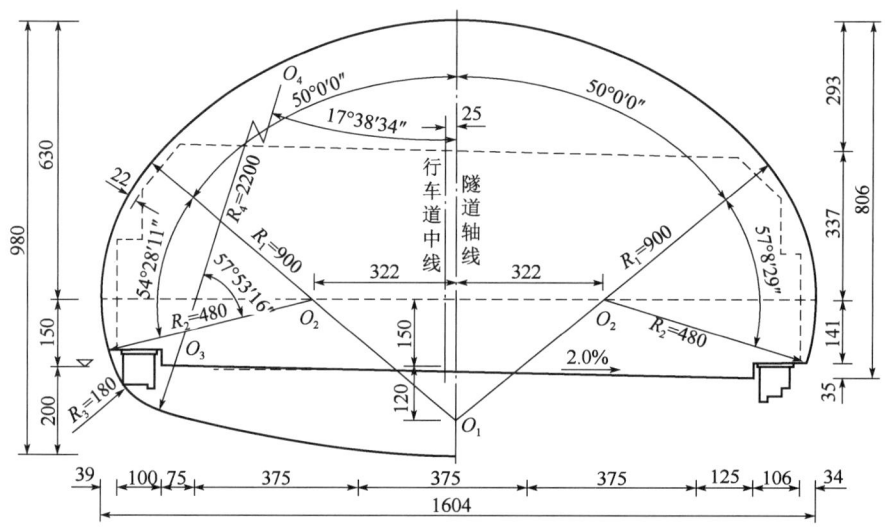

图 3-10　高速公路、一级公路三车道隧道内轮廓图（120km/h）（尺寸单位：cm）

③二级公路两车道隧道限界图和内轮廓图（80km/h）如图3-11、图3-12所示。

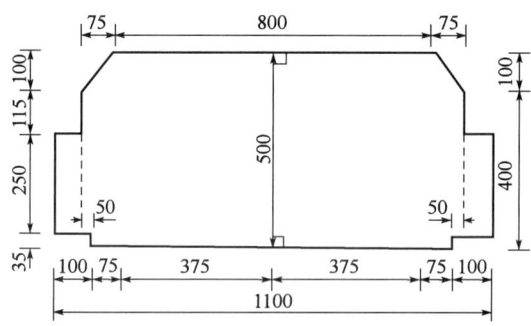

图 3-11　二级公路两车道隧道限界图（80km/h）（尺寸单位：cm）

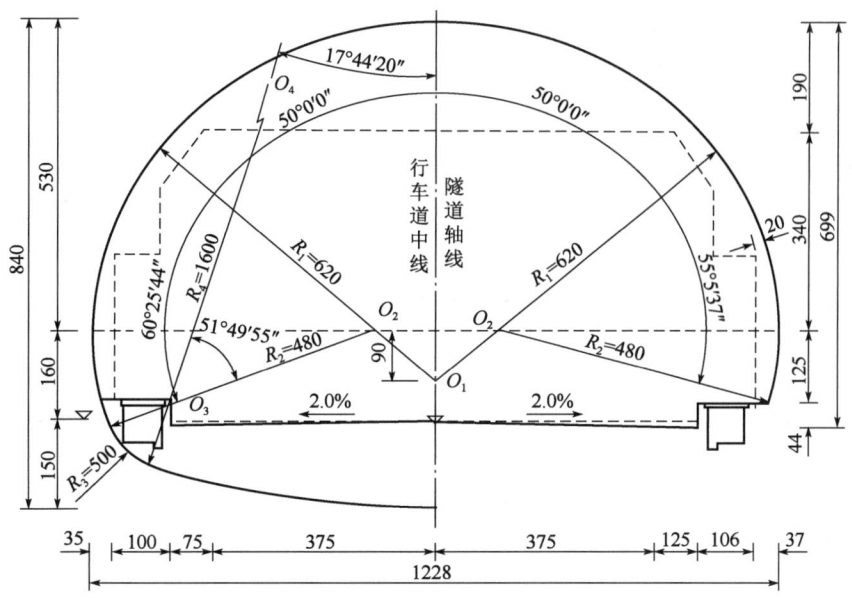

图 3-12 二级公路两车道隧道内轮廓图(80km/h)(尺寸单位:cm)

隧道内路侧边沟应结合检修道、侧向宽度、余宽等,布置于车道两侧。

3. 铁路隧道内轮廓拟定

《铁路技术管理规程》规定"隧道内有砟轨道应满足大型养路机械清筛作业的要求"。目前,优化后的隧道内轮廓示例如图3-13所示。经检算,图3-13a)为在 $R \geq 500$m 的曲线地段不考虑衬砌加宽的单线隧道,图3-13b)为在曲线地段仅考虑线间距加宽的双线隧道断面。

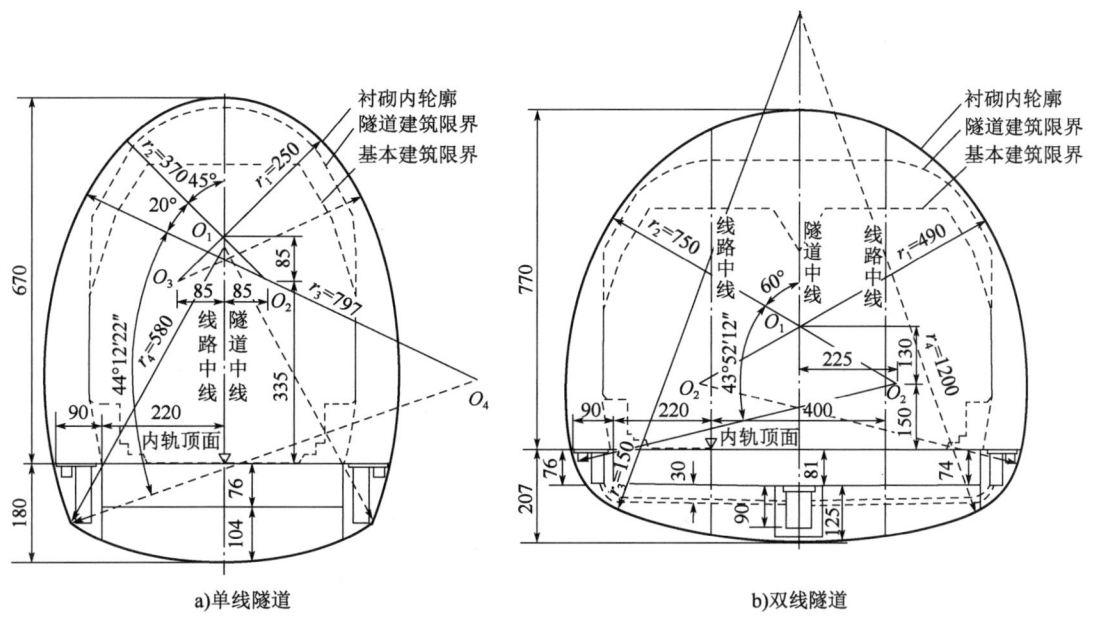

a)单线隧道　　　　　　　　　　b)双线隧道

图 3-13 铁路隧道内轮廓图(尺寸单位:cm)

4. 公路隧道紧急停车带设计

特长隧道、长隧道内不设硬路肩或硬路肩宽度小于 2.5m 时,单洞两车道隧道应设紧急停车带,单洞三车道隧道宜设紧急停车带,单洞四车道隧道可不设紧急停车带。

紧急停车带的设置应符合下列规定:

(1)紧急停车带向行车方向右侧加宽不小于 3.0m,且紧急停车带宽度与右侧侧向宽度(L_R)之和不应小于 3.5m。

(2)紧急停车带长度不宜小于 50m,其中有效长度不应小于 40m。

(3)紧急停车带横坡坡度可取 0~1.0%。

(4)单向行车隧道紧急停车带设置间距不宜大于 750m,并不应大于 1000m。

(5)双向行车隧道紧急停车带应两侧交错设置,同一侧间距宜采用 800~1200m,并不应大于 1500m。

紧急停车带建筑限界的构成如图 3-14 所示。

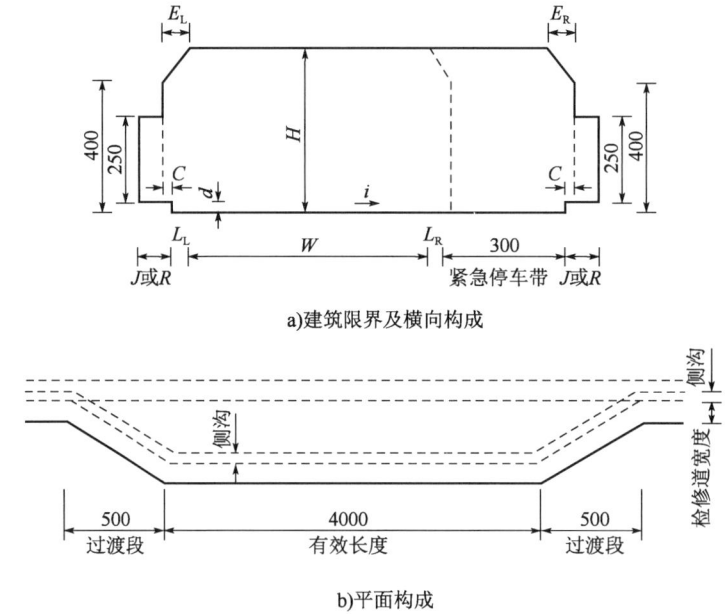

图 3-14 紧急停车带建筑限界的构成(尺寸单位:cm)

5. 行人避车洞设计

不设检修道、人行道的隧道,应在隧道两侧交错布置行人避车洞。行人避车洞同一侧间距不宜大于 500m,宽不应小于 1.5m,高不应小于 2.2m,深不应小于 0.75m。

第二节 初期支护结构体系

当前开挖山岭隧道最流行的方法是新奥法。新奥法的核心,即以喷射混凝土和锚杆为主要支护手段,通过监控量测,控制围岩的变形,便于充分发挥围岩的自承能力。

新奥法的理论依据,即现代围岩承载理论(简称岩承理论),它是指从岩体力学观点出发,进行支护设计和施工时,把坑道周围岩体和各种支护结构作为一个完整支护体系的新的支护理论和方法。

根据岩承理论,围岩是产生荷载、承受荷载、承载材料三位一体的。围岩是工程加固的对象,支护只是加固的手段;围岩是隧道结构体系的基本承载部分,支护是隧道结构体系的辅助承载部分;围岩是不可替代的天然的结构主体,支护是可以选择的人工的结构部分。

洞室开挖后,围岩经过挠动,有一定的变形,经过一定时间才会塌方,当在变形过程中进行支护时,支护体承受的是变形压力,而非松动压力,所以新奥法要求:

(1)保护围岩,充分发挥其自承能力(采取控制爆破)。
(2)对变形情况进行量测(允许变形,但又控制其变形大小),用以指导施工。
(3)支护材料应有一定的柔性(如锚杆、喷射混凝土、钢支撑,受力与位移线性相关)。

因此,在进行支护结构设计时,应严格遵循岩承理论,充分发挥围岩的作用,有效降低支护成本,并获得良好支护效果。

一、支护结构的设计程序

(1)根据隧道使用年限及重要性,确定安全系数。
(2)在满足直线建筑限界要求、功能要求和构造要求,保证隧道净空大小够用的条件下,依据围岩稳定能力的强弱、岩体结构类型、围岩压力及其分布状态,应用工程类比方法,初步拟定支护结构的横断面几何形状和尺寸等各项支护参数。
(3)应用理论计算方法验算支护结构内力及围岩内应力,并调整横断面几何形状和尺寸,使支护受力状态及围岩应力分布均趋于合理。
(4)在施工过程中对"围岩–支护"结构体系的力学动态进行必要而有效的现场监控量测,以验证各项参数的合理性,发现和控制施工过程中出现的不良状况,并依据实际状况的变化对相应的支护参数乃至施工方案予以及时调整和修改。

二、支护的结构组成

前已述及,现代隧道工程设计和施工时,将隧道支护结构体系分为初期支护和二次衬砌两部分,从而构成复合式衬砌。而"超前支护与预加固"是在围岩地质条件较差等特殊情况下补充的支护结构,通常在隧道开挖前或开挖过程中实施,也可划归到初期支护,构成广义的"初期支护"结构组合。

虽然人工支护结构的两个部分都能帮助围岩获得稳定,但各自的作用又有所侧重,各自的结构形式和材料、工艺也有较显著的区别,见表3-2。

隧道支护的结构组成　　　　　　表3-2

隧道支护 (复合式衬砌)	初期支护	喷射混凝土(加固围岩)	素喷射混凝土
			钢筋网喷射混凝土
			钢纤维喷射混凝土
		锚杆(加固围岩)	系统锚杆
			局部锚杆

续上表

	初期支护	钢拱架(支护围岩)	花钢拱架(格栅钢架)
隧道支护 (复合式衬砌)			型钢拱架
	超前支护 与预加固	超前锚杆(加固前方围岩)	
		超前管棚(支护前方围岩)	超前小导管(短管棚)
			超前大管棚(长管棚)
			超前插板(背板)
		注浆(加固围岩和堵水)	超前小导管注浆
			超前深孔围幕注浆
		深层搅拌桩(加固围岩)	
		冷冻固结法(临时固化围岩和地下水)	
	二次衬砌	混凝土衬砌(就地模筑)	
		钢筋混凝土衬砌(就地模筑)	
		喷射混凝土或喷射钢纤维混凝土	
		拼装衬砌	

三、初期支护的选择原则及组合形式

1. 初期支护的选择原则

隧道支护,仅仅是帮助围岩达成稳定的手段,隧道的稳定和可供使用才是隧道工程的直接目的。因此,无论是设计还是施工,应围绕这个目的来解决支护的有效性、安全性、经济性等问题。究竟采用何种形式的支护结构以及如何选择支护参数,应视实际隧道工程(围岩)地质条件、工程结构条件和工程施工条件来确定。

岩承理论关于"围岩不稳,支护帮助,遇强则弱,遇弱则强,按需提供,先柔后刚,量测监控,动态调整"的基本原则,也是根据围岩条件选择支护结构组合形式应遵循的基本规律。

一般而言,开挖坑道后,若围岩完全能够自稳,则无须人工支护。若围岩不能满足工程稳定和安全的要求,则必须提供人工支护结构,使其进入基本稳定状态。围岩自稳能力强的,支护就要弱,围岩自稳能力弱的,支护就要强;且应优先采用柔性支护,以充分利用围岩固有的自稳能力。若能达成围岩稳定,则不必增加支护强度和刚度;若不能达成围岩稳定,则必须及时增加支护强度和刚度,直至采用混凝土或钢筋混凝土等刚性衬砌。支护的强度和刚度大小应与围岩的稳定能力相适应,并与围岩的变形动态相适应。

表3-3显示了不同围岩条件对应应选择的隧道初期支护(包括超前支护与预加固)的结构类型,可作参考。

初期支护的选择原则参考表　　　　　　　　　　　　　　　　　　　　　　　表3-3

结构类型		构造形式	围岩稳定性好	围岩稳定性较好	围岩稳定性一般	围岩稳定性较差	围岩稳定性极差
初期支护	喷射混凝土（加固围岩）	素喷射混凝土	✓				
		钢筋网喷射混凝土	✓				
		钢纤维喷射混凝土	✓				
	锚杆（加固围岩）	系统锚杆		✓			
		局部锚杆		✓			
	钢拱架（支护围岩）	花钢拱架（格栅钢架）			✓		
		型钢拱架（工字钢架）			✓		
超前支护	超前锚杆（加固前方围岩）	全长黏结锚杆				✓	
		迈式锚杆				✓	
	超前管棚（支护前方围岩）	超前小导管（短管棚）				✓	
		超前长管棚				✓	
预加固	注浆（加固围岩和堵水）	超前小导管注浆					✓
		超前深孔围幕注浆					✓
	深层搅拌桩（加固围岩）		饱和软黏土及粉细砂地层				
	冷冻固结法（临时固化围岩和地下水）		饱和含水地层				

2. 初期支护的组合形式

各种单一支护材料和结构，各有其性能特点，尤其是喷射混凝土、锚杆、钢筋网和钢拱架四种基本支护材料和结构具有很强的兼容性。因此，在实际隧道工程中，为适应地质条件和结构条件的变化，常将各种单一支护材料和结构，按照适当的施工工艺进行恰当组合，共同构成较为合理的、有效的和经济的初期支护结构体系。这种组合形式的初期支护结构体系也是一种复合结构形式，可以称为"联合支护"。在组合使用时，各部分的比例应根据各自的适应性和实际需要选择和调整。

对稳定性较好的坚硬完整围岩，一般采用喷射混凝土或锚喷支护。对层状围岩宜采用锚喷或喷射混凝土支护；对有可能失稳的层状岩体及软硬互层岩体，则必须以锚杆为主；对块状岩体，宜采用锚杆+钢筋网+喷射混凝土或钢筋网+喷射混凝土支护。

对稳定能力很差的散体状和软弱围岩，则应在以上常规支护的基础上，增设钢拱架和临时仰拱，必要时，还可以采用"超前锚杆或短管棚技术（必要时注浆）""长管棚技术（必要时注浆）"等特殊技术措施，来构成有效的初期支护。

不同围岩条件下初期支护（包括超前支护与预加固）的结构组合见表3-4。

不同围岩条件下初期支护的组合形式　　　　　　　　　　　　　　　　　　表3-4

围岩条件	支护作用和主要目的	常规的支护	必要时增加
裂隙少的硬岩，强度应力比大的软岩	防止围岩剥落，使围岩保持永久稳定	①喷射混凝土；②局部锚杆	金属网（仅限于锚杆时）

续上表

围岩条件	支护作用和主要目的	常规的支护	必要时增加
裂隙多的硬岩(裂隙缝明显,一般为块状)	①承受部分初期围岩压力,防止坍塌; ②作为永久结构物,提高内层衬砌安全度	①喷射混凝土; ②有时采用局部锚杆	①钢支撑; ②超前支护
裂隙多的硬岩(裂隙缝内夹有黏土或极小的小块),强度应力比小的软岩	①承受部分初期围岩压力,防止塌方冒顶; ②承受部分后期围岩压力(取决于初期支护构件的承载能力),提高内层衬砌安全度	①喷射混凝土; ②系统锚杆或局部锚杆	①钢支撑; ②超前支护
强度应力比小的软岩或膨胀性围岩	①承受部分初期围岩压力,防止塌方冒顶; ②需要初期支护构件承受部分后期围岩压力,以控制围岩变形,且必须提供内层衬砌	①喷射混凝土; ②系统锚杆	①钢支撑; ②锚杆加固开挖面; ③注浆加固
土砂(覆盖层薄)	①承受部分初期围岩压力,防止塌方冒顶; ②需要初期支护构件承受部分后期围岩压力,且必须提供内层衬砌,以控制围岩变形、地表沉陷和隧道下沉	①喷射混凝土; ②有时边墙部位也设置系统锚杆	①钢支撑; ②超前支护; ③注浆加固

第三节 衬砌结构设计

一、衬砌轴线

衬砌的净空必须保证车辆安全通过,即衬砌结构的内轮廓的任何部位不得侵入隧道建筑限界,同时又应尽量减小坑道土石的开挖量和衬砌结构的圬工量。因此,衬砌结构的内轮廓线总是在隧道建筑限界以外且不侵入限界,贴近限界但不随着限界曲折。圆顺的内轮廓,既可以简化结构外形,使施工简单方便,又可以避免凹陷处产生应力集中现象,使结构受力均匀合理。衬砌断面的拟定示意图见图3-15。

衬砌横断面的形状是用结构轴线来代表的。因此,结构轴线的形状不仅决定着衬砌横断面的形状及衬砌结构受力的合理性,也影响着坑道横断面的形状及围岩的二次应力状态和稳定状态。

前已述及,就坑道而言,在工程实际中,为了符合自然成拱条件,一般将坑道横断面设计为马蹄形。这样,围岩的二次应力状态最有利于稳定,相应的支护结构则为"高拱形受压结构"。这里所说的高拱形受压结构,主要指以混凝土或钢筋混凝土为材料的衬砌结构,也可以广义地将其理解为包括围岩在内的整个隧道"结构承载环"。

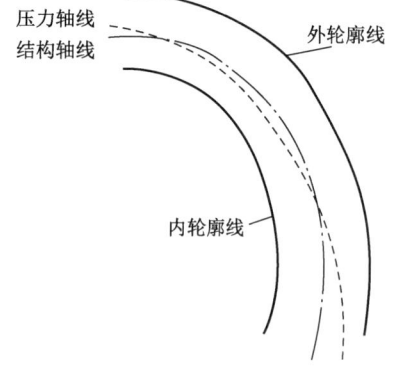

图3-15 衬砌断面的拟定示意图

高拱形受压结构的轴线应尽可能地与在荷载作用下确定的压力轴线相符合。若两线重合,结构的各个截面都只承受压力而无拉力,最有利于拱形结构的稳定和混凝土材料高抗压性能的发挥。

但是,由于围岩与衬砌之间接触应力的复杂性和多变性,实际上很难做到两线完全重合。因此,只能要求结构轴线尽可能接近荷载压力轴线,使各个截面主要承受压应力,而尽可能少地出现拉应力,即使出现也是比较小的。

因此,根据工程实践和以上要求,结构轴线应当满足以下要求:

(1)当衬砌承受径向分布的静水压力时,结构轴线以圆形最为合适。

(2)当衬砌主要承受竖向荷载和不大的水平荷载时,结构轴线上部宜采用圆弧形或尖拱形,两侧可以做成直线形(即直墙式)。

(3)当衬砌在承受竖向荷载的同时,又承受较大的水平荷载,结构轴线上部宜采用圆弧形或平拱形,两侧可采用凸向外方的圆弧形(即曲墙式)。若还有底鼓压力,则结构轴线底部还应有凸向下方的仰拱。

当然,除主要通过调整衬砌结构轴线形状来满足拱形结构的受力要求以外,还可以通过调整衬砌结构的截面厚度来满足拱形结构的受力要求(辅助性调整)。

二、衬砌设计一般规定

公路隧道衬砌根据隧道围岩级别、施工条件和使用要求选择采用喷锚衬砌、整体式衬砌、复合式衬砌。高速公路、一级公路、二级公路的隧道应采用复合式衬砌,三级及三级以下公路的隧道洞口段、Ⅳ~Ⅵ级围岩洞身段应采用复合式衬砌或整体式衬砌,Ⅰ~Ⅲ级围岩洞身段可采用喷锚衬砌。

隧道衬砌设计应综合考虑围岩地质条件、断面形状、支护结构、施工条件等,充分利用围岩的自承能力。衬砌应有足够的强度、稳定性和耐久性,保证隧道长期使用安全。

衬砌结构类型、支护参数,应根据使用要求、围岩级别、工程地质和水文地质条件、隧道埋置深度、结构受力特点,并结合周边工程环境、支护手段、施工方法,通过工程类比和结构计算综合分析确定。在施工阶段,尚应根据现场监控量测结果调整支护参数,实行动态设计,必要时可通过试验分析确定。

隧道衬砌设计应符合下列规定:

(1)衬砌断面宜采用曲边墙拱形断面。

(2)围岩条件较差、侧压力较大、地下水丰富的地段可设仰拱,仰拱曲率半径应根据地质条件、地下水、隧道断面形状、隧道宽度等条件确定。路面与仰拱之间可采用混凝土或片石混凝土填充。隧底围岩条件较好、边墙基底承载力和稳定性满足要求时,可不设仰拱。

(3)隧道洞口段应设加强衬砌。加强衬砌段的长度应根据地形、地质和环境条件确定,一般情况下两车道隧道应不小于10m,三车道隧道应不小于15m。

(4)围岩条件较差地段的衬砌应向围岩条件较好地段延伸5~10m。

(5)偏压衬砌段应向一般衬砌段延伸,延伸长度应根据偏压情况确定,一般不小于10m。

(6)净宽大于3.0m的横通道与主洞的交叉段均应设加强衬砌,加强衬砌段应向各交叉洞延伸,主洞延伸长度不小于5.0m,横通道延伸长度不小于3.0m。

三、喷锚衬砌设计要点

喷锚衬砌设计着重考虑的事项包括以下11个方面内容。

(1)喷射混凝土的强度等级不应低于C20,厚度不应小于50mm。

(2)喷射混凝土钢筋网设计应符合下列规定:

①钢筋网钢筋直径不应小于6mm,不宜大于12mm。

②钢筋网网格应按矩形布置,钢筋间距宜为150~300mm。

③钢筋网钢筋的搭接长度不应小于30d(d为钢筋直径)。

④钢筋网喷射混凝土保护层厚度不应小于20mm,当采用双层钢筋网时,两层钢筋网之间的间隔距离不宜小于80mm。

⑤单层钢筋网喷射混凝土厚度不应小于80mm,双层钢筋网喷射混凝土厚度不应小于150mm。

⑥钢筋网可配合锚杆或临时短锚杆使用,钢筋网宜与锚杆或其他固定装置连接牢固。

(3)在变形大、自稳性差的软弱围岩、膨胀性围岩地段,可采用纤维喷射混凝土支护,纤维喷射混凝土设计应符合下列规定:

①纤维喷射混凝土强度等级不应低于C25。

②钢纤维喷射混凝土中钢纤维掺量宜为干混合料质量的1.5%~4%。

③合成纤维喷射混凝土中纤维掺量应根据试验确定。

④防水要求较高时,可采用强度等级高于C30的高性能喷射混凝土。

(4)锚杆支护设计应根据隧道围岩条件、断面尺寸、施工条件等选择锚杆种类和参数,并符合下列规定:

①用作永久支护的锚杆应为全长黏结式锚杆,端头锚固式锚杆作为永久支护时,必须在孔内注满砂浆或树脂,砂浆或树脂的强度等级不应小于M20。

②自稳时间短的围岩,宜采用全黏结树脂锚杆或早强水泥砂浆锚杆。

③软岩、变形较大的围岩地段,可采用预应力锚杆。预应力锚杆的预加力不应小于100kPa。预应力锚杆的锚固端必须锚固在稳定岩层内。

④岩体破碎、成孔困难的围岩,宜采用自进式锚杆。

⑤锚杆直径宜取20~28mm。

⑥锚杆露头应设垫板,垫板尺寸不应小于150mm(长)×150mm(宽)×8mm(厚)。

(5)系统锚杆设计应符合下列规定:

①锚杆宜沿隧道周边径向布置。当结构面或岩层层面明显时,锚杆宜与岩体主结构面或岩层层面呈大角度布置。

②锚杆宜按梅花形排列,如图3-16所示。

③系统锚杆长度和间距应根据围岩条件、隧道宽度,通过计算或工程类比确定。

④锚杆间距不宜大于锚杆长度的1/2且不宜大于1.5m,锚杆间距较小时,可采用长短锚杆交错布置。

⑤两车道隧道系统锚杆长度不宜小于2.0m,三车道隧道系统锚杆长度不宜小于2.5m。

⑥土质围岩不设系统锚杆时,应采用其他支护方式加强。

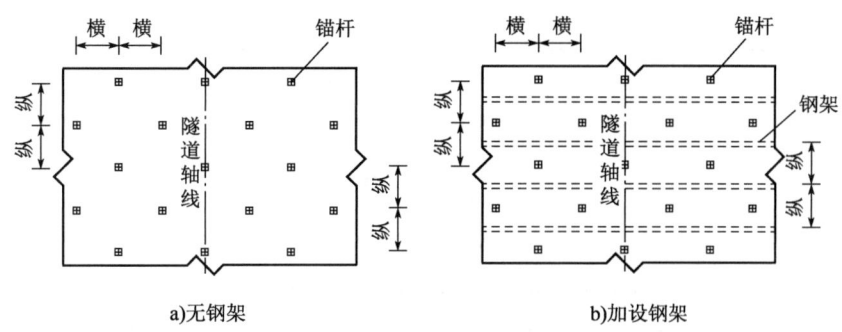

图 3-16 系统锚杆布置方式

(6)局部不稳定的岩块宜设置局部锚杆,可采用全长黏结式锚杆、端头锚固式锚杆、预应力锚杆,锚固端应置于稳定岩体内,锚杆参数可通过工程类比或计算确定。

(7)在围岩条件较差地段、洞口段、浅埋段或地面沉降有严格限制的地段,可在喷射混凝土层内增设钢架。钢架设计应符合下列规定:

①钢架支护应有足够的刚度和强度,能够承受隧道施工期间可能出现的荷载。
②宜选用格栅钢架支护。
③钢架间距宜为0.5~1.2m。
④连续使用钢架的数量不应少于3榀。
⑤相邻钢架之间应设横向连接,采用钢筋进行横向连接时,钢筋直径不宜小于20mm,间距不应大于1m,并在钢架内缘、外缘交错布置。
⑥钢架应分节段制作,节段之间应采用钢板连接。
⑦钢架与围岩之间的混凝土保护层厚度不应小于40mm,临空一侧的混凝土保护层厚度不应小于20mm。当采用喷锚单层衬砌时,临空一侧的混凝土保护层厚度不应小于40mm。
⑧钢架形状和尺寸应根据开挖断面确定,受力变形后不得侵入设计净空或二次衬砌。

(8)格栅钢架设计应符合下列规定:

①主筋应采用HRB400钢筋,腹筋可采用HRB400或HPB300钢筋。
②主筋直径宜处于18~25mm之间,腹筋直径宜处于10~20mm之间。
③截面尺寸通过工程类比或计算确定,截面高度可为120~220mm。
④连接钢板平面宜与钢架轴线垂直,格栅钢架主筋与连接钢板焊接应增加U形钢筋帮焊。

(9)型钢钢架节段两端的连接钢板平面应与钢架轴线垂直。

(10)在设置超前支护的地段,应设钢架作为超前支护的尾端支点,钢架截面高度不宜小于160mm。

(11)喷锚支护参数可通过工程类比或数值计算确定,并结合现场监控量测调整。采用工程类比法时,可按表3-5选用。

喷锚永久支护设计参数　　　　　　表3-5

围岩级别	Ⅰ	Ⅱ	Ⅲ
人行通道	喷射混凝土5cm	喷射混凝土5cm	①喷射混凝土6~8cm; ②锚杆ϕ22,长1.0~2.0m

续上表

围岩级别	Ⅰ	Ⅱ	Ⅲ
汽车横通道	喷射混凝土5cm	①喷射混凝土5cm； ②锚杆φ22,长1.5~2.0m； ③锚杆间距@1.0m×1.0m	①喷射混凝土8~10cm； ②锚杆φ22,长2.0~2.5m； ③锚杆间距@1.0m×1.0m
两车道隧道	喷射混凝土5cm	①喷射混凝土5~8cm； ②锚杆φ22,长2.0~2.5m； ③锚杆间距@1.2m×1.2m	①喷射混凝土8~15cm； ②锚杆φ22,长2.0~3.5m； ③锚杆间距@1.0m×1.0m； ④钢筋网φ6.5,@2cm×25cm

注：Ⅳ~Ⅵ级围岩,地质软弱、破碎,一般多地下水,宜采用复合式衬砌。

四、整体式衬砌设计要点

整体式衬砌设计着重考虑的事项包括以下5个方面内容。

(1)整体式衬砌截面可设计为等截面或变截面。设置仰拱时,仰拱厚度不应小于边墙厚度。

(2)采用整体式衬砌出现下列情况时,宜采用钢筋混凝土结构：

①存在明显偏压的地段。

②净宽大于3m的横通道、通风道、避难洞室等与主隧道交叉的地段。

③Ⅴ级围岩地段。

④单洞四车道隧道。

⑤地震动峰值加速度大于0.20g的洞口段。

(3)整体式衬砌采用钢筋混凝土结构时,应符合下列规定：

①混凝土强度等级不应低于C30。

②结构厚度不宜小于300mm。

③受力主筋的间距不宜小于100mm。

(4)整体式衬砌应设置变形缝,并应符合下列规定：

①明洞衬砌与洞内衬砌交界处、不设明洞的洞口段衬砌,在距洞口5~12m的隧道内应设沉降缝。

②地质条件明显变化处、不同衬砌类型交界处,宜设置沉降缝。

③在连续软弱围岩中,每30~100m宜设一道沉降缝。

④严寒与酷热、温差大的地区,特别是最冷月平均气温低于-15℃的寒冷地区,距洞口100~200m的衬砌段应根据情况设置伸缩缝。

⑤沉降缝、伸缩缝缝宽不应小于20mm,缝内可填塞沥青木板或沥青麻丝。伸缩缝、沉降缝宜垂直于隧道轴线竖向设置。拱、墙、仰拱的沉降缝、伸缩缝应设在同一断面位置。

⑥沉降缝、伸缩缝可兼作施工缝。在需设沉降缝或伸缩缝的地段,应结合施工缝进行设置。

(5)不设仰拱的整体式衬砌,衬砌边墙基础应符合下列规定：

①应置于稳固的地基之上,基底承载力满足设计要求。

②基础底面不应高于电缆沟的设计开挖底面。路侧边沟开挖底面低于基础底面时,边沟开挖边界距边墙基础的距离应大于500mm。

③在洞门墙厚度范围内,边墙基础应加深到与洞门墙基础底相同的高程。

④边墙底截面宜适当扩大。

五、复合式衬砌设计要点

复合式衬砌设计着重考虑的事项包括以下4个方面内容。

（1）复合式衬砌设计应符合下列规定：

①初期支护应按永久支护结构设计，喷射混凝土、锚杆、钢筋网和钢架等支护形式可单独或组合使用。

②二次衬砌应采用模筑混凝土或模筑钢筋混凝土衬砌结构。

③在确定开挖断面时，除应考虑隧道净空和结构尺寸外，尚应考虑围岩及初期支护的变形，并预留适当的变形量。预留变形量大小应根据围岩级别、断面大小、埋置深度、施工方法和支护情况通过计算分析确定或采用工程类比法预测，预测值可参照表3-6的规定选用。预留变形量还应根据现场监控量测结果进行调整。

预留变形量(mm) 表3-6

围岩级别	两车道隧道	三车道隧道	围岩级别	两车道隧道	三车道隧道
Ⅰ	—	—	Ⅳ	50～80	60～120
Ⅱ	—	10～30	Ⅴ	80～120	100～150
Ⅲ	20～50	30～80	Ⅵ	现场量测确定	

注：1. 围岩软弱、破碎取大值，围岩完整取小值。
　　2. 四车道隧道应通过工程类比和计算分析确定。

（2）复合式衬砌，可采用工程类比法进行设计，必要时，可通过理论分析进行验算。两车道隧道、三车道隧道支护参数可按表3-7、表3-8选用。四车道隧道应通过工程类比和计算分析确定。在施工过程中，应根据超前地质预报及现场围岩监控量测信息对设计支护参数进行必要的调整。

两车道隧道复合式衬砌设计参数 表3-7

围岩级别	初期支护							二次衬砌	
	喷射混凝土厚度(cm)		锚杆			钢筋网间距(cm)	钢架		拱、墙混凝土厚度(cm)	仰拱混凝土厚度(cm)
	拱、墙	仰拱	位置	长度(m)	间距(m)		间距(cm)	截面高(cm)		
Ⅰ	5	—	局部	2.0～3.0	—	—	—	—	30～35	—
Ⅱ	5～8	—	局部	2.0～3.0	—	—	—	—	30～35	—
Ⅲ	8～12	—	拱、墙	2.0～3.0	1.0～1.2	局部@25×25	—	—	30～35	—
Ⅳ	12～20	—	拱、墙	2.5～3.0	0.8～1.2	拱、墙@25×25	拱、墙 0.8～1.2	0或14～16	35～40	0或35～40
Ⅴ	18～28	—	拱、墙	3.0～3.5	0.6～1.0	拱、墙@20×20	拱、墙 仰拱 0.6～1.0	14～22	35～50 钢筋混凝土	0或35～50 钢筋混凝土
Ⅵ	通过试验或计算确定									

注：1. 有地下水时可取大值，无地下水时可取小值。
　　2. 采用钢架时，宜选用格栅钢架。
　　3. 喷射混凝土厚度小于18cm时，可不设钢架。
　　4. "0或…"表示可以不设；要设时，应满足最小厚度要求。

三车道隧道复合式衬砌设计参数　　　　表3-8

围岩级别	初期支护 喷射混凝土厚度(cm) 拱、墙	初期支护 喷射混凝土厚度(cm) 仰拱	初期支护 锚杆 位置	初期支护 锚杆 长度(m)	初期支护 锚杆 间距(m)	初期支护 钢筋网(cm)	初期支护 钢架 间距(cm)	初期支护 钢架 截面高(cm)	二次衬砌 拱、墙混凝土厚度(cm)	二次衬砌 仰拱混凝土厚度(cm)
Ⅰ	5～8	—	局部	2.5～3.5	—	—	—	—	35～40	—
Ⅱ	8～12	—	局部	2.5～3.5	—	—	—	—	35～40	—
Ⅲ	12～20	—	拱、墙	2.5～3.5	1.0～1.2	拱、墙@25×25	拱、墙1.0～1.2	0或14～16	35～45	—
Ⅳ	16～24	—	拱、墙	3.0～3.5	0.8～1.2	拱、墙@20×20	拱、墙0.8～1.2	16～20	40～50 ■	0或40～50
Ⅴ	20～30	—	拱、墙	3.5～4.0	0.5～1.0	拱、墙@20×20	拱、墙、仰拱0.5～1.0	18～22	50～60 钢筋混凝土	0或50～60 钢筋混凝土
Ⅵ	通过试验或计算确定									

注:1. 有地下水时可取大值,无地下水时可取小值。
2. 采用钢架时,宜选用格栅钢架。
3. 喷射混凝土厚度小于18cm时,可不设钢架。
4. "0或…"表示可以不设;要设时,应满足最小厚度要求。
5. "■"表示可采用钢筋混凝土。

（3）围岩地质条件较差或隧道跨度较大、需要分部开挖施工时,应进行开挖方法设计,明确各部开挖顺序、临时支护措施和临时支护参数。

（4）对于软弱流变围岩、膨胀性围岩、高地应力条件下的特殊围岩,隧道支护参数可通过现场试验确定,应考虑围岩变形压力继续增长的作用。

六、明洞衬砌设计要点

明洞衬砌设计着重考虑的事项包括以下6个方面内容。
（1）下列情况宜采用明洞衬砌:
①洞顶覆盖层薄,不宜大开挖修建路堑且难以用暗挖法修建隧道的地段。
②路基或隧道洞口受塌方、岩堆、落石、泥石流等不良地质危害。
③修建路堑会危及附近重要建(构)筑物安全的地段。
④公路、铁路、沟渠和其他人工构造物在隧道上方通过,不宜采用暗挖法施工或立交桥跨越的地段。
⑤为减少洞口开挖、保护洞口自然景观,需延伸隧道长度的地段。
（2）选择明洞结构类型,应根据地形、地质、施工条件,考虑结构安全、经济实用、美观等因素分析确定,并应符合下列规定:
①洞顶回填土层较厚或一次塌方量大、落石较多时,宜采用拱形明洞。

②明洞需要克服来自仰坡方向的滑坡推力时,宜采用拱形结构。

③高度受到限制的地段,可采用矩形框架明洞。

(3)明洞衬砌设计应符合下列规定:

①明洞应采用钢筋混凝土结构。

②半路堑拱形明洞应考虑偏压,拱形明洞外侧边墙宜适当加厚。地形条件允许时,可采用反压回填或设置反压墙。

③当拱形明洞侧压力较大或地基承载力不足时,应设仰拱。

④当明洞作为整治滑坡的措施时,应按支挡工程设计,并采取综合治理措施。

⑤在地质条件有明显变化的地段,应设置沉降缝;在气温变化较大地区,可根据明洞长度设置伸缩缝。

⑥防落石危害的明洞,应验算落石冲击荷载下明洞结构的安全性。

(4)明洞基础设计应符合下列规定:

①不设仰拱的明洞基础相关规定同不设仰拱的整体式衬砌。

②当基岩裸露或埋置较浅时,基础可设置于基岩上;当基础位于软弱地基上时,可采用仰拱、整体式钢筋混凝土底板、桩基,也可采用扩大基础、基础加深和地基加固处理等措施。

③明洞基础应有一定的嵌岩深度和护基宽度。当地基为斜坡地形时,地基可开挖成台阶。在有冻害地区,基底埋置深度应不小于最大冻结深度以下250mm。

④当地基外侧受水流冲刷影响时,应采取加固和防护措施。

⑤在横向斜坡地形,明洞外侧基础埋置深度超过路面以下3.0m时,宜在路面以下设置钢筋混凝土横向水平拉杆,并锚固于内侧基础或岩体中。

(5)明洞洞顶回填、拱背处理应根据明洞设置目的、作用,以及地形条件、边仰坡病害确定,并应符合下列规定:

①边仰坡有严重的危石、崩塌威胁时,应予清除或进行加固处理。为预防一般的落石、崩塌危害,明洞拱背回填土厚度不宜小于1.2m,填土表面应设置一定的排水坡度。

②采用明洞式洞门时,明洞拱背可部分裸露,裸露部分宜设厚度不小于20mm的砂浆层或装饰层。

③立交明洞上的填土厚度应结合公路、铁路、沟渠及其他人工构造物的高程、自然环境、美化要求和结构设计等综合研究确定;对拱形明洞,必要时可设护拱。

④明洞洞顶设置过水渠、过泥石流渡槽及其他构造物时,设计应考虑其影响。一般过水渠或普通排水沟沟底距洞顶外缘不应小于1.0m。当设置排泄山沟洪水、泥石流等的渡槽时,渡槽沟底距洞顶外缘不宜小于1.5m。

(6)明洞边墙背后回填应根据明洞类型、地质条件、设计要求和施工方法确定,并符合下列规定:

①考虑边墙地层弹性抗力时,边墙背后应用混凝土、浆砌片石或干砌片石回填。

②明洞边墙按回填土计算土压力时,边墙背后回填料的内摩擦角不应小于原地层计算摩擦角或设计回填料的计算摩擦角。

七、构造截面要求

衬砌各截面的厚度是结构轴线确定以后的重点设计内容,要判断在设定的厚度下的截面是否有足够的强度。从施工的角度出发,截面的厚度不允许太薄,太薄将使施工操作困难和质量不易保证。隧道相关规范中,列举了衬砌各部分最小厚度的数值,可供参考,见表3-9。最小厚度是一个限制性要求,而不是设计值。

复合式衬砌的二次衬砌的最小厚度也参照表3-9执行。实际厚度,应按其承受后期围岩压力的大小来确定。

截面最小厚度(cm)　　　　　　　　　　　　　　　表3-9

建筑材料种类	隧道衬砌和明洞			洞门端墙、翼墙和洞口挡土墙
	拱圈	边墙	仰拱	
混凝土	20	20	20	30
片石混凝土	—	—	—	50

八、铁路隧道衬砌设计

过去10年里,我国铁路建设事业发展迅速,涵盖行驶速度120～350 km/h所有等级铁路工程,相应的隧道开挖跨度及开挖断面面积亦产生了较大的差异,简单的以线别(单、双线等)划分的方法已不能满足铁路隧道建设的需要,开挖跨度对隧道洞室的稳定性有较大影响,围岩级别越低、坑道跨度越大,最大塑性区厚度越大,隧道洞室的稳定性越差。结合国内外调研情况和我国近年来的铁路隧道建设经验和科研成果,与跨度相关的分级情况详见表3-10(不适用于泄水洞)。

铁路隧道跨度分级　　　　　　　　　　　　　　　表3-10

跨度分级	小跨度	中等跨度	大跨度	特大跨度
开挖跨度(m)	5～8.5	8.5～12	12～14	>14
对应的开挖断面面积(m²)	30～70	70～110	110～140	>140
适用范围	无轨运输辅助坑道,120～160km/h单线隧道	120km/h双线隧道,200～350km/h单线隧道	160～200km/h双线隧道	250～350km/h双线隧道,三线及以上隧道

根据《铁路隧道设计规范》(TB 10003—2016),铁路隧道复合式衬砌的设计参数见表3-11。

铁路隧道复合式衬砌的设计参数　　　　　　　　　　表3-11

围岩级别	隧道开挖跨度	初期支护						二次衬砌	
		喷射混凝土厚度(cm)		锚杆			钢筋网(cm)	钢架	拱、墙混凝土厚度(cm)	仰拱混凝土厚度(cm)
		拱、墙	仰拱	位置	长度(m)	间距(m)				
Ⅱ	小跨	5	—	局部	2.0	—	—	—	30	—
	中跨	5	—	局部	2.0	—	—	—	30	—
	大跨	5～8	—	局部	2.5	—	—	—	30～35	—
Ⅲ硬质岩	小跨	5～8	—	拱、墙	2.0	1.2～1.5	拱部@25×25	—	30～35	—
	中跨	8～10	—	拱、墙	2.0～2.5	1.2～1.5	拱部@25×25	—	30～35	—
	大跨	10～12	—	拱、墙	2.5～3.0	1.2～1.5	拱部@25×25	—	35～40	35～40

续上表

围岩级别	隧道开挖跨度	初期支护					二次衬砌	
		喷射混凝土厚度(cm)		锚杆			钢筋网(cm)	钢架	拱、墙混凝土厚度(cm)	仰拱混凝土厚度(cm)
		拱、墙	仰拱	位置	长度(m)	间距(m)				
Ⅲ软质岩	小跨	8	—	拱、墙	2.0~2.5	1.2~1.5	拱部@25×25	—	30~35	30~35
	中跨	8~10	—	拱、墙	2.0~2.5	1.2~1.5	拱部@25×25	—	30~35	30~35
	大跨	10~12	—	拱、墙	2.5~3.0	1.2~1.5	拱部@25×25	—	35~40	35~40
Ⅳ深埋	小跨	10~12	—	拱、墙	2.5~3.0	1.0~1.2	拱部@25×25	—	35~40	40~45
	中跨	12~15	—	拱、墙	2.5~3.0	1.0~1.2	拱、墙@25×25	—	40~45	45~50
	大跨	20~23	10~15	拱、墙	3.0~3.5	1.0~1.2	拱、墙@25×25	拱、墙	40~45*	45~50*
Ⅳ浅埋	小跨	20~23	—	拱、墙	2.5~3.0	1.0~1.2	拱、墙@25×25	拱、墙	35~40	40~45
	中跨	20~23	—	拱、墙	2.5~3.0	1.0~1.2	拱、墙@20×20	拱、墙	40~45	45~50
	大跨	20~23	10~15	拱、墙	3.0~3.5	1.0~1.2	拱、墙@20×20	拱、墙	40~45*	45~50*
Ⅴ深埋	小跨	20~23	—	拱、墙	3.0~3.5	0.8~1.0	拱、墙@20×20	拱、墙	40~45*	45~50
	中跨	20~23	20~23	拱、墙	3.0~3.5	0.8~1.0	拱、墙@20×20	全、环	40~45*	45~50*
	大跨	23~25	23~25	拱、墙	3.5~4.0	0.8~1.0	拱、墙@20×20	全、环	50~55*	55~60*
Ⅴ浅埋	小跨	23~25	23~25	拱、墙	3.0~3.5	0.8~1.0	拱、墙@20×20	全、环	40~45*	45~50*
	中跨	23~25	23~25	拱、墙	3.0~3.5	0.8~1.0	拱、墙@20×20	全、环	40~45*	45~50*
	大跨	25~27	25~27	拱、墙	3.5~4.0	0.8~1.0	拱、墙@20×20	全、环	50~55*	55~60*

注:1. 表中喷射混凝土厚度为平均值,*表示为钢筋混凝土。

2. Ⅵ级围岩和特殊围岩应单独设计。

3. Ⅲ级缓倾软质岩地段,隧道拱部180°范围内初期支护可架设格栅钢架,相应调整拱部喷射混凝土厚度。

第四节 设计示例

一、公路隧道设计

某公路为高速公路双向四车道,设计行车速度为80km/h,隧道右线地质条件如图3-17(地质纵断面图)所示,试进行右线隧道结构设计。

设计过程如下:

(1)第一步:确定隧道建筑限界。

依据《公路隧道设计规范 第一册 土建工程》(JTG 3370.1—2018)附录B中B.0.7确定隧道建筑限界如下:

隧道建筑限界:(0.75+0.5+2×3.75+0.75+0.75)m,隧道净高:5.0m,如图3-18所示。

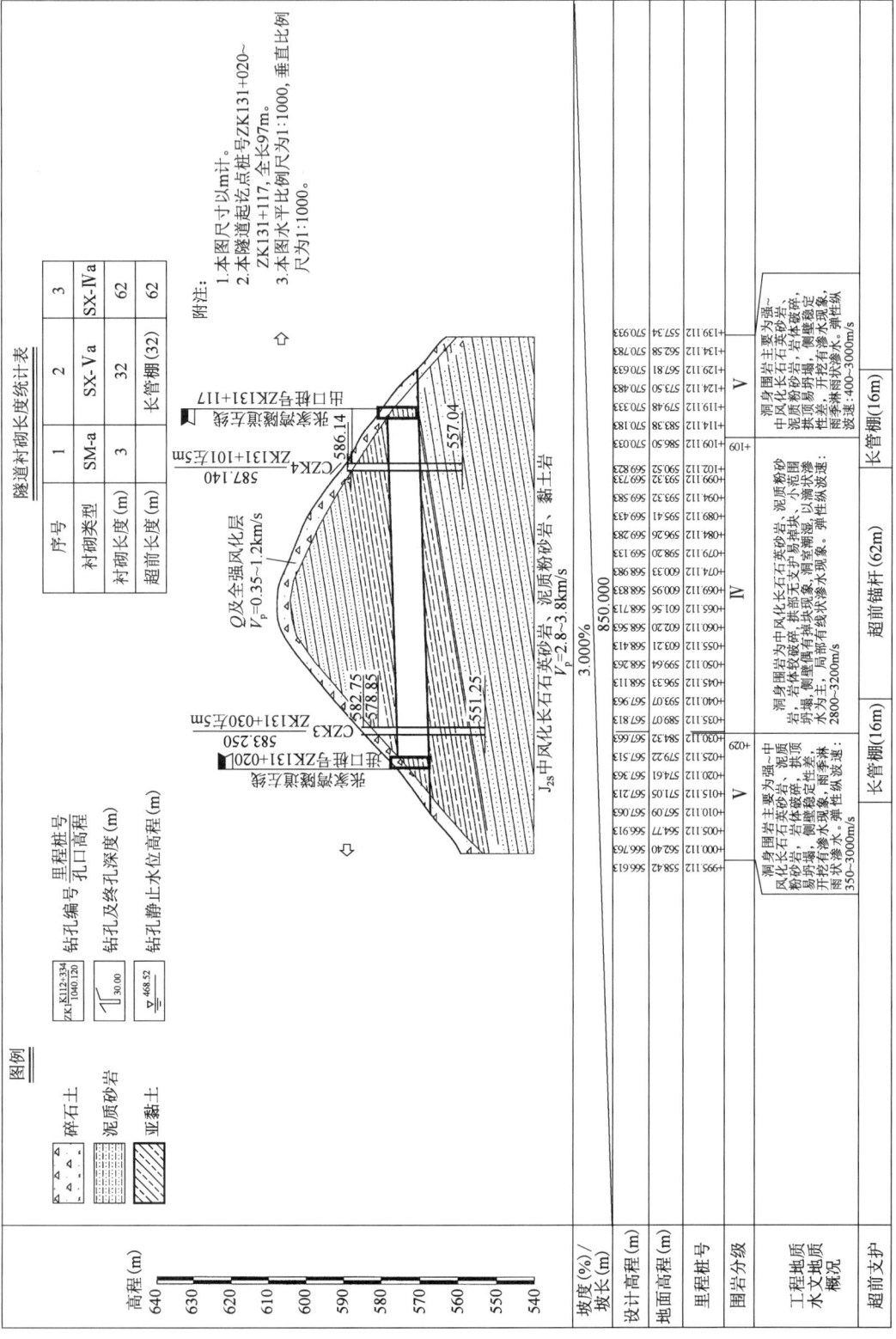

图 3-17 右线(地质)纵断面设计图

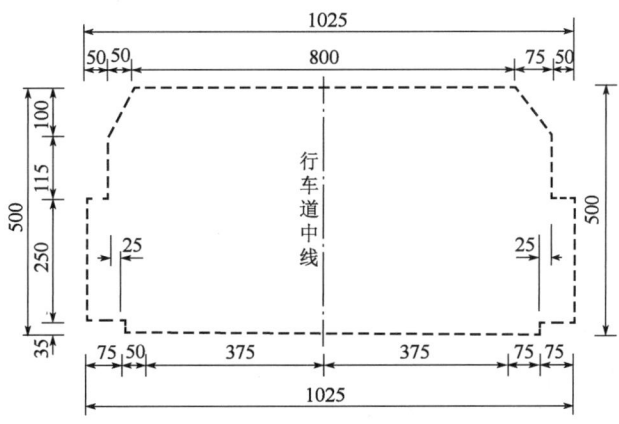

图 3-18 隧道建筑限界设计图(尺寸单位:cm)

(2)第二步:确定隧道内轮廓形状。

依据《公路隧道设计规范 第一册 土建工程》(JTG 3370.1—2018)附录 B 中 B.0.7,结合隧道内轮廓设计"大小够用为度、形状受力合理、施工简单方便"的原则,确定隧道内轮廓,如图 3-19 所示。

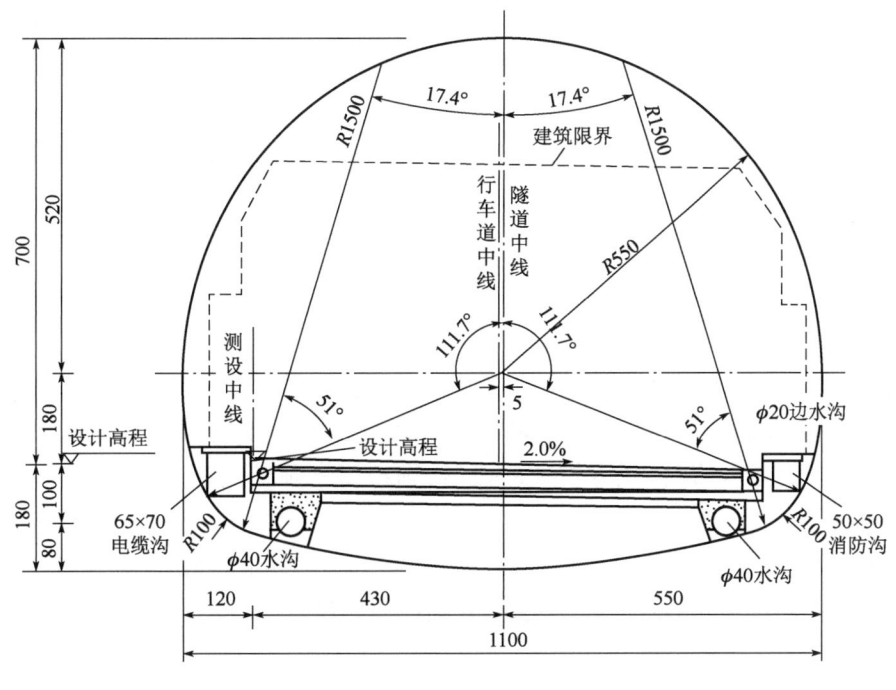

a)有仰拱

图 3-19

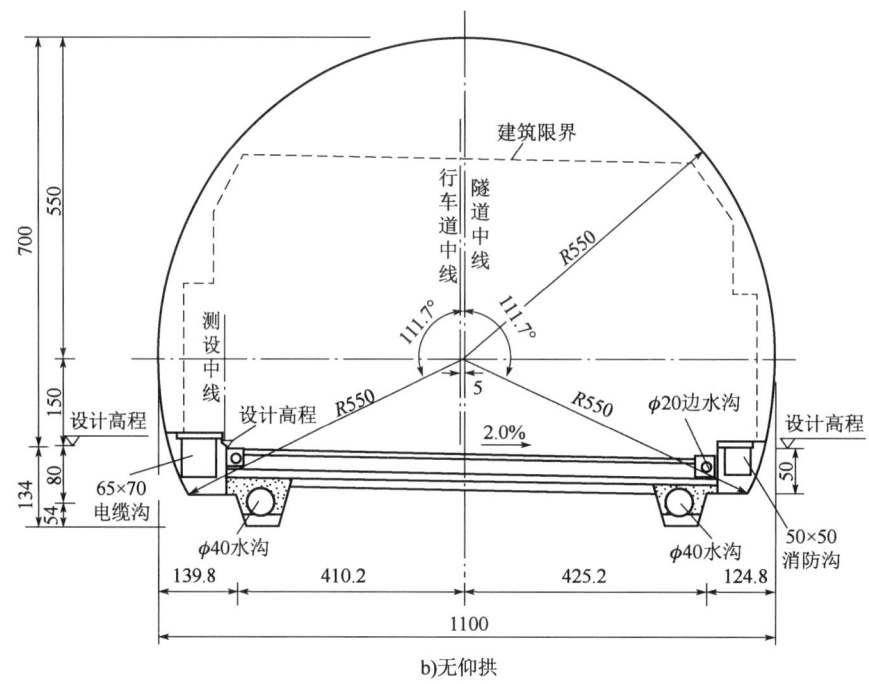

图3-19 确定隧道内轮廓(尺寸单位:cm)

(3)第三步:衬砌结构设计。

本隧道衬砌结构按照新奥法原理进行设计。隧道采用复合式衬砌,即初期支护采用锚杆+钢筋网喷射混凝土+钢拱架,在地质条件较差段辅以不同形式的超前支护;二次衬砌为模筑混凝土或钢筋混凝土。衬砌设计支护参数通过工程类比和计算分析综合确定。

隧道复合式衬砌设计的主要原则为:

①初期支护。

对于普通Ⅳ～Ⅴ级围岩,由工字钢(或格栅架)、系统锚杆、钢筋网及喷射混凝土组成,并辅以不同形式的超前支护;对于普通Ⅲ级围岩,则由系统锚杆、钢筋网及喷射混凝土组成。对于Ⅵ级或Ⅴ级洞口段围岩软弱、压力较大的段落,则根据实际情况设置临时仰拱以控制围岩变形。

对于深埋软岩Ⅳ～Ⅴ级围岩易发生大变形段,由U形可伸缩钢架、系统锚杆、钢筋网及喷射混凝土组成,并辅以不同形式的超前支护,并相应加大预留变形量。

②二次衬砌。

一般情况下采用素混凝土,以方便施工。但是在软弱围岩地段,则采用钢筋混凝土,以确保隧道结构的安全。二次衬砌施作的时间应根据围岩地质情况和施工监测数据确定。

主洞衬砌支护参数如表3-12所示。

主洞衬砌支护参数 表3-12

项目			参数		
			V级围岩		IV级围岩
			SX-V$_a$	SX-V$_b$	SX-IV$_a$
超前支护	型号		φ108管棚	φ42小导管	φ22药卷
	长度(m)		16~40	4	3.5
	间距(cm)			40×240	40×200
	布设范围			拱部120°	拱部120°
初期支护	喷射混凝土(cm)		26	24	22
	锚杆	型号	φ25中空	φ25中空	φ22药卷
		长度(m)	3.5	3.5	3
		间距(cm)	120×60	120×60	120×100
	钢筋网	型号	φ8	φ8	φ8
		规格(cm)	20×20	20×20	25×25
	钢架	型号	I20a(全封闭)	主洞衬砌	I16(拱、墙)
		间距(cm)	60	60	100
二次衬砌	C25拱、墙(cm)		50(钢筋)	45(钢筋)	45
	C25仰拱(cm)		50(钢筋)	45(钢筋)	45

衬砌结构形式如图3-20所示。

二、铁路隧道设计

某铁路工程,设计速度160km/h,双线,客货共线电气化铁路隧道,试进行隧道结构设计。隧址地质描述如下:丘陵地貌,地面高程336.6~484.4m,相对高差60~110m,地势起伏较大,坡度较陡;隧道进口位于砂岩陡崖附近,坡度较陡;出口位于民房前的平缓地带,坡度较缓。隧址区丘坡多为旱地、林地,植被发育。隧址区为单斜构造,岩层倾角由进口至出口大致呈变缓趋势,岩层产状N4°~28°E/24°~28°NW。泥岩中以风化节理为主;砂岩呈中厚层状构造,岩体较完整,进、出口端各有两组节理发育。

隧道区主要的地表水为山间沟内常年季节性地表水以及隧道中间位置右300m附近的大片塘水。地下水主要为孔隙水、基岩裂隙水,第四系孔隙水赋存于粉质黏土层中,粉质黏土层透水性及富水性均较差,孔隙水不发育。

经隧址区水文地质调查,结合区域水文地质资料综合分析得出,大气降水、地表水的直接入渗是隧道区地下水的主要补给来源。隧道穿越沟槽段汇水面积较大,该段地下水较发育,可能出现股状涌水,泥岩段以滴渗状出水为主。

隧道采用单向上坡,进口路肩高程为354.79m,出口路肩高程为365.825m,长度为2120m,隧道整体埋深较浅,最大埋深约105m。

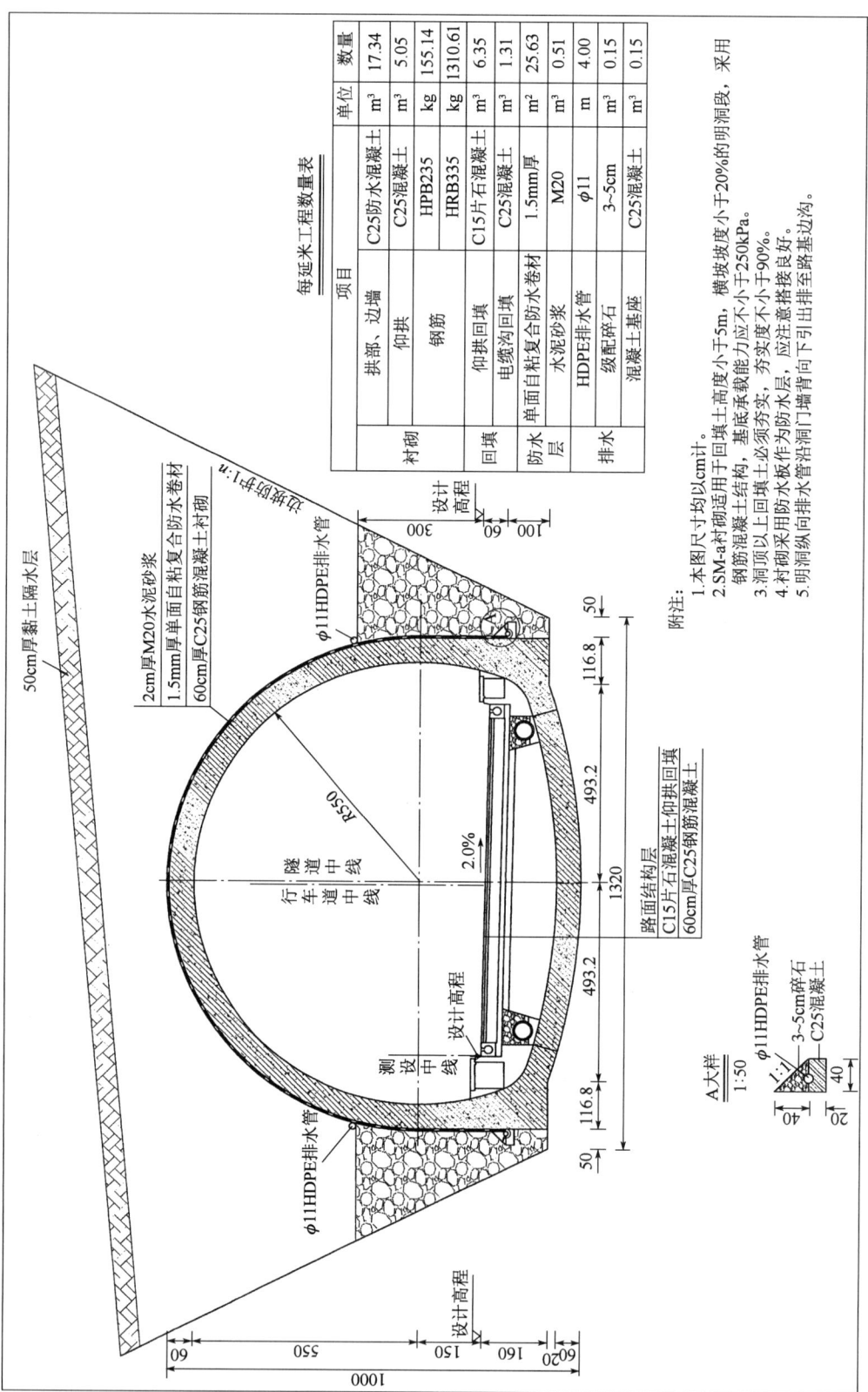

图 3-20 a) SM-a（明洞）衬砌设计图

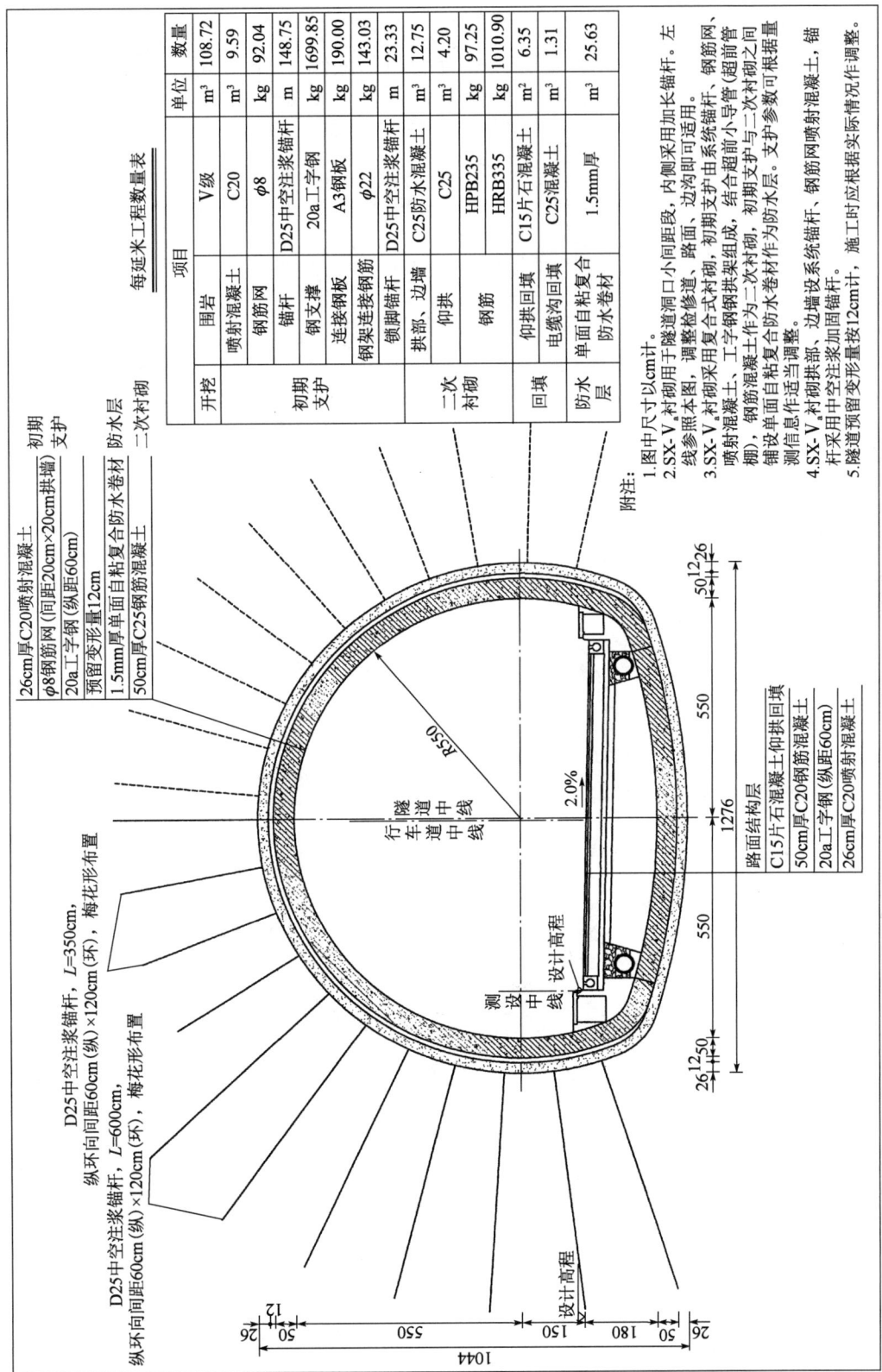

图 3-20 b)SX-V_a复合衬砌设计图

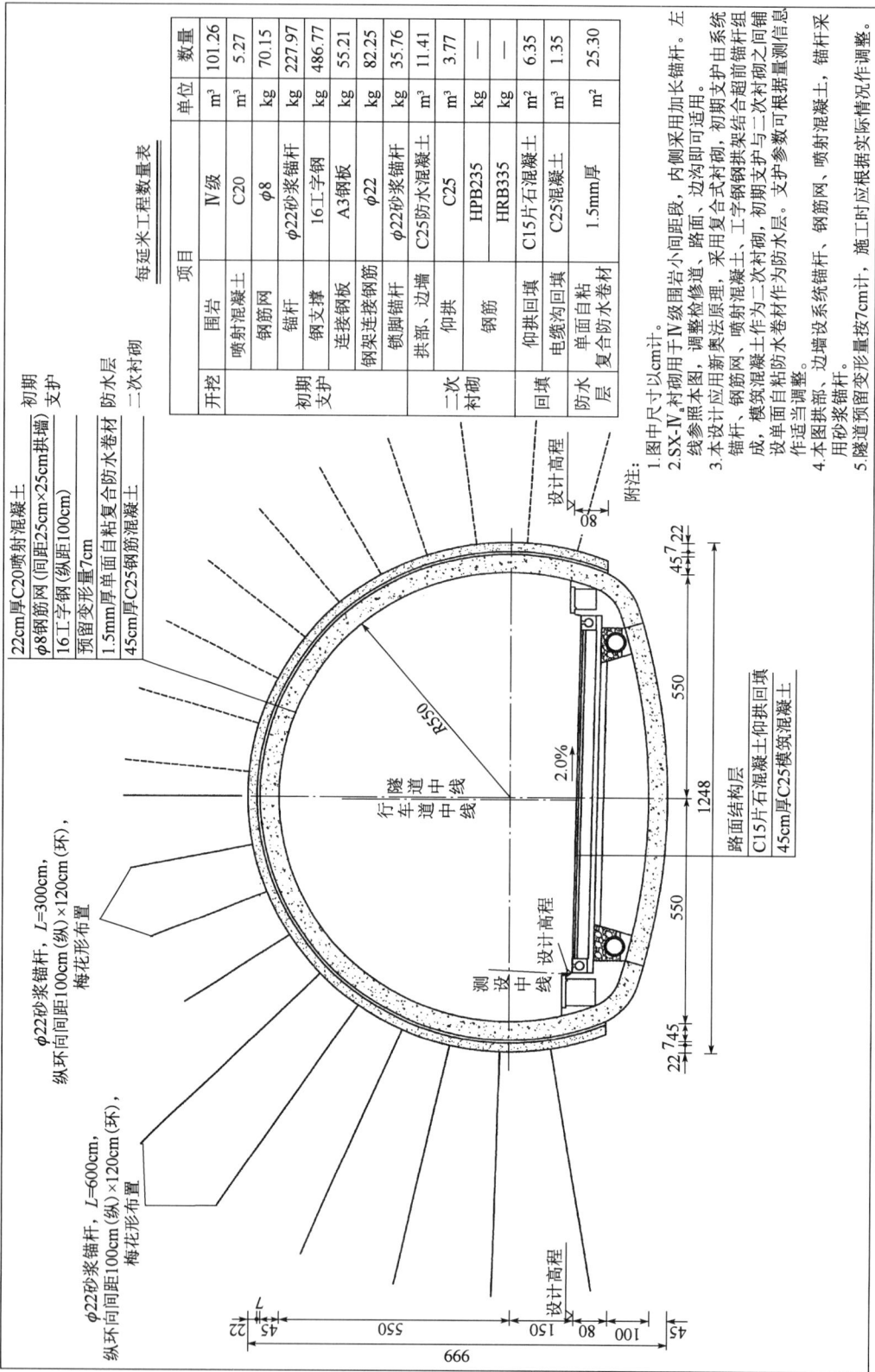

c) SX-IVa 复合衬砌设计图

图 3-20 衬砌结构形式

设计过程如下：

（1）第一步：确定隧道建筑限界及内轮廓。

单线地段隧道建筑限界参照《铁路隧道设计规范》（TB 10003—2016），如图3-21所示。

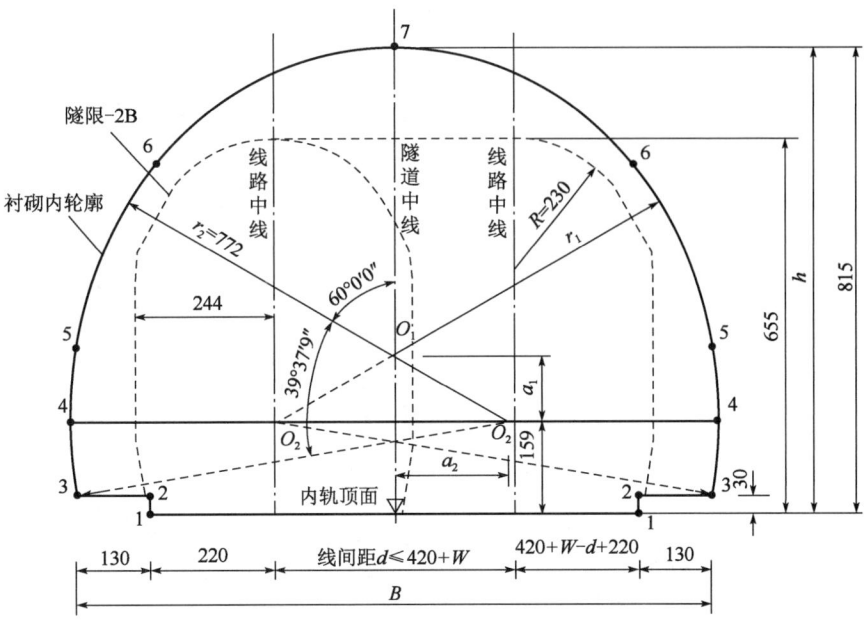

图3-21 隧道（速度160km/h）建筑限界及衬砌内轮廓（尺寸单位：cm）

图3-21中 W 为断面加宽值，加宽值为10cm的整数倍，d 表示实际线间距。基准线间距为4.2m，除线间距变化引起的加宽外，隧道内轮廓均不需要考虑曲线加宽，加宽衬砌内轮廓尺寸如表3-13所示。

加宽衬砌内轮廓尺寸（cm）　　　　表3-13

断面加宽	r_1	a_1	a_2	B	h
0	540	116	201	1120	815
10	546	113	196	1130	818
20	551	110	191	1140	821
30	557	107	186	1150	824
40	563	105	181	1160	826
50	569	102	176	1170	829
60	575	99	171	1180	832
70	580	96	166	1190	835
80	586	93	161	1200	838

（2）第二步：衬砌结构设计。

根据本隧道位置地质状况，将围岩划分为Ⅲ级一般地段、Ⅲ级缓倾地段、Ⅳ级深埋一般地段、Ⅳ级深埋围岩完整地段、Ⅳ级浅埋偏压地段、Ⅴ级深埋地段、Ⅴ级浅埋地段、Ⅴ级偏压地段及断层破碎地段。各段衬砌结构设计如图3-22～图3-29所示。

①Ⅲ级一般地段。

衬砌结构设计如图3-22所示,相应的断面尺寸和初期支护参数见表3-14、表3-15。

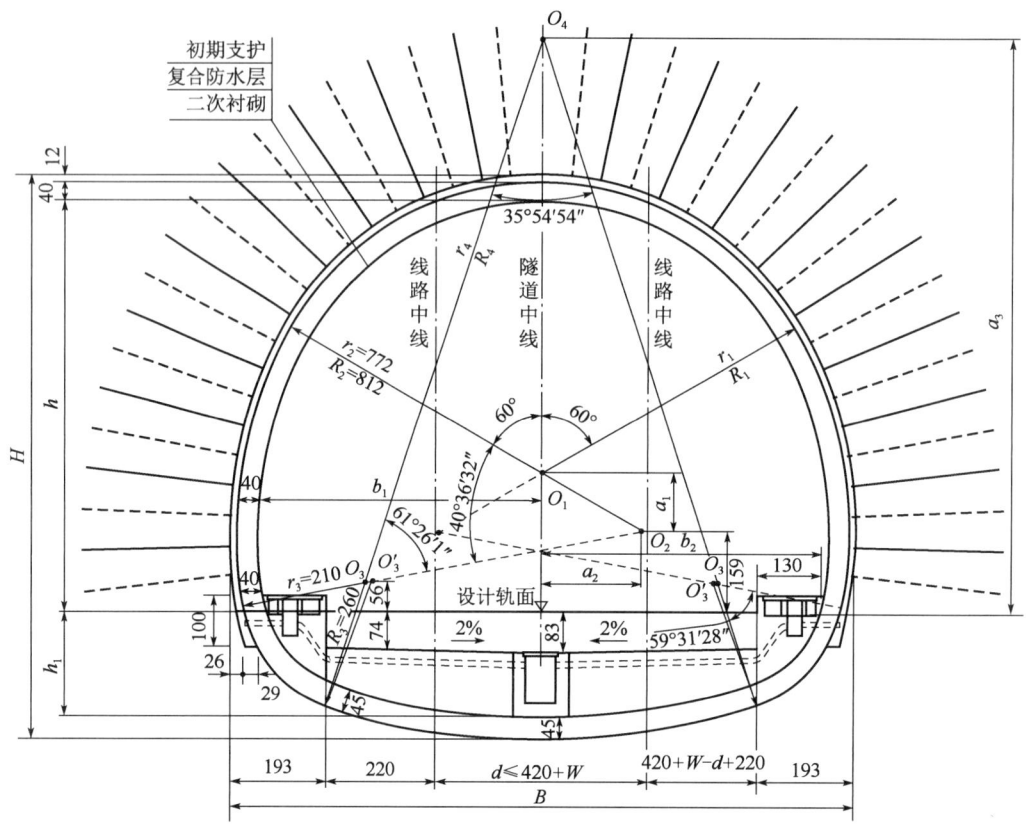

图3-22 Ⅲ级围岩Ⅲ$_a$型复合式衬砌断面(尺寸单位:cm)

Ⅲ$_a$型复合式衬砌断面尺寸(cm) 表3-14

加宽	r_1	R_1	r_4	R_4	a_1	a_2	a_3	b_1	b_2	B	h	h_1	H
0	540	580	1350	1395	116	201	1140	571	560	1246	815	210	1122
10	546	586	1366	1411	113	196	1155	576	565	1256	818	211	1126
20	551	591	1382	1427	110	191	1171	581	570	1266	821	212	1130
30	557	597	1399	1444	107	186	1186	586	575	1276	824	212	1133
40	563	603	1415	1460	105	181	1202	591	580	1286	826	213	1136
50	569	609	1431	1476	102	176	1217	596	585	1296	829	214	1140
60	575	615	1447	1492	99	171	1233	601	590	1306	832	215	1144
70	580	620	1464	1509	96	166	1248	606	595	1316	835	216	1148
80	586	626	1480	1525	93	161	1263	611	600	1326	838	216	1151

Ⅲₐ型复合式衬砌初期支护参数 表3-15

预留变形量 (cm)	喷射混凝土		φ6钢筋网		锚杆		
	设置部位	厚度(cm)	设置部位	网格(cm)	设置部位	长度(m)	间距(m)
5~8	拱、墙	12	拱部	25×25	拱、墙	3.0	1.2×1.5（环×纵）

②Ⅲ级缓倾地段。

衬砌结构设计如图3-23所示，相应的断面尺寸和初期支护参数见表3-16、表3-17。

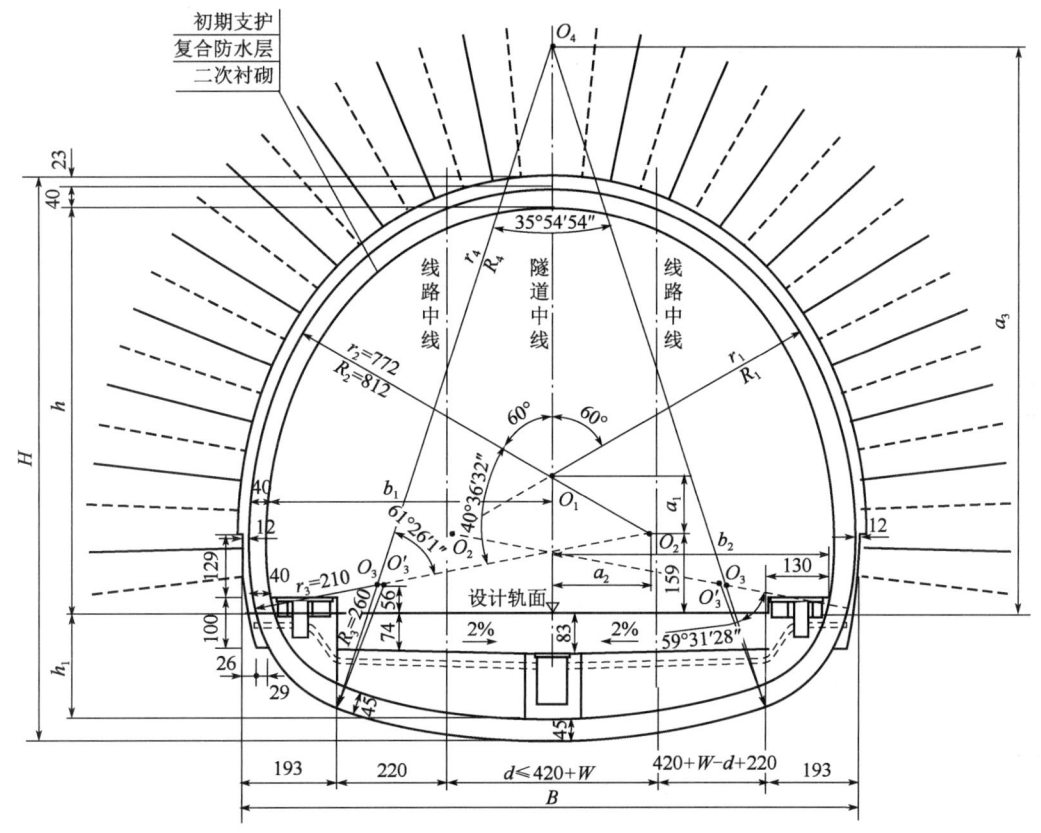

图3-23　Ⅲ级围岩Ⅲ_b型复合式衬砌断面（尺寸单位：cm）

Ⅲ_b型复合式衬砌断面尺寸（cm） 表3-16

加宽	r_1	R_1	r_4	R_4	a_1	a_2	a_3	b_1	b_2	B	h	h_1	H
0	540	580	1350	1395	116	201	1140	571	560	1268	815	210	1133
10	546	586	1366	1411	113	196	1155	576	565	1278	818	211	1137
20	552	592	1382	1427	110	191	1171	581	570	1288	821	212	1141
30	557	597	1399	1444	107	186	1186	586	575	1298	824	212	1144
40	563	603	1415	1460	105	181	1202	591	580	1308	826	213	1147
50	569	609	1431	1476	102	176	1217	596	585	1318	829	214	1151
60	574	614	1447	1492	99	171	1233	601	590	1328	832	215	1155
70	580	620	1464	1509	96	166	1248	606	595	1338	835	216	1159
80	586	626	1480	1525	93	161	1263	611	600	1348	838	216	1162

Ⅲ$_b$型复合式衬砌初期支护参数 表3-17

预留变形量 (cm)	喷射混凝土		φ6钢筋网		锚杆			钢架	
	设置部位	厚度 (cm)	设置部位	网格 (cm)	设置部位	长度 (m)	间距 (m)	设置部位	间距 (m)
5~8	拱部	23	拱部	25×25	拱、墙	3.0	1.2×1.5 (环×纵)	拱部	1.5
	边墙	12							

③Ⅳ级深埋一般地段。

衬砌结构设计如图3-24所示,相应的断面尺寸和初期支护参数见表3-18、表3-19。

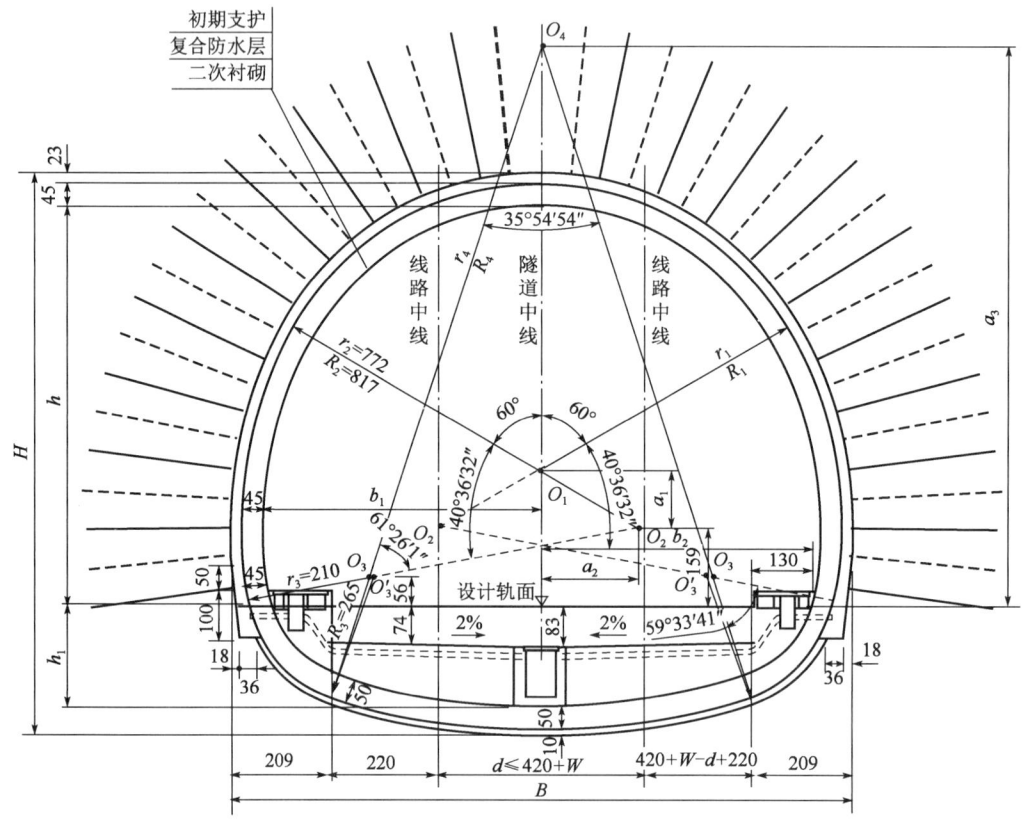

图3-24 Ⅳ级围岩Ⅳ$_{a1}$型复合式衬砌断面(尺寸单位:cm)

Ⅳ$_{a1}$型复合式衬砌断面尺寸(cm) 表3-18

加宽	r_1	R_1	r_4	R_4	a_1	a_2	a_3	b_1	b_2	B	h	h_1	H
0	540	585	1350	1400	116	201	1140	571	560	1278	815	210	1153
10	546	591	1366	1416	113	196	1155	576	565	1288	818	211	1157
20	551	596	1382	1432	110	191	1171	581	570	1298	821	212	1161
30	557	602	1399	1449	107	186	1186	586	575	1308	824	212	1164
40	563	608	1415	1465	105	181	1202	591	580	1318	826	213	1167

续上表

加宽	r_1	R_1	r_4	R_4	a_1	a_2	a_3	b_1	b_2	B	h	h_1	H
50	569	614	1431	1481	102	176	1217	596	585	1328	829	214	1171
60	575	620	1447	1497	99	171	1233	601	590	1338	832	215	1175
70	580	625	1464	1514	96	166	1248	606	595	1348	835	216	1179
80	586	631	1480	1530	93	161	1263	611	600	1358	838	216	1182

IV_{a1}型复合式衬砌初期支护参数　　　　表3-19

预留变形量 (cm)	喷射混凝土		$\phi6$钢筋网		锚杆			钢架	
	设置部位	厚度 (cm)	设置部位	网格 (cm)	设置部位	长度 (m)	间距 (m)	设置部位	间距 (m)
8～10	拱、墙	23	拱、墙	20×20	拱、墙	3.0	1.2×1.2 (环×纵)	拱、墙	1.2
	仰拱	10							

④IV级深埋围岩完整地段。

衬砌结构设计如图3-25所示,相应的断面尺寸和初期支护参数见表3-20、表3-21。

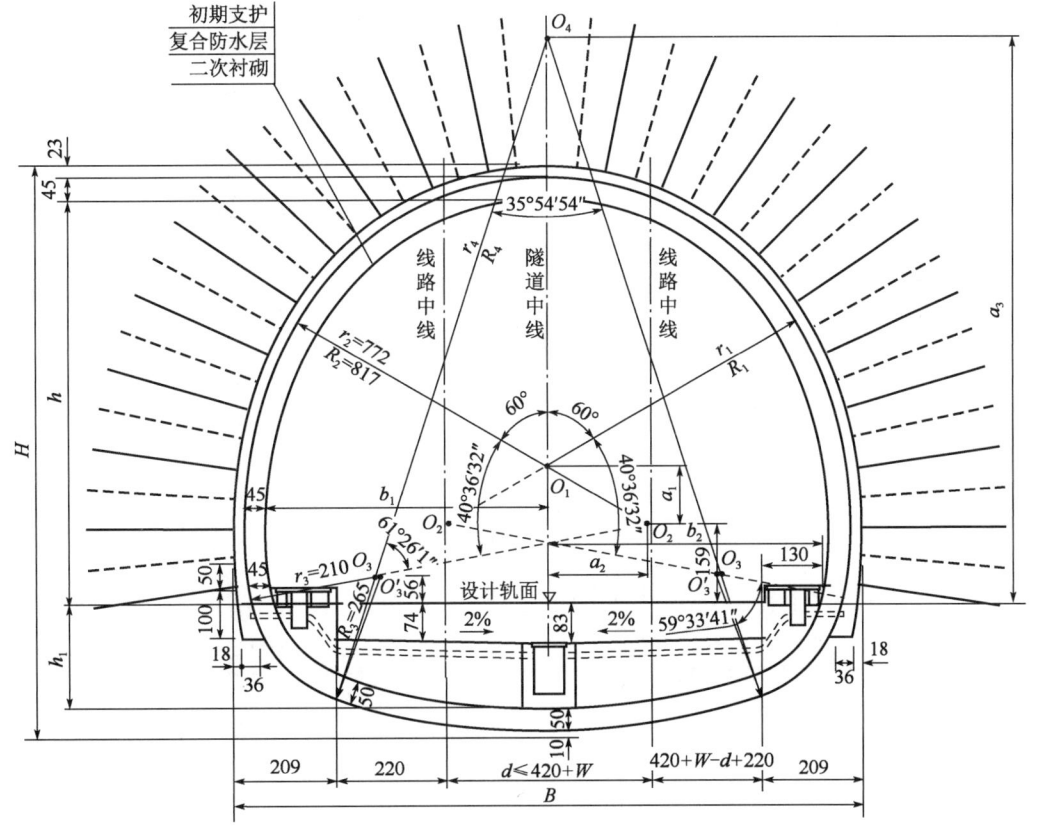

图3-25　IV级围岩IV_{a2}型复合式衬砌断面(尺寸单位:cm)

Ⅳ$_{a2}$型复合式衬砌断面尺寸(cm) 表3-20

加宽	r_1	R_1	r_4	R_4	a_1	a_2	a_3	b_1	b_2	B	h	h_1	H
0	540	585	1350	1400	116	201	1140	571	560	1278	815	210	1153
10	546	591	1366	1416	113	196	1155	576	565	1288	818	211	1157
20	551	596	1382	1432	110	191	1171	581	570	1298	821	212	1161
30	557	602	1399	1449	107	186	1186	586	575	1308	824	212	1164
40	563	608	1415	1465	105	181	1202	591	580	1318	826	213	1167
50	569	614	1431	1481	102	176	1217	596	585	1328	829	214	1171
60	575	620	1447	1497	99	171	1233	601	590	1338	832	215	1175
70	580	625	1464	1514	96	166	1248	606	595	1348	835	216	1179
80	586	631	1480	1530	93	161	1263	611	600	1358	838	216	1182

Ⅳ$_{a2}$型复合式衬砌初期支护参数 表3-21

预留变形量 (cm)	喷射混凝土		$\phi 6$钢筋网		锚杆			钢架	
	设置部位	厚度(cm)	设置部位	网格(cm)	设置部位	长度(m)	间距(m)	设置部位	间距(m)
8~10	拱、墙	23	拱、墙	20×20	拱、墙	3.0	1.2×1.2(环×纵)	拱、墙	1.2

⑤Ⅳ级浅埋偏压地段。

衬砌结构设计如图3-26所示,相应的断面尺寸和初期支护参数见表3-22、表3-23。

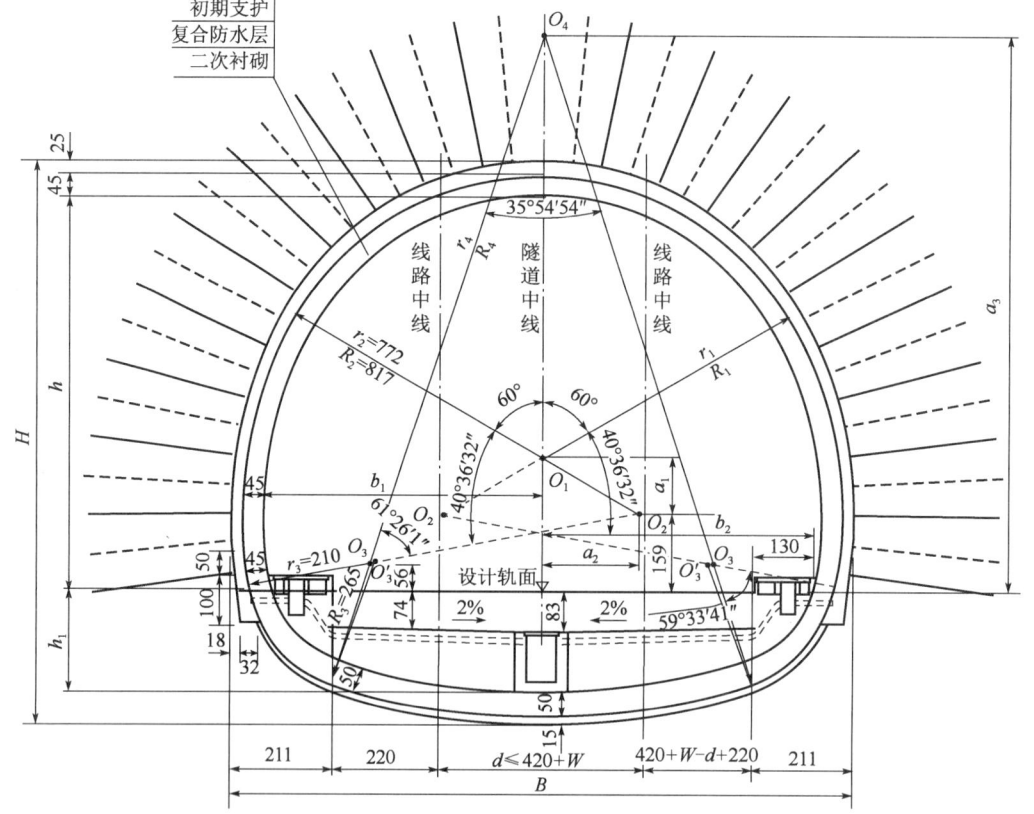

图3-26 Ⅳ级围岩Ⅳ$_b$型复合式衬砌断面(尺寸单位:cm)

Ⅳ$_b$型复合式衬砌断面尺寸(cm)　　　　　　　　　　　　　　　　　表3-22

加宽	r_1	R_1	r_4	R_4	a_1	a_2	a_3	b_1	b_2	B	h	h_1	H
0	540	585	1350	1400	116	201	1140	571	560	1282	815	210	1160
10	546	591	1366	1416	113	196	1155	576	565	1292	818	211	1164
20	551	596	1382	1432	110	191	1171	581	570	1302	821	212	1168
30	557	602	1399	1449	107	186	1186	586	575	1312	824	212	1171
40	563	608	1415	1465	105	181	1202	591	580	1322	826	213	1174
50	569	614	1431	1481	102	176	1217	596	585	1332	829	214	1178
60	575	620	1447	1497	99	171	1233	601	590	1342	832	215	1182
70	580	625	1464	1514	96	166	1248	606	595	1352	835	216	1186
80	586	631	1480	1530	93	161	1263	611	600	1362	838	216	1189

Ⅳ$_b$型复合式衬砌初期支护参数　　　　　　　　　　　　　　　　　表3-23

预留变形量(cm)	喷射混凝土		$\phi6$钢筋网		锚杆			钢架	
	设置部位	厚度(cm)	设置部位	网格(cm)	设置部位	长度(m)	间距(m)	设置部位	间距(m)
8~10	拱、墙	25	拱、墙	20×20	拱、墙	3.0	1.2×1.2(环×纵)	拱、墙	1.0
	仰拱	15							

⑥Ⅴ级深埋地段。

衬砌结构设计如图3-27所示，相应的断面尺寸和初期支护参数见表3-24、表3-25。

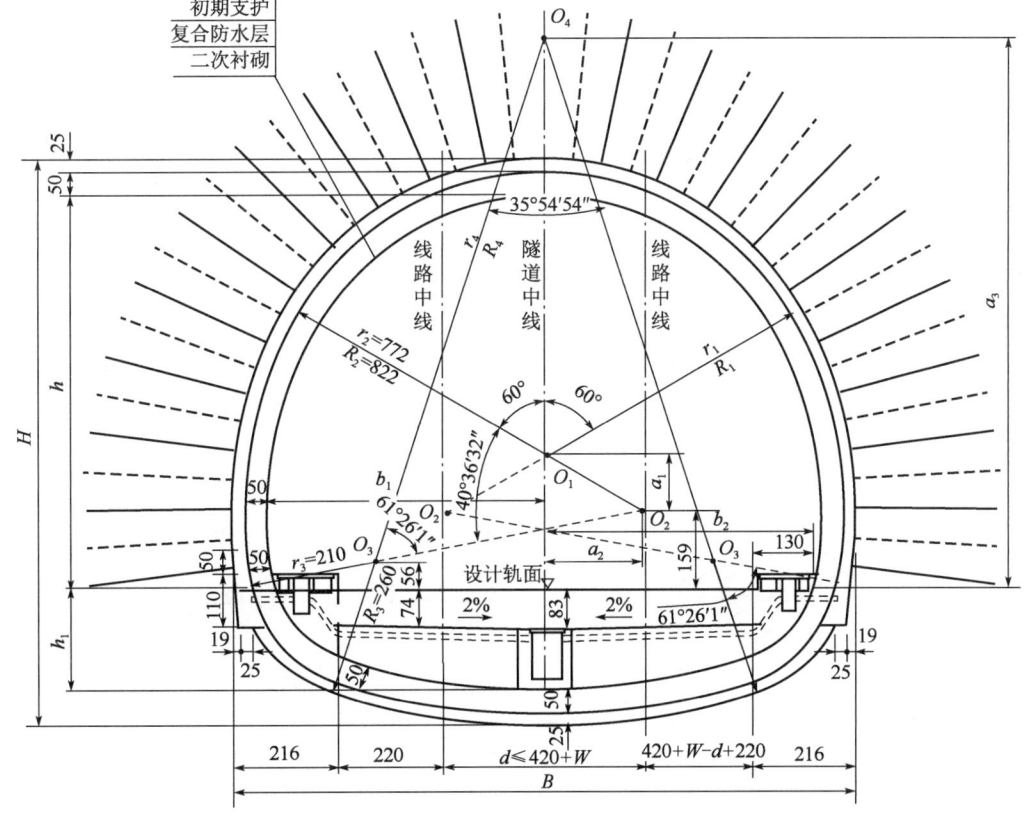

图3-27　Ⅴ级围岩Ⅴ$_a$型复合式衬砌断面(尺寸单位：cm)

V_a型复合式衬砌断面尺寸(cm) 表3-24

加宽	r_1	R_1	r_4	R_4	a_1	a_2	a_3	b_1	b_2	B	h	h_1	H
0	540	590	1350	1400	116	201	1140	571	560	1292	815	210	1175
10	546	596	1366	1416	113	196	1155	576	565	1302	818	211	1179
20	551	601	1382	1432	110	191	1171	581	570	1312	821	212	1183
30	557	607	1399	1449	107	186	1186	586	575	1322	824	212	1186
40	563	613	1415	1465	105	181	1202	591	580	1332	826	213	1189
50	569	619	1431	1481	102	176	1217	596	585	1342	829	214	1193
60	575	625	1447	1497	99	171	1233	601	590	1352	832	215	1197
70	580	630	1464	1514	96	166	1248	606	595	1362	835	216	1201
80	586	636	1480	1530	93	161	1263	611	600	1372	838	216	1204

V_a型复合式衬砌初期支护参数 表3-25

预留变形量 (cm)	喷射混凝土		$\phi 8$钢筋网		锚杆			钢架	
	设置部位	厚度(cm)	设置部位	网格(cm)	设置部位	长度(m)	间距(m)	设置部位	间距(m)
10~15	拱、墙	25	拱、墙	20×20	拱、墙	3.5	1.2×1.2(环×纵)	全环	0.8
	仰拱	25							

⑦Ⅴ级浅埋地段。

衬砌结构设计如图3-28所示,相应的断面尺寸和初期支护参数见表3-26、表3-27。

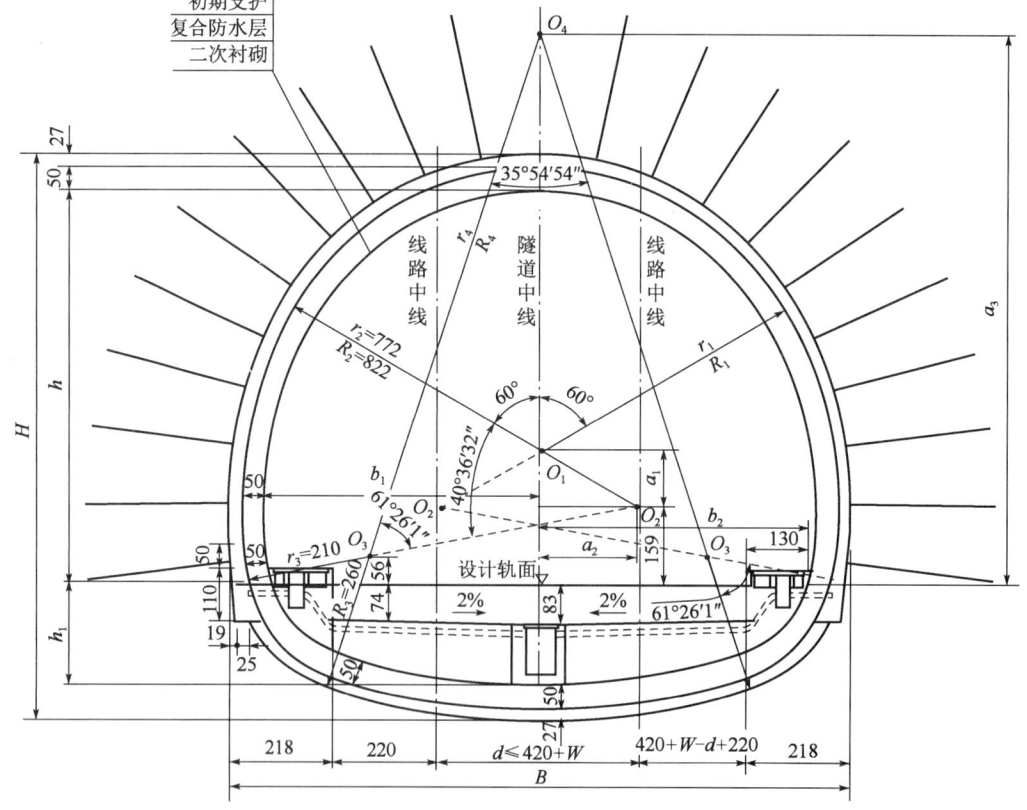

图3-28 Ⅴ级围岩V_b型复合式衬砌断面(尺寸单位:cm)

V_b型复合式衬砌断面尺寸(cm)　　　　　表3-26

加宽	r_1	R_1	r_4	R_4	a_1	a_2	a_3	b_1	b_2	B	h	h_1	H
0	540	590	1350	1400	116	201	1140	571	560	1296	815	210	1179
10	546	596	1366	1416	113	196	1155	576	565	1306	818	211	1183
20	551	601	1382	1432	110	191	1171	581	570	1316	821	212	1187
30	557	607	1399	1449	107	186	1186	586	575	1326	824	212	1190
40	563	613	1415	1465	105	181	1202	591	580	1336	826	213	1193
50	569	619	1431	1481	102	176	1217	596	585	1346	829	214	1197
60	575	625	1447	1497	99	171	1233	601	590	1356	832	215	1201
70	580	630	1464	1514	96	166	1249	606	595	1366	835	216	1205
80	586	636	1480	1530	93	161	1263	611	600	1376	838	216	1208

V_b型复合式衬砌初期支护参数　　　　　表3-27

预留变形量 (cm)	喷射混凝土		$\phi 8$钢筋网		锚杆			钢架	
	设置部位	厚度 (cm)	设置部位	网格 (cm)	设置部位	长度 (m)	间距 (m)	设置部位	间距 (m)
10~15	拱、墙	27	拱、墙	20×20	拱、墙	3.5	1.2×1.0 (环×纵)	全环	0.6
	仰拱	27							

⑧V级偏压地段及断层破碎地段。

衬砌结构设计如图3-29所示,相应的断面尺寸和初期支护参数见表3-28、表3-29。

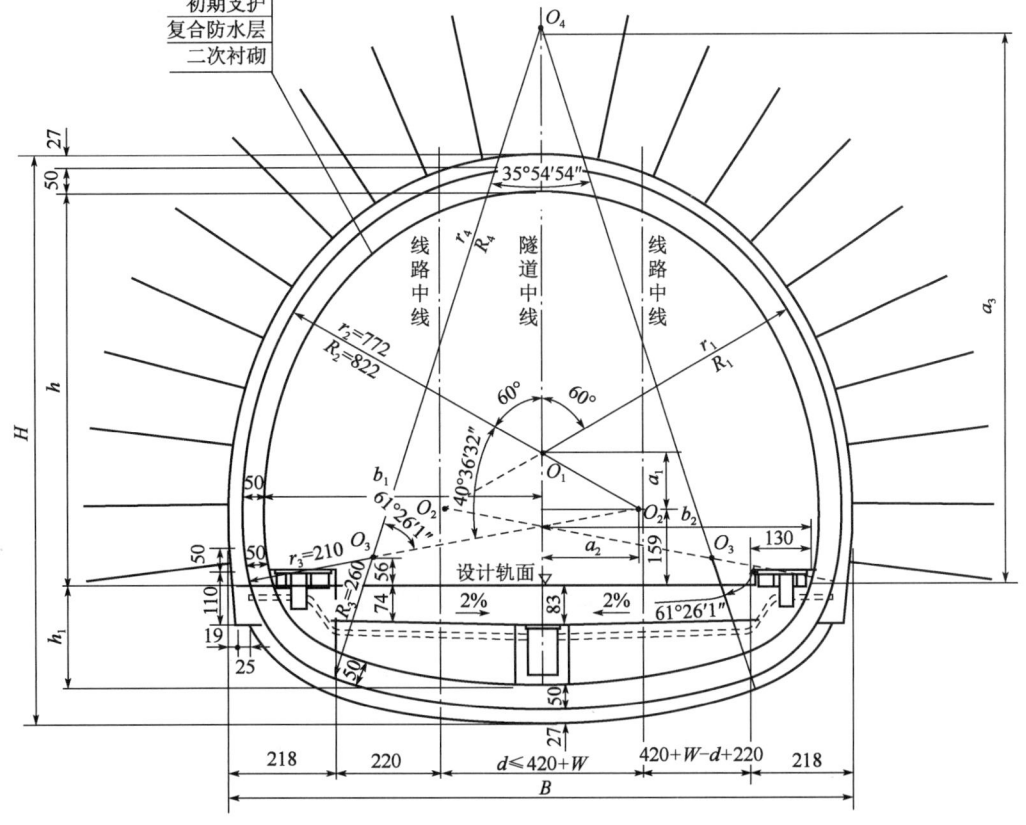

图3-29　V级围岩V_c型复合式衬砌断面(尺寸单位:cm)

V_c型复合式衬砌断面尺寸(cm)　　　　　　　　表3-28

加宽	r_1	R_1	r_4	R_4	a_1	a_2	a_3	b_1	b_2	B	h	h_1	H
0	540	590	1350	1400	116	201	1140	571	560	1296	815	210	1179
10	546	596	1366	1416	113	196	1155	576	565	1306	818	211	1183
20	551	601	1382	1432	110	191	1171	581	570	1316	821	212	1187
30	557	607	1399	1449	107	186	1186	586	575	1326	824	212	1190
40	563	613	1415	1465	105	181	1202	591	580	1336	826	213	1193
50	569	619	1431	1481	102	176	1217	596	585	1346	829	214	1197
60	575	625	1447	1497	99	171	1233	601	590	1356	832	215	1201
70	580	630	1464	1514	96	166	1249	606	595	1366	835	216	1205
80	586	636	1480	1530	93	161	1263	611	600	1376	838	216	1208

V_c型复合式衬砌初期支护参数　　　　　　　　表3-29

预留变形量 (cm)	喷射混凝土		φ8钢筋网		锚杆			钢架	
	设置部位	厚度(cm)	设置部位	网格(cm)	设置部位	长度(m)	间距(m)	设置部位	间距(m)
10~15	拱、墙	27	拱、墙	20×20	拱、墙	3.5	1.2×1.0 (环×纵)	全环	0.6
	仰拱	27							

第四章

围岩分级与围岩压力

学习目标

(1) 认识围岩的工程性质。
(2) 熟悉岩体的结构分类。
(3) 理解围岩的稳定性分级方法。

思考与练习

1. 课前思考
(1) 围岩与岩体、岩石三者之间有何关系?
(2) 岩体和岩石哪个抗压强度高? 为什么?
(3) 岩体结构与围岩变形破坏之间有何关联?
(4) 地应力场与围岩二次应力场之间有何联系?
(5) 地应力场包括哪几部分? 如何确定?
2. 课堂讨论或练习
(1) 我国公路(铁路)隧道围岩分级方法是如何对围岩进行分级的?
(2) 影响围岩稳定的因素有哪些?
3. 课后练习
(1) 岩体按结构特征分为哪几类?
(2) 围岩有哪几种失稳破坏性态?

第一节 围岩的概念与工程性质

一、围岩的概念

1. 围岩的定义

围岩是指地壳中受开挖隧道影响的那一部分岩体,或指隧道开挖后其周围产生应力重分布范围内的岩体。

围岩范围的大小应视具体的工程条件而定。显然,围岩的内边界就是坑道的周边。从工程应用和力学分析的角度来看,围岩的外边界应划在因隧道施工引起应力变化和位移小到可以忽略不计的地方。但从区域地质构造的角度来看,围岩的范围就大一些。岩体力学应用弹塑性理论的分析方法,已经可以给出简化条件下围岩的范围大小和形状(定量数值——半径),它对隧道工程设计和施工有着重要的指导意义。

2. 岩体的定义

岩体是在漫长的地质历史中,经过造岩、构造变形和次生蜕变而成的地质体。它被许多不同方向、不同规模、不同性质的地质界面切割成大小不等、形状各异的块体。工程地质学中将这些地质界面称为结构面,将这些块体称为结构体,并将岩体看作由结构面和结构体组成的具有结构特征的地质体。

3. 围岩与岩体的区别

在地层中开挖隧道,可将地层岩体划分为三部分:第一部分是坑道范围内将被挖除的岩体,第二部分就是围岩,第三部分是围岩以外的原状岩体。围岩是岩体,但岩体不一定是围岩。

对于坑道范围内要被挖除的那部分岩体,主要研究其挖除的难易程度和开挖方式。对于围岩,主要研究其稳定能力、稳定影响因素,以及为保持围岩稳定所需要的支护、加固措施等。而且比较之下,围岩是否稳定比坑道范围内的岩体是否易于挖除更为重要。因此,人们对围岩的研究更为深入和细致。对于围岩以外的原状岩体,因其与隧道工程无直接关系,一般不予研究,但当其与隧道工程有地质关联时,也应进行相应研究。

二、围岩的工程性质

围岩的工程性质一般包括三个方面:物理性质、水理性质和力学性质。其中,对围岩稳定性最有影响的则是力学性质,即围岩抵抗变形和破坏的性能。围岩既可以是岩体,也可以是土体,本章仅涉及岩体的力学性质。

微课4.1
围岩工程性质

1. 岩体工程力学性质的影响因素

岩体工程力学性质的影响因素,包括变形特性、强度特性和结构特征三个方面。或者说岩体的变形特性、强度特性和结构特征是岩体工程性质的三项重要指标。

实践和研究表明:岩体的工程力学性质,不仅受其自身变形特性、强度特性的影响,以及地应力、地下水等地质环境因素的影响,更主要的是受其自身结构特征的影响。实际隧道工程中的岩体工程力学性质必然是诸多因素综合作用的结果。

2. 岩体力学性质的结论

从对岩体的变形特性、强度特性和结构特征的分析研究可知,岩体既不是简单的弹性体,也不是简单的塑性体,而是较为复杂的弹塑性体。整体性较好的岩体,其力学性质较接近弹性体;破碎及松散岩体,其力学性质则偏向塑性体。具体表现为以下几点:

(1)岩体的变形特性既不同于岩石(结构体),也不同于结构面,而是呈现为四个阶段:压密阶段—弹性阶段—塑性阶段—破坏阶段。

(2)岩体的变形都不是瞬间完成的,而是表现为或强或弱的"流变特性"。

(3)岩体的抗压强度比岩石的抗压强度低得多,且具有明显的"各向异性"。

(4)岩体的抗剪强度主要受岩体内结构面的性质和形态控制。

(5)岩体的结构特征对其力学性质有着重要影响,继而影响岩体的破坏形态。

3. 岩体的变形特性

1)岩体的受拉变形特性

岩体受拉后立即沿结构面发生断裂或脱离,表现为抗拉能力很低或者根本没有抗拉能力。这种特性显然不能为工程所应用,故不必过多研究,但它对工程是有害的,因此应极力避免。

2)岩体的受压变形特性

岩体的受压变形特性,可以用它在受压时的应力-应变关系曲线来说明。图4-1是岩体在单轴受压时的典型全应力-应变曲线。为进行比较研究,同时也给出了岩石、软弱结构面在单轴受压时的典型全应力-应变曲线。

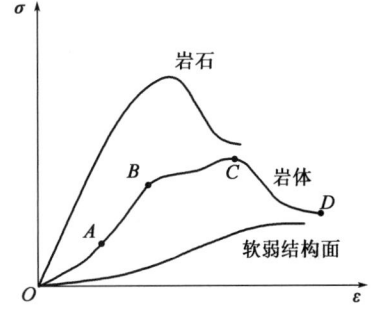

图4-1 典型全应力-应变曲线

从图4-1中可以看出:在受压条件下,岩石的应力-应变呈较明显的线性关系,说明它是以弹性变形为主。软弱结构面的应力-应变呈较单调的非线性关系,说明它是以塑性变形为主。而岩体的应力-应变关系就要复杂得多。岩体的典型全应力-应变曲线可以分为四个阶段:

(1)压密阶段(OA)。

在受压作用初期,压力不大,岩体变形主要表现为结构面的闭合和填充物的压缩,称为压密阶段。其应力-应变关系呈凹状非线性曲线,变形模量小,总压缩量的大小取决于结构面的性质和形态。

(2)弹性阶段(AB)。

随着压力的增长,充分压密后,岩体中结构体受压,岩体变形主要表现为结构体的弹性变形,称为弹性阶段。其应力-应变呈线性关系,变形模量大,总的弹性压缩量是岩体的结构面和结构体共同变形产生的。

(3)塑性阶段(BC)。

压力继续增长,超过其弹性强度极限后,岩体便出现强度破坏,岩体变形主要表现为塑性变形,进入塑性阶段,但并不立即丧失抗压能力。此时,岩体的塑性变形受结构面和结构体的变形特性共同影响。但整体性好的岩体在出现强度破坏后，产生的塑性变形不大，延展性并不明显。而整体性较差的破碎岩体在出现强度破坏后，产生的塑性变形较大，延展性很明显，甚至有的不经过弹性阶段，从压密阶段直接发展到塑性阶段。

（4）破坏阶段（CD）。

岩体出现强度破坏后，并不立即丧失抗压能力。但当压力达到峰值后，岩体即开始丧失抗压能力。表现为压力迅速下降，破裂面迅速发展，岩体全面崩溃，形成整体破坏。

分析岩体的典型全应力-应变曲线可知，岩体既不是简单的弹性体，也不是简单的塑性体，而是较为复杂的弹塑性体。整体性较好的岩体，其受压变形特性较接近弹性体；破碎及松散岩体，其受压变形特性则偏向塑性体。

一般情况下，建筑物施加于岩体的荷载远远达不到岩体的极限抗压强度值，岩体的变形往往成为工程设计的控制因素。因此，工程中常用岩体的变形模量（E）来表示岩体的应力-应变特性。它是岩体工程力学性质的重要指标之一。

3）岩体的受剪变形特性

岩体受剪时的变形特性主要受结构面控制。根据结构体和结构面的具体性质和形态，岩体的受剪变形有三种表现方式：

（1）结构体不参与作用，沿结构面滑动。此时，结构面的变形特性即为岩体的变形特性，易于变形。

（2）结构面不参与作用，沿结构体断裂。此时，结构体的变形特性起主导作用，变形发展不显著。

（3）在结构面的影响下，结构体被剪断。此时，岩体的变形特性介于上述两者之间。

实践和研究还发现，无论是受压或是受剪，岩体的变形都不是瞬间完成的，而是随着时间的延长逐渐达到最终值的。岩体变形的这种时间效应，称为岩体的"流变特性"。

岩体的流变特性包括两个方面：一方面是指作用的应力不变而应变随时间增长，即所谓的"蠕变"；另一方面是指应变不变而应力随时间降低，即所谓的"松弛"，如图4-2所示。

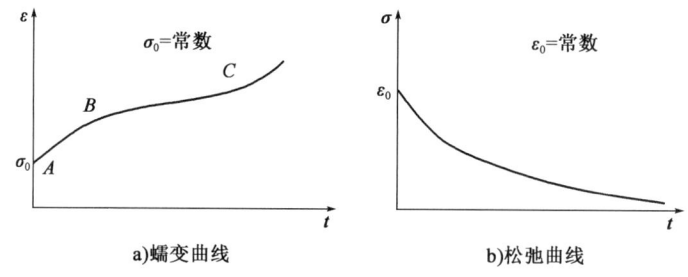

图4-2 岩体的蠕变和松弛曲线

具有流变特性的岩体大致有两类：一类是极度软弱破碎的岩体（包括软硬互存的层状岩体），另一类是含有大量泥质软弱填充物的一般破碎岩体。而整体状、块状和坚硬的层状岩体，其流变特性并不明显。但是，当这些岩体中有软弱结构面时，其流变特性增强，有时对岩体的整体稳定起控制作用。

在隧道工程设计和施工中，必须慎重对待具有较强流变特性的岩体，认真研究其解决方案和处理措施。例如：成渝铁路复线上的金家岩隧道，埋深120m，围岩为泥岩。开挖后围岩基本上是稳定的,并及时进行了初期支护(喷射混凝土厚度20cm,锚杆φ22mm,长2.5~3.0m,钢筋网为环向φ12mm,纵向φ6mm,网格0.2m×0.2m)。但在初期支护施作后的第250天,拱顶下沉达40.2cm,侵入建筑限界,只好扩挖重作。同样地,兰新复线乌鞘岭隧道(单线)也出现强流变特性围岩岩体,改用6m超长锚杆,并加密安设才得以控制。

4. 岩体的强度特性

1)岩体的抗压强度

岩体的受压破坏机理与岩石的受压破坏机理有较大的差异。前者受宏观的结构面控制,而后者受岩石内部的微裂隙控制。岩体的抗压强度特性表现为以下两个方面:

(1)岩体的抗压强度比岩石的抗压强度低得多。一般情况下,岩体的抗压强度只有岩石的70%~80%。结构面发育的岩体,其抗压强度仅有岩石的5%~10%。只有当岩体的结构面规模较小、结合力很强时,其抗压强度才与岩石的抗压强度接近。

(2)岩体的抗压强度具有明显的各向异性。例如,志留纪层状泥岩的单轴抗压试验表明:不但岩体的抗压强度因层面倾角的增大而降低,而且其破坏形式也发生变化。倾角大于45°时,为层间剪切破坏;小于32°时,为轴向劈裂破坏;介于32°~45°时,为混合形式破坏,见图4-3。

2)岩体的抗剪强度

与其抗压强度一样,岩体的抗剪强度也主要受岩体内结构面的性质和形态控制,即结构面的产状、分布、规模、密集程度、空间组合形式和表面形态,填充物的性质和充填状况、含水情况等,均直接而显著地影响岩体的抗剪强度。此外,国内若干工程中,关于岩体强度的试验结果还表明,岩体的岩性、构造、风化程度、含水性等因素对岩体的抗剪强度也有一定的影响。

(1)当剪切力使得岩体主要沿结构面滑移时,岩体表现为塑性破坏,其抗剪强度较低。

(2)当剪切力使得岩体主要沿结构体剪断时,岩体表现为脆性破坏,其抗剪强度较高。

(3)当剪切力使得岩体既沿结构面滑移,又沿结构体剪断时,其抗剪强度介于上述两者之间,见图4-4。

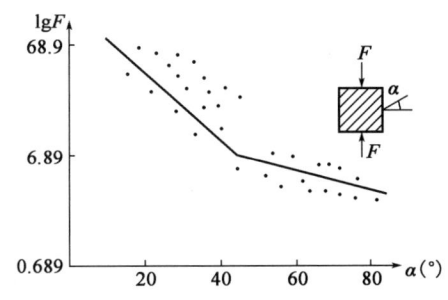
图4-3 岩体的抗压强度F与层面倾角α的关系

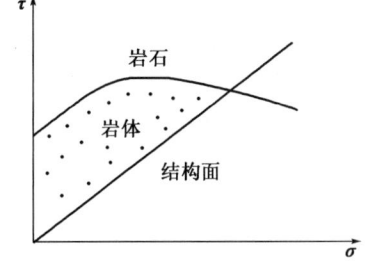
图4-4 岩体、岩石、结构面的抗剪强度包络线

5. 岩体的结构特征与结构分类

1)岩体的结构特征

岩体的结构特征是指结构体、结构面及填充物的特征总和。具体包括结构体的形状、大小,结构面的产状、分布、规模、密集程度、空间组合形式和表面形态,填充物的性质和充填状况、含水情况等。

由于不同结构类型的岩体,其工程力学性质表现不同,破坏形态也不同,所以,明确区分岩体的结构类型,有利于更为明确地认识岩体的工程力学性质表现和破坏形态。

2)岩体的结构分类

根据以上分析得知,岩体的结构特征尤其是结构面的特征,对岩体的工程力学性能有着重要影响,继而影响岩体的破坏形态。因此,工程地质学中,以结构面的特征为主要分类指标,并考虑结构体的特征、水文地质特征、地质背景条件(地质成因)等因素的影响,将岩体结构分为四大类型,见图4-5及表4-1。

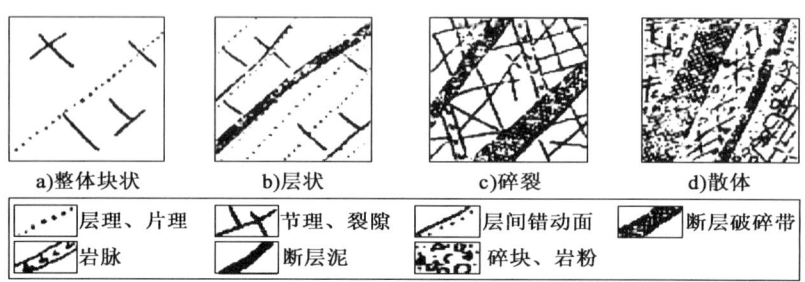

图4-5 岩体的结构类型

中国科学院地质研究所岩体的结构分类　　表4-1

大类	亚类	地质背景	主要结构面特征				结构体特征		水文地质特征
			地质特征	$\tan\varphi$	组数	间距(cm)	形状与大小	σ_c(MPa)	
整体块状结构	整体结构	构造变动轻微的巨厚层与大型岩体,岩性均一	主要是节理,延展性差,紧闭,粗糙,结构面间连接力强	≥0.6	<2	>100	巨大块状	>60	含水很少
	块状结构	构造变动中等以下的厚层与大型岩体,岩性均一	主要是节理,多闭合,少量充填,结构面间有一定连接力	0.4～0.6	3	50～100	较大块柱状与菱形体	>30	沿裂隙有水
层状结构	层状结构	构造变动中等以下的中厚层岩体,单层厚度大于30cm,岩性单一或互层	以层、片、面为主,带层间错动面,延展远,结构面间结合力较低	0.5～0.9	2～3	10～50	较大的厚板状、块状柱状体	>30	多层水文地质结构,水动力条件复杂
	板状结构	构造变动稍强烈的中薄层岩体,单层厚度小于30cm	层、片理发育,具层间错动面与小断层,多充填泥质,结构面结合力差	0.3	2～3	<30	较大的薄板状	20～30	多层水文地质结构,水动力条件复杂
碎裂结构	镶嵌结构	压碎岩带	节理裂隙发育,但延展性差。结构面粗糙,闭合且充填少,彼此穿插切割	0.4～0.6	>3	<100	大小不一,形状多样,多具棱角	>80	为统一含水体,但透水性与富水性不强

续上表

大类	亚类	地质背景	主要结构面特征				结构体特征		水文地质特征
			地质特征	tanφ	组数	间距(cm)	形状与大小	σ_c(MPa)	
碎裂结构	层状碎裂结构	软硬相间,完整性较好与破碎带相间等,前者为骨架,后者为松软带	主要结构面大致平行,骨架内具裂隙	0.2~0.4	>3	<100	骨架中呈块状,松软带中呈块状。岩粉与泥状	30	层状水文地质结构,松软带为隔水体,骨架为含水体
	碎裂结构	构造变动强烈,岩性复杂,具有明显风化现象	小断层与节理裂隙发育,多充填泥质,结构面平整,彼此切割得支离破碎	0.2~0.4	>4~5	<50	呈碎块状,形状多样	≥20且<30	为统一含水体,地下水作用活跃
散体结构		构造变动最强烈的断层破碎带,岩浆侵入破碎带,剧烈风化带	节理裂隙极多,分布杂乱无章,岩体呈松散土体状	无数		很小	碎块,岩粉与泥状	接近土体	起隔水作用,其两侧富水

注:φ-结构面内摩擦角;σ_c-饱和单轴抗压强度。

6. 岩体的破坏形态

由于岩体的结构特征对其工程力学性能有着重要影响,继而影响岩体的破坏形态。所以,研究并认识不同结构特征岩体的破坏形态,以及岩体的变形规律和应力传播规律,对于理解在隧道工程中开挖坑道后围岩可能发生的破坏失稳形态和防止围岩破坏失稳有着重要的指导意义。

实践和研究表明,岩体的破坏形态有以下三种类型:

(1)整体和巨块结构的岩体,其变形主要是结构体的变形,其重要特征是横向应变与纵向应变之比小于0.5。破坏前的变形是连续的,在低围压作用下多为脆性破坏,在高围压作用下多为塑性剪切破坏。应力传播遵循连续介质中的应力传播规律,具有较好的连续性。

(2)块状和层状结构的岩体,其变形主要是结构面的变形,故其变形特性一般不用变形模量E而用刚度系数G来表示。岩体的破坏则是沿软弱结构面滑动,应力传播具有明显的不连续性。

(3)碎裂和散体结构的岩体,其变形开始是将裂隙或孔隙压密,随后是结构体变形,并伴随结构面错动、张开。破坏形式主要为剪切破坏和塑性变形。应力传播与岩体结构特征关系十分密切,并具有不连续性。但这种不连续性是有限的,随着应力的提高很快就消失,随之转化为连续性。

第二节 围岩的失稳破坏性态

根据长期的工程实践观察,开挖坑道后围岩发生的失稳破坏大致有以下五种表现形态,见图4-6。当然,实际工程中往往因各种因素的影响,围岩失稳破坏的性状要复杂得多。

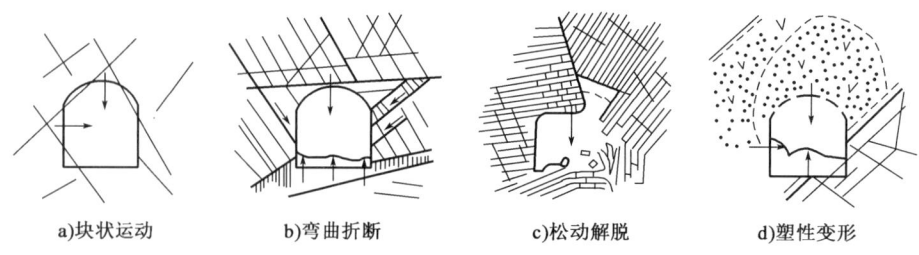

a) 块状运动　　b) 弯曲折断　　c) 松动解脱　　d) 塑性变形

图 4-6　围岩失稳破坏性态

一、脆性破坏

整体状和巨块状岩体,其结构完整,岩质坚硬,在一般工程开挖条件下,大多表现出很强的稳定能力,仅偶尔产生局部掉块。当地应力很高时,坑道周边岩石则可能呈大小不等的碎片状射出,并伴有响声,工程中将这种现象称为"岩爆"。岩爆属于脆性破坏。

二、块状运动

块状或层状岩体,受少数结构面切割,其块间或层间结合力较弱,在二次应力作用甚至在自重应力作用下,有向坑道方向运动的趋势。有时可能逐渐产生块体滑动、转动以及块体挤出、塌落、倾倒等失稳现象。塌落的往往只是局部,其规模一般不会太大。

三、弯曲折断

层状岩体尤其是有软弱夹层的互层岩体,结构面较发育,层间结合力弱,易于错动,抗弯折性能较低。洞顶岩体受自重应力作用易产生下沉弯曲,进而张裂、折断,形成塌落;边墙岩体在侧向水平应力作用下向坑道方向变形挤入甚至滑塌。若作用于衬砌,则产生较大的不均匀荷载,荷载的不均匀性与岩层的产状有关。围岩塌落或滑塌的形态不仅与岩层的产状、层厚及互层组合形式有关,也与二次应力的作用有关,而且其规模一般比块状运动失稳的规模要大一些,尤其是顺层开挖时。

四、松动解脱

碎裂结构岩体基本上是由碎块组合而成的,在张拉力、单轴压力、振动力作用下容易松动溃散(解脱)成碎块脱落。

表现为随挖随塌,或不挖自塌,怕扰动,灵敏度很高,几乎没有空间效应(硬塑性泥土状岩体有一定空间效应),基本不能自稳。若不能对变形及时加以控制或控制不当,则很可能形成变形积累,导致拱顶下沉、边墙挤入、底鼓、洞径缩小,甚至塌方。在有压地下水作用下,还会造成流砂、突泥。工程中一旦发生这类失稳,其规模之大,有时甚至波及地表,造成山体开裂或洞穴塌陷。在隧道工程历史上,此种类型的失稳是很多的,而且处理难度大,人力、资金、材料、时间的消耗巨大。

五、塑性变形

散体结构岩体或碎裂结构岩体,破碎严重、结构松散,甚至呈粉状或泥土状。有时还含有较多的软弱结构面,开挖后由于围岩应力的作用,将产生塑性变形和剪切破坏。即使利用初期支护使其勉强不坍塌,但其塑性变形也长时间不能停止,具有很强的流变特性。

第三节　围岩的稳定性分级

隧道工程中说隧道或坑道是否稳定安全,实质上是指坑道周围一定范围内的岩体是否稳定,不坍塌。要判断围岩是否稳定,需要从认识围岩所处的地质环境条件入手,研究围岩的工程性质,分析影响围岩稳定的因素,研究这些因素是如何影响围岩稳定的,以及影响的程度大小。惟其如此,才能区分不同的地质环境条件,针对不同工程性质的围岩,区分不同的影响围岩稳定的因素,针对不同的影响机理和影响程度,采取必要而又充分、经济而又合理的工程措施,最终保证围岩的稳定与安全。

一、影响围岩稳定的因素

人们在长期的隧道工程实践中发现,在地下开挖坑道的过程中,围岩的表现无外乎三种情形:有时不需要任何支撑就可以获得稳定的洞室;有时则需要加以支撑才能获得稳定的洞室;有时由于支撑不及时或不足而导致围岩坍塌,堵塞洞室。

微课4.2
稳定性分级

显然,出于安全和经济的考虑,以上第一种情形是我们所希望的,第二种情形是经常要做的,第三种情形则是要尽可能避免发生的。然而,在实际隧道工程中,究竟会出现哪种情况,是受多种因素影响的。这些影响因素可归纳为以下三个方面:

(1)围岩工程地质条件:主要是指围岩所处的初始应力状态、围岩的破碎程度和结构特征、围岩的强度特性和变形特性、地下水的作用等条件。

(2)隧道工程结构条件:主要是指隧道所处的位置、坑道的形状(尤其是顶部形状)、坑道的大小(跨度和高度)等条件。

(3)隧道工程施工条件:主要是指施工方法(即对围岩的扰动程度)、施工速度(即围岩的暴露时间)、支护的施作时间(即其发挥作用的时机)、支护的力学性能及其与围岩的接触状态等条件。

二、隧道围岩稳定性分级

(一)分级的目的和原则

1. 分级的目的

岩体所处的地质环境是千差万别的,围岩给隧道工程带来的问题也是各式各样的。人们对地下空间的要求是各不相同的,但对每一种特定要求下的地质环境和工程问题,不可能都有现成的经验,也没有必要逐一进行从理论到实践的全方位研究。因此,为了工程应用的便利,有必要将围岩按其稳定性的强弱进行划分,以便进行工程类比。

2. 分级的原则

由于围岩稳定受多种因素共同影响,而且各因素之间还有一定的相互影响,所以为了使分级合理,又不至于使分级方法太复杂,在对围岩稳定性进行分级时,不是同时将所有影响因素都考虑在分级之中,而是以几个主要影响因素为分级指标,将围岩稳定性划分为几个基本级别。然后在此基础上,根据各次要因素和不确定因素对围岩稳定性的影响程度,对围岩稳定性的基本级别进行调整。

隧道工程围岩稳定性分级的原则可以归纳为如下几点:
(1)分级目的明确、形式简单、级数适中。
(2)分级指标清晰、便于识别、易于区分。
(3)分级数据易得、便于定量、易于划分。

(二)公路、铁路隧道围岩稳定性分级方法及分级表

我国公路交通部门颁行的《公路隧道设计规范 第一册 土建工程》(JTG 3370.1—2018)对围岩稳定性的类别划分与我国铁路部门颁行的《铁路隧道设计规范》(TB 10003—2016)趋于一致。以《铁路隧道设计规范》(TB 10003—2016)为例,推荐的围岩稳定性分级方法是:以围岩的结构特征、完整状态、岩体强度和围岩的弹性纵波速度(v_p)为基本分级指标,将围岩划分为Ⅰ~Ⅵ共六个基本级别;然后适当考虑地下水和地应力对围岩稳定性的影响程度,对基本级别予以适当修正,确定出围岩稳定性的最后级别。见表4-2~表4-5。

公路隧道围岩级别划分 表4-2

围岩级别	围岩岩体或土体主要定性特征	岩体基本质量指标BQ或岩体修正质量指标[BQ]
Ⅰ	坚硬岩,岩体完整	>550
Ⅱ	坚硬岩,岩体较完整	550~451
Ⅱ	较坚硬岩,岩体完整	550~451
Ⅲ	坚硬岩,岩体较破碎	450~351
Ⅲ	较坚硬岩,岩体较完整	450~351
Ⅲ	较软岩,岩体完整,整体状或巨厚层状结构	450~351
Ⅳ	坚硬岩,岩体破碎	350~251
Ⅳ	较坚硬岩,岩体较破碎~破碎	350~251
Ⅳ	较软岩,岩体较完整~较破碎	350~251
Ⅳ	软岩,岩体完整~较完整	350~251
Ⅳ	土体:1. 压密或成岩作用的黏性土及砂性土; 2. 黄土(Q_1、Q_2); 3. 一般钙质、铁质胶结的碎石土、卵石土、大块石土	350~251
Ⅴ	较软岩,岩体破碎	≤250
Ⅴ	软岩,岩体较破碎~破碎	≤250
Ⅴ	全部极软岩和全部极破碎岩	≤250
Ⅴ	一般第四系的半干硬至硬塑的黏性土及稍湿至潮湿的碎石土,卵石土、圆砾、角砾土及黄土(Q_3、Q_4)。非黏性土呈松散结构,黏性土及黄土呈松软结构	
Ⅵ	软塑状黏性土及潮湿、饱和粉细砂层、软土等	

注:本表不适用于特殊条件的围岩分级,如膨胀性围岩、多年冻土等。

铁路隧道围岩基本分级 表4-3

围岩级别	岩体特征	土体特征	围岩基本质量指标BQ	围岩弹性纵波速度 v_p(km/s)
Ⅰ	极硬岩,岩体完整	—	>550	A:>5.3
Ⅱ	极硬岩,岩体较完整	—	550~451	A: 4.5~5.3 B: >5.3 C: >5.0
Ⅱ	硬岩,岩体完整			
Ⅲ	极硬岩,岩体较破碎	—	450~351	A: 4.0~4.5 B: 4.3~5.3 C: 3.5~5.0 D: >4.0
Ⅲ	硬岩或软硬岩互层,岩体较完整			
Ⅲ	较软岩,岩体完整			
Ⅳ	极硬岩,岩体破碎	压密或成岩作用的黏性土及砂性土、粉土及砂类土,一般钙质、铁质胶结的粗角砾土、粗圆砾土、碎石土、卵石土、大块石土、黄土(Q_1、Q_2)	350~251	A: 3.0~4.0 B: 3.3~4.3 C: 3.0~3.5 D: 3.0~4.0 E: 2.0~3.0
Ⅳ	硬岩,岩体较破碎或破碎			
Ⅳ	较软岩或软硬岩互层,且以软岩为主,岩体较完整或较破碎			
Ⅳ	软岩,岩体完整或较完整			
Ⅴ	较软岩,岩体破碎;软岩,岩体较破碎至破碎;全部极软岩及全部极破碎岩	一般第四系的半干硬至硬塑的黏性土及稍湿至潮湿的碎石土、卵石土、圆砾土、角砾土及黄土(Q_3、Q_4)。非黏性土呈松散结构,黏性土及黄土呈松软结构	≤250	A: 2.0~3.0 B: 2.0~3.3 C: 2.0~3.0 D: 1.5~3.0 E: 1.0~2.0
Ⅵ	受构造影响严重呈碎石、角砾及粉末、泥土状的富水断层带,富水破碎的绿泥石或炭质千枚岩	软塑状黏性土、饱和的粉土、砂类土等,风积沙,严重湿陷性黄土	—	<1.0(饱和状态的土<1.5)

地下水对围岩稳定性的影响与级别修正 表4-4

地下水状态	基本分级					
	Ⅰ	Ⅱ	Ⅲ	Ⅳ	Ⅴ	Ⅵ
无水、岩体干燥	Ⅰ	Ⅱ	Ⅲ	Ⅳ	Ⅴ	Ⅵ
有少量水或水量较大	Ⅰ或Ⅱ①	Ⅱ或Ⅲ②	Ⅳ	Ⅴ	Ⅵ	—

注:①水量较大时,围岩级别调整为Ⅱ;有少量水时,围岩级别不调整。
　　②水量较大时,围岩级别调整为Ⅲ;有少量水时,围岩级别不调整。

地应力对围岩稳定性的影响与级别修正 表4-5

地应力状态	基本分级					
	Ⅰ	Ⅱ	Ⅲ	Ⅳ	Ⅴ	Ⅵ
高应力	Ⅰ	Ⅱ	Ⅲ	Ⅳ或Ⅴ①	Ⅵ	已考虑
极高应力	Ⅰ	Ⅱ	Ⅲ或Ⅳ②	—	Ⅵ	已考虑

注:高应力指围岩岩石饱和单轴抗压强度 R_c 与垂直洞轴方向的最大地应力 σ_{max} 之比为4~7;极高应力指 $R_c/\sigma_{max}<4$。
①围岩为较破碎的极硬岩、较破碎及破碎的硬岩时,围岩级别不调整;围岩为完整或较完整的软岩、完整或较破碎的较软岩时,围岩级别调整为Ⅴ。
②围岩为较破碎的极硬岩、较完整的硬岩时,围岩级别不调整;围岩为完整的较软岩、较完整的软硬互层岩时,围岩级别调整为Ⅳ。

(三)对分级中不便考虑的影响因素的处理

上述铁路、公路隧道围岩稳定性分级中,主要考虑的是工程地质等客观因素对围岩稳定性的影响,而未考虑人为因素的影响。对这些在分级中不便确定的影响因素,应按如下办法考虑和处理。

1. 坑道横断面大小对围岩稳定性级别的影响

工程实践和对二次应力场的研究证明,在同级围岩中,坑道横断面(主要是跨度)越大,围岩稳定性表现越差,这种差异在分级时是不便考虑的。我国铁路部门也是仅以"单线隧道断面大小"为基准进行围岩稳定性级别划分的。因此,隧道工程中,一般将坑道横断面大小对围岩稳定性的影响放在确定围岩的应力、变形以及支护结构的类型、尺寸时考虑。同时,规定分级表适用的坑道横断面尺寸范围,并要求施工时注意坑道横断面的增大或减小对围岩稳定性的影响,即应注意:隧道设计断面越大,围岩的相对稳定性越低;反之,则越高。

2. 坑道横断面形状对围岩稳定性级别的影响

工程实践和对二次应力场的研究证明,圆形或椭圆形坑道的围岩应力以压应力为主,这对发挥围岩的抗压性能和维护围岩的稳定是有利的;而矩形或梯形坑道,在顶板处的围岩中将出现较大的拉应力,极容易导致围岩张裂破坏而失稳。这种差异在分级时也是不便考虑的,故在隧道设计时就应遵循自然拱的成拱作用规律,将隧道横断面(尤其是隧道顶部)设计为圆形或椭圆形,并要求施工中尽量做到坑道周边圆顺。

3. 施工方法对围岩稳定性级别的影响

前已述及,隧道施工条件对围岩的稳定性影响是比较显著的,这种差异在分级时更是不便考虑的。所以目前,大多数的分级方法是建立在相应施工方法的基础上的。我国铁路隧道围岩稳定性分级,就是以钻眼爆破掘进法和暗挖法施工为条件的。若将此分级应用于采用盾构法、掘进机法或明挖法施工的工程中,则是偏于安全的。

三、其他分级(分类)方法

用于隧道及地下工程的围岩分级(分类)方法,还有以下几种,需用时可查阅有关资料。

(1)岩石坚固性系数(f)分类法和岩体坚固性系数(f_m)分类法;
(2)岩石质量(RQD)分类法和岩体质量(Q)分类法;
(3)太沙基岩体荷载高度(h_q)分类法;
(4)围岩自稳时间(T_s)分类法;
(5)弹性纵波速度(v_p)分类法;
(6)岩体质量应力比(S)分类法(总参工程兵第四设计研究院1984年9月《坑道工程》围岩分类)。

需要说明的是:岩石坚固性系数(f)分类法因不能准确反映围岩稳定性已经不适用。岩石质量(RQD)分类法和岩体质量(Q)分类法是在岩石坚固性系数(f)分类法的基础上改进的,其引入结构面对围岩稳定性影响的概念,但只适用于石质围岩。

太沙基岩体荷载高度(h_q)分类法虽然简单、直观、易于理解,但经验性很强,也不够精确和严密。这种分类法奠定了松弛荷载理论的基础。

围岩自稳时间(T_s)分类法因时间跨度太大也不实用。

弹性纵波速度(v_p)分类法数字化分类指标不直观,专业要求较高。

岩体质量应力比(S)分类法是比较完善的分类法,它既考虑了岩体质量即岩体结构特征和强度特性的影响,又考虑了岩体所在的地层应力的客观存在和影响。

第四节 围岩压力

一、岩体初始应力状态

工程实践和研究表明,岩体中任何一点都受到"地应力"的作用,即岩体肯定总是存在于一定的"应力状态"之中。工程中将岩体存在的应力状态称为"应力场",而将存在于应力场中的岩体称为"应力岩体"。

初始应力场:由于岩体的自重和地质构造作用,在开挖隧道前岩体中就存在一定的地应力场,即初始应力场。

在隧道工程施工过程中,坑道开挖前,围岩处于相对稳定和平衡的状态之中,称为"初始应力状态"(也可称为原始应力状态)。坑道开挖后,围岩在开挖边界处的部分约束被解除了,失去了原有的平衡。其结果是围岩产生应力状态的改变,并主要表现为围岩的"松弛"和向着坑道方向的"位移"。这种松弛和位移是由岩体"卸载"而发生的回弹变形引起的。

不难看出,在开挖坑道后,围岩出现的松弛和位移甚至坍塌破坏等现象,虽然与岩体的力学性质有关,但究其原因,则与岩体的初始应力状态有着更为密切的关系,都是岩体的初始应力存在和作用的表现及结果。因此,研究岩体初始应力状态对围岩稳定性的影响十分必要,也应当予以充分重视。

(一)岩体初始应力的组成及其基本特征

岩体是自然天成之物,无不经历了漫长的形成(造化)过程。因此,其造化过程和产物(地质体)必然受到地球引力、地壳构造运动、温度变化、岩体变质等各种因素的作用和影响。如岩体初始应力场即是各种因素综合作用和影响的结果。

研究表明,岩体初始应力场主要受自重应力和构造应力的共同作用,即自重应力场和构造应力场的叠加。虽然,由于岩体力学性质的多面性和地壳构造运动的多样性,岩体初始应力场的叠加尤其复杂,但我们仍然可以通过现场实测和理论分析来认识岩体初始应力场的变化规律。

从国内外对 0~3000m 深度范围内岩体的初始应力的实测资料来看,岩体的初始应力随深度增加而增大。这是岩体初始应力分布状态的基本规律。

为了进一步研究岩体初始应力在各个方向的分布规律,我们将岩体单元所受应力分解为垂直(z)和水平(x,y)三个方向的分量,并将压应力取为正,见图4-7。

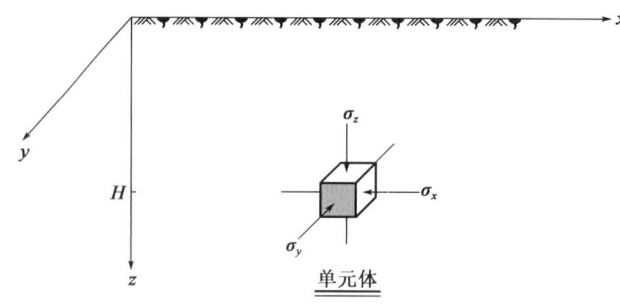

图 4-7 岩体初始应力

(二)垂直应力

岩体垂直应力随深度增加而增大,并且主要表现为自重应力。垂直应力的大小可以按弹性理论的几个假设条件进行近似计算,即大致等于上覆岩体的重力(按平均重度计算),其表达式为

$$\sigma_z = \gamma H \tag{4-1}$$

式中:γ——岩体重度,N/m^3;

H——单元体所处的深度,m。

若岩体由多种不同的水平岩层组成,每一岩层的厚度为 H_i,重度为 γ_i,则岩体的垂直应力为

$$\sigma_z = \sum_{i=1}^{n} \gamma_i H_i \tag{4-2}$$

式中:n——水平岩层的层数。

我国对深度在几米至500m(大多数为100~200m)范围内的岩体的实测资料显示:垂直应力的实测值相对平均值线的分散度在5%以内。其中,垂直应力在$(0.8~1.2)\gamma H$的测点仅占13.7%,这些点主要处在未经过强烈构造运动、岩层产状比较平缓的地层中,小于$0.8\gamma H$的测点占17.3%,而大于$1.2\gamma H$的测点占69%。也有个别测点的实测值超出γH的50%~200%,甚至几十倍,这些点主要处在构造运动强烈、岩层产状复杂的地层中。

以上实测资料与近似计算的比较分析表明:垂直应力的大小不一定能用γH来计算。或者说,近似计算不能很准确地反映实际的垂直应力,而只能作为一般条件下的近似参考。

(三)水平应力

岩体水平应力随深度增加而增大,并且主要表现为自重应力引起的水平分量与构造应力引起的水平分量的叠加。由于有构造应力的作用和影响,岩体初始应力的水平分量具有以下几个特征:

(1)水平应力有明显的区域性。从国内外实测资料来看,大部分地区的地层属一般构造应力区,有少数地区属低构造应力区。

(2)水平应力有强烈的方向性。水平应力大多是以一个方向的主应力占优势,很少有相等的情况,这表明现代构造应力是水平应力的主要成分。

(3)水平应力大多为压应力,且随深度的增加而增大。有资料将水平应力的大小表示为

$$100/(H+0.3) < 水平应力/垂直应力 < 1500/(H+0.5) \tag{4-3}$$

实测资料还显示：水平应力在深度方向上的变化情况是，多数地区，H小于500m时，水平应力大于垂直应力；H大于1000m时，水平应力逐渐趋向于与垂直应力相等。但是在单薄山体、谷坡附近，以及未受构造变形和现代构造运动作用的岩体中，也会出现水平应力小于垂直应力，或最大水平应力亦小于垂直应力的情况，甚至可能有水平应力等于0的情况。

二、围岩二次应力场

前已述及，坑道开挖前，围岩处于相对平衡和稳定的状态之中，这种状态是"初始应力状态"，亦即初始应力场。

坑道开挖后，围岩在开挖边界处的部分约束被解除了，其结果是围岩失去原有的应力平衡，产生应力状态的改变，并逐渐形成新的应力状态。我们将应力状态的改变称为"应力重分布"，将改变过程中的应力状态称为"二次应力场"。

简而言之，围岩的二次应力场，是指由于开挖引起洞室变形，产生应力重分布，形成的围岩新应力场。

虽然在实际的隧道工程中，开挖坑道后，不同的围岩表现出不同的破坏失稳性态。但无论何种性态的破坏或失稳都必然是力的存在和作用的结果，即围岩初始应力重分布的结果。因此，有必要运用土力学，尤其是现代岩体力学的方法，从理论上进一步深入研究围岩二次应力场，认识围岩在二次应力作用下的动态变化规律。这种研究和认识，不仅仅是对工程现象的理论解释，也是支护设计和隧道施工的指导原则。

围岩二次应力场的研究，是应用莫尔-库仑理论及弹塑性理论研究方法，在一定的假设条件下，建立力学模型——无限平面中的轴对称孔洞问题，并将支护视为孔洞的边界，推导出几种典型初始应力条件下围岩的二次应力分布状态和变形状态的表达式，并指出围岩的塑性应力区、弹性应力区及初始应力区的形状和范围。

三、围岩压力及其分类

（一）围岩压力

围岩压力是指引起地下开挖空间周围岩体和支护变形或破坏的作用力。它包括由地应力引起的围岩应力及围岩变形受阻而作用在支护结构上的作用力。从广义上理解，围岩压力既包括围岩有支护的情况，也包括围岩无支护的情况；既包括作用在普通的传统支护（如架设的支撑或施作的衬砌）上的力学性态，也包括在喷锚和压力灌浆等现代支护方法中显示的力学性态。从狭义来理解，围岩压力是围岩作用在支护结构上的压力。工程中一般研究狭义围岩压力。

（二）围岩压力分类

围岩压力按作用力发生的性态分类，一般可分为以下几种类型。

1. 松动压力

由于开挖而松动或坍塌的岩体以重力形式直接作用在支护结构上的压力称松动压力，松动压力按作用在支护上的位置不同分为竖向压力、侧向压力和底压力。松动压力通常在下列三种情况下发生：

(1) 在整体稳定的岩体中,可能出现个别松动掉块的岩石。
(2) 在松散软弱的岩体中,坑道顶部和两侧边邦冒落。
(3) 在节理发育的裂隙岩体中,围岩某些部位沿软弱面发生剪切破坏或拉坏等局部塌落。

2. 形变压力

形变压力是围岩变形受到与之密贴的支护如锚喷等的抑制,而使围岩与支护结构共同变形,在这个过程中,围岩对支护结构施加的接触压力。所以,形变压力除与围岩应力状态有关外,还与支护时间和支护刚度有关。

3. 膨胀压力

当岩体具有吸水膨胀崩解的特征时,由围岩吸水而膨胀崩解引起的压力称为膨胀压力。它与形变压力的基本区别在于它是由吸水膨胀引起的。

4. 冲击压力

冲击压力通常是由"岩爆"引起的。当围岩中积累了大量的弹性变形能之后,在开挖时,隧道由于围岩的约束被解除,被积累的弹性变形能会突然释放,引起岩块抛射。

由于冲击压力是岩体能量的积累和释放问题,所以它与弹性模量直接相关,弹性模量大的岩体,在高地应力作用下,易于积累大量的弹性变形能,一旦遇到适宜条件,它就会突然猛烈地大量释放。

四、影响围岩压力的因素

影响围岩压力的因素很多,通常可分为两大类:一类是地质因素,包括原始应力状态、岩石力学性质、岩体结构面等;另一类是工程因素,包括施工方法、支护设置时间、支护本身刚度、坑道形状等。

在隧道开挖过程中,由于受到开挖面的约束,其附近的围岩不能立即释放全部瞬时弹性位移,这种现象称为开挖面的"空间效应"。如在"空间效应"范围(一般为 1~1.5 倍洞跨)内,设置支护就可减少支护前的围岩位移。所以采用紧跟开挖面支护的施工方法,可提高围岩的稳定性。

五、围岩松动压力的确定方法

(一) 松动压力的形成

开挖隧道所引起的围岩松动和破坏范围有大有小,如有的可达地表,有的则影响较小,对于一般裂隙岩体中的深埋隧道,其波及范围仅涉及隧道周围一定深度,所以作用在支护结构上的围岩松动压力远远小于其上覆地层自重所产生的压力。这可以用围岩的"成拱作用"来解释。下面以从水平岩层中开挖一个矩形坑道来说明坑道开挖后围岩由变形到坍塌成拱的整个变化过程。

(1) 变形阶段:坑道开挖后,在应力重分布过程中,顶板开始沉陷,并出现拉断裂纹。
(2) 松动阶段:顶板中间部分的裂纹发展并张开,逐渐松动,石块开始掉落,支护所受的垂直压力急剧增加。

(3)塌落阶段:顶板向上继续塌落,石块与围岩母体分离,其界面多为拱形。此时垂直压力稳定在一定的数值内,但侧向压力增加,即地层中原存应力沿两侧传递。

(4)成拱阶段:顶板停止塌落,垂直压力和侧向压力趋于稳定。

将坑道上方形成的相对稳定的拱形范围称为天然拱,其过程也称为"成拱作用"。支护只承受其上部塌落岩石的重量,即天然拱范围内破碎岩体的重量。这也就是作用在支护结构上的围岩松动压力。

(二)深埋隧道围岩松动压力的确定方法

确定围岩松动压力的方法有现场实地量测法、理论公式计算法和统计法。现场实地量测本应是最有前景的,但从目前的量测手段和技术水平来看,量测的结果尚不能充分反映真实情况。理论公式计算则由于围岩地质条件的千变万化,使所引用的计算参数难以确切取值。因此,目前还没有一种适合各种客观实际情况的统一理论。而在大量施工塌方事件的统计基础上建立起来的统计法,在一定程度上能反映围岩压力的真实情况。基于此,我国新版《铁路隧道设计规范》(TB 10003—2016)和《公路隧道设计规范 第一册 土建工程》(JTG 3370.1—2018)计算围岩松动压力的推荐方法,是将围岩压力按松散压力考虑,其垂直及水平均布压力按下列规定确定。

1. 垂直均布压力

$$q = \gamma h \quad (4-4)$$
$$h = 0.45 \times 2^{s-1}\omega$$

式中:q——垂直均布压力,kN/m^2;

s——围岩级别;

γ——围岩重度,kN/m^3;

ω——宽度影响系数,$\omega = 1 + i(B - 5)$;

B——隧道开挖宽度,m;

i——隧道宽度每增减1m时的围岩压力增减率,公路隧道按表4-6取值;铁路隧道以$B=$5m的围岩垂直均布压力为准,当$B < 5m$时,取$i = 0.2$,当$B > 5m$时,取$i = 0.1$。

公路隧道围岩压力增减率 i 取值 表4-6

隧道宽度$B(m)$	$B < 5$	$5 \leqslant B < 14$	$14 \leqslant B < 25$	
围岩压力增减率 i	0.2	0.1	考虑施工过程分导洞开挖	0.07
			上下台阶法或一次性开挖	0.12

以上公式的适用条件是:

(1)H/B<1.7,H为隧道开挖高度(m),B为隧道开挖宽度(m);

(2)深埋隧道;

(3)不产生显著偏压及膨胀力的一般围岩;

(4)传统的矿山法施工。

2. 水平均布压力

水平均布压力是在确定了垂直均布压力q之后,参照表4-7计算和选取的。

围岩水平均布压力　　　　表4-7

围岩级别	Ⅰ、Ⅱ	Ⅲ	Ⅳ	Ⅴ	Ⅵ
水平均布压力 e	0	<0.15q	(0.15~0.3)q	(0.3~0.5)q	(0.5~1)q

(三)浅埋隧道与深埋隧道的区分及工程特点

1. 浅埋隧道与深埋隧道的划分

浅埋隧道是相对深埋隧道而言的。一般根据隧道上方覆盖岩体厚度的不同,并考虑隧道横断面跨度的影响,将隧道分为深埋隧道与浅埋隧道。

一座隧道,可能部分区段浅埋,也可能全部浅埋。一般而言,山岭隧道的洞口段多数是浅埋,当隧道横穿山谷或垭口时,其中间部分也可能出现浅埋,城市地铁绝大多数为浅埋。

因浅埋隧道埋置深度浅,上部覆盖层浅薄,其施工不仅受覆盖层地质因素的制约,还受地面环境的影响,尤其是其上覆岩体自然成拱困难,因而施工变得更复杂,应着重研究。

划分深埋或浅埋隧道的定性分界线是:坑道开挖引起的应力重分布是否波及地表;定量分界线可用经验公式来确定。

$$H_p = (2 \sim 2.5) h_q \tag{4-5}$$

式中:H_p——划分隧道深埋或浅埋的界限埋置深度(上方覆盖层厚度),m;

h_q——荷载等效高度,m;

$$h_q = \frac{q}{\gamma} \tag{4-6}$$

q——深埋隧道垂直均布压力,kN/m²;

γ——围岩重度,kN/m³。

当隧道覆盖层厚度 $H < H_p$ 时,为浅埋隧道;$H \geq H_p$ 时,为深埋隧道。

在矿山法施工条件下,计算 H_p 时,Ⅳ~Ⅵ级围岩取高值,一般 $H_p = 2.5h_q$;Ⅰ~Ⅲ级围岩取低值,一般 $H_p = 2h_q$。当有不利于山体稳定的地质构造时,应适当加大 H_p 值;采用非爆破法开挖并采用锚喷支护时,H_p 可适当减小;隧道开挖宽度大时采用高值。

2. 浅埋、深埋隧道的工程特点比较

深埋隧道因埋置深度较深,上方覆盖岩体较厚,地层的自然成拱作用较好,不易受地面条件的影响,围岩压力不一定很大,一般情况下不容易形成坍塌,坑道开挖的影响不至于波及地表。深埋隧道多采用暗挖法施工。

浅埋隧道因埋置深度较浅,上方覆盖岩体较薄,且风化严重,地层的自然成拱作用较差,易受地面条件的影响,围岩压力反而较大,一般情况下坑道开挖的影响将波及地表,极易引起覆盖层整体位移下沉,甚至形成坍塌"冒顶"。浅埋隧道尤其是城市地铁,在地上、地下建筑环境条件等方面,一般有较严格的限制性要求。

在软弱破碎围岩条件下,采用暗挖法进行浅埋隧道的施工时,应特别注意:充分考虑浅埋隧道的工程特点和建筑环境条件的限制性要求,采取适当的超前支护措施或注浆加固等地层改良措施,控制地表沉陷。如果仍然不能满足地上、地下建筑环境条件方面的限制性要求,则应当考虑选择其他的施工方法,如明挖法、盖挖法或盾构法。

第五章 施工方法及钻爆作业

学习目标

(1) 理解传统矿山法的典型施工方法。
(2) 熟悉新奥法中全断面法和台阶法等施工方法。
(3) 熟悉山岭隧道钻爆掘进技术。

思考与练习

1. 课前思考
(1) 山岭隧道施工时,传统矿山法与新奥法有何不同?
(2) 全断面法有什么特点? 台阶法有什么特点?
(3) 新奥法中全断面法与台阶法的不同点在哪里?
(4) 单侧壁导坑法与双侧壁导坑法有何不同?
(5) 铵梯炸药与浆状炸药或硝化甘油炸药的主要不同点在哪里?
(6) 火雷管、电雷管、非电雷管三者之间有何不同?
(7) 导火索与导爆索或导爆管之间主要不同点是什么?
2. 课堂讨论或练习
(1) 炸药用量 Q 与炮眼数 N 及炮眼直径 D 是何关系?

(2)掏槽眼有几种方式？试比较其效果的优劣。
(3)按炮眼布置顺序划分，炮眼有几种类型？各有什么不同作用？
3. 课后练习
(1)描述全断面法施工工序。
(2)图示说明先拱后墙法的施工工序。
(3)图示说明超短台阶法的施工工序及适用条件。
(4)试描述炸药的主要性能。
(5)工程中常用的起爆材料有哪些？
(6)适当展开描述光面爆破的主要参数及技术措施。

第一节 概 述

一、隧道工程特点

隧道施工过程通常包括：在地层中挖出土石，形成符合设计轮廓尺寸的坑道；进行必要的初期支护和砌筑最后的永久衬砌，以控制坑道围岩变形，保证隧道长期的安全使用。

在进行隧道施工时，必须充分考虑隧道工程的特点，才能在保证隧道安全的条件下，快速、优质、低价地建成隧道建筑物。隧道工程的特点，可归纳如下：

(1)整个工程埋设于地下，因此工程地质和水文地质条件对隧道施工的成败起着重要的，甚至是决定性的作用。例如：当年修建穿越阿尔卑斯山的圣哥达隧道时，由于遇到事先未料到的高温(41℃)和涌水(660L/min)，给施工带来很多困难，最后延期两年才完成。因此，要在勘测阶段做好详细的地质调查和勘探，尽可能准确地掌握隧道工程范围内的岩层性质、岩体强度、地应力场、自稳能力、地下水状态、有害气体和地温状况等资料，并根据这些原始资料，初步选定合适的施工方法，确定相应的施工措施和配套的施工机具。而且，由于地质条件的复杂性和勘探手段的局限性，在施工中出现前所未料的情况仍不可避免。因此，在长大隧道的施工中，还应采取试验导坑(如日本青函隧道)、水平超前钻孔、声波探测、导坑领先等技术措施，进一步查清掘进前方的地质条件，及时掌握变化的情况，以便尽快地修改施工方法和技术措施。

(2)公路隧道是一个形状扁平的建筑物，正常情况下只有进、出口两个工作面，相对桥梁、线路工程来说，隧道的施工速度比较慢，工期也比较长，往往使一些长大隧道成为新建公路通车的关键工程。为此，需要附加地开挖竖井、斜井、横洞等辅助工程来增加工作面，加快隧道施工速度。此外，隧道断面较小，工作场地狭长，一些施工工序只能顺序作业，而另一些工序又可以沿隧道纵向展开，平行作业。因此，要求施工中加强管理、合理组织，避免相互干扰。洞内设备、管线路布置应周密考虑，妥善安排。隧道施工机械应当结构紧凑，坚固耐用。

(3)地下施工环境较差,甚至在施工中还可能恶化,例如爆破产生有害气体等。必须采取有效措施加以改善,如人工通风、照明、防尘、消音、隔音、排水等,使施工场地符合卫生条件,并有足够的照度,以保证施工人员的身体健康,提高劳动生产率。

(4)铁路、公路隧道大多穿越崇山峻岭,因此施工工地一般都位于偏远的深山峡谷之中,往往远离既有交通线,运输不便,物料供应困难。这些也是规划隧道工程时应当考虑的问题之一。

(5)铁路、公路隧道埋设于地下,一旦建成就难以更改,所以,除了事先必须审慎规划和设计外,施工时还要做到不留后患。

当然,隧道工程也有很多有利的方面,例如施工可以不受或少受昼夜更替、季节变换、气候变化等自然条件改变的影响,可以竟日终年、稳定地安排施工。

二、隧道施工应遵循的基本原则

以往,人们都认为在地层中开挖坑道必然要引起围岩坍塌掉落,开挖的断面越大,坍塌的范围也越大。因此,传统的隧道结构设计方法认为围岩必然要松弛塌落,从而成为作用于支护结构上的荷载。传统的隧道施工方法则将隧道断面分成若干小块进行开挖,随挖随用钢材或木材支撑,然后,从上到下或从下到上砌筑刚性衬砌。这也是和当时的机械设备、建筑材料、技术水平相一致的。

近十几年来,随着岩石锚杆、喷射混凝土的机械和岩石力学性能的发展,人们对开挖隧道过程中出现的围岩变形、松弛、崩塌等现象有了更深入的认识,为提出新的、经济的隧道施工方法创造了条件。1963年,由奥地利学者L.腊布希维兹教授命名的"新奥地利隧道施工法(New Astria Tunnelling Method)"[简称"新奥法(NATM)"]正式出台。它是以控制爆破或机械开挖为主要掘进手段,以锚杆、喷射混凝土为主要支护方法,理论、量测和经验相结合的一种施工方法,同时又是一系列指导隧道设计和施工的原则,其中包括:

(1)因为岩体是隧道结构体系中的主要承载单元,所以在施工中必须充分保护岩体,尽量减少对它的扰动,避免过度破坏岩体的强度。为此,施工中断面分块不宜过多,开挖应当采用光面爆破、预裂爆破或机械掘进。

(2)为了充分发挥岩体的承载能力,应允许并控制岩体的变形。一方面允许变形,使围岩中能形成承载环;另一方面又必须限制它,使岩体不致过度松弛而丧失或大大降低承载能力。为此,在施工中应采用既能与围岩密贴、及时砌筑,又能随时加强的柔性支护结构,如锚喷支护等。这样,就能通过调整支护结构的强度、刚度和参与工作的时间(包括底拱闭合时间)来控制岩体的变形。

(3)为了改善支护结构的受力性能,施工中应尽快使之闭合,成为封闭的筒形结构。另外,隧道断面形状要尽可能地圆顺,以避免拐角处的应力集中。

(4)在施工的各个阶段,应进行现场量测监视,及时提出可靠的、数量足够的量测信息,如坑道周边的位移或收敛、接触应力等,并及时反馈用来指导施工和修改设计。

(5)为了敷设防水层,或为了承受由于锚杆锈蚀、围岩性质恶化、流变、膨胀所引起的后续荷载,采用复合式衬砌。

上述新奥法的基本原则可简明扼要地概括为:少扰动、早喷锚、勤量测、紧封闭。由于它的这些工程特点,目前我国普遍将新奥法改称为"锚喷构筑法"。

三、隧道施工方法及其选择

一个多世纪以来,世界各国的隧道工作者在实践中已经创造出能够适应各种围岩的多种隧道施工方法。习惯上将它们分为矿山法、掘进机法、沉管法、顶进法、明挖法等。

矿山法因最早应用于矿石开采而得名,它包括上文已经提到的传统方法(即传统矿山法)和新奥法。由于这种方法多数情况下需要通过钻眼爆破进行开挖,故又称其为钻爆法。有时候为了强调新奥法与传统矿山法的区别,而将新奥法从矿山法中分出另立系统。

掘进机法包括隧道掘进机(Tunnel Boring Machine,TBM)法和盾构掘进机法。前者应用于岩石地层;后者则主要应用于土质围岩,尤其适用于软土、流砂、淤泥等特殊地层。

沉管法、明挖法等则用来修建水底隧道、地下铁道、城市市政隧道等,以及埋深很浅的山岭隧道。

选择施工方法时,要考虑如下因素:

(1)工程的重要性(一般体现为工程的规模、使用上的特殊要求以及工期的缓急)。
(2)隧道所处的工程地质和水文地质条件。
(3)施工技术条件和机械装备状况。
(4)施工中动力和原材料供应情况。
(5)工程投资与运营后的社会效益和经济效益。
(6)施工安全状况。
(7)有关污染、地面沉降等环境方面的要求和限制。

应该看到,隧道施工方法的选择是一个"模糊"的决策过程,它依赖于有关人员的学识、经验、毅力和创新精神。对于重要工程则需汇集专家们的意见,广泛论证。必要时应当开挖试验洞对理论方案进行实践验证。

从目前我国铁路、公路隧道发展趋势来看,在今后很长一段时间内,仍以采用新奥法为主,这也符合世界潮流。所以,本书将着重论述新奥法施工中的有关问题,而概略地介绍传统矿山法。其他方法一般不用于山岭隧道,因此此处不作介绍。

新奥法又分多种开挖方法,一般的选择原则是:应主要考虑围岩的稳定性、隧道设计断面大小和形状、开挖对围岩的扰动、施工过程中岩体应力重分布和结构体系转换等因素的影响;同时兼顾作业空间大小、支护条件和作业能力、工期要求、工区长度、经济性等因素的影响,进行综合分析,选用既有利于围岩稳定,又满足作业空间等要求的开挖方法。

以高速铁路隧道为例,各种开挖方法的适用条件可参考表5-1。

各种开挖方法的适用条件(高速铁路隧道)　　　　表 5-1

开挖方法	适用的隧道断面大小、围岩工程地质条件	说明
全断面法	①单线隧道Ⅰ、Ⅱ、Ⅲ级围岩; ②双线隧道Ⅰ、Ⅱ级围岩; ③地下水状态:干燥或潮湿	①围岩稳定性较好,一次开挖断面可以大一些,掘进进尺可以大一些;围岩稳定性较差,一次开挖断面应小一些,掘进进尺应小一些。 ②Ⅲ、Ⅳ级围岩一次开挖断面面积最大可达 70～80m²,循环进尺宜控制为 3～4m;Ⅰ、Ⅱ级围岩一次开挖断面面积可以更大一些,循环进尺宜控制为 4～5m;Ⅴ、Ⅵ级围岩一次开挖断面面积应小一些,循环进尺应控制为 0.5～3m。 ③应尽量采用大断面开挖,减少分部(分块)数。 ④台阶长度应有利于施工操作和机械设备效率的发挥,同时应利于支护尽早封闭成环,宜采用微台阶或多台阶开挖。 ⑤隧道断面面积:铁路单线 50～60m²,双线 80～90m²;公路单车道 60～70m²,公路双车道 90～100m²;高速铁路单线 70～85m²,双线 100～120m²
台阶法	①单线隧道Ⅲ、Ⅳ级围岩; ②双线隧道Ⅲ级围岩; ③地下水状态:干燥或潮湿	
环形开挖留核心土法	①单线隧道Ⅳ、Ⅴ、Ⅵ级围岩; ②双线隧道Ⅲ、Ⅳ、Ⅴ、Ⅵ级围岩; ③地下水状态:有渗水或股水	
下导洞超前法	①单线隧道Ⅲ、Ⅳ级围岩; ②双线隧道Ⅱ、Ⅲ级围岩; ③地下水状态:有渗水或股水	
双侧壁导坑法	①单线隧道Ⅴ、Ⅵ级围岩; ②双线隧道Ⅳ、Ⅴ、Ⅵ级围岩; ③地下水状态:有渗水或股水	
中洞法	双联拱隧道	
中隔壁法(CD法)	单、双线隧道Ⅴ、Ⅵ级围岩,浅埋隧道,三线隧道	
交叉中隔壁法(CRD法)	双线、三线隧道Ⅳ、Ⅴ、Ⅵ级围岩,浅埋隧道	

四、隧道工程设计与施工两大理论

在大量的隧道及地下工程实践中,人们普遍认识到:隧道及地下工程的核心问题,是开挖和支护两个关键工序,即如何开挖才能更有利于洞室的稳定和便于支护;如何支护才能更有效地保证洞室稳定和便于开挖。这是隧道及地下洞室工程中两个相互促进又相互制约的问题。

在隧道及地下洞室工程中,围绕着开挖和支护的实践和研究,在不同的时期,人们提出了不同的工程理论,并逐步建立了不同的理论体系。每一种理论体系都包含和解决了(或正在研究解决)从工程认识到力学原理、从工程措施到施工原则等一系列工程问题,并且得到了广泛的应用和发展。

一种理论是 20 世纪 20 年代提出的传统隧道工程理论,即"松弛荷载理论"。其核心内容是:稳定的岩体有自稳能力,对隧道不产生荷载;不稳定的岩体则可能产生坍塌,需要用支护结构予以支承。这样,作用在支护结构上的荷载就是围岩在一定范围内由于松弛而塌落的岩(土)体的重力。这是一种传统的理论,其代表性的人物有太沙基(K. Terzaghi)、普氏(L. Prandtl)等。松弛荷载理论是在总结传统矿山法的原理的基础上提出来的,它类似于地面工程考虑问题的思路,已经发展到一个相当的水平,至今仍被广泛地应用着。

另一种理论是 20 世纪 50 年代提出的现代隧道工程理论,即"围岩承载理论"。其核心内容是:隧道围岩稳定显然是因为岩体自身有承载自稳能力;不稳定围岩丧失稳定是有一个过程的,若在这个过程中提供必要的支护或限制,则围岩仍然能够保持稳定状态。这是一种比较现代的理论,其代表性人物有腊布希维兹(L. V. Rabcewicz)、米勒-菲切尔(Miller-Fecher)、芬纳-塔罗勃(Fenner-Talobre)、卡斯特奈(H. Kastener)等。围岩承载理论是在总结新奥法的原理的基础上提出来的,它已经脱离了地面工程考虑问题的思路,而更接近地下工程实际,半个多世纪以来已被广泛接受和推广应用,并且表现出了广阔的发展前景。

本书简要介绍现代隧道工程"围岩承载理论"的基本概念、力学原理、理论要点,并相应主要介绍现代隧道"锚喷构筑法(新奥法)"施工的基本原则、基本程序、技术措施。

显然,"松弛荷载理论"更注重结果和对结果的处理,"围岩承载理论"则更加注重过程和对过程的控制,即对围岩自身承载能力的充分利用。因此,两大理论体系在原理、措施和方法上各自表现出不同的特点。表5-2是对两大理论体系的比较说明。

两大理论体系的比较说明 表5-2

比较项		理论	
		松弛荷载理论	围岩承载理论
认识		围岩虽然有一定的承载能力,但极有可能因松弛的发展而致失稳,结果是对支护结构产生荷载作用,即视围岩为荷载的来源	围岩虽然可能产生松弛破坏而致失稳,但在松弛的过程中围岩仍有一定的承载能力,对其承载能力不但要尽可能地利用,而且应当保护和增强,即视围岩为承载的主体,具有"三位一体"特性
力学原理		土力学,视围岩为散粒体,计算其对支撑或衬砌产生荷载的大小和分布。 结构力学,视支撑和衬砌为承载结构,检算其内力,并使之受力合理。 建立的是"荷载-结构力学体系",以最不利荷载为衬砌结构的设计荷载	岩体力学,视围岩为具有弹塑性的应力岩体,分析计算围岩在开挖坑道前后的应力-应变状态及变化过程,并视支护为应力岩体的边界条件,起调节和控制围岩的应力-应变的作用,检验作用的效果并使之优化。 建立的是"围岩-支护力学体系",以实际的应力-应变状态为支护的设计状态
工程措施	支护	考虑隧道开挖后,围岩很可能松弛坍塌,常用型钢或木构件等刚度较大的构件进行临时支撑,待隧道开挖成型后,逐步将临时支撑撤换下来,而用单层的整体式厚衬砌作为永久性支护	为了控制围岩松弛变形的过程,维护和增强围岩的自承载能力,获得坑道的稳定,常用锚杆和喷射混凝土等柔性构件组合起来加固围岩,必要时可增加超前锚杆或钢筋网甚至钢拱架,称为初期支护。然后采用混凝土或钢筋混凝土内层衬砌承受后期围岩压力并提供安全储备。初期支护、内层衬砌与围岩共同构成隧道的复合式承载结构
	开挖	常用分部开挖,以便于构件支撑的施作。钻爆法或中小型机械掘进	常用大断面开挖,以减少对围岩的扰动。钻爆法或大中型机械掘进
	特点	①构件临时支撑直观、有效,容易理解,工艺简单,易于操作; ②临时支撑的拆除既麻烦又不安全,不能拆除时,既造成浪费又使衬砌受力条件不好; ③当围岩松散破碎甚至有水时,需满铺背材,也能奏效	①锚喷初期支护按需设置,适应性强,工艺较复杂,对围岩的动态量测要求较高; ②初期支护无须拆除,施工较安全,支护结构受力状态较好; ③当围岩松散破碎甚至有水时,需采用辅助方法(如管棚、注浆)来支护,才能继续施工

续上表

比较项	理论	
	松弛荷载理论	围岩承载理论
理论要点	①开挖隧道后,围岩产生松弛是必然的,但产生坍塌却是偶然的,故应准确判断各类围岩产生坍塌的可能性; ②围岩的松弛和坍塌都向支撑或衬砌施加压力,故应准确判断压力的大小和分布; ③为保证围岩稳定,应根据荷载的大小和分布,设计临时支撑和永久衬砌作为承载结构,并使承载结构受力合理; ④虽然承载结构是按承受最不利荷载来设计的,但在施工时应尽量避免围岩的松动和坍塌	①围岩是主要承载部分,故在施工中应尽可能地保护围岩,减少扰动; ②初期支护主要用来约束围岩,它应既允许围岩产生有限变形,以发挥其承载能力,又防止围岩因变形过度而产生失稳,故初期支护应采用薄壁柔性结构; ③围岩的应力-应变动态预示着它是否能进入稳定状态,因此应以量测为手段掌握围岩动态,进行施工监控,或据此修改支护参数; ④整体失稳通常是由局部破坏发展所致,故支护结构应尽早封闭,全面约束围岩,尤其是围岩破碎软弱时,应及时修仰拱,从而使支护与围岩共同构成一个封闭的承载环

应当注意的是,隧道工程都是在应力岩体中开拓地下空间,在实际隧道工程中,应当根据具体工程的各方面条件综合考虑,选择最经济、最合理的设计和施工方案,甚至是多种理论、方法和措施的综合应用。这是一个受多种因素影响的动态的择优过程。

第二节 新奥地利隧道施工法(新奥法)

新奥法按其开挖断面的大小及位置,基本上又可分为全断面法、台阶法、分部开挖法三大类及若干变化方案。

一、全断面法

按照隧道设计轮廓线一次爆破成型的施工方法叫全断面法,如图5-1所示。它的施工顺序是:

(1)用钻孔台车钻眼,然后装药,连接导火线。

(2)退出钻孔台车,引爆炸药,开挖整个隧道断面。

(3)排除危石,安设拱部锚杆和喷第一层混凝土。

微课5.1
全断面法
与连拱隧道施工

微课5.2
单、双侧壁
导坑开挖法

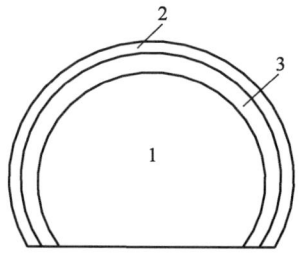
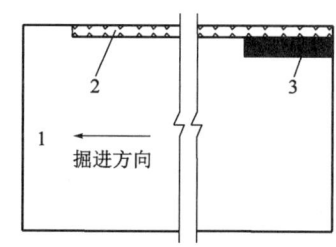

图5-1 全断面法

1-洞身开挖;2-初期支护;3-二次衬砌

(4)用装渣机将石渣装入出渣车,运出洞外。
(5)安设边墙锚杆和喷混凝土。
(6)必要时可喷拱部第二层混凝土和隧道底部混凝土。
(7)开始下一轮循环。
(8)在初期支护变形稳定后,或按施工组织中规定日期灌注内层衬砌。

表5-3是某隧道Ⅱ、Ⅲ级围岩开挖及初期支护作业循环时间表。

某隧道全断面法开挖及初期支护作业循环时间　　　　　表5-3

工序	作业时间(h)	循环时间(h)											
		1	2	3	4	5	6	7	8	9	10	11	12
测量放线	0.5	—											
钻孔、爆破	4		—	—	—	—							
通风找顶	0.5						—						
初喷	1							—					
出渣	4								—	—	—	—	
初期支护、喷混凝土	2												— —

全断面法适用于Ⅰ～Ⅲ级岩体较完整的硬岩,必须具备大型施工机械。隧道长度或施工区段长度不宜太短,否则采用大型机械施工的经济性差。根据经验,这个长度不应小于1km。

根据围岩稳定程度亦可以不设锚杆或设短锚杆。也可先出渣,再施作初期支护,但一般仍先施作拱部初期支护,以防止应力集中而造成围岩松动剥落。

全断面法的优点是:工序少,相互干扰少,便于组织施工和管理;工作空间大,便于组织大型机械化施工。因此,施工进度快。目前,我国公路隧道一般都能保持月进成洞平均150m左右,高者已接近300m。

采用全断面法应注意下列问题:摸清开挖面前方的地质情况,随时准备好应急措施(包括改变施工方法等),以确保施工安全;各种施工机械设备务求配套,以充分发挥机械设备的效率;加强各项辅助作业,尤其加强施工通风,保证工作面有足够新鲜空气;加强对施工人员的技术培训,实践证明,施工人员对新奥法基本原理的了解程度和技术熟练状况,直接关系到施工的效果。

全断面法的技术要点:

(1)一般情况下,将开挖和初期支护划归一个作业面,将仰拱、回填(或底板)和边墙基座划归一个作业面,将防水层和内层衬砌划归一个作业面。使几个作业面之间相隔适当的距离,使之既可以同时施工(平行作业),又可以避免相互干扰,加快施工速度。在工期要求紧的长大隧道中,可借助横洞、斜井、平行导坑或并行双洞的横通道开辟多个工区,实现"长隧短打"。当然,增加辅助坑道应作工期-投资比较。

(2)全断面开挖,在同一个工区采用单循环作业,开挖、出渣、初期支护几项主要作业进入一个作业循环。如果各工序的作业能力不平衡,就会显著延长循环时间,施工速度也就较慢。要提高施工速度,就必须增强作业能力、缩短作业时间、缩短循环时间。

(3)各工序之间在时间、空间、人员、机械设备、材料供应、后勤保障等方面完整配套、合理组织、协调一致、动态调整,以保证各作业面(工区)有较快的施工速度,进而保证或缩短施工工期。

(4)全断面法一次开挖断面比较大,如果地质条件突然恶化(如断层破碎带、地下水、溶洞、瓦斯地层等),极易发生突发性工程安全事故(如塌方、突水、突泥、瓦斯突出等),且其规模也会比较大。因此,应严格进行超前地质探测,以预报开挖面前方的地质情况,并相应准备好应急措施,以确保施工安全。

(5)在软弱破碎围岩中使用全断面法开挖时,应加强对初期支护作业过程的控制和质量检查,加强对初期支护后围岩的动态量测与监控,确保初期支护及时和有效。

二、台阶法

台阶法是将设计坑道断面内的岩体分为上半断面、下半断面两部分,先开挖上半断面,待开挖至一定长度后同时开挖下半断面,上下半断面同时并进的施工方法。其主要应用于Ⅲ、Ⅳ级围岩的施工。

台阶法包括长台阶法、短台阶法和超短台阶法三种,其划分一般是根据台阶长度来决定的。至于施工中究竟应采用何种台阶法,要根据以下两个条件来决定:

(1)初期支护形成闭合断面的时间要求,围岩越差,闭合时间要求越短。

(2)上半断面施工所用的开挖、支护、出渣等机械设备对施工场地大小的要求。

在软弱围岩中应以前一条件为主,兼顾后者,确保施工安全。在围岩条件较好时,主要考虑如何更好地发挥机械效率,保证施工的经济性,故只要考虑后一条件。

1. 长台阶法

这种方法是将断面分成上半断面和下半断面两部分进行开挖,上、下半断面相距较远,一般上台阶超前50m以上或大于5倍洞跨。施工时上、下半断面都可配置同类机械进行平行作业,当机械不足时也可用一套机械设备交替作业,即先在上半断面开挖一个进尺,再在下半断面开挖一个进尺。当隧道长度较短时,亦可先将上半断面全部挖通后,再进行下半断面施工,即为半断面法。图5-2为某隧道Ⅳ级围岩的长台阶法施工程序图;表5-4为该隧道上台阶开挖、初期支护施工作业循环时间表,总用时12h。施工时,考虑到各工序之间的转换用时及不可预见情况用时,每天完成2个循环,进尺6m。

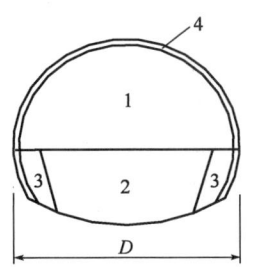
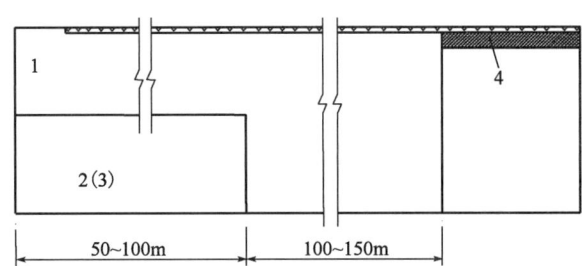

图5-2 某隧道Ⅳ级围岩长台阶法施工程序

1-上台阶开挖(每循环2.5m)及初期支护(喷、锚、网、钢拱架);2-下台阶中槽开挖(每循环3.0m);3-边墙左、右交错跳槽马口开挖(长度不小于2.0m)及初期支护;4-全断面整体混凝土二次衬砌

某隧道洞身上台阶开挖及初期支护作业循环时间　　　　表5-4

工序	作业时间(h)	循环时间(h)										
		1	2	3	4	5	6	7	8	9	10	11	12
测量放线	0.5												
钻孔、爆破	3												
通风找顶	0.5												
初喷	1												
出渣	2.5												
初期支护、喷混凝土	2.5												
下一循环超前支护	2												

长台阶法的作业顺序：

(1) 上半断面。用两臂钻孔台车钻眼、装药爆破，地层较软时亦可用挖掘机开挖。安设锚杆和钢筋网，必要时加设钢支撑、喷射混凝土。用铲斗为 $1.6m^3$ 的推铲机将石渣推运到台阶下，再由装载机装入车内运至洞外。根据支护结构形成闭合断面的时间要求，必要时在开挖上半断面后，建筑临时底拱，形成上半断面的临时闭合结构，然后在开挖下半断面时再将临时底拱挖掉。但从经济角度来看，最好不这样做，而宜改用短台阶法。

(2) 下半断面。用两臂钻孔台车钻眼、装药爆破，装渣直接运至洞外，安设边墙锚杆（必要时）和喷混凝土，用反铲挖掘机开挖水沟，喷底部混凝土。开挖下半断面时，其炮眼布置方式有两种：一种是平行隧道轴线的水平眼；另一种是由上台阶向下钻进的竖直眼，又称插眼，如图5-3所示。前一种方式的炮眼主要布置在设计断面轮廓线上，能有效地控制开挖断面。后一种方式的爆破效果较好，但爆破时石渣飞出较远，容易打坏机械设备。

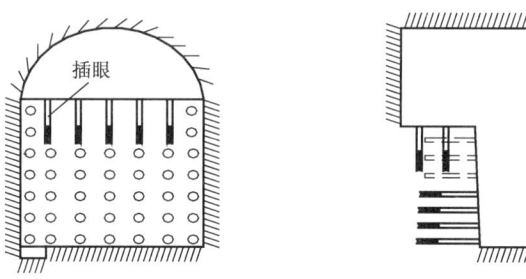

图5-3　台阶法炮眼布置

(3) 待初期支护的变形稳定后，或根据施工组织所规定的日期敷设防水层（必要时）和建造内层衬砌。

相较于全断面法，长台阶法一次开挖的断面和高度都比较小，只需配备中型钻孔台车即可施工，而且，对维持开挖面的稳定也十分有利。所以，它的适用范围较全断面法广泛，凡是在全断面法中开挖面不能自稳，但围岩坚硬不用底拱封闭断面的情况，都可采用长台阶法。

2. 短台阶法

这种方法也是分成上下两个半断面进行开挖，只是两个半断面相距较近，一般上台阶长度小于5倍洞跨但大于1~1.5倍洞跨。上下半断面采用平行作业。

短台阶法的作业顺序和长台阶法相同。

短台阶法可缩短支护结构闭合的时间,改善初期支护的受力条件,有利于控制隧道收敛速度和量值,因此其适用范围很广,Ⅰ~Ⅴ级围岩都能采用,尤其适用于Ⅳ级围岩。

短台阶法的缺点是上台阶出渣时对下半断面施工的干扰较大,不能全部平行作业。为解决这种干扰,可采用长皮带机运输上台阶的石渣;或设置由上半断面过渡到下半断面的坡道,将上台阶的石渣直接装车运出。过渡坡道的位置可设在中间,亦可交替地设在两侧。过渡坡道在断面较大的三车道隧道中尤为适用。

采用短台阶法时应注意下列问题:初期支护全断面闭合要在距开挖面30m以内,或在上半断面开挖开始后的30天内完成。初期支护变形、下沉显著时,要提前闭合,要研究在保证施工机械正常工作的前提下台阶的最小长度。

3. 超短台阶法

这种方法也是分成上下两部分,但台阶很短,只能采用交替作业。超短台阶法是目前台阶法中最常采用的施工方法,台阶长度一般为3~5m,如图5-4所示。

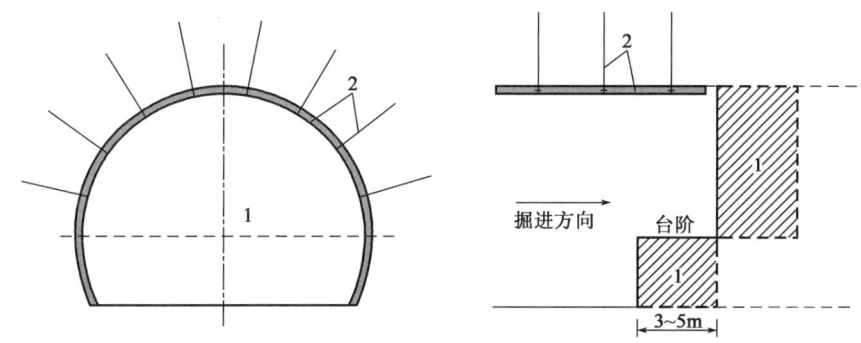

图5-4 超短台阶法

1-上、下半断面同步开挖;2-上、下半断面同步锚喷支护

超短台阶法施工作业顺序:

用一台停在台阶下的长臂挖掘机或单臂掘进机开挖上半断面至一个进尺。安设拱部锚杆、钢筋网或钢支撑,喷拱部混凝土。用同一台机械开挖下半断面至一个进尺。安设边墙锚杆、钢筋网或接长钢支撑,喷边墙混凝土(必要时加喷拱部混凝土)。开挖水沟、安设底部钢支撑,喷底拱混凝土,灌注内层衬砌。

如无大型机械,也可采用小型机具交替地在上下部开挖,由于上半断面施工作业场地狭小,常常需要配置移动式施工台架,以解决上半断面施工机具的布置问题。

由于超短台阶法初期支护全断面闭合时间更短,更有利于控制围岩变形。在城市隧道施工中,能更有效地控制地表沉陷。所以,超短台阶法适用于膨胀性围岩和土质围岩,要求及早闭合断面的场合。当然,也适用于机械化程度不高的各类围岩地段。

需要强调的是,一些隧道应用台阶法施工时,会根据自身地质条件和作业设备条件等选择适当的台阶长度,具体施工工序会适度灵活变化。图5-5是某隧道Ⅲ级围岩台阶法开挖施工工艺及流程图。

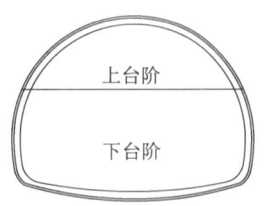 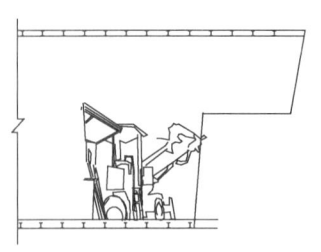 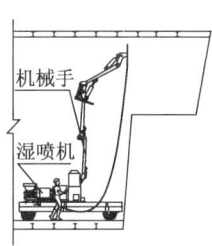 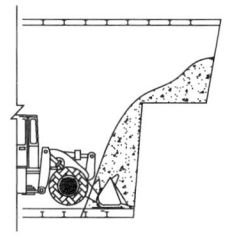

台阶法开挖支护断面示意图　　1.上部液压凿岩台车钻打眼，下部液压凿岩台车钻打眼　　2.上、下部同时起爆，通风后，初喷混凝土　　3.挖掘机、装载机配合自卸汽车出渣，进入下一循环

图 5-5　某隧道Ⅲ级围岩台阶法开挖施工工艺及流程图

超短台阶法的适用条件：主要适用于围岩稳定性较好，但隧道断面较大的条件，或者隧道断面不太大，但围岩稳定性较差的条件。

超短台阶法的优、缺点：

(1)将上、下半断面合为一个作业面同步开挖，与全断面法基本相同，可以有足够的工作空间和较快的施工速度。若将上、下半断面分两次开挖，则两个工作面之间相互干扰较大，实际工程中较少采用。

(2)将隧道下半断面滞后开挖，掌子面始终保留一个微台阶，既有利于开挖面的稳定和围岩的稳定，也给上部提供了一个工作平台，便于上部进行各项作业。尤其是上部开挖并施作初期支护后，下部作业就较为安全，但应注意下部开挖作业对上部已作支护的影响。

(3)既可以采用大型施工机械，也可以采用中小型施工机械，其出渣、进料运输方面也与全断面法基本相同。

(4)在遇到前方围岩地质条件的突变(如软弱破碎、突水、泥石流或溶洞等)时，其防御性要好一些，相对全断面法而言，可以避免造成较大的损失，并且可以比较方便地转换为环形开挖留核心土法或其他分部开挖法。

超短台阶法的技术要点：

(1)台阶长度要适当。既要考虑围岩稳定性的好坏，又要考虑掘进进尺的大小；既要考虑施工机械的配套能力，又要考虑作业空间的大小等。

(2)解决好上、下半断面作业的相互干扰问题。上、下半断面基本上是合为一个工作面进行同步掘进，与全断面法基本相同。对于较短的隧道，采用"半断面开挖法"，即先打通上半断面，再开挖下半断面，则可以最大限度地避免干扰。

(3)下部开挖时，不仅要注意控制对围岩的扰动强度，还应注意防止对上部已作支护的破坏。

(4)随着施工进展，在地质条件发生改变时应及时做好开挖方法的转换工作。

(5)当围岩自稳能力不足，设计断面又较大时，为了缩短围岩暴露时间，可以在台阶上暂留核心土，而先行挖出上部弧形导坑，待施作上部初期支护后，再挖除核心土，并进行下部开挖和支护的施作。留核心土的目的是：降低开挖面临空高度，减缓开挖面的坡面角度，抵抗开挖面的下滑，缩短开挖后围岩的暴露时间，保证围岩稳定。下半断面则可以考虑分左右两部分开挖,并分别施作下部支护。

(6)在围岩软弱破碎或断面较大的隧道施工中,采用台阶法时,开挖面的稳定或暂时稳定,成为确保施工进展的重要因素。为维护开挖面的稳定或暂时稳定,使得有条件能够进行其他作业,既要从开挖方法方面考虑,又要从支护手段方面考虑。在开挖下半断面岩体前,应该注意上部初期支护的临时封闭,这种临时封闭对于上部初期支护的稳定是非常必要的。

Ⅳ级围岩开挖施工,有时候也应用三台阶法,会取得不错的效果。图5-6是某隧道Ⅳ级围岩三台阶法开挖施工工艺图,施工流程为打眼→起爆(同时)→通风→初喷混凝土→出渣。台阶长度根据围岩变化适当调整,采取短进尺、弱爆破、强支护、勤量测进行安全施工,当围岩监控量测变形值增大时,要求立即封闭仰拱,以保证安全。

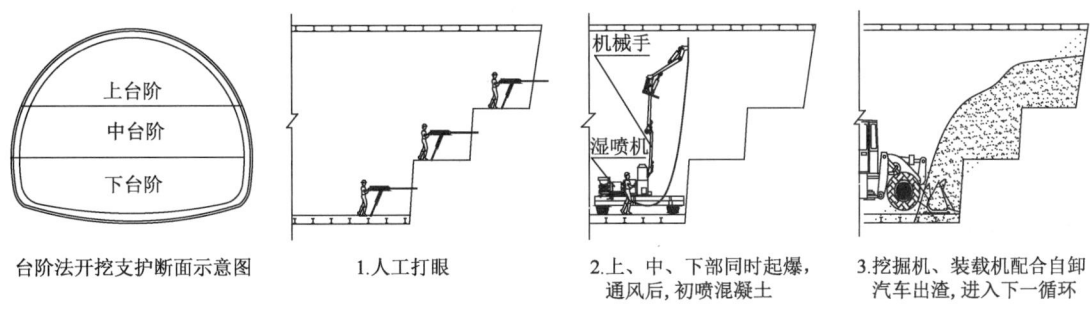

图5-6 某隧道Ⅳ级围岩三台阶法开挖施工工艺及流程图

三、分部开挖法

分部开挖法可分为三种变化方案:台阶分部开挖法、单侧壁导坑法、双侧壁导坑法。

1. 台阶分部开挖法

台阶分部开挖法,又称环形开挖留核心土法。一般将断面分成环形拱部、上部核心土、下部台阶等三部分。根据断面的大小,环形拱部又可分成几块交替开挖。环形开挖进尺为0.5~1.0m,不宜过长。上部核心土和下部台阶的距离,一般为1倍洞跨。

台阶分部开挖法的施工作业顺序为:用人工或单臂掘进机开挖环形拱部。架立钢支撑、喷射混凝土。在拱部初期支护保护下,用挖掘机或单臂掘进机开挖上部核心土和下部台阶,随时接长钢支撑和喷射混凝土、封底。根据初期支护变形情况或施工安排建造内层衬砌。

图5-7为某隧道Ⅴ级围岩环形开挖留核心土法开挖、支护施工程序图。表5-5为该隧道Ⅴ级围岩弧形导坑开挖及初期支护施工的作业循环时间表。根据表5-5,完成一个循环需12h。施工时,喷射混凝土采用分层喷射,在第二层喷射覆盖钢筋网后,后续喷射力求与开挖平行作业,以加快进度。每天完成2个循环,进尺1.5m。考虑可能的施工干扰,每月确保25个有效工作日,确保每个工作面月进尺为37.5m。

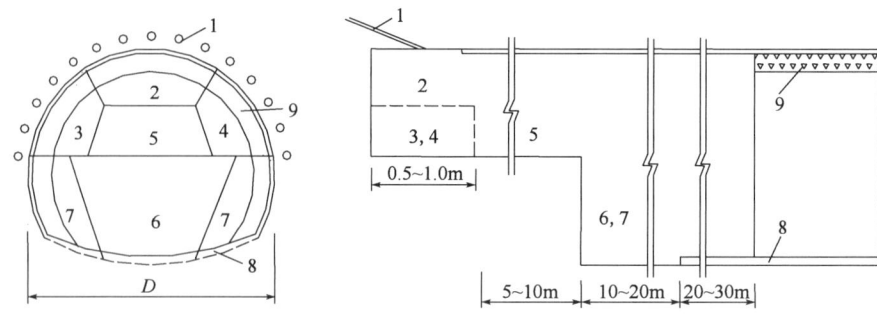

图5-7 某隧道Ⅴ级围岩环形开挖留核心土法施工程序图

1-超前小导管预支护;2-拱顶弧形开挖及初期支护(每循环长度0.75m);3、4-双侧拱腰弧形开挖及初期支护(每循环长度0.75m);5-挖核心土(每循环3.0m);6-挖中槽(每循环3.0m);7-双侧跳槽马口开挖(长度不大于2.0m)及初期支护(锚、喷、网、钢拱架);8-落底施工仰拱及填充(每循环长度3.0m左右),尽快形成闭合受力圈;9-全断面整体混凝土二次衬砌(每循环有效长度10m左右)

某隧道Ⅴ级围岩弧形导坑开挖及初期支护作业循环时间　　　　表5-5

工序	作业时间(h)	循环时间(h)											
		1	2	3	4	5	6	7	8	9	10	11	12
测量放线	0.5	■											
钻孔、爆破	2		━━										
初喷混凝土	1.5				━								
出渣	2					━━							
初期支护	2							━━					
复喷混凝土	2									━━			
下一循环超前支护	2											━━	

2. 单侧壁导坑法

单侧壁导坑法是将断面横向分成三块或四块,每步开挖的宽度较小,而且封闭型的导坑初期支护承载能力大,所以,单侧壁导坑法适用于断面跨度大、地表沉陷难以控制的软弱松散围岩。

单侧壁导坑法的施工作业顺序:

(1)开挖侧壁导坑,并进行初期支护(锚杆加钢筋网,或锚杆加钢支撑,或钢支撑、喷射混凝土),应尽快使导坑的初期支护闭合。

(2)开挖上台阶,进行拱部初期支护,使其一侧支承在导坑的初期支护上,另一侧支承在下台阶上。

(3)开挖下台阶,进行另一侧边墙的初期支护,并尽快建造底部初期支护,使全断面闭合。

(4)拆除导坑临空部分的初期支护。

(5)建造内层衬砌。

3. 双侧壁导坑法

双侧壁导坑法,又称眼镜工法。一般是将断面分成四块:左、右侧壁导坑,上部核心土,下台阶。导坑尺寸拟定的原则同前,但宽度不宜超过断面最大跨度的1/3。左、右侧壁导坑错开的距离,应根据开挖一侧导坑所引起的围岩应力重分布的影响不致波及另一侧已成导坑的原则确定。

当隧道跨度很大,地表沉陷要求严格,围岩条件特别差,单侧壁导坑法难以控制围岩变形时,可采用双侧壁导坑法。现场实测表明,双侧壁导坑法所引起的地表沉陷仅为短台阶法的1/2左右。因此,双侧壁导坑法特别适用于V级围岩地下水发育的浅埋地段及V级围岩偏压地段。

图5-8为某隧道双侧壁导坑法开挖、支护施工工序设计图。其施工工序说明如下:

(1)机械开挖①部,人工配合整修,必要时喷5cm厚混凝土封闭掌子面;施作①部导坑周边的初期支护和临时支护,即初喷4cm厚混凝土,架立型钢钢架和I18临时钢架,并设锁脚钢管,安设I18横撑;安装径向锚杆后复喷混凝土至设计厚度。

(2)在滞后于①部一段距离后,机械开挖②部,人工配合整修;喷5cm厚混凝土封闭掌子面;导坑周边部分初喷4cm厚混凝土;接长型钢钢架和I18临时钢架,安装锁脚钢管,根据实际地质情况,必要时安设I18横撑;钻设径向锚杆后复喷混凝土至设计厚度。

(3)在滞后于②部一段距离后,机械开挖③部,人工配合整修,并施作导坑周边的初期支护,步骤及工序同①部。

(4)在滞后于③部一段距离后,机械开挖④部,人工配合整修,并施作导坑周边的初期支护,步骤及工序同②部。

(5)机械开挖⑤部,人工配合整修;喷5cm厚混凝土封闭掌子面;导坑周边初喷4cm厚混凝土,架立拱部型钢钢架,安装径向锚杆后复喷混凝土至设计厚度。

(6)在滞后于⑤部一段距离后,机械开挖⑥部,人工配合整修;喷5cm厚混凝土封闭掌子面。

(7)在滞后于⑥部一段距离后,机械开挖⑦部,人工配合整修;喷5cm厚混凝土封闭掌子面。

(8)在滞后于⑦部一段距离后,机械开挖⑧部,人工配合整修;隧底周边部分初喷4cm厚混凝土;接长I18临时钢架,复喷混凝土至设计厚度;拆除下部横撑,安设型钢钢架仰拱单元,使之封闭成环。

(9)根据监控量测结果,待初期支护收敛后,拆除I18临时钢架及上部临时横撑;利用仰拱栈桥灌注Ⅸ部边墙基础与仰拱混凝土。

(10)灌注仰拱填充X部至设计高度。

该方法施工控制要点:

(1)上导坑①、③部的开挖循环进尺控制为1榀钢架间距(0.6m),下导坑②、④部的开挖循环进尺可依据地质情况适当加大。

(2)导坑开挖孔径及台阶高度可根据施工机具、人员等安排进行适当调整。

(3)钢架之间纵向连接钢筋应及时施作并连接牢固。

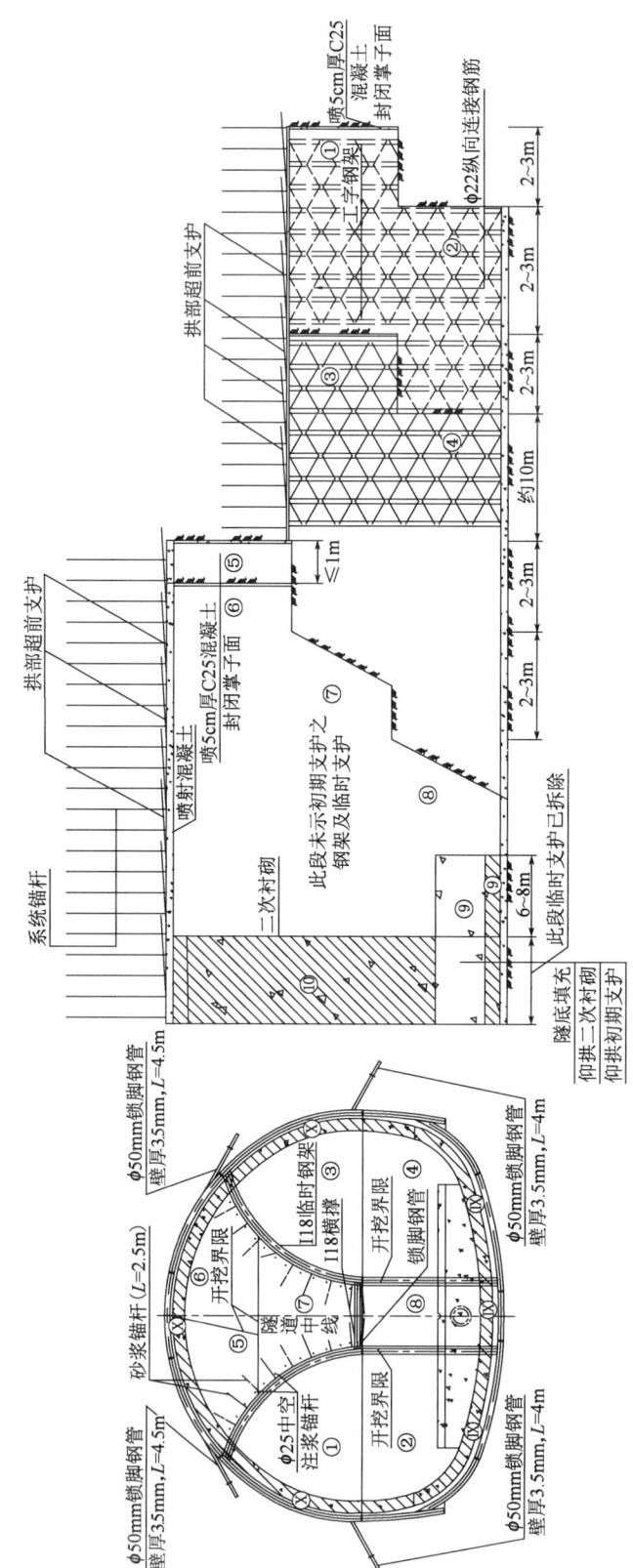

图 5-8 某隧道双侧壁导坑法开挖、支护施工工序设计图

四、其他施工方法

中隔壁法(CD法)和交叉中隔壁法(CRD法)是两种适用于软弱地层的施工方法,特别对于控制地表沉陷有很好的效果,一般主要用于城市地下铁道施工中。其造价高,故在山岭隧道中很少采用,但在特殊情形中,如膨胀土地层,也可以采用。

此外,还有下导洞超前法、中洞法(洞柱法)等,如表5-6所示。

其他施工方法　　　　　　　表5-6

施工方法	开挖顺序示意图	
中隔壁法(CD法)		
交叉中隔壁法(CRD法)		
洞柱法		
下导洞超前法		

五、施工中可能发生的问题及其对策

新奥法施工的基本原则是,根据围岩性质允许产生适量的变形,但又不使围岩松动塌落。在设计、施工过程中,若对围岩性质判断不准或情况不明,或喷射混凝土、打锚杆、立钢支撑时间和方法有误,围岩松动就会超过预计。此时,应根据观察和量测结果找出原因,进行改正。但是,很多场合不能明确原因,因此只能针对所发生的现象采取措施。

根据实践经验,将新奥法中经常出现的一些异常现象及应采取的措施列于表5-7中,其中措施A指进行比较简单的改变就可解决问题的措施,措施B指需要进行改变支护方法等比较大的变动才能解决问题的措施。当然,表5-7中只列出大致的对策标准,优先用哪种措施,要视各个隧道的围岩条件、施工方法、变形状态综合判断。

施工中的异常现象及其处理措施　　　　　　表5-7

异常部位	异常现象	措施A	措施B
开挖面及其附近	正面变得不稳定	①缩短一次掘进长度； ②开挖时保留核心土； ③向正面喷射混凝土； ④用插板或并排钢管打入地层进行预支护	①缩小开挖断面； ②在正面打锚杆； ③采取辅助施工措施对地层进行预加固
开挖面及其附近	开挖面顶部掉块增大	①缩短开挖时间及提前喷射混凝土； ②采用插板或并排钢管； ③缩短一次开挖长度； ④开挖面暂时分部施工	①加钢支撑； ②预加固地层
开挖面及其附近	开挖面出现涌水或者涌水量增大	①加快混凝土硬化（增加速凝剂等）； ②喷射混凝土前做好排水； ③加挂网格密的钢筋网； ④设排水片	①采取排水方法（如排水钻孔、井点降水等）； ②预加固地层
开挖面及其附近	地基承载力不足，下沉增大	①注意开挖； ②不要损坏地基围岩； ③加厚底脚处喷射混凝土； ④增加支撑面积	①增加锚杆； ②缩短台阶长度； ③及早闭合支护环； ④喷射混凝土做临时底拱； ⑤预加固地层
开挖面及其附近	产生底鼓	及早喷射底拱混凝土	①在底拱处打锚杆； ②缩短台阶长度； ③及早闭合支护环
喷射混凝土	喷射混凝土层脱离甚至塌落	①开挖后尽快喷射混凝土； ②加钢筋网； ③解除涌水压力； ④加厚喷层	打锚杆或增加锚杆
喷射混凝土	喷射混凝土层中应力增大，产生裂缝和剪切破坏	①加钢筋网； ②在喷射混凝土层中增设纵向伸缩缝	①增加锚杆（用比原来长的锚杆）； ②加入钢支撑
锚杆	锚杆轴力增大，垫板松弛或锚杆断裂	①增补锚杆（根数、直径、密度）； ②采用承载力大的锚杆	①缩短掘进长度，尽快闭合支护； ②改变施工方法
钢支撑	钢支撑中应力增大，产生屈服	松开接头处螺栓，凿开喷射混凝土层，使之可自由伸缩	①增强锚杆； ②采用可伸缩的钢支撑； ③在喷射混凝土层中设纵向伸缩缝
钢支撑	净空位移增大，位移速度变快	①缩短从开挖到支护的时间； ②提前打锚杆； ③缩短台阶、底拱一次开挖的长度； ④设纵向伸缩缝	①增强锚杆； ②缩短台阶长度； ③提前闭合支护环； ④在锚杆垫板间夹入弹簧垫圈等； ⑤采用超短台阶法； ⑥在上半断面建造临时底拱

第三节 传统的矿山法

在传统的矿山法中,历史上形成的变化方案很多,其中也包括全断面法、台阶法、侧壁导坑法等。它与新奥法的根本区别,除了施工原理不同外,在具体作业上还有以下差异:传统的矿山法中不强调采用锚喷支护,而大量采用钢、木支撑;不强调要及早闭合支护环;很少采用复合式衬砌,而是大量采用刚度较大的单层衬砌;不进行施工量测;等等。近年来,由于施工机械的发展,以及传统矿山法明显不符合岩石力学的基本原理和不经济,其已逐渐为新奥法所取代。只有在一些缺少大型机械的中、短隧道中,或不熟悉新奥法的施工单位还采用传统的矿山法。本书只简单地叙述一两种典型的,具有中国特色的,现在仍可能采用的传统矿山法。

一、漏斗棚架法

漏斗棚架法全名叫下导坑漏斗棚架法,亦称下导坑先墙后拱法。它是硬岩层中修筑隧道的一种基本的传统方法,也是我国20世纪80年代前修筑公路、铁路隧道采用得最广泛的方法之一。

此法的基本施工程序(图5-9)是:首先开挖下导坑①部,在下导坑开挖面后30~50m处,开始架设"漏斗棚架",然后在漏斗棚架上方开挖②、③部("挑顶")和④部("扩大")。它们的间距以互不干扰为原则,一般可采用15~20m。挑顶和扩大爆下的石渣直接堆放在棚架上,并通过漏斗口向下装入矿车内运出洞外。石渣装完后即可拆除棚架,开挖⑤部("刷帮")和⑥部边墙、水沟。此时,整个隧道开挖完毕。在一定的安全距离(10~20m)外灌注边墙Ⅶ和拱圈Ⅷ混凝土。最后铺底砌水沟。

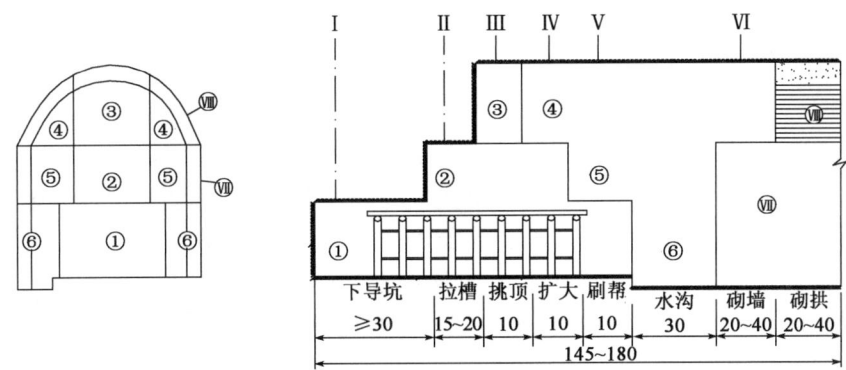

图5-9 漏斗棚架法施工程序图(尺寸单位:m)

下导坑的形状一般为梯形(图5-10),坚硬围岩中也可用矩形,其宽度为2.8~3.0m(铁路铺单运输线),或3.8~4.4m(铁路铺双运输线),高度视装渣机装载高度而定,一般为2.8~3.0m。在中长隧道中为了运输畅通多采用双线导坑。

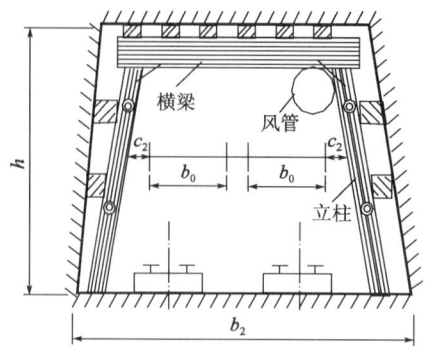 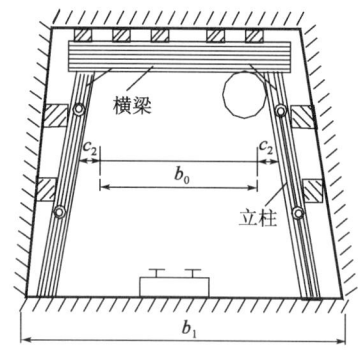

图5-10 漏斗棚架法下导坑施工

漏斗棚架的结构构造如图5-11所示。

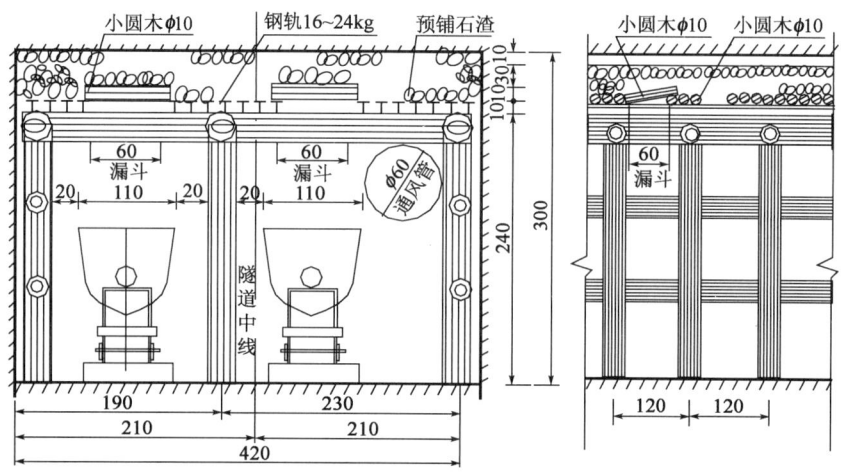

图5-11 漏斗棚架的结构构造(尺寸单位:m)

采用漏斗棚架法施工时应注意如下问题:下导坑开挖是领先工序,它的开挖速度直接影响整个隧道的施工进度,因此,要千方百计予以保证;漏斗棚架是卸、装渣的关键结构,必须具有足够的强度和刚度以承受爆破时石渣的冲击作用;挑顶时如发现拱顶有坍塌的预兆,应立即用圆木支顶住。

漏斗棚架法的优点:便于人力、小型机具开挖;挑顶、扩大的石渣通过漏斗棚架装车,效率高,节省人力和机械;工作面多,可以安排较多的人力和机具,进行平行作业,加快施工进度。

漏斗棚架法的缺点:设置棚架需消耗大量木材和钢材;断面分块多,对围岩扰动大,而且拱顶围岩暴露时间过长,所以只适用于Ⅰ~Ⅲ级围岩;工作面多虽可平行作业,但相互干扰大,尤其刷帮开挖容易损坏风管、水管、电力线和堵塞运输。

二、上下导坑先拱后墙法

微课5.3
先拱后墙法

上下导坑先拱后墙法,又称拱圈支承法,是软地层中修筑隧道的一种基本的传统方法,也是我国以往修筑隧道采用的最广泛的方法之一。

此法的基本施工程序(图5-12、图5-13)是:首先开挖下导坑①,并尽快架设木支撑。在下导坑开挖面后30~50m处开挖上导坑②和架设木支撑。上、下导坑间开挖漏斗(如图5-12中虚线所示),以便上断面出渣。在距上导坑15~20m

处,进行上导坑落底开挖③。然后由上导坑向两侧开挖④("扩大"),边开挖边架设扇形支撑。在扇形支撑之间立拱架模板,灌注拱圈混凝土Ⅴ,边灌注边顶替、拆除扇形支撑。开挖中层⑥("落底")。左右错开,纵向跳跃开挖马口⑦、⑨,每个马口的纵向长度一般取拱圈灌注节长的一半。紧跟马口开挖后,立即架设边墙模板,由下而上灌注边墙混凝土Ⅷ、Ⅹ。挖水沟、铺底。

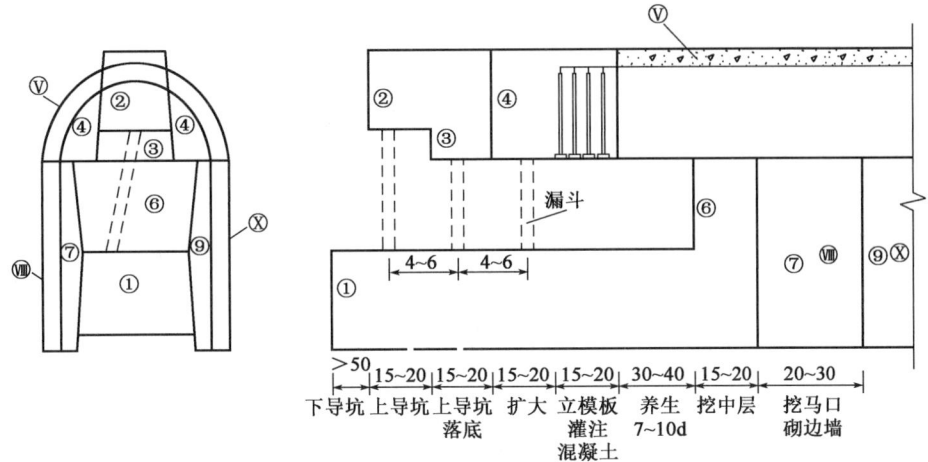

图5-12 上下导坑先拱后墙法施工程序图(尺寸单位:m)

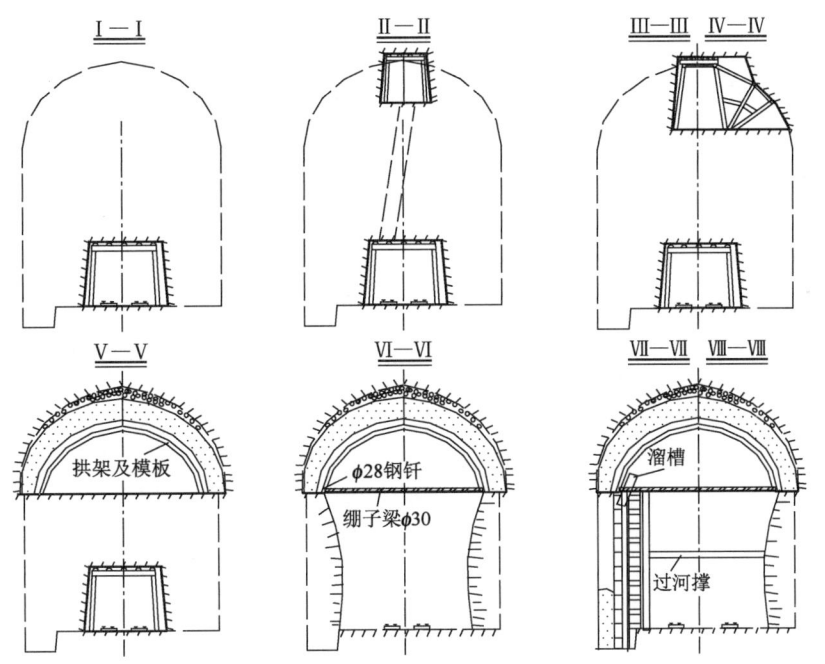

图5-13 上下导坑先拱后墙法关键工序

采用上下导坑先拱后墙法施工时应注意下列问题:开挖马口时要绝对避免拱圈两侧拱脚同时悬空;边墙灌注到顶部时要仔细地做到与拱脚连接,保证衬砌的整体性。

和漏斗棚架法比起来,上下导坑先拱后墙法有如下优点:拱部围岩暴露时间短,开挖马口、灌注边墙都是在拱圈保护下进行的,因此,施工安全,能适用于较软弱的Ⅳ、Ⅴ级围岩。其缺点是衬砌整体性差,开挖两个导坑成本高、速度慢。

第四节 钻爆作业

一、掘进方式

(一)岩体的抗破坏性

1. 岩体的坚固性及其分级

岩体的坚固性是指岩体抵抗人为破坏的能力,即挖除岩体的难易程度。在露天土石方工程中,常将挖掘岩体的难易程度分为六级,见表5-8。

岩体的坚固性分级　　　　表5-8

等级	坚固性评价	类别名称	代表性岩体	岩体重度γ (×10³kN/m³)	岩体或结构面内摩擦角φ (°)
一	极软弱(极易挖除)	松土	砂类土、种植土、软塑的黏砂土、砂黏土、弃土、未经压实的填土	15~16	9~27
二	软弱(易挖除)	普通土	半干硬的、硬塑的黏砂土和砂黏土、可塑的黏土、可塑的膨胀土(裂土)、新黄土、中密的碎石类土(不包括块石土、漂石土)、压实的填土、风积砂	15~18	30~40
三	较软弱(较易挖除)	硬土	半干硬的黏土、半干硬的膨胀土(裂土)、老黄土、块石或漂石含量≥30%且<50%的土及其他密实的碎石类土、各种风化成土状的岩石	18~20	56~60
四	较坚固(较难挖除)	软石	块石土、漂石土、盐岩;各种软质岩石:泥岩、泥质页岩、泥质砂岩、泥质砾岩、煤、泥灰岩、凝灰岩、云母片岩、千枚岩等	22~26	65~70
五	坚固(难挖除)	次坚石	各种硬质岩:硅质页岩、钙质砂岩、钙质砾岩、白云岩、石灰岩、坚实的泥灰岩、软玄武岩、片岩、片麻岩、正长岩、花岗岩	24~28	70~80
六	极坚固(极难挖除)	坚石	各种极硬岩:硅质砂岩、硅质砾石、致密的石灰岩、大理岩、石英岩、硬玄武岩、闪长岩、正长岩、细粒花岗岩	25~30	80~87

注:软土(软黏性土、淤泥质土、淤泥、泥炭质土、泥炭)和多年冻土等应结合具体施工情况另定。

值得注意的是:我国公路、铁路及水电隧道工程中,一般都是直接借用围岩稳定性分级,作为对隧道工程中挖掘岩体难易程度的分级。或者说是将围岩分级作为一种综合分级,既是对围岩稳定性的分级,又是对岩体坚固性的分级,见《铁路隧道设计规范》(TB 10003—2016)铁路隧道围岩稳定性基本分级表。

这样做大致是可行的,其理由是:一般而言,坚固而难挖的岩体,作为围岩稳定性也好;软弱易挖的岩体,作为围岩稳定性也差。但严格地说,这种规律并不能代表隧道工程中遇到的所有情形,实际隧道工程中有稳定能力基本相同的两种岩体,其坚固性和挖掘的难易程度却有较大的差异,如破碎的石英岩与老黄土的比较,就不符合上述规律。同样是软土,石英岩作为围岩,稳定性很不好,但却并不好挖;而老黄土作为围岩,稳定性很好,但却并不难挖。因此,岩体的坚固性与围岩的稳定性不能完全等同。

2. 岩体的抗爆破性(或抗钻性)及其分级

岩体的抗爆破性(或抗钻性)是指岩体抵抗爆炸冲击波(或钻头冲击力)破坏的能力。岩体的抗爆破性(或抗钻性)主要取决于其物理力学性质,特别是岩石(即结构体)在动载作用下的变形性质和内聚力强弱。另外,也受到岩体的结构特征(即结构面及其产状)和地下水等因素的影响。隧道爆破掘进时,应按岩体的抗爆破性进行爆破设计。而在钻眼时,则应按其抗钻性选择凿岩机具。但目前还没有针对岩体的抗钻性的研究及分级方法。

近年来,有研究资料建议采用岩体爆破性指数 N 作为分级指标,将岩体的抗爆破性分为极易爆破、易爆破、中等、难爆破、极难爆破五级,见表5-9。岩体爆破性指数 N,是在炸药能量等相同的条件下,进行爆破漏斗试验,根据爆破后的漏斗体积、大块率、小块率、平均合格率和岩体的波阻抗等指标进行计算的。

岩体的抗爆破性分级　　表5-9

抗爆破级别		N	爆破难易程度	代表性岩石
一	I_1	<29	极易爆破	千枚岩、破碎板岩、泥质板岩、破碎白云岩
	I_2	29.001~38		
二	II_1	38.001~46	易爆破	角砾岩、绿泥岩、米黄色白云岩
	II_2	46.001~53		
三	III_1	53.001~60	中等	阳起石、石英岩、煌斑岩、大理岩、灰白色白云岩
	III_2	60.001~68		
四	IV_1	68.001~74	难爆破	磁铁石英岩、角闪斜长片麻岩
	IV_2	74.001~81		
五	V_1	81.001~86	极难爆破	矽卡岩、花岗岩、矿体浅色砂岩
	V_2	>86		

(二)掘进方式种类及适用范围

掘进方式是指对坑道范围内岩体的挖除方式(破岩方式)。掘进方式有钻眼爆破掘进、掘进机掘进、人工掘进三种。

1. 钻眼爆破掘进

钻眼爆破掘进是在被爆破岩体的各个部位钻孔后,将炸药分散安装于各个钻孔中并引发炸药爆炸,从而爆破坑道范围内的岩体。隧道工程中一般采用"掏槽爆破"(见本节"三、爆破方法"部分)。

钻眼爆破对围岩的扰动较大,导致围岩稳定能力降低,有时爆破振动致使围岩产生坍塌,故一般只适用于围岩稳定性较好的石质岩体隧道。但随着控制爆破技术的发展,爆破法的应用范围也逐渐加大,如用于软石及硬土的松动爆破。钻眼爆破掘进是一般山岭隧道工程中最常用的掘进方式。钻眼爆破需要专用的钻眼设备及消耗大量炸药等爆破材料,并只能分段循环掘进。

2. 掘进机掘进

掘进机掘进又细分为全断面掘进机掘进和自由断面挖掘机掘进两种。

全断面掘进机掘进是采用装在掘进机前端的圆形刀盘中的切削刀来破碎岩体的,它可以一次完成隧道圆形断面掘进。全断面掘进机避免爆破振动对围岩的破坏,掘进时对围岩的扰动破坏较小,自身的破岩能力较强,故一般适用于围岩完整性和稳定性较好的硬岩地层。机械化、集成化程度很高,施工速度快。

自由断面挖掘机掘进是采用装在可移动式机械臂上的切削头来破碎岩体,并逐步完成隧道断面成型的,见图5-14。自由断面挖掘机避免爆破振动对围岩的破坏,掘进时对围岩的扰动破坏小,但自身的破岩能力较小,故一般适用于围岩稳定性较差的软岩隧道及土质隧道,尤其适用于配合敞胸式盾构施工。

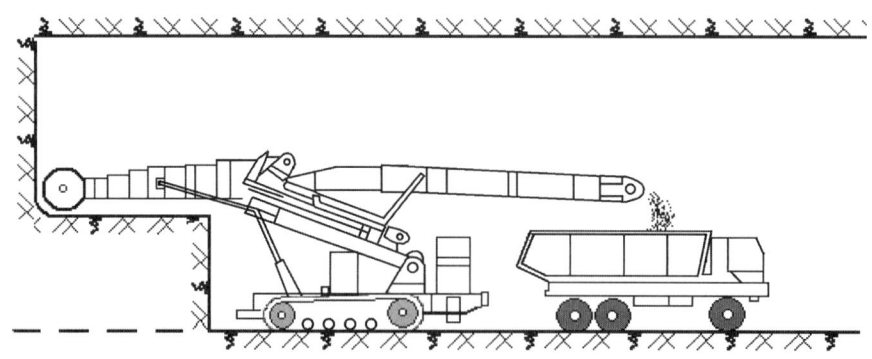

图5-14 自由断面挖掘机掘进

自由断面挖掘机的适应能力较强,可以挖掘任意形状和大小的隧道,也可以连续掘进。自由断面挖掘机多随机配备连续拾渣、转载机构。常用的拾渣机构有蟹爪式、立爪式、铲斗式和挖斗式四种,常用的转载机构有刮板式和链板式两种。自由断面挖掘机多采用履带式走行机构,以适应洞内临时道路承载能力较低甚至泥泞的条件;当道路泥泞和采用轨道运输时,可选用轨道走行机构。

常用的自由断面挖掘机又分为铣盘切削式采矿机、挖斗式挖掘机和铲斗式装渣机三种。

其中,铣盘切削式采矿机将带有柱齿状或圆锥状切削刃的切削头安装在液压伸缩臂上,切削头可以在水平方向和垂直方向旋转。铣盘切削式采矿机可以挖掘各种含水率较低的土及中等硬度以下岩石,但不适用于泥质土的挖掘。

另外,挖斗式挖掘机或铲斗式装渣机用于隧道掘进时,可以将挖掘和装渣同机完成。但其破岩能力有限,一般只适用于挖掘硬土至软塑泥质土,且须配以人工修凿周边。

3. 人工掘进

人工掘进是采用十字镐、风镐等简易工具来挖除岩体。人工掘进对围岩的扰动破坏小,有利于保持围岩原有的稳定能力,但人工掘进速度较慢,劳动强度较大,安全性差,故一般适用于围岩稳定性较差的土质隧道或软岩隧道。

人工掘进只在特殊地质条件或特小断面的隧道工程中偶有采用。如在不能采用爆破掘进的软弱破碎围岩和土质隧道中,若隧道工程量不大,工期要求不太紧,又无机械或不宜采用机械掘进时,则可以采用人工掘进,人工采用铁锹、斗箕装渣。人工掘进时,尤其应做好安全防护措施,并安排专人负责工作面的安全观察。

4. 掘进方式的选择原则

原本充塞在隧道所在位置的岩体,其软硬程度和破碎程度各不相同,要破碎并挖除这些岩体的难易程度不尽相同;同时,不同的掘进方式对围岩的扰动程度也是不同的。掘进方式是影响围岩稳定的又一重要因素。不同的岩体和围岩,适宜采用的掘进方式也不尽相同。

隧道掘进方式的选择就是要确定每一部分岩体的挖除方式,以及破岩时对围岩扰动的控制措施。在实际隧道工程中,掘进方式的选择原则是:首先考虑坑道范围内被挖除岩体的坚固性,掘进方式对围岩的扰动程度、围岩的抗扰动能力(即稳定性);其次要考虑开挖方法、作业空间大小、机械配备能力、工期要求、工区长度、经济性等因素,进行综合分析,选用既经济、快速,又不严重影响围岩稳定的掘进方式。

综上所述,钻眼爆破掘进虽然较经济,但对围岩扰动太大,尤其对软弱破碎围岩的稳定不利;掘进机掘进虽然对围岩扰动小,速度也快,但机械投资较大;人工掘进对围岩扰动小,但掘进速度太慢,劳动强度太大。目前在山岭隧道中,特别是对于石质岩体,多数仍采用钻眼爆破掘进。值得注意的是,在采用钻眼爆破掘进方式时,尤其应当严格实施爆破控制,以减少爆破振动对围岩的扰动破坏和对已作支护的影响。

上述几种掘进方式的适用范围见表5-10。

掘进方式适用范围　　　　表 5-10

类别名称	坚固性等级	岩体名称	围岩级别	主要工程地质特征	挖除难易程度	掘进方式选择建议	爆破难易程度	抗爆级别	代表性岩石
坚石	六（极坚固）	各种极硬岩：硅质砂岩、硅质砾石、致密的石灰岩、大理岩、石英岩、硬玄武岩、闪长岩、正长岩、细粒花岗岩	Ⅰ	硬质岩，饱和单轴抗压强度 $R_c>60\text{MPa}$，受地质构造运动影响轻微，节理不发育，无软弱面或夹层，层状岩体为厚层，层间结合良好	极难挖除	宜用钻眼爆破掘进	极难爆破	五	矽卡岩、花岗岩、矿体浅色砂岩
次坚石	五（坚固）	各种硬质岩：硅质页岩、钙质砂岩、钙质砾岩、白云岩、石灰岩、软玄武岩、片岩、片麻岩、正长岩、花岗岩	Ⅱ	硬质岩，$R_c>30\text{MPa}$，受地质构造运动影响较重，节理较发育，有少量软弱面（或夹层）和贯通微张节理，但其产状及组合关系不致产生滑动，层状岩体为中层或厚层，层间结合一般，很少有分离现象，或为硬质岩石偶夹软质岩石	难挖除	宜用钻眼爆破掘进	难爆破	四	磁铁石英岩、角闪斜长片麻岩
				软质岩，$R_c\approx30\text{MPa}$，受地质构造运动影响轻微，节理不发育，层状岩体为厚层，层间结合良好			中等	三	阳起石、石英岩、煌斑岩、大理岩、灰白色白云岩
软石	四（较坚固）	块石土、漂石土、盐岩；各种软质岩石：泥岩、泥质页岩、泥质砂岩、泥质砾岩、煤、泥灰岩、凝灰岩、云母片岩、千枚岩等	Ⅲ	硬质岩，$R_c>30\text{MPa}$，受地质构造运动影响严重，节理发育，有层状软弱面或夹层，但其产状及组合关系尚不致产生滑动，层状岩体为薄层或中层，多有分离现象，或为硬、软质岩石互层	较难挖除	可用全断面掘进机掘进	易爆破	二	角砾岩、绿泥岩、米黄色白云岩
				软质岩，$5\text{MPa}<R_c<30\text{MPa}$，受地质构造运动影响较重，节理较发育，层状岩体为薄层、中层或厚层，层间结合一般			极易爆破	一	千枚岩、破碎板岩、泥质板岩、破碎白云岩
硬土	三（较软弱）	半干硬的黏土、半干硬的膨胀土（裂土）、老黄土、含（30%～50%）块石或漂石的块石土或漂石土及其他密实的碎石类土、各种风化成土状的岩石	Ⅳ	硬质岩，$R_c>30\text{MPa}$，受地质构造运动影响很严重，节理很发育，层状软弱面或夹层已基本被破坏	较易挖除	可用各种盾构加单臂掘进机或人工掘进			
				软质岩，$5\text{MPa}<R_c<30\text{MPa}$，受地质构造运动影响严重，节理发育		宜用单臂掘进机掘进			
				土：①略具压密或成岩作用的黏性土及砂类土；②黄土（Q_1、Q_2）；③一般钙质、铁质胶结的碎石土、卵石土、大块石土					
普通土	二（软弱）	半干硬的、硬塑的黏砂土和砂黏土、可塑的黏土、可塑的膨胀土（裂土）、新黄土、中密的碎石类土、压实的填土、风积砂	Ⅴ	石质围岩位于挤压强烈的断裂带内，裂隙杂乱，呈石夹土或土夹石状	易挖除	可用人工掘进	备注		岩体的坚固性等级与围岩级别、岩体的抗爆级别三者并不是完全一一对应的
				一般第四系的半干硬至硬塑的黏性土，及稍湿至潮湿的一般碎石土、卵石土、圆砾土、角砾土及黄土（Q_3、Q_4）					
松土	一（极软弱）	砂类土、种植土、软塑的黏性土、砂黏土、弃土、未经压实的填土	Ⅵ	软塑状黏性土和潮湿的粉细砂等	极易挖除				

二、钻眼机具和爆破材料

(一)钻眼机具

隧道工程中常用的凿岩机有风动凿岩机和液压凿岩机。另有电动凿岩机和内燃凿岩机,但较少采用。其工作原理都是利用镶嵌在钻头体前端的凿刃反复冲击(并转动)破碎岩石而成孔。有的可通过调节冲击功大小和转动速度以适应不同硬度的石质,达到最佳成孔效果。

微课5.4
风动凿岩机钻眼

钻眼速度受以下几个因素的影响:冲击频率,冲击功,钻头的凿刃形式,钻眼直径、深度,岩体抗钻性等。另外,钻头与钻杆、钻杆与机头的套装紧密程度和钻杆的质量、粗细则影响冲击功的传递。若套装不紧密、钻杆轴线与机头轴线重合不好或钻杆硬度小、钻杆较粗,都会损耗冲击功而降低钻眼速度。

微课5.5
液压凿岩机钻眼

1. 钻头和钻杆

钻头前端镶嵌硬质高强耐磨合金钢凿刃,钻头则直接连接在钻杆前端(整体式)或套装在钻杆前端(组合式),钻杆尾则套装在凿岩机的机头上。常用钻头的钻孔直径有38mm、40mm、42mm、45mm、48mm等,用于钻中空孔眼的钻头直径可达102mm,甚至更大。钻头和钻杆均有射水孔,压力水即通过此孔清洗岩粉。

凿刃起着直接破碎岩石的作用,它的形状、结构、材质、加工工艺是否合理,直接影响凿岩效率和其本身的耐磨性能。凿刃按其形状可分为片状连续刃及柱齿刃(不连续)两类。片状连续刃又有一字形、十字形等几种布置形式,柱齿刃又有球齿、锥形齿、楔形齿等形状之分。

一字形片状连续刃钻头的制造和修磨简单,对岩性的适应能力较强,适用于功率较小的风动凿岩机在中硬以下岩石中钻眼,但钻眼速度较慢,且在节理裂隙发育的岩石中容易卡钻。

十字形片状连续刃钻头和柱齿刃钻头的制造和修磨较复杂,主要与功率较大和冲击频率较高的重型风动或液压凿岩机配套,适用于在各种岩石中钻眼,尤其在高硬度岩石中或节理裂隙发育的岩石中钻眼效果良好,速度也快。钻头构造见图5-15。

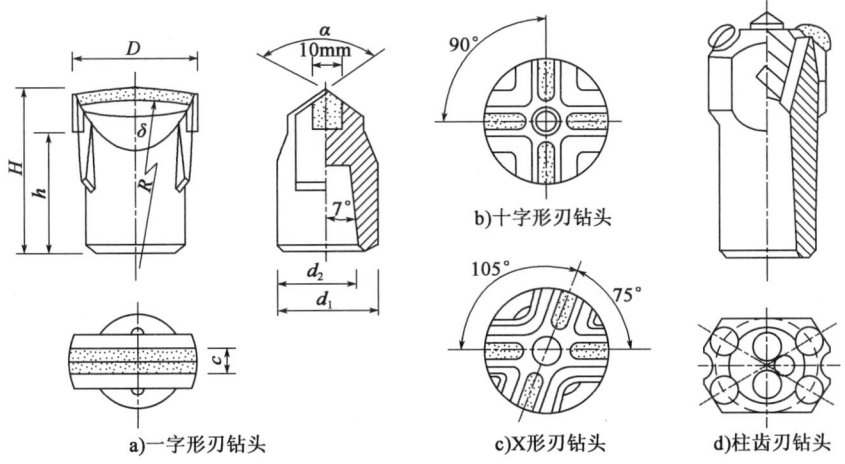

图5-15 钻头形式

2. 风动凿岩机

风动凿岩机俗称风钻,它以压缩空气为驱动力。它的优点是结构简单,制造、维修简便,操作方便,使用安全。目前工程中最常用的是YT-28型手持气腿式风动凿岩机,其纯钻进($d42mm$)速度在50~470mm/min范围内,见图5-16。

但其缺点也很明显,压缩空气的供应和输送设备比较复杂,机械效率低,能耗大,噪声大,凿岩速度比液压凿岩机低。目前我国较多的隧道工程中仍广泛使用风动凿岩机。

图5-16 风动凿岩机

3. 液压凿岩机

液压凿岩机以电力带动高压油泵,利用换向阀改变高压油路方向,驱动活塞(冲击锤)往复运动,实现冲击作用。

液压凿岩机与风动凿岩机比较,具有以下主要优点:

(1)液压凿岩机的液压系统设计配套合理,对能量的利用率高,可达30%~40%,而风动凿岩机对能量的利用率仅有15%。而且,液压凿岩机的机械润滑条件好,各主要机械零件使用寿命较长。

(2)液压凿岩机是机、电、液一体化的设备,构造复杂,质量较大,多需安装在专用的台车上使用。液压凿岩机的工作噪声比风动凿岩机低10~15dB;也不像风钻那样需要排气,工作面没有雾气,空气较清新,工作环境较好。

(3)液压凿岩机能自动调节冲击频率、扭矩、转速和推力等参数,以适应不同性质的岩石,提高凿岩功效;液压凿岩机比风动凿岩机的钻眼速度快50%~150%。在花岗岩中纯钻进速度可达170~200cm/min。

4. 凿岩台车

将多台凿岩机安装在一个专用的移动、控制设备上,实现多机同时作业和集中控制,这个设备称为凿岩台车。现代的凿岩台车的能量传递和动作传递多采用全液压系统来实现,尤其是采用液压控制的机械臂进行方向控制,可以方便地实现向上打眼,解决了人工操纵向上打眼困难的问题。

由于液压凿岩机的国产化技术水平不高,机械购置费和机械使用费较高,加之一些承包商对液压凿岩机的管理水平不高,机时利用率较低,液压凿岩台车在隧道工程中的使用呈下降的趋势。

凿岩台车按其走行方式可分为轨道走行式、轮胎走行式及履带走行式,按其结构形式可分为实腹式、门架式两种。图5-17是工程中应用较多的轮胎走行的实腹式全液压凿岩台车。

目前,我国隧道工程中使用较多的是轮胎走行的实腹式凿岩台车。它通常可以安装1~4台凿岩机及一支工作平台臂。占用坑道空间较大,需与出渣运输车辆交会避让,占用循环时间,尤其是在隧道断面不大时,机械避让的非工作时间就更长。轮胎走行的实腹式凿岩台车,其立定工作范围可以达到宽10~15m,高7~12m,且因为轮胎走行使得移位方便灵活,适用于各种断面形状和不同尺寸大小的隧道,尤其多应用于较大断面的隧道。

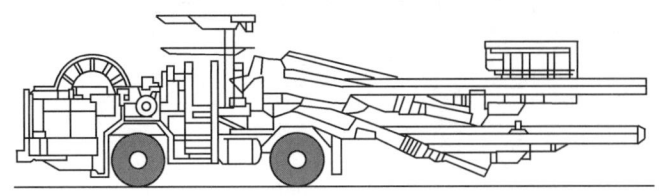

图5-17 凿岩台车(实腹、轮行)

门架式凿岩台车采用了轨道走行门架式结构,其腹部可以通行进料、出渣等运输车辆,可以大幅度缩短不同作业机械的交会避让时间。轨道走行的门架式凿岩台车,通常安装2~3台凿岩机及一支工作平台臂,多用于中等断面(20~80m²)的隧道开挖,且因其采用轨道走行,需要铺设轨道,移动换位不便,故在一次开挖断面较大时不宜采用。

凿岩台车按其工作状态的操纵控制方式可以分为人工控制、计算机控制、计算机导向三种。

人工控制是由司机控制操纵杆来实现钻机的定位、定向和钻进。钻眼位置由工程师在作业面上放线标出,钻眼方向则由司机根据每隔20m悬挂于洞顶的方向指示线,按经验目测确定。

计算机控制指凿岩台车的所有动作都在计算机的控制下自动进行,必要时可由操作手进行干预。但台车立定就位的位置和方向仍需要由工程师通过测量提供,计算机再按照位置、方向、岩体条件和钻爆设计等参数自动进行钻眼作业。

计算机导向是在计算机自动控制的基础上又加上自动定位和导向装置。它不但具有计算机自动控制功能,而且可以在隧道定位、导向激光束的帮助下进行自动定位和定向。因此,能进一步缩短钻眼作业时间,提高钻眼精度,减少超欠挖量。

(二)爆破材料

1. 炸药

1)炸药的性能

炸药爆炸是一种高速化学反应过程。在这个过程中,炸药物质成分发生改变,生成大量的气体物质并释放大量的热能,表现为对周围介质的冲击、压缩、破坏和抛掷作用。炸药的爆破性能主要取决于其所含化学成分的爆炸性能。掌握炸药等爆破材料的性能,对正确使用、储存、运输炸药,确保安全和提高爆破效果,有重要意义。炸药的主要性能如下:

微课5.6
爆破材料

(1)感度。

炸药的感度,是指炸药在外界起爆能作用下发生爆炸反应的难易程度,也就是炸药爆炸对外能的需要程度。根据外能形式的不同,炸药感度表现为:

①热敏感度,是指炸药对热的敏感程度,亦称为爆发点,常用能使炸药爆炸的最低温度来表示。

②火焰感度,是指炸药对火焰(明火星)的敏感程度。有些炸药虽然对温度比较钝感,但对火焰却很敏感,如黑火药一接触明火星便易爆炸。

③机械感度,是指炸药对撞击、摩擦等机械能作用的敏感程度。一般来说,对撞击比较敏感的炸药,对摩擦也比较敏感。常用试验次数的爆炸百分率来表示,工程中几种常用炸药的感度见表5-11。

几种炸药的爆发点、撞击感度、摩擦感度　　　　表5-11

炸药名称	EL系列乳化炸药	2号岩石硝铵炸药	2号煤矿硝铵炸药	硝化甘油	黑索金	特屈儿	黑火药	梯恩梯
爆发点(℃)	330	186~230	180~188	200	230	195~200	290~310	290~295
撞击感度(%)	≤8	20	—	100	70~75	50~60	50	4~8
摩擦感度(%)	0	—	—	—	90	24	—	0

④爆轰感度,是指炸药对爆炸能作用的敏感程度。通常在起爆作用下,炸药的爆炸是由冲击波、爆炸产物流或高速运动的介质颗粒的作用而激发的。不同的炸药所需的起爆能大小也不同。爆轰感度常用极限起爆药量表示。

(2)爆速。

炸药爆炸时的化学反应速度称为爆速。一般来说,密度越大的炸药,其爆速也越高。同一种成分的炸药,其爆速还受装填密实程度、药量、含水率和包装材料等因素的影响。工程中几种常用炸药的爆速见表5-12。

几种炸药的爆速、威力、猛度　　　　表5-12

炸药名称	2号岩石铵梯炸药	EL系列乳化炸药	RJ系列乳化炸药	硝化甘油	梯恩梯	特屈儿	黑索金	太安
密度(g/cm³)	1.40	—	—	1.60	1.60	1.59	1.76	1.72
爆速(m/s)	5200	—	—	7450	6850	7334	8660	8083
密度(g/cm³)	1.0~1.1	—	—	1.60	1.50	1.60	1.70	—
威力(cm³)	320	—	—	600	285	300	600	580
密度(g/cm³)	0.9~1.0	1.1~1.2	1.1~1.25	—	1.0	1.6	1.7	—
猛度(mm)	12~14	16~19	15~19	22.5~23.5	16~17	21~22	25	23~25

(3)威力。

炸药爆炸时对周围介质做功的能力称为威力。炸药的威力越大,其破坏能力越强(即破坏的范围越大,程度也越严重)。一般来说,爆炸产生的气体物质越多,或爆温越高,则炸药威力越大。炸药的威力通常用铅柱扩孔实验法测定。铅柱扩孔容积等于280cm³时的威力称为标准威力。工程中几种常用炸药的威力见表5-12。

(4)猛度。

炸药爆炸时对与之接触的固体介质的局部破坏能力称为猛度。这种局部破坏表现为固体介质的粉碎性破坏程度和范围大小。一般来说,炸药的爆速越高,则其猛度也越大。炸药的猛度通常用铅柱压缩法测定,以铅柱被爆炸压缩的数值表示。工程中几种常用炸药的猛度见表5-12。

(5)爆炸稳定性。

隧道及土石方工程中,常在钻孔中装入炸药(即柱状装药)来爆破岩体。应当使装入钻孔中的炸药完全爆炸,以达到设计的爆破效果。因此,应深入研究炸药是否能够完全爆炸,即爆炸的稳定性问题,以保证获得良好的爆破效果。

炸药爆炸稳定性是指炸药经起爆后,能否连续、完全爆炸的能力。它主要受炸药的化学性质、爆轰感度、起爆能量以及装药密度、药卷直径、药卷间距等因素的影响。

(6)最佳密度。

炸药稳定爆炸,且爆速最大时的装药密度称为"最佳密度"。如硝铵类炸药的最佳密度为 0.9~1.19g/cm³,乳化炸药的最佳密度为 1.05~1.30g/cm³。对于单质猛炸药,其装药密度越大,则其爆速越大,爆炸越稳定。对于工程用混合炸药,在一定密度范围内,也有以上关系;但随后爆速又随着密度的增加而下降,直至某一密度时,爆炸不稳定,甚至拒爆,这时炸药的密度称为"临界密度"。工程爆破中,为保证装药能稳定爆炸而不发生断爆或拒爆,在施工现场加工药卷时应注意使药卷密度保持在最佳密度范围内。

(7)临界直径。

"临界直径"是在柱状装药时被动药卷能发生殉爆的最小直径ϕ_{min}。工程中常用药卷的"临界直径"来表示炸药的爆炸稳定性。临界直径越小,则其爆炸稳定性越好。如铵梯炸药的爆炸稳定性较好,其临界直径为15mm。浆状炸药的爆炸稳定性较差,其临界直径为100mm,但加入敏化剂后其临界直径降为32mm,也能稳定爆炸。

工程爆破中,为保证装药能稳定爆炸而不发生断爆,在选择药卷直径时应注意以下两点:因装药直径越大,其爆炸越稳定,故选用的药卷直径应不小于炸药的临界直径(但研究表明,当药卷直径超过某个极限直径后,爆炸稳定性不随药卷直径增大而变化);若因需减少炸药用量而缩小药卷直径,则应相应选用爆轰感度较高的炸药,或加入敏化剂,以减小其临界直径从而保证装药稳定爆炸。

(8)殉爆距离。

在钻孔柱状装药中,常在某个药卷中装入起爆雷管(称为主动药卷)。主动药卷爆炸后,能引起与它邻近的药卷(称为被动药卷)爆炸,这种现象称为被动药卷的"殉爆"。发生殉爆的原因是主动药卷爆炸产生冲击波和高速物流,使被动药卷在其作用下而爆炸。是否会发生殉爆,则主要取决于主动药卷的致爆能力(药量和威力)、被动药卷的爆轰感度、主动药卷与被动药卷之间的距离和介质性质。当主动药卷、被动药卷采用同性质炸药的等直径药卷时,则用被动药卷能发生殉爆的最大距离来表示被动药卷的殉爆能力,称为"殉爆距离"。殉爆距离也反映了主动药卷的致爆能力。

工程爆破中,为了减少炸药用量和调整装药集中度,常将主动药卷与被动药卷之间拉开一定的距离形成间隔(不连续)装药。采用柱状间隔装药时,应注意使药卷间距不大于殉爆距离。实际殉爆距离应在施工现场试验确定。

(9)管道效应。

钻孔柱状装药时,若药卷直径较钻孔直径小,则在药卷与孔壁之间有一个径向空气间隙。药卷起爆后,爆轰波使间隙中的空气产生强烈的空气冲击波。这股空气冲击波的速度比炸药的爆炸速度更大,未爆炸的炸药密度被压缩到临界密度以上,导致断爆,这种现象称为"管道效应"。

工程爆破中,为避免发生管道效应,应在保证装药分散度的条件下,尽量减小炮眼与药卷之间的间隙。可用不耦合系数λ来控制,不耦合系数(λ)=炮眼直径(D)/药卷直径(ϕ)。当装药量很小以致不耦合系数过大时,可选用高感度、高爆速的炸药,或采用特殊装药结构。

(10)安定性。

炸药的安定性是指其物理、化学性质的稳定性,主要表现为吸湿、结块、挥发、渗油、老化、冻结和化学分解等。炸药物理、化学性质的改变会导致其爆炸性能的改变。如硝铵炸药吸湿性很强,也容易结块,因此须人工解潮和碾碎后再使用。胶质炸药易老化和冻结。老化的胶质炸药敏感度和爆速降低,威力减小;冻结的胶质炸药机械感度增加,遇撞击或摩擦易发生爆炸,必须解冻后才允许使用。硝铵炸药易分解,其化学安定性较差,在运输存放时,应通风避光,不宜堆放过高。

2)隧道工程常用的炸药

隧道工程爆破用的炸药应安全、性能稳定、威力适当、产生有毒有害气体少。因此,一般以某种或几种单质炸药为主要成分(氧化剂),另加一些外加剂混合而成。目前,在隧道施工爆破中使用最广的是硝铵类炸药。硝铵类炸药品种极多,但其主要成分是硝酸铵,占60%以上;其次是三硝基甲苯(TNT,俗称梯恩梯)或硝酸钠(钾),占10%~15%。

(1)铵梯炸药。

铵梯炸药又称岩石炸药,其主要成分是硝酸铵与梯恩梯的混合物。其中,2号岩石硝铵炸药是最常用的一种,它主要用在无瓦斯的岩石地层坑道爆破中。在有瓦斯的煤矿地层坑道中,则需要在岩石炸药的基础上外加一定比例的食盐作为消焰剂,以保证爆炸时不产生火焰,避免因爆破引发瓦斯爆炸,这种炸药称为煤矿炸药。

(2)浆状炸药和水胶炸药。

浆状炸药是以硝酸铵等炸药的水溶液为主要成分,加入敏化剂和胶凝剂等外加剂混合而成的浆状混合炸药。水胶炸药是在浆状炸药的基础上应用交联技术,使之形成塑性凝胶状态的混合炸药。它进一步改善了浆状炸药的安定性、抗水性和爆炸稳定性。这类炸药是近十年发展起来的新型安全炸药,它具有含水率较高、抗水性强、密度较大、爆温较低、爆炸威力较大、原料来源广、生产成本低和安全度高等优点,主要适用于露天或水下深孔爆破。

(3)乳化炸药。

乳化炸药是以硝酸铵、硝酸钠水溶液与碳质燃料通过乳化作用形成的乳脂状混合炸药,亦称为乳胶炸药。其外观随制作工艺的不同而呈白色、淡黄色、浅褐色或银灰色。

乳化炸药具有抗水性强、原料来源广、生产成本低、安全度高、环境污染小、爆炸稳定性好、爆破效率比浆状炸药及水胶炸药更高等优点。

有研究资料表明:在地下爆破中,在钻孔参数、起爆网络相同的条件下,乳化炸药的平均炮眼利用率稳定在90%以上,比2号岩石硝铵炸药的炮眼利用率要高;平均炸药单耗量较2号岩石硝铵炸药下降1.35%。在露天爆破中,乳化炸药的平均单耗量比含浆状炸药70%~80%和铵梯炸药20%~30%的混合炸药的平均单耗量降低23.1%,延米炮眼爆破量增加18.2%,石渣大块率下降0.6%~0.7%,故乳化炸药尤其适用于硬岩爆破。

(4)硝化甘油炸药。

硝化甘油炸药又称胶质炸药,是一种高猛度炸药。它的主要成分是硝化甘油(或硝化甘油与二硝化乙二醇的混合物)。硝化甘油炸药具有抗水性强、密度高、爆炸威力大等优点,适用于有水和坚硬岩体的爆破。但它具有机械感度高、安全性差、价格昂贵、保存期短、容易老化而致性能降低甚至失去爆炸性能等缺点。

(5)隧道工程中常用的几种炸药的规格、性能及适用范围。

隧道工程爆破使用的炸药一般由厂制或现场加工成药卷。药卷直径有22mm、25mm、32mm、35mm、40mm等,长度为165~500mm,可按爆破设计的装药结构、炸药用量和产品性能说明选择使用。隧道工程中常用炸药的药卷规格、性能及适用范围见表5-13。

隧道内常用炸药的药卷规格、性能及适用范围　　　　表5-13

炸药名称	药卷规格				性能						适用范围
	直径(mm)	长度(mm)	质量(g)	密度(g/cm³)	爆速(m/s)	猛度(mm)	威力(cm³)	殉爆距离(cm)	有害气体浓度(L/kg)	保质期(月)	
二号岩石硝铵炸药(标准型)	35	165	150	0.95	3050	12	320	7	<43	6	适用于一般岩石隧道,孔径40mm以下的炮眼爆破;大孔径的光爆
二号抗水岩石硝铵(小直径)	22	270	105	0.84	2200	—	320	3	<43	6	适用于一般岩石隧道的周边光爆
一号抗水岩石硝铵(大直径)	42	500	450	0.95	3850	14	320	12	<45	6	专为大瑶山隧道爆破而研制,适用于一般有水的岩石隧道,孔径为42mm的深孔炮眼爆破
一号抗水岩石硝铵(小直径)	25	165	80	0.96	2400	12	320	6	<45	6	专为大瑶山隧道爆破而研制,适用于一般有水岩石隧道的周边光面爆破
RJ-2乳胶炸药(大直径)	40	330	490	1.20	4100	13~16	340	13	<42	6	抗水炸药,适用于坚硬岩石隧道,孔径48mm的深炮眼爆破,且适用于有水隧道
RJ-2乳胶炸药(标准型)	32	200	190	1.20	3600	12	340	9	<42	6	适用于一般有水岩石隧道,孔径40mm以下的炮眼爆破,大孔径光爆
粉状硝化甘油炸药(标准型)	32	200	170	1.10	4200	16	380~410	15	<40	8	有毒且机械感度较高,不多用,避免皮肤直接接触,适用于有一定涌水量的隧道、竖井、斜井掘进爆破
粉状硝化甘油炸药(2号光爆)	22	500	152	1.10	2300~2700	13.7	410	10	<40	8	专为光面爆破研制,适用于岩石隧道的周边光面爆破
SHJ-K型水胶炸药	35	400	650	1.05~1.30	3200~3500	—	340	3~5	—	—	适用于岩石隧道,孔径48cm以下的深炮眼爆破,且属防水型炸药
EJ-102乳化炸药(标准型)	32	200	170	1.15~1.35	4000	15~19	88~143	10~12	22~29	—	新型抗水炸药,适用于一般有水岩石隧道的炮眼爆破
EJ-102乳化炸药(小直径)	20	500	190	1.15~1.35	4000	15~19	88~143	2	22~29	—	抗水炸药,适用于一般有水岩石隧道的周边光面爆破

2. 起爆材料(系统)

设置起爆系统的目的是在离装药一定距离外不受爆炸损伤的安全之处,通过发爆(点火、通电或发爆)和传递,使药卷中的雷管起爆,并引发药卷爆炸,从而爆破岩体。

工程中常用的起爆系统有导火索与火雷管、导电线与电雷管、导爆管与非电雷管、导爆索与继爆管四种形式。据有关统计资料,各起爆系统的费用比为导爆管起爆系统:电起爆系统:导爆索起爆系统=1:1.2:3.0。因此,隧道工程爆破中已广泛应用导爆管起爆系统、导火索起爆系统、电起爆系统,导爆索起爆系统已很少采用。

1)导火索与火雷管

(1)导火索是用来传递火焰给火雷管,并使火雷管在火焰作用下爆炸的传爆材料。

导火索的燃烧速度取决于索芯黑火药的成分和配比,一般在110~130s/m范围内,缓燃导火索则为180~210s/m或240~350s/m。导火索具有一定的防潮耐水能力,在1m深常温静水中浸2h后,其燃烧速度和燃烧性能不变。普通导火索不能在有瓦斯或有矿尘爆炸危险的场所使用。

(2)火雷管是最简单的一种雷管,见图5-18。火雷管成本低,使用比较简单、灵活,不受杂散电流的影响,应用广泛。但受撞击、摩擦和火花等作用时能引起爆炸。火雷管一点火就爆炸,故也称为即发雷管。雷管按其起爆能量的大小分为十个等级,称为雷管号数。其他类型的雷管号数亦同此划分。雷管号数越大,起爆能力越强。装药较多时,应选用大号数雷管。隧道工程中常用的是8号和6号雷管。

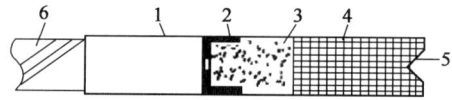

图5-18 火雷管
1-管壳;2-加强帽;3-正起爆药;4-副起爆药;5-聚能穴;6-导火索

2)导电线与电雷管

(1)电雷管是在火雷管中加设电发火装置而成的。它是用导电线传输电流使装在雷管中的电阻丝发热而引起雷管爆炸的。电雷管可分为即发电雷管和迟发电雷管。即发电雷管和迟发电雷管的构造见图5-19、图5-20。

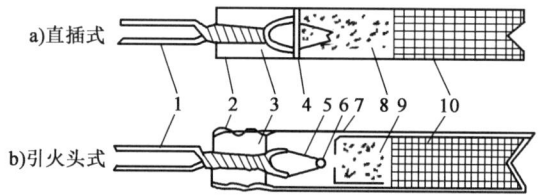

图5-19 即发电雷管
1-脚线;2-管壳;3-密封塞;4-纸垫;5-桥丝;6-引火头;7-加强帽;8-DDNP;9-正起爆药;10-副起爆药

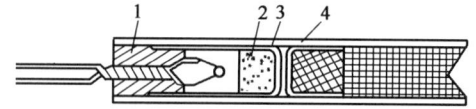

图5-20 迟发电雷管
1-塑料塞;2-延期药;3-延期内管;4-加强帽

(2)为实现延期起爆,迟发电雷管的延期时间是通过在即发电雷管中加装延期药来获得的。延期时间的长短受雷管段数的影响。雷管段数越大,延期时间越长。

(3)电雷管的发爆电源可用交、直流照明或动力电源,也可以用各种类型的专用电起爆器。对于康钢丝电雷管,一般要求在10ms的通电时间内,其发火冲量$K=I^2t$最小不低于$25A^2 \cdot ms$,最大不超过$45A^2 \cdot ms$。

需要注意的是,在有杂散电流条件下,应采用能抗杂散电流的电雷管。

3)导爆管与非电雷管

(1)塑料导爆管的传爆原理及优点。

塑料导爆管是用来传递微弱爆轰给非电雷管使之爆炸的专用传爆材料。其是由瑞典科学家诺雷尔(Nonel)首创的一种新型传爆材料,故又称为诺雷尔管。它是在聚乙烯塑料管[外径(2.95 ± 0.15)mm、内径(1.4 ± 0.10)mm]的内壁涂一层高能炸药[主要成分是奥托金,(16 ± 2)mg/m],管壁上的高能炸药在冲击波作用下可以沿着管道方向连续稳定爆轰,从而将爆轰传播到非电雷管使雷管起爆。弱爆轰在管内的传播速度为1600~2000m/s,因其微弱,不至于炸坏塑料管。

塑料导爆管的优点:抗电、抗火、抗冲击性能好;起爆传爆性能稳定,甚至扭结、180°对折、局部断药、管端对接仍能正常传爆;安装简单;使用方便;价格便宜;运输和使用过程中抗破坏能力强;且可作为非危险品运输;等等。因此,其在隧道工程中被广泛应用,尤其是在有电条件下和炮眼数较多时。

(2)非电雷管的构造及延期时间。

塑料导爆管不能直接起爆炸药,需与非电毫秒雷管配合使用。非电雷管的构造见图5-21。迟发非电雷管的延期时间分为毫秒、半秒、秒三个系列,迟发非电雷管的段别及延期时间见表5-14。

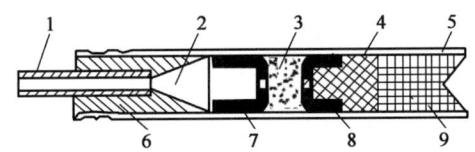

图5-21 迟发非电雷管

1-塑料导爆管;2-消爆空腔;3-延期药;4-正起爆药;5-金属管壳;6-塑料连接套;7-空信帽;8-加强帽;9-副起爆药

迟发非电雷管的段别及延期时间　　　　　　　　表5-14

毫秒迟发非电雷管		毫秒迟发非电雷管		半秒迟发非电雷管		秒迟发非电雷管	
段别	延期时间(ms)	段别	延期时间(ms)	段别	延期时间(ms)	段别	延期时间(ms)
1	≥13	11	460 ± 40	1	≤0.13	1	≤1.0
2	25 ± 10	12	550 ± 45	2	0.5 ± 0.15	2	2.0 ± 0.5
3	50 ± 10	13	650 ± 50	3	1.0 ± 0.15	3	4.0 ± 0.6
4	75^{+15}_{-10}	14	760 ± 55	4	1.5 ± 0.20	4	6.0 ± 0.8
5	110 ± 15	15	880 ± 60	5	2.0 ± 0.20	5	8.0 ± 0.9
6	150 ± 20	16	1020 ± 70	6	2.5 ± 0.20	6	10.0 ± 1.0
7	200^{+20}_{-25}	17	1200 ± 90	7	3.0 ± 0.20	7	$14.0^{+2.0}_{-1.0}$
8	250 ± 25	18	1400 ± 100	8	3.5 ± 0.20	8	19.0 ± 2.0
9	310 ± 30	19	1700 ± 130	9	3.8 ~ 4.5	9	25.0 ± 2.5
10	380 ± 35	20	2000 ± 150	10	4.6 ~ 5.3	10	32.0 ± 3.0

(3)导爆管的发爆。

导爆管可用8号火雷管、导爆索、击发枪、专用激发器发爆。

4)导爆索与继爆管

(1)导爆索是以单质猛炸药黑索金或太安为索芯的传爆材料,其结构与导火索相似。它经雷管起爆后,可以直接引爆其他炸药,其本身也有一定的爆破能力。根据适用条件不同,导爆索分为普通导爆索和安全导爆索两种。

普通导爆索是目前生产和使用较多的一种,具有一定的防水性能和耐热性能,爆速不小于6500m/s。但在爆轰传播过程中产生的火焰强烈,所以只能用于露天爆破和没有瓦斯的地下爆破作业。安全导爆索是在普通导爆索的药芯或外壳内加了适量的消焰剂,使爆轰过程中产生的火焰小,温度低,不会引爆瓦斯或矿尘,专供有瓦斯或矿尘爆炸危险的地下爆破使用。其爆速不小于6500m/s。

因导爆索能直接引爆炸药,故在隧道工程爆破中,若采用小直径药卷间隔装药,常用导爆索连接各被动药卷与主动药卷,以使被动药卷均能连续爆炸,从而减少雷管用量和简化装药结构,实现减少装药量、达到有控制的弱爆破目的。在计算装药量时,应将导爆索的威力计入炸药用量中。

(2)继爆管是一种专门与导爆索配合使用的,具有毫秒延期作用的起爆材料。其构造及与导爆索的连接形式见图5-22。

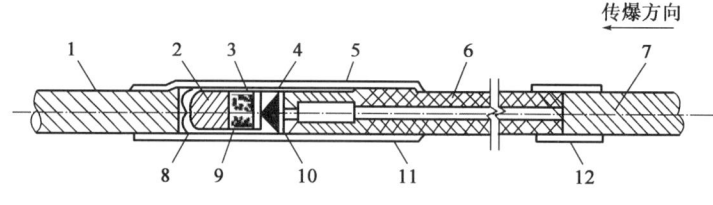

图5-22 导爆索与继爆管

1-导爆索;2-副起爆药;3-加强帽;4-缓冲剂;5-大内管;6-消爆管;7-导爆索;8-雷管壳;9-正起爆药;10-纸垫;11-外套管;12-连接管

(3)导爆索与继爆管具有抵抗杂散电流和静电引起的爆炸危害的能力。装药时可不停电,增加了纯作业时间,所以导爆索-继爆管起爆系统在隧道和地下工程及矿山爆破中得到了广泛应用。其缺点是网络中的导爆索不能交叉,成本比较高,且在有瓦斯环境中危险性高。

微课5.7
炮眼种类
与炮眼布置

微课5.8
周边眼的
控制爆破

三、爆破方法

(一)隧道工程爆破的基本要求

隧道工程钻眼爆破应满足以下几项基本要求:

(1)爆破应尽量减少对围岩的扰动和对初期支护的破坏。

(2)爆破后坑道断面形状和尺寸达到《公路隧道施工技术规范》(JTG/T 3660—2020)要求:最大超挖≤10~15cm,一般不允许欠挖,只在坚硬石质条件下,允许有限欠挖,坑道周边轮廓圆顺,周边炮眼残痕满足规范要求。

(3)爆破后掘进进尺达到施工设计要求,掌子面平整,炮根短浅。
(4)爆破后的石渣块度大小适中,抛掷范围相对集中,便于装渣作业。
(5)两次爆破之间的衔接台阶尺寸不大于15cm。
(6)钻眼工作量少,炸药等爆破材料耗用量少。
(7)防止对周围设备的破坏,减少对环境尤其是水的污染。

(二)爆破原理及爆破方法

1. 爆炸破岩原理

爆炸破岩原理,可以用爆破漏斗来解释,见图5-23。

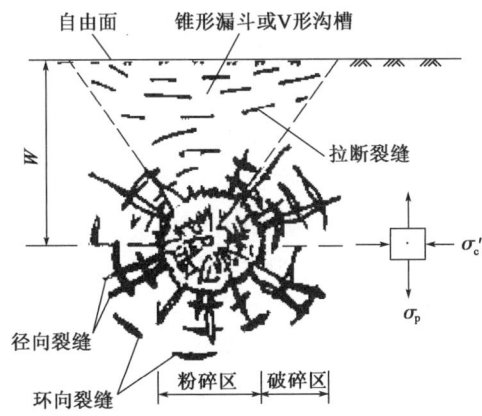

(点状装药爆破形成锥形漏斗,单孔柱状装药爆破形成V形沟槽)

图5-23 爆炸破岩原理

其原理是:当只有一个临空面时,在岩体中距临空面一定距离(W——最小抵抗线)处集中装入一定量(点状装药、足够量)的炸药,然后引发炸药爆炸,在爆炸冲击波及爆炸生成物的高速动载作用下,一定范围内的岩体产生不同程度的破坏,并形成一个锥形漏斗。当有两个临空面时,在岩体中距一个临空面一定距离(W)且平行于该临空面钻孔,并在钻孔中装入一定量(单孔柱状装药、足够量)的炸药,然后引发炸药爆炸,在爆炸冲击波及爆炸生成物的高速动载作用下,一定范围内的岩体产生不同程度的破坏,并形成一个V形沟槽。

2. 影响爆破效果的因素

试验和观察发现:形成锥形漏斗或V形沟槽的大小和形状(锥形角α)受岩体的抗爆破性、炸药性能、单孔装药量q、最小抵抗线W、装药结构等因素的影响。

进一步的试验和观察显示:在钻孔中装入足够量的炸药并起爆后,炮眼周围一定范围内的岩体按其被破坏的状态可以划分为粉碎区、破碎区和裂纹区三个区域。其中,粉碎区的岩体被炸成岩粉并被抛掷出去;破碎区的岩体只有在靠近临空面方向的部分(即锥形漏斗或V形沟槽以内的岩体)被抛掷出去,其余部分未被抛掷出去;裂纹区的岩体则尚未达到工程爆破的程度。由此可知:

(1)爆破难度与岩体内聚力的关系是:岩体的内聚力越强,爆破越困难;岩体的内聚力越弱,爆破越容易。或者用岩体的阻抗来表示,要使岩体达到一定程度的破坏,就必须要有克服岩体阻抗做功的能力。

（2）爆破难度与临空面（约束面）的关系是：岩体的临空面越少（约束面越多），爆破越困难；反之，爆破越容易。隧道工程爆破实践表明：在掏槽爆破中，槽口部分的岩体爆破难度最大；但它为其余部分的岩体开辟出了较多的临空面，因此后续爆破就变得比较容易。同理，在分部开挖法中，超前导坑部分的爆破比较困难，其余部分的爆破比较容易。

（3）爆破难度与断面进尺比的关系是：在一定的围岩条件下，分部开挖断面越大或单循环掘进进尺越小，则断面进尺比越大，围岩对被挖除岩体的挟持作用越小，爆破效率越高，效果越好。分部开挖断面越小或单循环掘进进尺越大，则断面进尺比（S/L）越小，围岩对被挖除岩体的挟持作用越大，爆破效率越低，效果越差。

因此，在选择开挖方法和掘进进尺时，不仅应当注意一次开挖岩体的体积大小对围岩稳定性的影响，还应当注意断面进尺比对钻眼爆破效率和效果有较大的影响。

3. 坑道爆破方法——掏槽爆破

基于对以上规律的认识，隧道工程爆破一般采用"掏槽爆破"方法，见后文图5-24、图5-25。掏槽爆破方法就是在一个较小范围内钻孔并装入足够量的炸药（相对集中），先炸出一个小型"槽口"，为此后的爆破开辟出较多的临空面；再逐层将槽口扩大至设计的断面大小和形状。

工程中常将先行爆破出槽口的做法称为"掏槽"，实现掏槽的炮眼称为"掏槽眼"，实现槽口扩大的炮眼称为"辅助眼"，辅助眼最外一圈炮眼称为"内圈眼"，开挖轮廓最外一圈炮眼称为"周边眼"，隧道底部的周边眼也称为"底板眼"。这几种炮眼的作用是各有侧重的。内圈眼与周边眼之间的岩体称为"内圈岩体"。

为满足隧道工程爆破的基本要求，掏槽爆破应研究解决的问题是：应用爆炸破岩原理，研究岩体的抗爆破性及抗钻性、围岩的稳定性及抗扰动能力、支护的结构形式及抗振动能力、掏槽方式及临空面的情况、爆破施工的作业能力等，并选择确定炸药品种、炸药用量Q、炮眼密度M、炮眼布置、装药结构、装药分散度、起爆顺序和网络连接等参数。实际应用时，应在现场试验的基础上，进行爆破设计，并根据爆破效果和岩体条件、施工条件的变化，对爆破参数予以及时调整。

4. 钻爆掘进的允许超挖值

钻眼爆破掘进时允许超挖值如表5-15所示。

钻眼爆破掘进时允许超挖值 表5-15

开挖部位		不同级别围岩钻眼爆破掘进时允许超挖值(cm)		
		Ⅰ	Ⅱ、Ⅲ、Ⅳ	Ⅴ、Ⅵ
拱部	线形超挖	10	15	10
	最大超挖	20	25	15
边墙线形超挖		10	10	10

续上表

开挖部位		不同级别围岩钻眼爆破掘进时允许超挖值(cm)		
		Ⅰ	Ⅱ、Ⅲ、Ⅳ	Ⅴ、Ⅵ
仰拱、隧底	线形超挖	10		
	最大超挖	25		

注:1. 本表适用于炮眼深度不大于3.0m的隧道。炮眼深度大于3.0m时,可根据实际情况另行规定。
2. 平均线形超挖值=超挖横断面面积/爆破设计开挖断面周长(不包括隧底)。
3. 最大超挖值是指最大超挖处至设计开挖轮廓切线的垂直距离。
4. 表中所列数值不包括测量贯通误差、施工误差。当采用预留支撑沉落量时,不应再计超挖值。
5. 测量采用隧道断面仪或全站仪配反光片进行。
6. 超过表中所列数值的部分按局部坍塌或塌落处理。

(三)作业循环与掘进速度

1. 作业循环

在隧道工程中,作业空间十分有限,多数工序只能顺序进行,因此施工速度必然受到制约。要加快隧道施工速度,就必须深入研究作业空间的划分和作业循环的改善。新奥法提供了将内层衬砌施工从掌子面完全分离出来的条件。在掌子面作业区内进行的循环是:钻眼爆破→出渣运输→初期支护(称为"开挖循环"),然后进入下一个循环。而内层衬砌施工(称为"内衬循环"),则在距掌子面作业区一定距离的作业区内循环进行。开挖循环是制约隧道施工速度的重要因素,因此要加快隧道施工速度,就应当主要研究开挖循环要素。开挖循环的基本要素有掘进进尺 L、循环时间 T 两项,衍生要素有日循环次数 N。

掘进进尺 L、循环时间 T 和日循环次数 N 的选择确定,主要应考虑围岩的稳定性、围岩的自然成拱作用(纵向)、开挖面的支承作用、开挖断面的大小、工期要求、施工能力(开挖、出渣、支护)、施工组织和管理水平等因素。

一般而言,当围岩稳定性较差(Ⅳ、Ⅴ、Ⅵ级),或支护作业能力不足,或出渣作业能力不足时,应采用短进尺、多循环。反之,当围岩较稳定(Ⅰ、Ⅱ、Ⅲ级),或支护作业能力较强,或出渣作业能力较强时,应采用深进尺、少循环。显然,单循环时间越短,日循环次数就越多。

目前,我国隧道工程钻眼爆破单循环掘进进尺,最短的仅为0.5m,最深的可达5.0m。单循环时间,则因开挖断面大小和掘进进尺不同、初期支护和出渣运输能力的不同、施工组织和管理水平的不同而有较大的差异,较短的可以4~6h完成一个循环,长的则需要16~20h才能完成一个循环,即日循环次数在1~4之间。

2. 掘进速度

1)合同要求的掘进速度 v

按照施工合同对工期的要求,隧道施工实际采用的掘进速度应以满足工期要求为准。设隧道(或工区)总长度为 $l(m)$,在总工期 $t_{总}$(月)中,开挖所需总时间为 $t_{挖}$(月),则按合同要求的平均月掘进速度 $v_{月}$、平均日掘进速度 $v_{日}$、单循环掘进速度 $v_{单}$ 分别为

$$v_{月} = l/t_{挖} \tag{5-1}$$

$$v_{日} = v_{月}/30 \tag{5-2}$$

$$v_{单}=v_日/24 \tag{5-3}$$

合同工期较紧时,应采用较快的掘进速度,相应需要增加大中型施工机械和人员投入。反之,合同工期要求较松时,可采用较慢的掘进速度,相应可以采用中小型施工机械和较少的人员投入。实际工程中,应在满足合同要求的条件下,综合考虑,慎重选择掘进速度。

2)施工安排的掘进速度v

应充分考虑围岩稳定能力与爆破扰动之间的关系、初期支护和出渣运输作业能力与围岩暴露时间之间的关系、合同工期要求与施工能力之间的关系、断面进尺比与钻爆效率和效果之间的关系、机械配套与机械台班利用率之间的关系、循环时间与作业人员工作或休息时间之间的关系、施工组织的可行性与施工管理的有效性之间的关系等,选择比较经济合理的掘进进尺和单循环时间。

设根据爆破设计安排的单循环掘进进尺为L,根据施工能力安排的单循环时间为T、日循环次数为N,则单循环掘进速度$v_单$、平均日掘进速度$v_日$、平均月掘进速度$v_月$分别为

$$v_单 = L/T \tag{5-4}$$
$$v_日 = 24v_单 \tag{5-5}$$
$$v_月 = 30v_日 \tag{5-6}$$

式中:$v_单$——施工安排的单循环掘进速度,m/h;

$v_日$——施工安排的平均日掘进速度,m/d;

$v_月$——施工安排的平均月掘进速度,m/m;

L——爆破设计的单循环掘进进尺,m;

T——根据施工能力安排的单循环时间,h。

在根据所选择的掘进进尺L和循环时间T计算出掘进速度$v_月$后,应将其与按照施工合同对工期的要求计算出的掘进速度$v_月$相比较,并以合同要求为准,对所选择的掘进进尺L和循环时间T进行适当调整,对施工能力也作出相应的调整。

由式(5-4)~式(5-6)可知,采用较大的掘进进尺或较短的循环时间均可以取得较快的掘进速度,但需要增加施工机械及设备投入。反之,采用较小的掘进进尺或较长的循环时间则掘进速度较慢,但可以采用中小型施工机械,设备投入也较少。实际工程中,只要其他条件许可,就应当尽量采用较大的掘进进尺,同时应当尽量减少无效工作时间,和尽可能组织平行作业,以缩短单循环时间,增加循环次数,加快掘进速度。

如沪蓉高速公路湖北段野三关隧道右线进口,开挖断面100m^2,Ⅲ级围岩,配备T-28型手持气腿式风动凿岩机钻眼、铲斗式装渣机装渣、15t自卸卡车运输出渣,2007年单口月掘进进尺曾达到176m,满足合同工期要求。西康铁路秦岭隧道Ⅱ线平导,开挖断面26m^2,Ⅴ类围岩,不需要初期支护;配备门架式三臂液压凿岩台车钻眼,挖斗式装渣机装渣,梭式矿车有轨运输出渣;掘进进尺4.5m,循环时间6~7h,1999年最高掘进速度达到每月456m,且三年内独头掘进9500m,实际平均掘进速度每月264m;比合同要求的工期稍有提前。

(四)炸药品种选择、炸药用量Q计算

1. 炸药品种选择的原则

不同品种的炸药具有不同的爆破性能。炸药品种的选择,应充分考虑岩体的抗爆破性、

炸药的爆破性能、炸药的价格、爆炸残留物毒性以及用在什么部位、有无地下水或瓦斯等特殊地层条件等,以用较低的费用获得较好的爆破效果。

考虑岩体的抗爆破性与炸药性能之间的关系,根据"爆炸功与岩体阻抗匹配原则",在一般爆破施工条件下,对于弹性模量大,泊松比小,坚硬、致密的岩体,其抗爆破性越强,应选用爆速高、威力大的炸药;对于强度低,塑性大,松软、破碎的岩体,其抗爆破性越弱,应选用爆速低、爆热高的炸药。

在掏槽爆破中,除了应遵循"爆炸功与岩体阻抗匹配原则"外,还应注意:不同部位的炮眼(掏槽眼、辅助眼、周边眼和底板眼)的作用不同,因此要求用于不同部位的炸药性能也应该不同。用于光面爆破周边眼,应充分考虑周边眼之间应优先形成贯通裂缝而后内圈岩体裂解的要求,选用爆速较低、威力较小、感度高的炸药;用于预裂爆破周边眼,应选用爆速较高、威力较小、感度高的炸药。用于掏槽眼,应充分考虑掏槽眼应形成粉碎性破碎区和完全抛掷的要求,选用爆速高、威力大、猛度高的炸药。辅助眼所用炸药的性能则应介于掏槽眼和周边眼之间。用于底板眼,则宜选用密度较低、爆速较低、猛度较低,但威力较大、感度高的炸药,以克服上覆石渣的压制,同时又起到翻渣作用。

对于有水地层,应选用防水型炸药,如抗水类的铵梯炸药、水胶炸药、乳化炸药、硝化甘油炸药等;对于有瓦斯地层,应选用防爆型炸药及防爆型导爆、发爆器材;此外,还应注意炸药爆炸后残留物毒性大小,以及其对施工人员的危害和对环境的污染程度,尽量选择毒性小的炸药。实际隧道工程中常用的可按炸药品种参考表选用。

2. 炸药单耗量k值的确定

爆破的三个基本参数是炸药单耗量k、单孔装药量q、炮眼密度m。其中,炸药单耗量k是指爆破单位体积岩体所消耗的炸药量。

k值主要受岩体的抗爆破性、断面进尺比S/L、临空面的个数、炮眼布置形式、掏槽效果等因素影响。通常采用对以往隧道工程实际爆破炸药单耗量的统计值作为参考。在采用同种炸药条件下,k值的变化规律为:岩体的坚固性系数f值越大,则其抗爆破能力越强,k值越大;断面进尺比S/L越小,则k值越大;临空面越少,k值越大;炮眼布置不当或掏槽效果不佳,k值会增大;掏槽眼相对集中装药,k值越大;炸药威力越小,k值越大。以上反之,则k值越小。

以往隧道工程实际爆破炸药单耗量的统计值k常在0.7~2.5kg/m³范围内。表5-16是只有一个临空面、断面面积在4~20m²范围内、掘进进尺大致为3m的坑道钻眼爆破开挖的炸药单耗量k值表。20m²以上的大断面隧道,其k值可以参照有关工程实例选择确定。

坑道爆破炸药单耗量k值　　　　　　表5-16

爆破作业条件	一个临空面的水平或倾斜坑道(掘进进尺大致为3m)							
	4~6m²		7~9m²		10~12m²		13~15m²	16~20m²
炸药品种	硝铵炸药	62%胶质炸药	硝铵炸药	62%胶质炸药	硝铵炸药	62%胶质炸药	硝铵炸药	硝铵炸药
岩体等级 软岩f<3	1.50	1.10	1.30	1.00	1.20	0.90	1.20	1.10
次坚岩3≤f<6	1.80	1.30	1.60	1.25	1.50	1.10	1.40	1.30
坚体6≤f≤10	2.30	1.70	2.00	1.60	1.80	1.35	1.70	1.60
特坚体f>10	2.90	2.10	2.50	2.50	2.25	1.70	2.10	2.00

3. 炸药用量 Q 计算

每循环爆破一定体积的岩体所需炸药用量，理论上应按在达到预定爆破效果的条件下，爆炸功与岩体阻抗匹配的原则来计算确定。但炸药的爆炸功和岩体的阻抗测定均比较复杂，故实际爆破设计很少应用。隧道工程中的爆破设计，常采用以下经验公式计算单循环爆破所需的装药总量 Q 值：

$$Q = kLS \tag{5-7}$$

式中：Q——单循环爆破所需的装药总量，kg；

L——单循环爆破掘进进尺，m；

S——单循环开挖断面面积，m²；

k——爆破单位体积岩体的炸药平均消耗量，简称炸药单耗量，kg。

（五）装药分散度、炮眼密度 M、炮眼直径 D、炮眼个数 N

1. 装药分散度

隧道钻眼掏槽爆破中，首先应根据爆破难度与临空面的关系，将炮眼按一定的密度分布于开挖横断面上，即将炸药总量 Q 分布于 N 个炮眼中，以取得比"集中装药"更好的爆破效果（开挖面平顺、石渣块度均匀、大小适中）。实践表明，掏槽爆破效果与炸药的分散程度有着直接的关系。还应该根据爆破难度与临空面的关系，将单个炮眼的炸药量 q 按一定的线分布状态（柱状装药）分布于单个炮眼中。这就是装药分散度的概念。

在开挖横断面上，掏槽、扩大、周边三个部分炮眼的作用不同，应该有不同的装药分散度，即采用不同的炮眼密度和炸药单耗量。显然，先行爆破的槽口部分，因只有一个临空面，爆破难度最大，需要布置较密集的炮眼和较高的炸药单耗量。而辅助眼，因有两个临空面，可以布置较稀疏的炮眼和较低的炸药单耗量。周边眼因有光面要求，应采用适当的炮眼间距、炸药单耗量和装药结构。

在炮眼钻进方向上，离眼口临空面较近的岩体比较容易爆破；离眼口临空面较远的岩体，由于受到的约束较多，爆破比较困难。因此，单个炮眼中的炸药的线分布状态应该是：眼底线装药密度较高，眼口线装药密度较低（较分散）。通常是在眼底加装一定量的炸药，以克服约束，保证爆破后达到设计掘进进尺。

2. 炮眼密度 M

炮眼密度是指开挖断面上的平均钻眼个数（个/m²）。炮眼提供的装药空间（$V = N \times l \times \pi D^2 / 4$，$N$ 为炮眼个数，D 为炮眼直径）应能装入全部炸药 Q。在保证稳定与安全的条件下，炮眼密度对炮眼个数、炮眼直径、钻眼速度、炸药单耗量、石渣块度和坑道周边的平整程度等均有影响。炮眼密度是在同等条件下，评价钻眼工作量、炸药单耗量的一个指标，也是控制石渣块度、改善坑道周边的平整程度的重要指标。

炮眼密度越大，炸药在岩体中的分散度越好、炸药单耗量越低、石渣块度越均匀、坑道周边轮廓越平顺；反之，炮眼密度越小，炸药在岩体中的分散度越差、炸药单耗量越高、石渣块度越不均匀、坑道周边轮廓越不平顺。

爆破设计应根据被爆破岩体的坚硬程度、完整程度、临空面的个数、不同部位炮眼的作用来选择确定不同的炮眼密度。一个临空面的水平或倾斜坑道爆破,炮眼密度一般在 $2\sim6$ 个$/m^2$ 范围内。其选择确定原则是:坚硬、完整的岩体应取较大的 M 值;软弱、破碎的岩体应取较小的 M 值。临空面的个数多时,应取较小的 M 值;临空面的个数少时,应取较大的 M 值。周边眼应取较大的 M 值;辅助眼可取较小的 M 值;掏槽眼因为有特殊要求,可超出此范围取更大的 M 值。比较而言,斜眼掏槽应取较小的 M 值,直眼掏槽应取较大的 M 值。

3. 炮眼直径 D

在炮眼密度和炮眼个数基本确定以后,炮眼提供的装药空间能否装入全部炸药,就取决于炮眼直径 D。常用的炮眼直径有 38mm、40mm、42mm、45mm、48mm。

炮眼直径越大,钻眼速度越慢。岩体抗钻性能越强,钻眼速度越慢。因此,必须根据钻眼能力、炸药性能等条件综合考虑,选择合理的炮眼直径。

应当注意的是,药卷直径 ϕ 的大小应与炮眼直径相匹配,以免发生管道效应而导致被动药卷拒爆。隧道工程爆破中,常用不耦合系数 $\lambda(\lambda=D/\phi)$ 来控制药卷直径和调整炮眼直径。它反映炮眼孔壁与药卷之间的空隙程度。一般应将 λ 值控制在 $1.1\sim1.4$ 范围内,且要求药卷直径不小于该炸药的临界直径;采用间隔装药时,还要保证药卷之间的间隔距离不大于其殉爆距离,避免发生被动药卷拒爆。实际爆破设计各部位的炮眼采用相等的直径时,因掏槽眼和辅助眼的 k 值较大,M 值也较大,其 λ 值则较小;而周边眼为减少对围岩的振动破坏,采用较小 k 值和较大的 M 值,其 λ 值则较大。

4. 炮眼个数 N

单循环爆破所需的炮眼总个数,可根据炮眼密度和断面面积来计算:

$$N=MS \tag{5-8}$$

那么,单眼平均装药量为

$$Q=\alpha\beta L \tag{5-9}$$

各部位的炮眼个数的平均值,可根据将炸药量 Q 平均分配于各个炮眼的原则来计算:

$$N=Q/q=kS/(\alpha\beta) \tag{5-10}$$

式中:N——单循环爆破所需的炮眼总个数,个;

q——各部位炮眼的单眼平均装药量,kg;

α——各部位炮眼的装药系数,指药卷总长度与炮眼长度的比值,见表5-17;

β——药卷单位长度质量,kg,2号岩石硝铵炸药 β 值见表5-18。

各部炮眼的装药系数 α 值　　表5-17

炮眼名称	围岩级别			
	V、IV	III	II	I
掏槽眼	0.5	0.55	0.60	0.65～0.80
辅助眼	0.4	0.45	0.50	0.55～0.70
周边眼	0.4	0.45	0.55	0.60～0.75

2号岩石硝铵炸药单位长度质量 β 值　　表5-18

药卷直径 ϕ(mm)	32	35	38	40	45	50
β(kg)	0.78	0.96	1.10	1.25	1.59	1.90

按以上方法计算出的各部位的炮眼个数应根据各部位炮眼的作用不同加以适当调整,然后将各部位的炮眼个数汇总($N'=\sum n$),并与单循环爆破所需的炮眼总个数N进行比较调整。实际的炮眼个数应按各部位炮眼布置情况而定,可以与此计算值有一定差异。

(六)炮眼布置顺序

前已述及,隧道工程"掏槽爆破",就是在一个小范围内的钻孔中装入足够量的炸药(相对集中),先炸出一个小型"槽口",为此后的爆破开辟出较多的临空面;然后逐层将槽口扩大至设计的断面大小和形状。可见,掏槽爆破就是将开挖断面上的炮眼分区(部位)布置,并分区、分层按顺序起爆,逐步扩大至设计轮廓尺寸,完成一次爆破开挖。分区的情况是:掏槽眼、辅助眼(或称扩大眼)、周边眼。这三个区域(部位)的炮眼共同完成一个循环进尺的爆破掘进。辅助眼最外一圈炮眼称为"内圈眼"。它们的作用又各自有所侧重,各自的布置要求又有些差异。

炮眼布置,就是要确定炮眼密度(即间距)、位置和方向、长度或深度。首先应确定施工开挖轮廓线,然后进行炮眼布置。炮眼布置顺序是:先选择确定掏槽方式并布置掏槽眼,然后布置周边眼,最后在掏槽眼与周边眼之间逐层布置辅助眼。

(七)掏槽眼的布置

1. 掏槽眼概述

(1)掏槽眼的作用是在开挖面上适当部位先掏出一个小型槽口,为后爆的辅助眼增创更多的临空面,以提高爆破效率。掏槽眼的布置就是要选择掏槽方式、确定掏槽部位及其技术参数。

(2)掏槽方式可分为斜眼掏槽(图5-24)和直眼掏槽(图5-25)两大类,实际使用中又有多种形式。

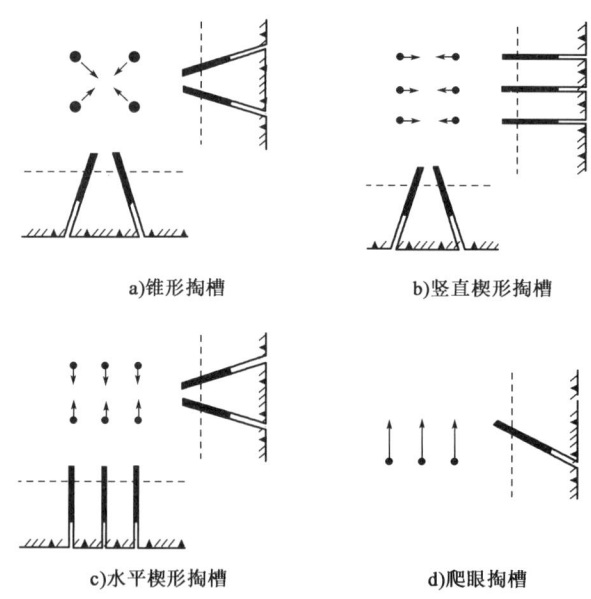

a)锥形掏槽　　b)竖直楔形掏槽

c)水平楔形掏槽　　d)爬眼掏槽

图5-24　斜眼掏槽

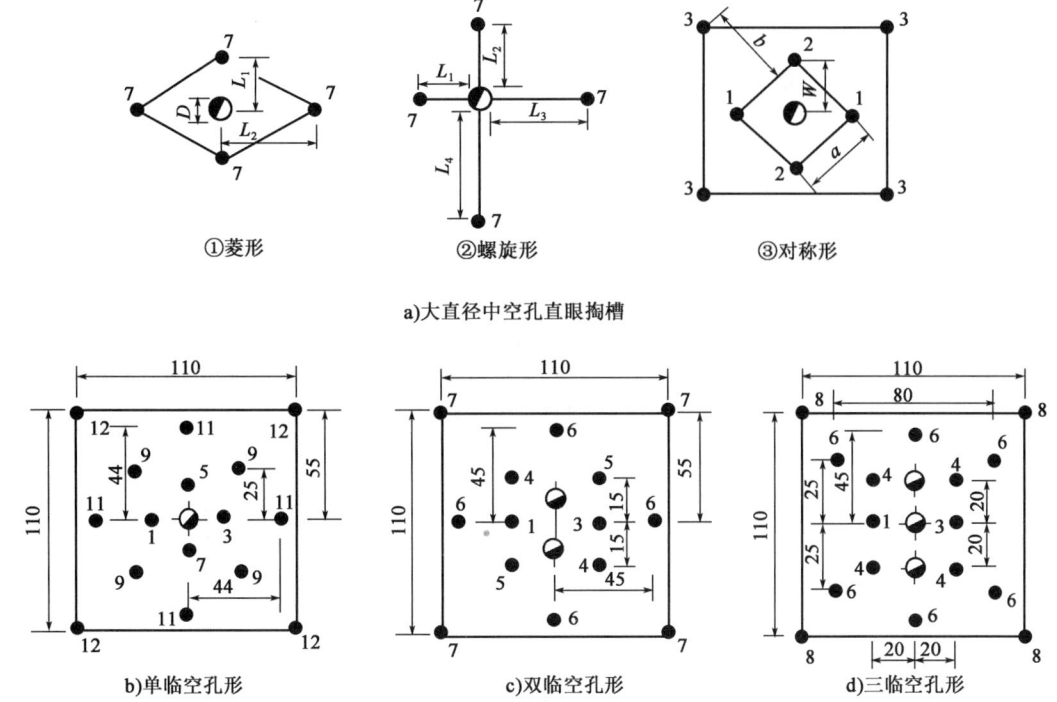

图 5-25　直眼掏槽（尺寸单位：cm；炮眼旁数字为毫秒雷管段数）

(3) 槽口尺寸大小，要与掏槽方式、循环进尺以及一次开挖断面大小相协调。斜眼掏槽槽口面积常在 4~16m² 范围内，直眼掏槽槽口面积常在 1.0~1.2m² 范围内。

(4) 掏槽眼本身只有一个临空面（尤其是直眼掏槽），且受周围岩体的挟制作用，故采用较大的炸药单耗量 k 值、较大的炮眼密度 M 值和较大的装药系数 α 值，才能利用爆炸冲击波及爆炸产物做功，将石渣抛出槽口，保证槽口形成有效的临空面。一般来说，斜眼掏槽的 k 值只比全断面平均 k 值略高，而直眼掏槽 k 值在 10~20kg/m³ 范围内。

(5) 为保证掏槽眼能有效地将石渣抛出槽口，实际爆破设计和应用时，应将掏槽眼比设计掘进进尺 L 加深 10~50cm（可根据实际情况调整），并在掏槽眼孔底连续装药。为保证掏槽炮完全起爆，可采用孔底反向连续装药或双雷管起爆。

2. 掏槽眼方式

1) 斜眼掏槽

(1) 斜眼掏槽主要适用于一次开挖断面较大的隧道爆破。

(2) 斜眼掏槽的优缺点。

斜眼掏槽的优点：

①斜眼掏槽无须如直眼掏槽那样形成粉碎性破岩，而是充分利用了第一临空面（掌子面）的临空作用，很容易就把石渣抛出，炸药单耗量较低，掏槽效果好。

②斜眼掏槽还可以按岩层的实际情况，较灵活地选择掏槽斜眼的布置形式和调整掏槽斜眼的倾斜角度。

③上一循环掏槽在掌子面上形成的凹陷破碎区位于下一循环槽口中部，而下一循环掏槽

斜眼的孔口位于其外侧,基本不影响下一循环掏槽斜眼的开眼和钻进。

斜眼掏槽的缺点:

①在一次开挖断面较小时,钻眼作业受坑道断面较小的限制,不便于使用大型液压凿岩台车钻眼,只宜选用小型凿岩机。

②尤其是在采用人工风钻打眼时,开眼位置和钻眼方向不易控制。

③也不便于多台钻机同时钻眼。

因此,只在一次开挖断面较大,单掘进进尺也较大时,斜眼掏槽深孔爆破才最能显示其适宜性和优势。

(3)有研究资料显示,西南铁路东秦岭隧道(铁路双线,Ⅱ级围岩,$S=85m^2$)进口3个工区,分别采用液压凿岩台车钻眼、直眼掏槽进行深孔爆破($L=4.5m$),风动凿岩机钻眼、楔形掏槽进行深孔爆破。在岩体抗爆破性基本相同和掘进进尺相等的条件下,直眼掏槽全断面开挖,布置炮眼173个,炮眼密度2.03个/m^2,炸药单耗量为1.50kg/m^3,炮眼利用率为75%~85%;而楔形掏槽全断面开挖,布置炮眼133个,炮眼密度1.56个/m^2,炸药单耗量为0.78kg/m^3,炮眼利用率为80%~90%。其中,楔形掏槽炮眼26个,槽口尺寸为口宽4m、底宽2m、高3.15m,炸药单耗量为0.98kg/m^3,比直眼掏槽的k值要小得多。

近几年来,一些施工单位盲目地将直眼掏槽应用于大断面开挖深孔爆破,致使炸药单耗量偏高。楔形掏槽在大断面开挖深孔爆破中的成功应用,较好地解决了炸药单耗量偏高的问题,减少了炸药材料消耗。而且炮眼个数减少、炮眼利用率提高,从而降低了钻眼机械使用费和施工成本,减少了对围岩的爆破振动,增加了施工安全度。可以预见,斜眼掏槽尤其是楔形掏槽爆破技术,将在隧道大断面开挖深孔爆破施工中得到更多的应用。

2)直眼掏槽

(1)直眼掏槽主要适用于一次开挖断面较小的隧道爆破。

(2)直眼掏槽的优缺点。

直眼掏槽的优点:

①钻眼作业不受断面尺寸大小的限制,可以选用大型液压凿岩台车钻眼。

②开眼位置和钻眼方向精度较高。

③即使是人工风钻打眼,开眼位置和钻眼方向也易于控制。

④便于多台钻机同时钻眼。

直眼掏槽的缺点:

①直眼掏槽对第一临空面(掌子面)的临空作用利用不够充分,必须布置较密集的掏槽眼和较高的炸药单耗量,才能使槽口内的岩体形成粉碎性破坏,才能保证形成有效的槽口,必要时还需要钻设大直径空眼作为辅助临空面。

②爆破后槽口处底部(掌子面上)形成一个凹陷破碎区,不便于下一循环掏槽眼的开眼和钻进。

因此,在一次开挖断面较小,单掘进进尺较大(S/L值较小)时,直眼掏槽深孔爆破才显示其适宜性和优势。

(3)中间大直径空眼的作用:近年来,由于重型凿岩机的投入使用,钻大直径($D>100mm$)空眼并不困难。直眼掏槽多在掏槽眼的中间钻设数量不等的大直径空眼。其作用相当于为掏槽眼提供临空面。实践证明,在钻设大直径空眼条件下,直眼掏槽可以取得良好的掏槽效果。

实践研究表明,直眼掏槽的效果与空眼数目、空眼直径及其与装药眼之间距等因素密切相关。在中硬和坚硬岩层中,当设计循环进尺 $L<3m$ 时,采用1个大直径空孔形式掏槽的效果较好;$L=3\sim3.5m$ 时,采用2个大直径空孔形式掏槽的效果最佳;$L>3.5m$ 时,则采用 $3\sim4$ 个大直径空孔形式掏槽的效果最好。

在硬岩爆破中,当空眼与装药眼间距大于空眼直径的2倍($W>2D_k$)时,爆破后岩体仅产生塑性变形,而不能产生真正的破碎;$W=(1.0\sim1.5)D_k$ 时,效果最好,为破碎抛掷掏槽。当装药眼间距太小时,爆炸作用有时会将相邻炮眼中的炸药(主要指粉状硝铵炸药)挤实,使之因密实度过高而发生拒爆。为了保证掏槽炮爆炸后岩渣有足够的膨胀空间,一般要求空眼体积为掏槽槽口体积的 $10\%\sim20\%$。

(4)有资料显示,西康铁路秦岭隧道Ⅱ线平导进口工区(设计 $S=29.34m^2$,实际 $S=33.46m^2$,Ⅰ、Ⅱ、Ⅲ级围岩),采用门架式三臂液压凿岩台车钻眼、全断面开挖、5个大直径空孔直眼掏槽进行深孔爆破($L=4.5m$),钻爆设计炮眼106个,炮眼密度2.98个/m^2,炸药单耗量为 $3.92\sim4.48kg/m^3$,炮眼利用率为 $87.6\%\sim94.9\%$,成功地实现了硬岩小断面坑道的快速掘进,充分发挥了Ⅱ线平导的超前地质勘探作用。但在这种条件下,炸药单耗量较高,而且炮眼个数较多、炮眼利用率较低,对围岩的爆破振动较大,值得注意。以上三个实例的爆破效果的比较见表5-19。

全断面开挖时直眼掏槽方式与斜眼掏槽方式爆破效果的比较　　　表5-19

围岩级别	掏槽方式	断面面积 (m^2)	掘进进尺 (m)	炮眼个数 (个)	炮眼密度 (个/m^2)	炸药单耗量 (kg/m^3)	炮眼利用率 (%)	槽口尺寸 (m)	槽口炸药单耗量 (kg/m^3)
Ⅱ	楔形掏槽	85	4.5	133	1.56	0.78	80~90	口4,底2	0.98
Ⅱ	直眼掏槽	85	4.5	173	2.03	1.50	75~85	—	
Ⅰ、Ⅱ	直眼掏槽	33.46	4.5	106	2.98	3.92~4.48	87.6~94.9	1.1×1.1	19.50 (17个)

(八)周边眼的布置与光面爆破、预裂爆破

1. 周边眼的布置原则和方法

周边眼的布置就是要确定周边眼的间距 E、最小抵抗线 W、开眼位置 d、外插角 α。

周边眼应设置一定的外插角 α,一方面是为了控制超欠挖,另一方面是便于下次钻眼时容易落钻开眼。外插角的大小应根据岩体的抗爆破性即岩体的较软弱或较破碎程度来确定,一般是将炮眼方向以 $3\%\sim5\%$ 的斜率外插。就眼口及眼底位置而言,当岩体较坚硬或较完整时,眼口(开眼)应布置在设计轮廓线上,眼底应落在设计轮廓线以外 $10\sim15cm$;但当岩体较软弱或较破碎时,眼口则应开在开挖轮廓线以内 $5\sim10cm$,眼底应落在设计轮廓线上。底板眼布置也遵循上述原则。

此外应当注意的是,考虑周边眼底部炸药要爆破的岩体处在犄角位置,受到掌子面的挟制作用较大,为保证爆破后掌子面周围环带区岩面平整,便于下一循环周边眼的开眼,可将周边眼深度适当加深,加深的量值应根据实际情况而定,并注意装药在周边眼中的分散度。

由于周边眼处在坑道周边上且紧靠围岩,所以周边眼的爆破,在很大程度上影响开挖轮

廓的质量和对围岩的扰动破坏程度,故对周边眼应该同掏槽眼一样慎重考虑,专门设计。我国隧道工作者根据多年的隧道工程钻眼爆破实践经验,总结出了"光面爆破"和"预裂爆破"两种对周边眼进行控制(即"光面控制爆破")的方法和准则。

2. 光面爆破

隧道施工中采用光面爆破,对围岩的扰动比较轻微,围岩松弛带的范围只有普通爆破法的 1/9~1/2;大大地减少了超、欠挖量,节约了大量的混凝土和回填片石,加快了施工进度;围岩壁面平整、危石少,减轻了应力集中现象,避免局部坍落,保障了施工安全,并为锚喷支护创造了条件。

光面爆破的优点,在完整岩体中可以从直观感觉中明显地看到。在松软的特别是不均质和构造发育的岩体中采用光面爆破时,表面效果较差,但在减轻对围岩的振动破坏,减少超挖和避免冒顶等方面,其实质作用是很大的。因此,从围岩稳定性着眼,越是地质不良地段,越要采用光面爆破。

1) 光面爆破的基本原理

实现光面爆破,就是要使周边炮眼起爆后优先沿各孔的中心连线形成贯通裂缝,然后利用爆炸气体的作用,使裂解的岩体向洞内抛散。对于裂缝形成的机理,国内外进行过不少研究,但目前还缺乏一致的认识。有代表性的理论有三种:第一种认为裂缝主要是由爆破应力波的动力作用引起的,提出了应力波理论;第二种则认为裂缝主要是由爆破高压气体准静应力的作用引起的,提出了静压力破坏理论;第三种是应力波与爆破气体压力共同作用理论,这是更多的人赞同的一种理论。

2) 光面爆破的起爆顺序

光面爆破周边眼的作用是爆破后使坑道断面达到设计要求的形状和尺寸,坑道轮廓圆顺,超、欠挖量应符合《公路隧道施工技术规范》(JTG/T 3660—2020)的规定。

光面爆破的分区起爆顺序为:掏槽眼—辅助眼—周边眼—底板眼,即辅助眼爆破后应留下一层厚度大致相等的内圈岩体,这一层岩体由周边眼完成爆破,并形成平顺的轮廓。这种爆破在围岩中产生的裂缝较少,对围岩的振动破坏较小;获得的坑道轮廓规则、岩面圆顺,超、欠挖量较小。

3) 光面爆破的主要参数及技术措施

确定合理的光面爆破参数,是获得良好的光面爆破效果的重要保证。光面爆破的主要参数包括周边眼的间距、光面爆破层的厚度、周边眼密集系数、周边眼的线装药密度等。影响光面爆破参数选择的因素很多,主要有岩石的爆破性能、炸药品种、一次爆破的断面大小及形状等。其中,影响最大的是岩石的爆破性能。光面爆破参数的选择,目前还缺乏一定的理论公式,多采用经验方法。为了获得良好的光面爆破效果,可采取以下技术措施:

(1) 适当加密周边眼。

周边眼孔距适当缩小,可以控制爆破轮廓,避免超、欠挖,又不致过大地增加钻眼工作量。孔间距的大小与岩石性质、炸药种类、炮眼直径有关,一般 $E=(8\sim18)d$,E 为孔距,d 为炮眼直径。一般情况下,坚硬或破碎的岩石宜取小值,软质或完整的岩石宜取大值。

(2) 合理确定光面爆破层厚度。

光面爆破层,就是周边眼与最外层辅助眼之间的一圈岩石层。光面爆破层厚度就是周边眼的最小抵抗线(图5-26)。周边眼的间距 E 与光面爆破层厚度 W 有着密切关系,通常以周边眼密集系数 K 表示,$K=E/W$。必须使应力波在两相邻炮眼间的传播距离小于应力波至临空面的传播距离,即 $E<W$。因此,K 是小于1的变量,根据国内外大量工程实践的经验,K 一般取0.8左右,光面爆破层厚度 W 一般取 50~90cm。

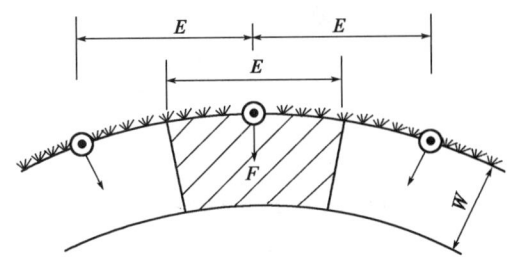

图5-26　光面爆破参数示意图

(3)合理用药。

用于光面爆破的炸药,既要求有较高的破岩应力能,又要消除或减轻爆破对围岩的扰动,所以宜采用低猛度、低爆速、传爆性能好的炸药。但在炮眼底部,为了克服眼底岩石的挟制作用,应改用高爆速炸药。

周边眼的装药量是光面爆破参数中最重要的一个参数,通常用线装药密度表示。线装药密度是指炮眼中间正常装药段每米的装药量。恰当的装药量应既具有破岩所需的应力能,又不造成围岩的破坏,施工中应根据孔距、光面爆破厚度、石质及炸药种类等综合考虑确定装药量。

(4)采用小直径药卷不耦合装药结构。

在装药结构上,宜采用比炮眼直径小的小直径药卷连续或间隔装药;此时,药卷与炮眼壁间留有空隙,称之为不耦合装药结构。炮眼直径与药卷直径之比称为不耦合系数。但应注意将不耦合系数 λ 控制在 1.25~2.0 范围内,并且药卷直径不小于炸药的临界直径,以保证稳定传爆,必要时采用导爆索传爆(孔内串联并计入导爆索药量)。对软弱岩体,周边眼可采用导爆索装药结构(导爆索所用的炸药感度较高,爆速也较高)。对一般岩体,当眼深不大于2m时,可采用空气柱状装药结构。

光面爆破周边眼装药参数见表5-20。

光面爆破周边眼装药参数　　　　　表5-20

岩石种类	装药不耦合系数 λ	周边眼间距 E (cm)	最小抵抗线 W (cm)	周边眼密集系数 E/W	装药集中度 q (kg/m)
硬岩	1.25~1.5	50~70	60~80	0.8~1.0	0.3~0.35
中硬岩	1.5~2.0	45~65	60~80	0.8~1.0	0.2~0.3
软岩	2.0~2.5	35~50	45~60	0.5~0.8	0.07~0.12

注:1. 表5-20所列参数适用于炮眼深度 1.0~3.5m,炮眼直径 40~50mm,药卷直径 20~25mm。
2. 当断面较小或围岩软弱、破碎或对曲线、折线开挖成形要求较高时,周边眼间距 E 应取小值。
3. 周边眼最小抵抗线 W 值在一般情况下均应大于周边眼间距 E 值。软岩在取较小 E 值时,W 值应适当增大。
4. E/W:软岩取小值,硬岩及断面小时取大值。
5. 表中所列装药集中度 q 为2号岩石硝铵炸药,选用其他类型炸药时,应修正。

(5)保证光面爆破眼同时起爆。

经测定,各炮眼的起爆时差超过0.1s时,等同于单个炮眼爆破。使用即发雷管与导爆索起爆是保证光面爆破眼同时起爆的好方法,同段毫秒雷管起爆次之。

(6)要为周边眼光面爆破创造临空面。

为周边眼光面爆破创造临空面可以通过开挖程序和起爆顺序予以保证,并应注意不要使先爆落的石渣堵死周边眼的临空面。一个均匀的光面爆破层是有效地实现光面爆破的重要一环,应对靠近光面爆破层的辅助眼的布置和装药量给予特殊注意。

3. 预裂爆破

预裂爆破实质上也是一种光面爆破,其原理与光面爆破原理基本相同,只是分区起爆顺序不同,周边眼的作用有所不同。预裂爆破的分区起爆顺序为:周边眼—掏槽眼—辅助眼—底板眼。预裂爆破周边眼的作用是预先沿开挖轮廓线(即周边眼连线)炸出贯通破裂缝,即形成"预留光面层"。内圈岩体则在内圈眼的爆破作用下发生破碎裂解。

预裂爆破只要求周边眼炸出预留光面层,因而要求预裂爆破的周边眼间距E值、预留内圈岩体厚度W值均较光面爆破的要小;其线装药密度要更小,炸药分散度要更好。

因为预留光面层的存在,掏槽眼和辅助眼爆炸产生的应力波在向围岩传播穿过破裂缝时大量衰减,从而更有效地减少了对围岩的振动。所以,预裂爆破对围岩的扰动和破坏更小,更适用于稳定性较差的软弱破碎岩体。但预裂爆破的周边眼数量和钻眼工作量相应有所增加。预裂爆破周边眼装药参数见表5-21。

预裂爆破周边眼装药参数 表5-21

岩石类别	周边眼间距E(cm)	内圈眼间距(cm)	装药集中度q(kg/m)
极硬岩	40~50	40	0.30~0.40
硬岩	40~45	40	0.20~0.25
软质岩	35~40	35	0.07~0.12

注:1. 表5-21所列参数适用于炮眼深度1.0~3.5m,炮眼直径40~50mm,药卷直径20~25mm。
2. 当断面较小或围岩软弱、破碎或对曲线、折线开挖成形要求较高时,周边眼间距E应取较小值。
3. 表中所列装药集中度q为2号岩石硝铵炸药的装药集中度,选用其他类型炸药时,应修正。

(九)辅助眼的布置及钻眼作业技术要求

1. 辅助眼的布置

辅助眼的作用是进一步扩大槽口体积和爆破量,并逐步接近开挖断面形状,为周边眼创造有利的爆破条件。辅助眼爆破后应留下一层厚度一致的内圈岩体,这一层岩体由周边眼完成爆破。

辅助眼的布置可参照前述周边眼的布置原则,采用"等面积三角形布置"。辅助眼应在周边眼和掏槽眼之间由内向外,逐层布置,逐步接近开挖断面轮廓形状。辅助眼的分层可以采用直线分层或弧线分层,也可以二者结合应用。辅助眼的间距E值和最小抵抗线W值及单孔装药量q值都可以大一些。但应保证爆破后的石渣块度大小适中,抛掷范围相对集中,便于机械装渣作业。一般E/W取0.6~0.8,并采用孔底连续装药。

为保证爆破后进尺达到设计要求,掌子面(即坑道正面)平整,炮根短浅,炮眼利用率高,应使辅助眼的眼底达到设计进尺并落在同一垂直面上,必要时可根据实际情况调整炮眼深度,调整的量值应根据实际情况而定。

为取得最佳爆破效果,必须保证经辅助眼爆破后,坑道轮廓形状已经基本接近设计隧道断面形状,剩余的内圈岩体厚度均匀一致,即周边眼的 W 值基本相等,为周边眼爆破内圈岩体创造最佳的临空条件。应当注意的是,辅助眼爆破下来的石渣应不至于严重阻塞坑道,以免影响坑道下部的爆破效果。若发现坑道下部轮廓成形不佳,可适当加大内圈底板眼的眼底装药量,以加强其抛掷作用。

2. 钻眼作业技术要求

(1)掏槽眼:深度、角度按设计施工,眼口间距误差和眼底间距误差不大于5cm。

(2)掘进眼:眼口排距、行距误差均不得大于10cm。

(3)内圈眼:与周边眼的排距误差不大于5cm。

(4)周边眼:炮眼间距误差不宜大于5cm。外斜率不应大于5cm/m,与内圈眼间最小抵抗线误差不应大于10cm。由于周边眼的打眼精度直接影响爆破效果,经验表明:其间距误差大于10cm时,爆破效果明显不佳。采用大型液压凿岩台车时,一般采用2°~3°的外插角,其外斜率可控制在5cm/m以内,采用国产支架式凿岩机,其值也可控制在3~5cm/m以内。

(5)当掌子面凸凹较严重时,应按实际情况调整炮眼深度,力求所有炮眼(除掏槽眼外)眼底在同一垂直面上。

(6)钻眼完毕,按炮眼布置图进行检查并做好记录,有不符合要求的炮眼应重钻。

(十)装药结构、装药技术要求

1. 装药结构

装药结构是指被动药卷和主动药卷在炮眼中的布置形式。它包括药卷之间的间距、主动药卷的位置和方向、眼口的堵塞方式。

按主动药卷在炮眼中的位置和其中雷管聚能穴的方向,装药结构可分为正向装药和反向装药;按药卷之间的间距,可分为连续装药和间隔装药。装药结构见图5-27。

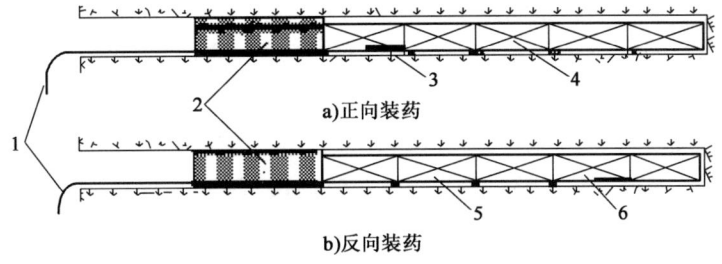

图5-27 装药结构
1-导爆管;2-炮泥;3、6-主动药卷;4、5-被动药卷

(1)正向装药,是将主动药卷放在眼口第二个药卷位置上,雷管聚能穴朝向眼底,并用炮泥堵塞眼口。这种装药结构在过去使用得较多。

(2)反向装药,是将主动药卷放在眼底第二个药卷位置上,雷管聚能穴朝向眼口,并用炮泥堵塞眼口。隧道爆破实践表明,反向装药结构能提高炮眼利用率,减小瞎炮率,减小石渣块度,增大抛掷能力和降低炸药消耗量。炮眼越深,反向装药的效果越好。

(3)连续装药,主被动药卷之间无间隔或是间隔一整条药卷(索)。

(4)间隔装药,主被动药卷之间有一定的间隔距离。采用间隔装药时,要使药卷之间的间隔距离不大于其殉爆距离,避免发生被动药卷拒爆,保证完全稳定爆炸。

应当注意的是,隧道爆破中,掏槽眼和辅助眼多采用大直径药卷孔底连续装药。周边眼可采用小直径药卷连续装药或稍大直径药卷间隔装药,孔底适量加装炸药,保证掌子面齐整。

2. 装药技术要求

(1)装药前应将炮眼内的泥浆、石粉吹洗干净,检查炮眼达到设计要求的位置、深度和方向后,方可装药,装药量应遵循设计要求,并根据实际情况予以适当调整。

(2)装药过程的各项操作,应严格按照爆破安全规则进行。

(3)装药后,所有炮眼均应堵塞炮泥。目前施工中,一般采用砂和黏土混合物作为炮泥,堵塞长度不宜小于20cm。

(4)在间隔装药时,可在药卷之间加装水袋,形成水楔作用,以改善爆破效果。

(十一)起爆顺序及网络连接

1. 保证起爆顺序不颠倒(不串段)

前已述及,光面爆破的分区起爆顺序是:掏槽眼—辅助眼—周边眼—底板眼。预裂爆破的分区起爆顺序是:周边眼—掏槽眼—辅助眼—底板眼。在一个开挖断面上,同圈(层)炮眼同时起爆,不同圈(层)的炮眼则"由内向外逐层起爆",即内圈炮眼先起爆,外圈炮眼后起爆。底板眼最后起爆,并可适当加大底板眼的装药量,以克服石渣的压制,保证坑道底部的爆破效果。

应特别注意的是,以上起爆顺序不能颠倒,否则爆破效果会大受影响,甚至导致爆破完全失败。

2. 采用微差爆破

内、外圈炮眼按顺序先后起爆的"时差",可以利用迟发雷管的延时特性来实现。在不同部位不同圈(层)的炮眼中安装不同段数的雷管,以实现时差控制,见光面爆破的设计实例(图5-29)。试验和研究表明,各圈(层)炮眼之间的起爆时差越小,则爆破效果越好。常采用的时差为40~200ms,称为"微差爆破"。

工厂生产的毫秒系列雷管的延期时间之差较小,实际应用时,为了保证内、外圈炮眼先后起爆的顺序不至于颠倒,宜跳段选用毫秒雷管,以消除雷管延期时间制造误差的影响。

在循环掘进进尺较大时,采用微差爆破,还应注意将掏槽炮与扩大炮之间的时差稍加大,以保证掏槽炮在此时差内(有足够的时间)将石渣抛出槽口,避免石渣淤塞槽口,为后续扩大爆破提供有效的临空面。

3. 保证同圈炮眼同时起爆

同圈炮眼必须同时起爆,以保证同圈炮眼的共同作用效果。这个要求对于需要保证一次掏槽成功的掏槽眼和需要保证开挖轮廓成型规则的周边眼尤其重要。

爆破试验测定,若同圈相邻炮眼的起爆时差超过0.1s,则等同于各个炮眼单独爆破,而不能形成贯通裂缝。因此,要求周边眼必须采用同段雷管同时起爆,并尽可能减少同段雷管的延期时间差(雷管的制造误差)。可采用高精度系列迟发雷管或使用导爆索进行孔内传爆。

4. 孔内控制与孔外控制

控制起爆时差的雷管可以安装在孔内药卷中,称为"孔内控制"。目前,由于非电毫秒雷管的段数较多和延期时间精度较高,且在导爆管上系挂段数标签,可以避免装药差错,故隧道工程爆破中较多采用孔内控制。

也可以将控制起爆时差的雷管装在孔外,而在孔内药卷中装入即发雷管,称为"孔外控制"。孔外控制便于装药后进行起爆系统的段数检查,但先爆雷管可能会炸断其他管线,造成瞎炮,影响爆破效果,因此较少采用。此外,若一次爆破孔眼数量较多,雷管段数不够应用时,可采用孔内、孔外"混合控制"。

5. 爆破网络的连接方式

目前,导爆管-非电雷管起爆系统是隧道工程中最常用的起爆系统。这种起爆系统可以形成并联网络、串联网络或串并联混合爆破网络。网络连接,可以采用分匝集束捆扎雷管连接,也可以使用专用的塑料连通器连接,见图5-28。

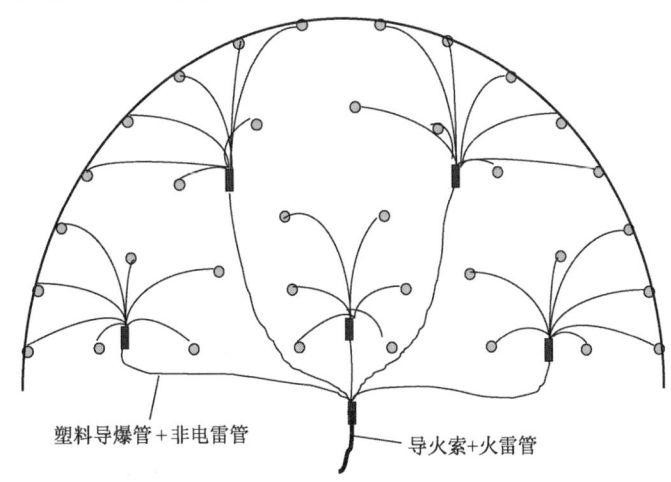

图5-28 导爆管-非电雷管起爆网络

按以上方法确定的各项参数是否合理,应以实际爆破效果是否符合要求为最终判断和评价标准。并根据爆破条件的变化,对以上各项参数进行调整,直至达到最佳爆破效果。

(十二)光面爆破设计实例

光面爆破设计实例见图5-29。

四、出渣运输

出渣运输是隧道施工的基本工序之一。出渣运输作业时间一般要占掘进循环时间的40%~60%。因此,出渣运输工序能力的强弱,决定了它在整个掘进循环中所占的时间比率,并进而对掘进速度产生很大的影响。出渣运输工序必须满足掘进循环时间的总体安排,并保证在规定的时间内完成。

出渣运输工序可以分解为装渣、运输、卸渣三项作业(主要是装渣和运输)。

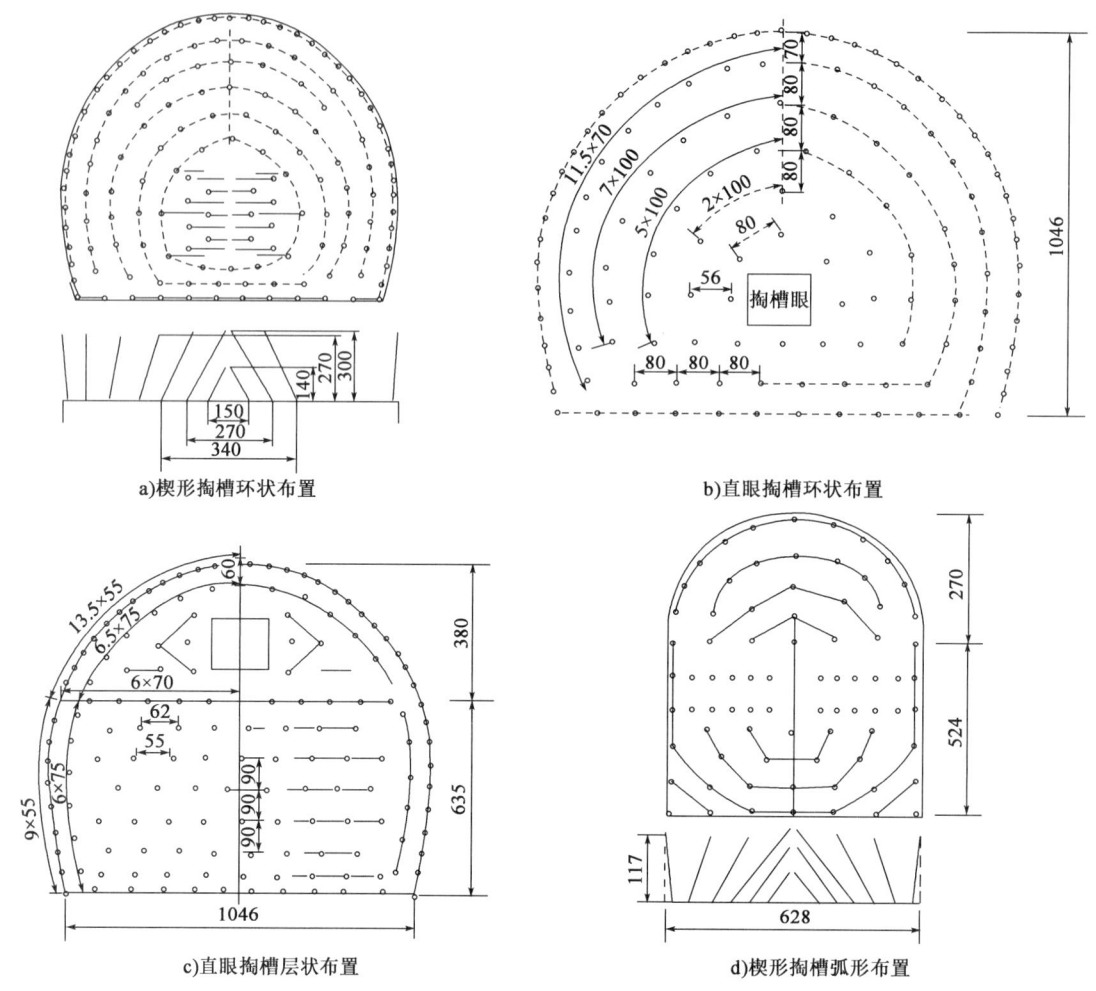

图 5-29　光面爆破设计实例(尺寸单位:cm)

为保证在规定的时间内完成出渣运输任务,首先应选择恰当的运输方式,其次要注意装、运机械作业方式的配套并适用于隧道内作业,最后要注意装、运机械单机工作能力和数量的配套,并合理地组织运输车辆的运转。

(一)装渣与运输方式

1. 装渣方式

隧道施工装渣方式有机械装渣和人力装渣两种。机械装渣速度快,可缩短作业时间。目前隧道施工中主要采用机械装渣,但仍需配备适当数量的人工辅助作业。人力装渣,劳动强度大,速度慢,仅在短隧道、缺乏机械或隧道断面小而无法使用机械装渣时以及特殊条件下,才考虑采用。

2. 运输方式

隧道施工进料、出渣的运输方式有无轨运输和轨道运输两种。无轨运输主要适用于大断面隧道施工,轨道运输主要适用于断面小且较长(3000m以上)的隧道施工。

无轨运输是采用各种轮胎走行的运输车出渣和进料。无轨运输的优点是:不需要铺设复杂的运输轨道,洞内改道方便,对其他工序的干扰较小,尤其是可借助仰拱栈桥同时安排仰拱施工,更符合现代隧道工程理论的基本准则和新奥法施工的基本原则。车辆走行灵活、掉头方便、运输速度快、配套设备少、无须太多的辅助设施,组织和管理工作简单,能适用于弃渣场离洞口较远和道路坡度较大的场合,是一种适应性较强的和较为经济的运输方式。无轨运输的缺点是运输车多采用燃油发动机,运输车在走行时,内燃机排放大量废气,而且是边走边排放,对洞内空气污染较为严重,故一般适用于大断面开挖和中等长度以下的隧道。在长大隧道中使用时,应充分考虑洞内空气污染问题,加装必要的尾气净化装置,并采取有效的通风措施。

轨道运输是铺设小型临时铁路轨道,用轨道式运输车出渣和进料。轨道式运输车有斗车和梭式矿车两种,牵引车也有电瓶车和内燃机车两种,串联成小火车。轨道运输的优点是:可适用于大断面开挖的隧道,尤其适用于小断面开挖的隧道,运输效率较高;采用电瓶车牵引时,可以避免内燃机车的沿程尾气污染,降低通风费用,尤其适用于3000m以上的长隧道。轨道运输的缺点是:需要铺设专用的运输轨道,轨道改移和调车作业较复杂,且对其他工序的干扰较大;还需配置充电房等辅助设施,当弃渣场离洞口较远,或洞外道路坡度较大不便铺设轨道时,还需要进行二次倒运。因此,轨道运输目前在隧道工程中已很少采用。

3. 出渣运输方式的选择原则

应根据洞内作业条件,包括作业空间(断面)的大小、一次开挖石渣体积、石渣块度、土体的松散或泥质黏性、洞内临时道路等条件,充分考虑装、运、卸三项作业机械的配套问题,出渣运输能力与运量需求的适应问题,出渣运输与开挖、支护等工序的协调统一问题,出渣运输成本与工期要求的关系问题,洞内空气污染及作业安全问题等,建立和实施适宜的出渣运输组织和管理方式,以尽量缩短渣运输在整个作业循环中所占的时间比率,提高施工速度。必要时应做技术经济合理性分析,以求最佳方案。

(二)渣量计算

钻爆开挖一个单循环产生的石渣量应为爆破后的虚渣体积,可按下式计算:

$$Z=R\Delta LS \tag{5-11}$$

式中:Z——单循环爆破后石渣量,m^3;

R——岩体松胀系数,即岩体松方体积与其实方体积的比值,岩体被爆破后的R值的大小与岩体的密度有关,隧道工程中常按围岩级别确定R值,见表5-22;

Δ——超挖系数,根据爆破对超挖的控制情况而定,一般可取1.15~1.25;

L——设计循环掘进进尺,m;

S——开挖断面面积,m^2。

岩体松胀系数R值 表5-22

岩体级别	Ⅰ	Ⅱ	Ⅲ	Ⅳ	Ⅴ		Ⅵ	
土石类别	石质	石质	石质	石质	硬黏土	砂夹卵石	黏性土	砂砾
R	1.7	1.8	1.6	1.6	1.35	1.30	1.25	1.15

(三)装渣机械

装渣机械的类型很多,按其拾渣机构形式可分为铲斗式、挖斗式、立爪式、蟹爪式四种。铲斗式装渣机为间歇性装渣机,有翻斗后卸、前卸和侧卸三种卸渣方式。蟹爪式、立爪式和挖斗式装渣机均配备刮板或链板式转载后卸机构,是连续装渣机。

装渣机的走行方式有轨道走行、履带走行和轮胎走行三种,也有同时配备履带走行和轨道走行两套走行机构的。轨道走行式装渣机须铺设走行轨道,因此其工作范围受到轨道位置的限制;当工作面较宽时,可增铺轨道来满足更大的工作宽度要求。履带走行和轮胎走行的装渣机移动灵活,工作范围不受限制。但在泥土质的隧道中,有可能因洞内临时道路承载能力较低和道路泥泞而出现打滑和下陷。

装渣机的工作能力因拾渣方式、走行方式、装备功率的不同而各不相同。装渣机的选择应充分考虑上述洞内作业条件和问题,尤其应与运输车辆相匹配,以充分发挥各自的工作效能,缩短装渣的时间。隧道施工中几种常用的装渣机分述如下。

1. 铲斗式装渣机

铲斗式装渣机多采用轮胎走行。轮胎走行的铲斗式装渣机多采用铰接车身,液压控制系统和燃油发动机驱动,见图5-30。

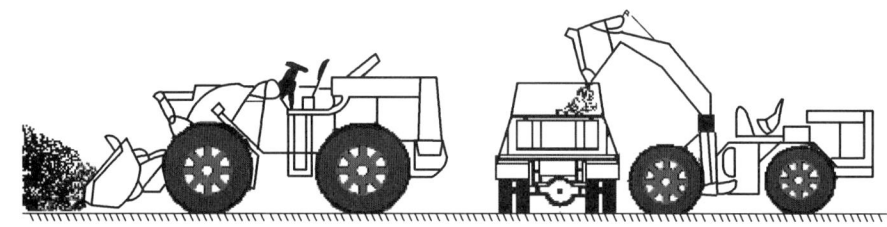

图5-30 轮胎走行铲斗式装渣机

轮胎走行铲斗式装渣机转弯半径小,移动灵活;铲取力强,铲斗容量大,达 $0.76 \sim 3.8 m^3$,工作能力强,尤其是对石渣块度大小没有特别要求,即使石块较大也能铲起;可侧卸也可前卸,卸渣准确,常用于较大断面的隧道装渣作业。但其燃油发动机排出的废气,会污染洞内空气,进而降低机械效率和影响作业人员身体健康,应配备尾气净化器,并加强隧道通风。

2. 挖斗式装渣机

这种装渣机是近几年才应用于隧道工程中的新型装渣机。其拾渣机构为自由臂式挖斗,由于采用了电力驱动全液压控制系统,工作臂灵活且较长,如 Schaeff ITC312H4 型挖斗式装渣机的立定工作宽度可达3.5m,工作长度可达轨道前方7.11m,且可以下挖2.8m和兼作高8.34m范围内工作面的清理及找顶工作。生产能力为 $250m^3/h$。配备轨道走行和履带走行两套走行机构,见图5-31。

挖斗式装渣机采用了刮板式或链板式输送机将岩渣装入机后的运输车内。因此其对石渣块度大小有特别的要求,即要求爆破下来的石渣块度大小均在输送机的工作尺寸范围以内。

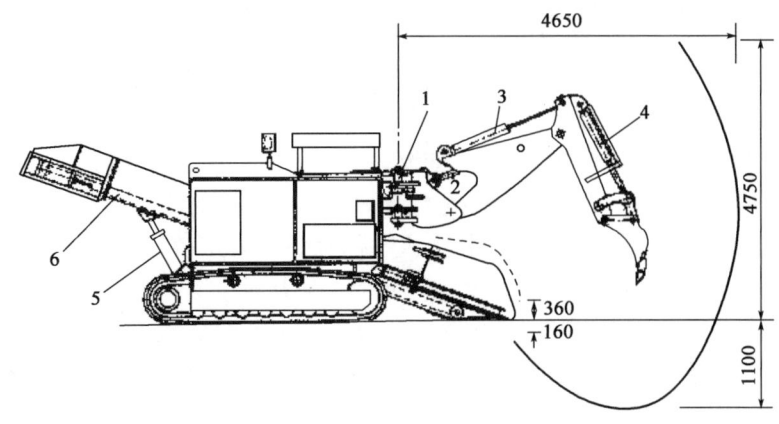

图 5-31 Schaeff ITC112 型双走行系统挖斗式装渣机(尺寸单位:mm)
1-转臂机构;2-大臂液压缸;3-小臂液压缸;4-转铲液压缸;5-链板后部升降液压缸;6-链板输送机

3. 立爪式、蟹爪式装渣机

隧道工程中曾经使用过立爪式装渣机,这种装渣机多采用轨道走行。装渣机前方装有一对扒渣立爪,可以将前方或左右两侧一定范围内的石渣扒入受料盘,并由刮板式输送机将岩渣装入机后的运输车内。立爪式装渣机工作能力一般在 $100 \sim 180 m^3/h$ 范围内。但其因能耗较大,已逐步被挖斗式装渣机替代。

蟹爪式装渣机多采用履带走行,电力驱动。它是一种连续装渣机,其前方倾斜的受料盘上装有一对由曲轴带动的拨渣蟹爪。装渣时,受料盘插入岩堆,同时两个蟹爪交替将岩渣拨入受料盘,并由刮板输送机将岩渣装入机后的运输车内。因受蟹爪拨渣能力的限制,岩渣块度较大时,其工作效率显著降低,故主要用于块度较小的岩渣及土的装渣作业。工作能力一般在 $60 \sim 80 m^3/h$ 范围内。

(四)无轨运输

1. 运输车辆

可供隧道施工用的无轨运输车品种很多,多为燃油(柴油)式动力、轮胎走行的自卸卡车。载重量为 2~25t。为适应在隧道内运输,有的还采用了铰接车身或双向驾驶的坑道专用车辆,见图 5-32。

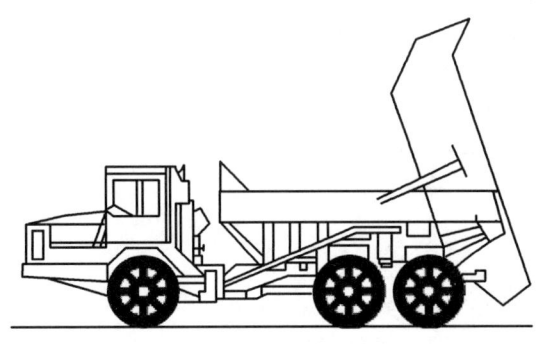

图 5-32 自卸汽车

随着大型装载机械及重载自卸汽车的研制和生产,近年来无轨运输在隧道掘进中得到了越来越广泛的应用。

2. 运输道路

采用无轨运输时,为方便车辆转向、会车作业,缩短时间和保证安全,应根据隧道开挖断面大小和洞内运输距离的长短,合理选择洞内调车方式。常用的洞内调车方式有以下几种:

(1)在单车道公路或单线铁路隧道中,因隧道断面较小,不够并行两辆汽车,应布置成单车通道。当洞内运输距离较短时,可不设置转向或会车场地,汽车倒行进洞,装渣后正向开行出洞。当洞内运行距离较长时,可在洞内每隔100～300m设置一处会车点。会车点可以局部扩大洞径,车辆可在会车点转向或会车。必要时还可以在洞内作业面附近设置机械式转向盘。

(2)在双车道公路或双线铁路隧道中,因隧道断面较大,足够并行两辆汽车,应布置成双车通道。进出车辆各行其道,并在装渣点附近转向,可缩短洞内调车时间,以提高出渣运输速度。若为侧壁导坑开挖,可考虑在适当位置将导洞向侧壁扩挖加宽构成转向或会车场地。在设置辅助坑道的长大隧道中,应考虑构成循环运输通路,并制定单向循环行驶制度和相应的管理措施。

3. 运输组织

运输组织就是根据(进料、出渣)运输量的多少、运输距离的长短以及机械配备情况,确定投入洞内作业的装、运机械的数量,编制运输作业运行图,并根据实际情况动态调整,使之最优化。

无轨运输和轨道运输的组织原则基本相同。无论采用何种运输方式,也无论采用何种形式的装渣机械和运输车辆,都应特别注意提高运输效率,缩短车辆在洞内等待时间(无效工作时间),使各项运输作业相对集中,以减少工序之间的相互干扰,减少洞内空气污染的频次和缩短污染持续时间,降低通风能耗和费用。如在长大隧道工程中,当洞内运输距离较长时,应配备足够数量的运输车辆,以便能够在同一个时段内就将一个掘进循环爆破出来的石渣全部运完。

4. 卸渣

卸渣工作主要应考虑石渣如何处理、卸渣场地或转运场地的布置,以及弃渣场地的选择。从隧道内挖出的石渣大多可以作为填料用于填筑路基及洞外工作场地。有些符合混凝土粗集料质量标准要求的岩块石渣,则可以加工成碎石,用作衬砌混凝土的粗集料。对多余的石渣,则应弃置于合适的山谷、凹地。但弃渣场地的选择,应考虑运输、卸渣方便,不占良田,不堵塞河道,不污染环境,并加以综合利用,如造田复耕和填筑场地。

(五)轨道运输

1. 运输车辆

常用的轨道运输车辆有斗车、梭式矿车。

①斗车。斗车结构简单,使用方便,可适用于多种条件下各种物料的装载运输。斗车根据容量大小可分为小型斗车和大型斗车。

②梭式矿车。梭式矿车采用整体式车体,下设两个转向架,车厢底部设有刮板式或链式转载机构,便于将整体车厢装满和转载或向后卸渣。它对装渣机械的配套条件要求不高,能保证快速运输,但车体结构和机械系统较复杂,机械购置费和使用费较高。

2. 牵引机车

常用的轨道运输牵引机车有电瓶车、内燃机车,主要用于坡度不大的隧道运输牵引。当采用小型斗车和进行坡度较缓的短隧道施工时,还可以采用人力推送。

3. 单线运输

单线轨道通过能力较弱,常用于长度较长而断面较小的隧道工程中。

采用单线轨道运输时,为调车方便和提高运输能力,在整个路线上应合理布设会车道。相邻会车道的间距应根据装渣作业时间和行车速度计算确定,一般条件下应每隔300m设一个会车道,并编制和优化列车运行图,制定有效的行车作业制度,以减少避让等待时间。会车道的站线长度应能够容纳整列车,并保证正线车辆安全通过。单线运输轨道布置见图5-33。

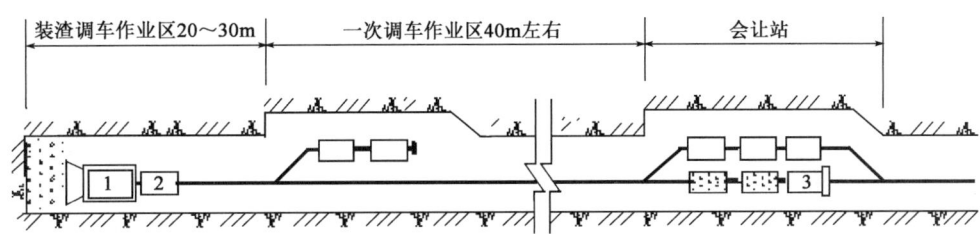

图5-33 单线运输轨道布置示意图
1-装渣机;2-斗车或梭式矿车;3-电瓶牵引车

4. 双线运输

双线轨道的进、出车分道行驶,无须避让等待,故通过能力较单线轨道有显著提高,常用于长度较长且断面较大的隧道工程中。

为了调车方便,应在两线间合理布设渡线。渡线间距应根据工序安排及运输调车需要来确定,一般间距为100~1000m,或更长,并每隔2~3组渡线设置一组反向渡线。

第六章 新奥法支护技术

学习目标

(1) 熟悉锚喷支护类型与施工方法。
(2) 熟悉防水层的施作方法。
(3) 熟悉二次衬砌施工方法。

思考与练习

1. 课前思考
(1) 二次衬砌施工缝防水用什么措施?
(2) 喷射混凝土的工艺流程有几种?它们的主要区别是什么?
(3) 钢筋网喷射混凝土与钢纤维喷射混凝土有哪些不同之处?
(4) 隧道常见的防水措施有哪些?
2. 课堂讨论或练习
(1) 试分析中空注浆锚杆和普通砂浆锚杆的异同点。
(2) 如何确定二次衬砌的施作时间?

3. 课后练习

(1)联合支护施工应满足哪些技术要求?
(2)阐述钢筋网喷射混凝土的施工要点。
(3)描述钢纤维喷射混凝土的性能特点。
(4)图示防水板施工工艺流程。
(5)描述隧道衬砌的排水系统。
(6)描述施工缝、变形缝的防水措施。

第一节　初期支护技术

新奥法的初期支护,亦即锚喷支护。锚喷支护是目前常用的一种围岩支护手段,采用锚喷支护可以充分发挥围岩的自承能力,并有效地利用洞内的净空,既增强了作业的安全性,又提高了作业效率;既能适应软弱岩层和膨胀性岩层中隧道的开挖,也能用于整治塌方和隧道衬砌的裂损。

锚喷支护包括锚杆支护、喷射混凝土支护、喷射混凝土锚杆联合支护、喷射混凝土钢筋网联合支护、喷射混凝土与锚杆及钢筋网联合支护、喷钢纤维混凝土支护、喷钢纤维混凝土锚杆联合支护,以及上述几种类型加设型钢(或钢拱架)而成的联合支护。前五种为常用的基本类型,后两种较少使用。

一、锚杆支护

锚杆的种类在第二章已做了具体说明,下面简要介绍隧道工程中几种常用锚杆的构造和施工要点。

微课6.1
锚杆的安设

(一)中空注浆锚杆

中空注浆锚杆适用于地质条件中等的永久性支护,也可用于超前支护。通过中空杆体对锚杆进行压力注浆,可达到固结破碎岩体,隔断地下水及杆体防腐的目的,可迅速形成支护力,控制围岩的稳定,见图6-1。还可以在此基础上改进为预应力中空注浆锚杆,以进一步增强锚杆的加固作用,见图6-2。隧道工程中已广泛使用中空注浆锚杆。

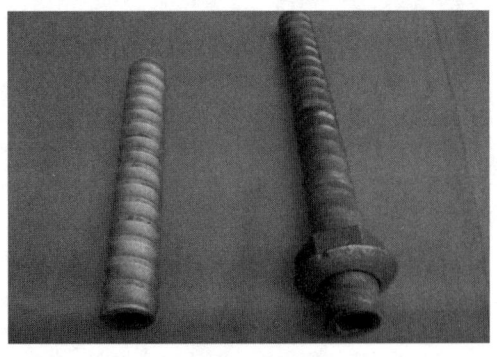

图6-1　中空注浆锚杆(锚管)杆体

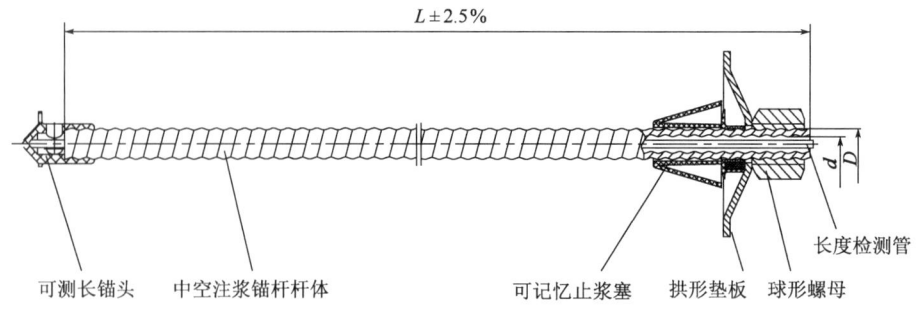

图6-2 中空注浆(可加预应力)锚杆构造

1. 构造特点

(1)中空设计,实现了注浆的功能。
(2)注浆饱满,并可实现压力注浆。
(3)杆体的居中性好,砂浆可以将锚杆体全长包裹,避免了锈蚀的可能性,达到长期支护的目的。
(4)安装方便,不需现场加工螺纹,即可方便地安装垫板、螺母。
(5)采用向上排气锚头,彻底解决了水平线以上中空注浆锚杆排气问题。

2. 施工要点

(1)钻进:用普通凿岩机钻孔并清洗。
(2)插入锚杆:将安装好锚头的中空注浆锚杆插入钻孔。
(3)安装止浆塞、垫板、螺母:在锚杆尾端安装止浆塞、垫板和螺母。
(4)连接注浆机:通过快速注浆接头将锚杆尾端和所选注浆机连接。
(5)注浆:开动机器注浆,如需要进行压力注浆改良围岩结构,只需待压力表上指针升至设计压力即可。

图6-3是一种在普通中空注浆基础上发展起来的组合式中空注浆锚杆,通过锚杆尾端的中空杆体经连接套的注浆孔向锚杆孔内注浆,由塑料软管排气。为保证注浆饱满,排气软管前端需到达锚孔底部。

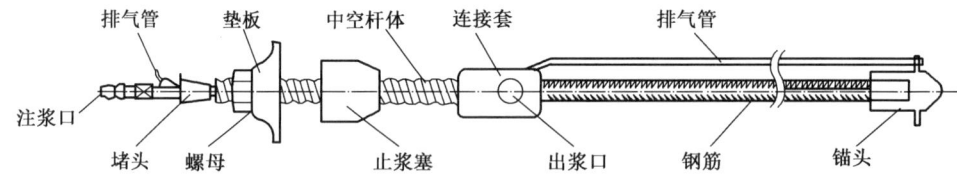

图6-3 组合式中空注浆锚杆说明图

(二)普通水泥砂浆锚杆与早强水泥砂浆锚杆

1. 普通水泥砂浆锚杆

1)构造组成

普通水泥砂浆锚杆是以普通水泥砂浆为黏结剂的全长黏结式锚杆,其构造如图6-4所示。

其因安装工艺简单,锚固效果好,安装质量易于保证,是隧道工程中最常用的一种锚杆。

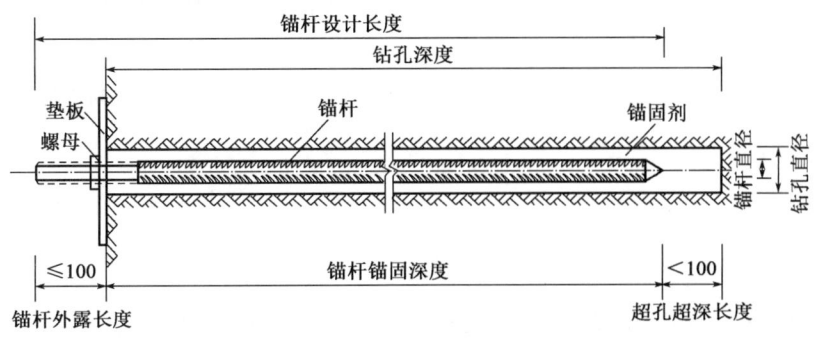

图6-4 普通水泥砂浆全长黏结式锚杆构造(尺寸单位:mm)

一般设计要求:Ⅲ级以上围岩锚杆抗拔力≥80kN,Ⅳ、Ⅴ级围岩锚杆抗拔力≥100kN。

锚杆钻孔直径大于锚杆杆体直径15mm,是为了保证砂浆的基本厚度;锚入深度是指锚杆杆体完全锚入岩体部分,通常是锚杆设计长度减锚杆外露长度,锚杆外露长度≤100mm。

2)设计、施工要点

(1)杆体材料宜用20MnSi钢筋,较少采用A_3钢筋,直径以14~22mm为宜,长度为2.0~3.5m。为增加锚固力,杆体内端可劈口叉开。

(2)水泥一般选用普通硅酸盐水泥,砂粒径不大于3mm,并过筛。

(3)砂浆强度等级不低于M20,配合比一般为水泥:砂:水=1:(1~1.5):(0.45~0.5)。

(4)锚杆钻孔宜采用锚杆钻孔机或(多臂)钻孔台车钻孔。钻孔应符合下列要求:孔径应与杆径配合好,一般孔径比杆径大15mm(采用先插杆体后注浆施工时,孔径应比先注浆后插杆体施工的孔径要大一些)。孔位允许偏差为±(15~50)mm,孔深允许误差为±50mm。宜适当调整钻孔方向,使其尽量与岩层主要结构面垂直。孔钻好后用高压水将孔眼冲洗干净(若是向下钻孔还须用高压风吹净水),并用塞子塞紧孔口,防止石渣掉入。

(5)锚杆及黏结剂材料应符合设计要求,锚杆应按设计要求的尺寸截取,并整直、除锈和除油,外端不用垫板的锚杆应先弯制弯头。

(6)黏结砂浆应拌和均匀,并调整其和易性,随拌随用,一次拌和的砂浆应在初凝前用完。

(7)先注浆后插杆体时,注浆管应先插到钻孔底,开始注浆后,徐徐均匀地将注浆管往外抽出,并始终保持注浆管口埋在砂浆内,以免浆中出现空洞。

(8)注浆体积应略多于需要的体积,将注浆管全部抽出后,应立即迅速插入杆体,可用锤击或通过套筒用风钻冲击,使杆体强行插入钻孔。

(9)杆体插入孔内的长度不得短于设计长度的95%,实际黏结长度亦不应短于设计长度的95%。注浆是否饱满,可根据孔口是否有砂浆挤出来判断。

(10)杆体到位后要用木楔在孔口卡住,防止杆体滑出。砂浆未达到设计强度的70%时,不得随意碰撞,一般规定3d内不得悬挂重物。

2. 早强水泥砂浆锚杆

早强水泥砂浆锚杆的构造、设计和施工与普通水泥砂浆锚杆基本相同,不同的是早强水泥砂浆锚杆的黏结剂是由硫铝酸盐早强水泥、砂、TI型早强剂和水制成的。因此,它具有早期强度高、承载快、安装简单等优点,弥补了普通水泥砂浆锚杆早期强度低、承载慢的不足,尤其是在软弱、破碎、自稳时间短的围岩中显示出一定的优越性。但因砂浆中掺有速凝剂,要求快速安装。

另外,以快硬水泥或树脂为黏结剂的全长黏结式锚杆,也具有以上优点,但费用较高,在一般隧道工程中较少使用。

(三)早强药包内锚头锚杆

1. 构造

早强药包内锚头锚杆,是以快硬水泥卷或早强砂浆卷或树脂卷为内锚固剂的内锚头锚杆,其构造见图 6-5。不管是采用什么类型的早强药包,其设计、施工要点基本相同,下面以快硬水泥卷内锚头锚杆为例进行说明。

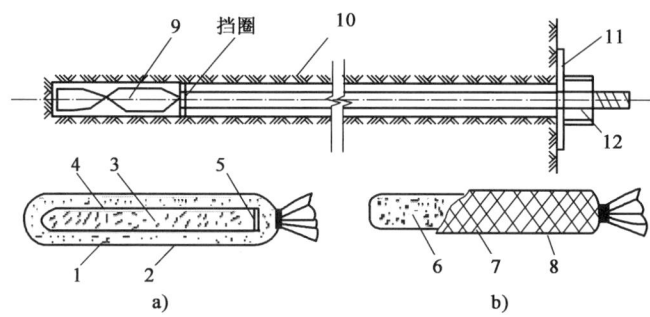

图 6-5 早强药包内锚头锚杆构造

1-不饱和聚酯树脂+加速剂+填料;2-纤维纸或塑料袋;3-固化剂+填料;4-玻璃管;5-堵头(树脂胶泥封口);6-快硬水泥;7-湿强度较大的滤纸筒;8-玻璃纤维纱网;9-树脂锚固剂;10-带麻花头杆体;11-垫板;12-螺母

另有楔缝式内锚头锚杆,它是由杆体、楔块、垫板和螺母组成的。楔头式锚杆及胀壳式锚杆的锚头加工制作比较复杂。在交通隧道工程中,若需要临时加固掌子面,则可以使用楔头式锚杆或胀壳式锚杆,以便回收利用。楔头式锚杆在煤矿中应用稍多。

2. 设计要点

(1)快硬水泥卷设计需要确定三个主要参数:快硬水泥卷直径 d、快硬水泥卷长度 L、快硬水泥卷的水泥质量 G。

(2)快硬水泥卷直径 d 要与钻眼直径 D 配合好,若使用 $D42$ 钻头,则可采用 $d37$ 直径的水泥卷。

(3)快硬水泥卷长度 L 要根据内锚固段长度 l 和生产制作的要求来决定,其计算公式如下:

$$L=kl(D^2-\phi^2)/d^2 \tag{6-1}$$

式中:l——内锚固段长度,mm;

D——钻眼直径,mm;

ϕ——锚杆直径,mm;

d——快硬水泥卷直径,mm;

k——富余系数,一般 $k=1.05\sim1.10$。

(4)快硬水泥卷的水泥质量 G 主要由装填密度 γ 来确定。γ 是控制水灰比的关键因素,当

$\gamma=1.45\text{g/cm}^3$时,水泥净浆的水灰比控制在0.34左右为好。每个快硬水泥卷的G值可按式(6-2)计算:

$$G=\gamma L\pi d^2/4 \qquad (6-2)$$

3. 施工要点

(1)钻眼要求同普通水泥砂浆锚杆,但孔眼应比锚杆长度短4~5cm。

(2)用直径2~3mm、长150mm的锥子,在快硬水泥卷端头扎两个排气孔。然后将水泥卷竖立于清洁水中,保持水面高出水泥卷100mm。浸水时间以不冒气泡为准,但不得超过水泥初凝时间,必要时要进行浸水后的水灰比检查。

(3)将浸好水的水泥卷用锚杆送至眼底,并轻轻捣实。若中途受阻,应及时处理;若处理时间超过水泥终凝时间,则应换装新水泥卷或钻眼作废。

(4)将锚杆外端套上连接套筒(带有六方旋转头的短锚杆;将断面打平,对中焊上锚杆螺母),装上搅拌机(如TJ-9型),然后开动搅拌机,带动锚杆旋转,搅拌水泥浆,并用人力推进锚杆至眼底,再保持10s的搅拌时间,总时间为30~40s。

(5)轻轻卸下搅拌机头,用木楔楔住杆体,使其位于钻眼中心。自浸水后20min,快硬水泥卷达到足够强度时,才能使用扳手卸下连接套筒。实际施工时,可准备多个连接套筒循环使用。

(6)采用树脂药包时,还需注意:搅拌时间应根据现场气温决定。20℃时,固化时间为5min。温度每下降5℃,固化时间大致会延长1倍,即15℃时,为10min;10℃时,为20min。因此,地下工程在正常温度下,搅拌时间约为30s;当温度在10℃以下时,搅拌时间可适当延长为45~60s。

二、喷射混凝土支护

喷射混凝土既是一种新的工程措施,又是一种新的施工工艺。它无须模板而是使用喷射机,将细石混凝土集料和速凝剂按一定的配合比混合后,喷敷到岩壁表面,并迅速固结成混凝土结构层,从而对围岩起到支护作用。

微课6.2
喷射混凝土施工
准备及施工质量
控制要点

喷射混凝土可以作为隧道工程中的临时性或永久性支护,也可以与各种形式的锚杆、钢纤维、钢拱架、钢筋网等构成复合式支护结构。它的灵活性很强,可以根据需要分次追加厚度。因此,除用于地下工程外,它还广泛应用于地面工程的边坡防护、加固,基坑防护,结构补强等。随着喷射混凝土原材料、速凝剂及其他外加剂、施工工艺、机械的研究和应用不断发展,喷射混凝土不管是作为新材料,还是作为新的施工工艺、新的工程措施,都将有更为广阔的发展前景。

(一)喷射工艺

喷射混凝土的工艺流程有干喷、潮喷、湿喷和混合喷射四种。它们的主要区别是投料程序不同,尤其是加水和速凝剂的时机不同。

1. 干喷和潮喷

(1)干喷是将集料、水泥和速凝剂按一定比例干拌均匀,然后装入干式喷射机,用压缩空气使干集料在软管内呈悬浮状态压送到喷枪,再在喷嘴处与高压水混合,以较高速度喷射到岩面上。

干喷的缺点是产生的粉尘量大,回弹率高,加水是由喷嘴处的阀门控制的,水灰比的控制程度与喷射手操作的熟练程度有关,干喷混凝土强度和密实度均较低。但使用的机械较简单,机械清洗和故障处理容易。

(2)潮喷与干喷的工艺流程和使用机械相同,不同的是为了降低喷射时的粉尘量和回弹率,先将集料预加少量水,使之呈潮湿状态,再加水泥、速凝剂拌和,但大部分水仍是在喷头处加入的。潮喷产生的粉尘量、回弹率均较干喷有一定程度的降低。潮喷混凝土强度和密实度也有所提高。事实上,除旱季和干旱地区以外,露天堆放的砂石料本身就有一定的含水率,所以施工现场使用较多的是潮喷工艺。潮喷和干喷的工艺流程见图6-6。

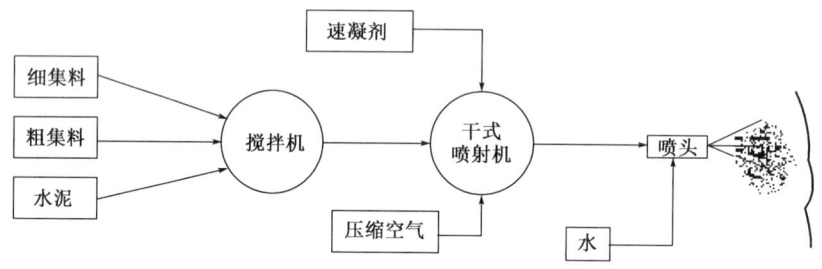

图6-6 干喷、潮喷的工艺流程

2. 湿喷

湿喷是将集料、水泥和水按设计比例拌和均匀,用湿式喷射机压送到喷头处,再在喷头上添加速凝剂后喷出,其工艺流程见图6-7。

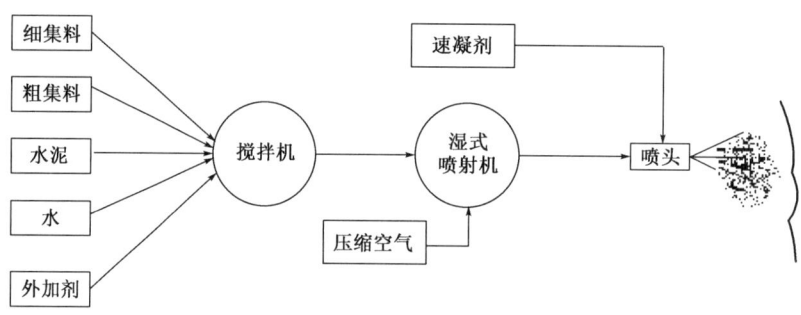

图6-7 湿喷工艺流程

湿喷混凝土在喷射过程中产生的粉尘量很小、回弹率很低,湿喷混凝土质量容易控制,其强度和密实度均较高,因此湿喷是应当发展和推广应用的喷射工艺。湿喷工艺对喷射机的机械性能要求较高,发生堵管等机械故障时,清洗和处理较麻烦。

3. 混合喷射

混合喷射又称分次投料混合喷射法,混合喷射工艺的关键是水泥裹砂(或石)造壳技术。它是将一部分砂(石)加第一次水拌湿,再投入全部水泥强制搅拌造壳;然后加第二次水和减水剂拌和成SEC砂浆;将另一部分砂(石)、速凝剂强制搅拌均匀;然后分别用砂浆泵和干式喷射机压送到混合管混合后喷出。其工艺流程见图6-8。

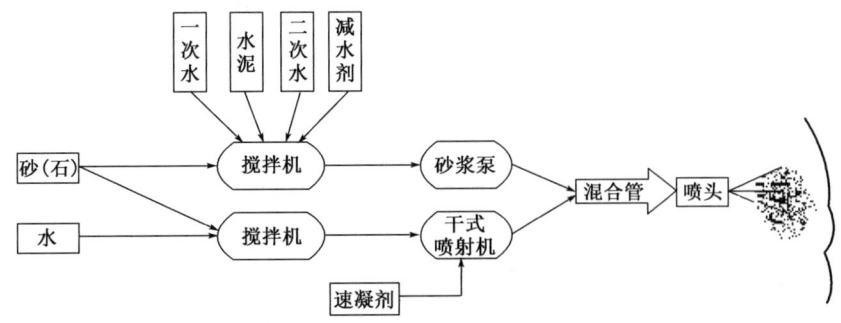

图6-8 混合喷射工艺流程

混合喷射是分次投料搅拌工艺与喷射工艺的结合,混合喷射工艺使用的主要机械设备与干喷工艺大致相同,只是增加了砂浆泵用于输送SEC砂浆,具有两者的优点。

混合喷射混凝土的质量较干喷混凝土质量好,且粉尘量和回弹率有大幅降低。但使用机械数量较多,工艺稍复杂,机械配合及故障处理较麻烦。因此,混合喷射工艺一般只用在喷射混凝土量大的大断面隧道工程中。

(二)素喷混凝土

1. 性能特点

(1)喷射混凝土尤其是湿喷混凝土和混合喷射混凝土具有强度增长快、黏结力强、密度大、抗渗性好的特点。它能较好地填充岩块间的裂隙的凹穴,增加围岩的整体性,防止自由面的风化和松动,并与围岩共同工作。喷射混凝土还能很好地与钢筋网、钢拱架及锚杆等支护材料相融合(包容性),发挥联合支护作用。但素喷混凝土的脆性较强而韧性较差。

(2)与普通模筑混凝土相比,喷射混凝土施工将输送、浇筑、捣固几道工序合一,更不需模板,因而施工快速、简洁。中国铁道建筑总公司研究设计的"模喷"工艺则提高了喷射混凝土的密实度和表面光洁平整度。

(3)喷射混凝土能及早发挥支护作用。喷射混凝土的终凝时间在10min左右,一般2h后即具有一定强度,8h后强度可达2MPa,16h后可达5MPa,1d后可达7~8MPa,4d可达到28d强度的70%左右。

(4)喷射混凝土28d抗压强度、抗弯强度、抗冲切强度以及与钢筋握裹强度、与岩面黏结强度、与旧混凝土面黏结强度列于表6-1。

喷射混凝土28d强度指标 表6-1

条件	强度种类					
	抗压强度(MPa)	抗弯强度(MPa)	抗冲切强度(MPa)	与钢筋握裹强度(MPa)	与岩面黏结强度(MPa)	与旧混凝土面黏结强度(MPa)
水泥品种	525号普通硅酸盐水泥					
配合比(水泥:砂:石)	1:2:2			1:1.5:2.5	1:2:2	
速凝剂掺量(%)	2.5~3		3	2.5~3	3~5	
强度值(MPa)	20.0~26.7	4.0~4.1	3.7	2.5~6.9	0.05~1.2	1.5~2.0

(5)试验表明,喷射混凝土与模筑混凝土相比,其物理、力学性能有所改善,尤其以湿式喷射和水泥裹砂喷射混凝土的抗压强度、抗弯曲疲劳强度、早期强度和抗渗性能提高更为显著。

2. 设计要点

(1)为使喷射混凝土有一定的力学性能和耐久性以及早期强度,喷射混凝土的最低设计强度不应低于15MPa,一般设计强度为20MPa,1d龄期抗压强度不应低于5MPa。不同强度等级的喷射混凝土设计强度及弹性模量、密度按国家标准列于表6-2。

喷射混凝土设计强度及弹性模量、密度　　　表6-2

性能	强度等级			
	C15	C20	C25	C30
轴心受压(MPa)	7.5	10	12.5	15
弯曲抗压(MPa)	8.5	11	13.5	16
抗拉强度(MPa)	0.8	1.0	1.2	1.4
弹性模量(MPa)	1.85×10^4	2.10×10^4	2.30×10^4	2.50×10^4
密度(kg/m^3)	2200			

由于喷射工艺不同,喷射混凝土强度不同,干喷和潮喷混凝土强度较低,一般只能达到C20,而混合喷射和湿喷混凝土强度则可达到C30~C35。

另外,对喷射混凝土与岩面的黏结强度应有所要求。对于Ⅱ~Ⅲ级围岩,不应低于0.8MPa;对Ⅳ级围岩,不应低于0.5MPa。

(2)若目的仅在于防止围岩风化、浸蚀,喷射混凝土厚度不得小于30mm;若作为支护结构,喷射混凝土厚度不得小于50mm;若围岩含水,喷射混凝土厚度不得小于80mm;若为防止由于喷射混凝土的收缩、龟裂、剥落而妨碍喷射混凝土的柔性特点的发挥,以及减少在软弱围岩中产生较大变形压力,喷射混凝土厚度不宜超过200mm。

(3)采用混合喷射工艺时,应采用强制式搅拌机拌制SEC砂浆,以缩短搅拌时间和改善造壳效果。尤其第二次加水后的搅拌时间不能太长,要严格加以控制。

3. 原料

(1)水泥。为保证喷射混凝土的凝结时间与速凝剂有较好的相容性,应优先采用32.5级以上的普通硅酸盐水泥,其次是矿渣硅酸盐水泥和火山灰质硅酸盐水泥。在有专门使用要求时,可采用特种水泥。所使用的水泥,其性能应符合国家现行标准。

(2)砂。为保证喷射混凝土的强度和减少施工操作时的粉尘,以及减少硬化时的收缩裂纹,应采用坚硬而耐久的中砂或粗砂,细度模数一般宜大于2.5。

(3)碎石或卵石(细石)。为防止喷射混凝土过程中的堵管和降低回弹率,应采用坚硬耐久的细石,粒径不宜大于12mm。以细卵石较好。

(4)集料成分和级配。若使用碱性速凝剂,砂、石集料均不得含有活性二氧化硅,以免产生碱集料反应,引起混凝土开裂;为使喷射混凝土密实和在输送管道中顺畅,砂石集料级配应按相关标准控制在表6-3的范围之内。

喷射混凝土集料通过各筛粒径的累计质量百分数(%) 表6-3

等级	粒径(mm)							
	0.15	0.30	0.60	1.20	2.50	5.00	10.00	15.00
优	5~7	10~15	17~22	23~31	35~43	50~60	78~82	100
良	4~8	5~12	13~31	18~41	26~54	40~54	62~90	100

(5)水。为保证喷射混凝土正常凝结、硬化,保证强度和稳定性,饮用水均可用于喷射混凝土;若采用其他水,则不应含有影响水泥正常凝结与硬化的有害物质;不能使用污水以及pH值小于4的酸性水,也不能使用硫酸盐含量(按SO_4^{2-}计算)超过水重1%的水。

(6)外加剂,主要是速凝剂。在喷射混凝土中添加速凝剂的目的是使喷射混凝土速凝,以降低回弹率和早期强度。选用速凝剂时应进行与水泥的相容性试验。

4. 配合比

(1)干集料中水泥与砂石质量比,一般为1:4.5~1:4,每立方米干集料中,水泥用量约为400kg。这种配合比能满足喷射混凝土强度要求,回弹也较少。

(2)砂率一般为45%~55%。实践证明,砂率低于45%或高于55%均易造成堵管,且回弹率大,混凝土强度降低,收缩加大。

(3)水灰比一般为0.4~0.45,否则强度降低,回弹率增大。采用混合喷射工艺时,还应通过试验选择最佳造壳水灰比。

(4)速凝剂和其他外加剂一定要由试验来确定最佳掺量,并达到各龄期的设计强度要求。

(5)喷射混凝土搅拌时间及搅拌后临时存放时间均应按工艺要求及规范规定进行。

5. 喷射混凝土机械设备

(1)喷射机——喷射混凝土的主要设备。国内已有多种鉴定定型产品,各有特点,可以由施工的具体情况选用。但应以保证喷射混凝土的质量、降低回弹率和减少粉尘、控制施工成本、提高工作效率为前提。

常用的干式喷射机有双罐式喷射机、转体式喷射机、转盘式喷射机。其工作原理见图6-9。

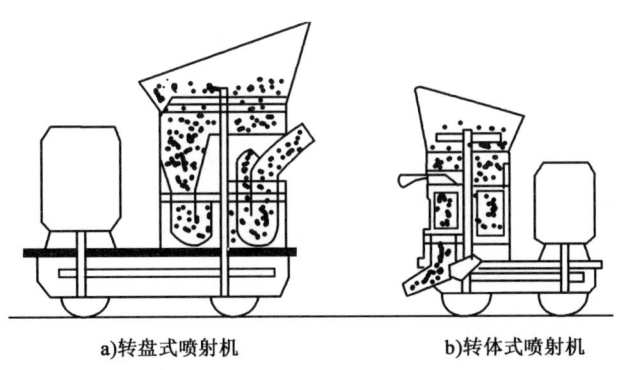

a)转盘式喷射机　　b)转体式喷射机

图6-9 干式喷射机

新型的湿式喷射机有挤压泵式喷射机、转体活塞泵式喷射机、螺杆泵式喷射机。这些喷射机均要求混凝土具有较大的流动性(水灰比大于0.5,含砂率大于70%),其机械构造较为复杂,易损件使用寿命短,机械使用费较高,机械清洗和故障处理较麻烦,目前现场使用已较多,但仍有待进一步改进和推广。

(2)机械手——喷头的移动和方向、距离的控制,可采用人力直接控制或机械手控制。

人力直接控制虽然可以近距离随时观察喷射情况,但劳动强度大;粉尘危害健康,因此劳动保护要求佩戴防尘面具;对于软弱破碎围岩,需紧跟开挖面及时施喷时,有可能因突发性坍塌危及工人人身安全;另外对大断面隧道,还需搭设临时性工作台。所以,人力直接控制一般只用于进行少量喷敷和局部喷敷。

机械手控制则可以避免以上缺点,且方便灵活,工作范围大,可覆盖140m^2。

(3)喷射压力——喷射时风压为0.1~0.15MPa,且水压应稍高于风压。湿式喷射时,风压及水压均较干喷时高。输料管在使用过程中应注意转向,以减少管道磨损。喷射混凝土的拌制宜用强制式搅拌机。

6. 喷前检查及准备

(1)喷前应对开挖断面尺寸进行检查,清除松动危石,欠挖超标严重的部位应予处理。

(2)根据石质情况,用高压风或水清洗受喷面。

(3)受喷岩面有集中渗水时,应做好引流排水处理;无集中渗水时,应根据岩面潮湿程度,适当调整水灰比。

(4)喷层厚度检查标志,一般是在石缝处埋设铁钉或用快硬水泥安设钢筋头,并记录其外露长度。

(5)施喷前应调试好各种机械设备的工作状态。

7. 施工要点

(1)喷射时应分段(不超过6.0m)、分部(先下后上)、分块(2.0m×2.0m),严格按先墙后拱、先下后上的顺序进行,以减少混凝土因重力作用而引起的滑动或脱落现象。

(2)喷射时喷射的移动可以采用S形往返移动前进,也可以采用螺旋形移动前进,见图6-10。

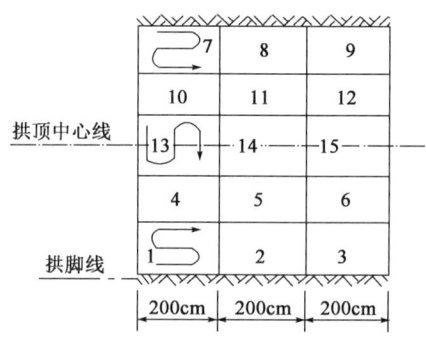

图6-10 混凝土施喷程序

(3)喷射时喷嘴要垂直于受喷面,倾斜角度不大于10°,距离在0.8~1.2m范围内。

(4)对于岩面凹陷处应先喷、多喷,凸出处应后喷、少喷。

(5)一次喷射厚度不得太薄或太厚,应根据混凝土的黏结力和受喷部位及回弹情况并参照表6-4执行。

一次喷射厚度(cm)　　　　　　　　　　　　　　　　　表6-4

是否掺速凝剂	部位	
	边墙	拱部
掺速凝剂	7~10	5~7
不掺速凝剂	5~7	3~5

(6)若设计的喷射混凝土较厚,可分层喷射,一般分2~3层喷射;分层喷射的间隔时间不得太短,一般要在初喷混凝土终凝以后再进行复喷;喷射混凝土的终凝时间受水泥品种、施工温度、速凝剂类型及掺量等因素的影响。当间隔时间较长时,复喷前应将初喷混凝土表面清洗干净,并将凹陷处进一步找平。

(7)当洞内较干燥时,应在喷射混凝土终凝1~2h后洒水养护,养护时间一般不少于7d。

(8)冬季施工时,喷射混凝土作业区的气温不得低于5℃;若气温低于5℃,亦不得洒水;混凝土强度未达到设计强度的50%时,若气温降低到5℃以下,则应注意采取保温防冻措施。

(9)回弹物料的利用。实测表明,采用干法喷射混凝土时,一般边墙的回弹率为10%~20%,拱部的回弹率为20%~35%,回弹率相当大。除应设法减少回弹外,还应设法将回弹物料回收利用。及时回收的洁净且尚未凝结的回弹物,可以按一定比例掺入混合料中重新搅拌后喷射,但掺量不宜大于15%,且不宜用于喷射拱部;或者将回弹物按一定比例掺进普通混凝土中,用于预制小型混凝土构件。

(三)钢筋网喷射混凝土

由于素喷混凝土的抗拉、抗弯和延展性均较差,易出现开裂、起鼓、剥落,因此,常在喷射混凝土中加入钢筋网,以改善其物理、力学性能,尤其是增强喷射混凝土的韧性。通常是先喷射一层混凝土后,再挂设钢筋网,然后喷射混凝土,将钢筋网覆盖,形成钢筋混凝土层。其物理、力学性能比素喷混凝土的物理、力学性能更优。钢筋网还可以防止喷射混凝土在喷敷过程中混凝土的脱落,提高喷敷功效。

1. 构造

钢筋网通常作环向和纵向布置。环向筋为受力筋,由设计确定,直径12mm左右;纵向筋为构造筋,直径6~10mm;网格尺寸一般为20cm×20cm、20cm×25cm、25cm×25cm、25cm×30cm或30cm×30cm。围岩松散破碎严重的,或土质和砂土质隧道,可采用细一些的钢丝,直径一般小于6mm;网格尺寸亦应小一些,一般为10cm×10cm、10cm×15cm、15cm×15cm、15cm×20cm或20cm×20cm。

2. 施工要点

(1)应在喷射一层混凝土后再铺设钢筋网。钢筋与岩面或与初喷混凝土面的间隙应不小于3~5cm,钢筋网保护层厚度不小于3cm,有水部位不小于4cm。

(2)钢筋网可以在洞内直接牢固地挂设安装在锚杆头上,在无锚杆处应安设挂网锚钉,锚钉的锚固深度不得小于20cm。也可以先加工成钢筋网片(长度和宽度一般为100~200cm)再安装,但网片之间应连接牢固。

(3)钢筋网应根据被支护围岩面上的实际起伏形状铺设,并应尽可能多地与锚杆或锚钉头连接牢固,以减少喷射混凝土时钢筋发生"弦振",造成钢筋周围无混凝土包裹。

(4)开始喷射时,应缩短喷头与受喷面之间的距离,并适当调整喷射角度,避免直射钢筋。保证钢筋背面混凝土密实。对于干燥土质隧道,第一次喷射不能太厚,以防起鼓、剥落。

(四)钢纤维喷射混凝土

钢纤维喷射混凝土是在喷射混凝土中加入钢纤维,以弥补素喷混凝土脆性强而韧性差的缺陷。钢纤维喷射混凝土的物理、力学性能在某些方面比钢筋网喷射混凝土的物理、力学性能更优。

1. 性能特点

(1)钢纤维喷射混凝土中的钢纤维主要在喷射平面内呈两维分布,且相当均匀,见图6-11。

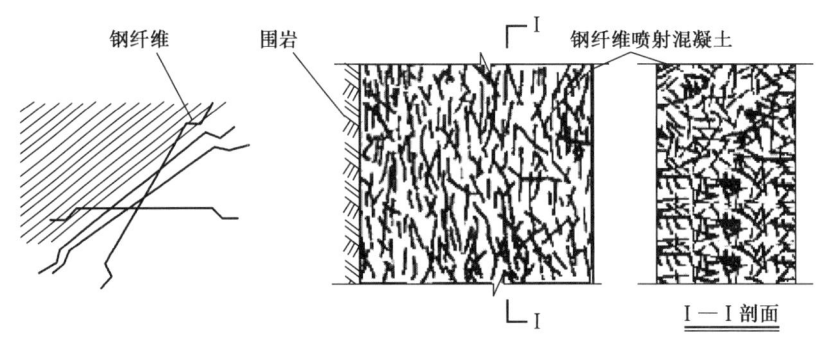

图6-11 钢纤维及其在喷射混凝土中的分布

根据统计,平行于喷射平面的钢纤维根数占钢纤维总根数的70%~80%。这种结构保证了钢纤维喷射混凝土在喷射平面内的力学强度的均匀性和在此平面上力学强度的优势。

(2)钢纤维喷射混凝土的破坏呈塑性破坏,因此容许有较大的变形,裂缝出现后仍有一定的承载能力。

(3)在一般掺量情况下(约为喷射混凝土质量的1.0%~1.5%),钢纤维喷射混凝土比素喷混凝土的抗压强度提高30%~60%,抗拉强度提高50%~80%,抗弯强度提高40%~70%。

(4)在一般掺量情况下,钢纤维喷射混凝土的韧性(加载至试件完全破坏所做的功)为素喷混凝土的20~50倍,抗冲击性能提高8%~30%,抗磨损性能提高30%(钢纤维掺量要大于1.5%)。

2. 应用范围

由于钢纤维喷射混凝土具有许多优良的物理、力学性能,故可用于承受强烈震动、冲击动荷载的构筑物,也适用于要求耐磨或不便配置钢筋但又要求有较高强度和韧性的工程中,如用于地下工程中的受动荷载部位的结构,地上建筑物的补强加固,以及机场跑道、高速公路路面等。

由于钢纤维在混凝土中的分散度较钢筋网好,其支护效果优于钢筋网喷射混凝土的支护效果。因此,可以采用钢纤维喷射混凝土代替钢筋网喷射混凝土,作为软弱破碎围岩隧道的初期支护,甚至作为永久性支护。如西康线秦岭隧道Ⅰ线隧道采用了钢纤维喷射混凝土作为二次衬砌,但在各类隧道工程中大范围应用钢纤维喷射混凝土的还很少,有待进一步推广。

3. 施工要点

(1) 喷射钢纤维混凝土,应注意防止钢纤维结团堵管。目前已有些钢纤维产品采用水溶性黏结剂将钢纤维黏结成片状,利用集料在搅拌过程中的撞击和水解作用,将其很快分离成单一纤维,较好地解决了结团问题。

(2) 钢纤维和集料必须拌和均匀,避免造成喷射机拨料盘堵塞或输料管堵塞。方法是先将水泥、砂、石拌和均匀,然后掺入钢纤维和速凝剂,再拌和均匀,装入运输车。

(3) 钢纤维喷射混凝土操作同素喷混凝土,但输料管的磨耗大,一般要高于素喷混凝土30%~40%,尤其是拐弯处。可每班将胶管翻转1~2次,以延长胶管寿命。应选用经过实用检验的喷射机械。

(4) 喷射钢纤维混凝土,风压要比喷射素混凝土高0.02~0.05MPa;当输送距离不大于40m时,风压一般可为0.1~0.18MPa,且水压应稍高于风压。

三、钢拱架

在软弱破碎严重、自稳性差的Ⅳ级软岩至Ⅵ级围岩条件下,需要及时阻止围岩变形和承受早期围岩压力(松弛荷载),防止围岩因变形过度而产生坍塌时,柔性较大而刚度较小的锚杆喷射混凝土难以胜任。在这种情形下,就必须采用钢拱架这种刚度较大的结构作为初期支护。

型钢拱架又分为工字钢、槽钢和钢管拱架三种;花钢拱架又称格栅钢架,是采用钢筋焊接制成的,工程上常简称为钢格栅,如图6-12所示。

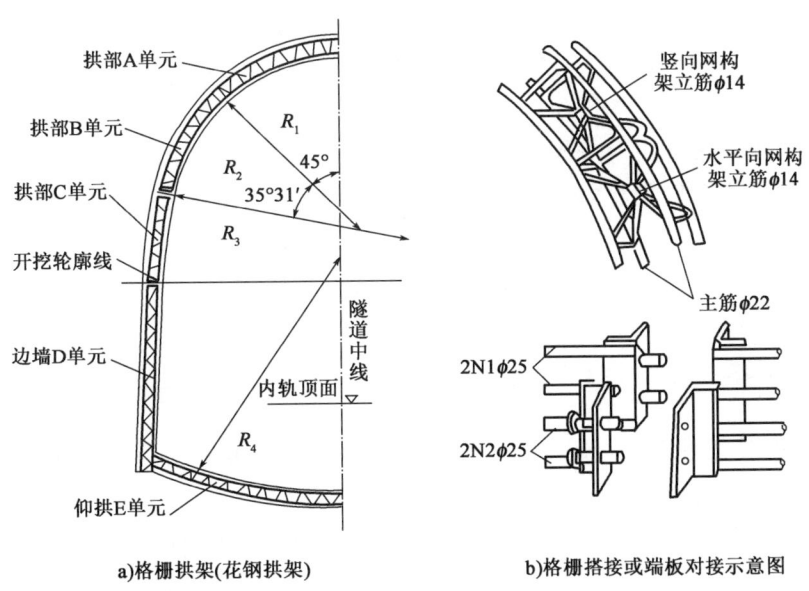

图 6-12

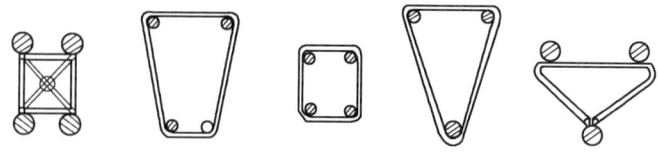

c) 格栅断面形式

图 6-12 钢格栅构造

钢拱架不单独存在,而是要用喷射混凝土覆盖包裹。

(一)构造

1. 接头

钢拱架每榀分为 2~6 节,主要为了便于架设;为保证接头刚度,钢拱架的接头有端板栓接、夹板栓接及套管连接三种形式。

2. 垫板

钢拱架构件下端断面面积较小,应设底板,以增加支承面积。

3. 纵向联系部件

为保证拱架的纵向稳定性,各榀拱架之间应设置纵向联接筋和斜撑。

(二)性能特点

(1)钢拱架的力学性能是整体刚度较大,可提供较大的早期支护阻力。钢拱架所提供的支护阻力大小与其构造形式和截面尺寸有关,也与其架设时机有关。

(2)钢拱架可以很好地与锚杆、钢筋网、喷射混凝土相结合,构成联合支护,增强支护的有效性,且受力条件较好,尤以花钢拱架结合最好。

(3)花钢拱架多是在施工现场加工制作的,其加工制作技术难度和要求并不高;且由于是现场加工制作,当有少量超挖时,可根据坑道的实际尺寸,适当调整花钢拱架的尺寸。

(4)型钢拱架的弯制需要有专用的大型弯制机,故多是在工厂加工制作后运至施工现场。型钢拱架的接头形式和尺寸相对固定,当实际开挖的坑道轮廓不够圆顺时,型钢拱架的架设就有些困难。

(5)钢拱架的架设安装比较方便、快捷。当围岩变形较大时,还可以设置可缩性接头,以减小支护阻力,适量释放围岩内应力。

(三)施工要点

(1)开挖轮廓要尽量平顺,开挖后要及时架设钢拱架,一般应在开挖后的 2~6h 内完成。架设前应清除危石,防止落石伤人,称为"找顶"。

(2)钢拱架应按要求的中线、高程和断面尺寸架设在隧道横断面内,其垂直度允许误差为 ±2°。

(3)钢拱架的接头应连接牢固,拱脚应有一定的埋置深度,以减少沉降和挤入,保证拱架的稳定。一般可以采取的措施有垫石、垫板、纵向托梁、锁脚锚杆等。

(4)钢拱架应尽可能多地与锚杆露头及钢筋网焊接,以增强其联合支护效果。各榀钢拱架之间的纵向钢拉杆应按要求设置和安装,并保证连接可靠,使构成整体。

(5)可缩性钢拱架的可缩性节点处不宜过早覆盖,应待其收缩合拢后,再补充喷射混凝土覆盖。

(6)喷射混凝土时,应注意将钢拱架与岩面之间的间隙喷填密实。喷射混凝土应分层分次施喷完成,初喷混凝土应尽早进行,复喷混凝土应在量测指导下进行,以保证其适时、有效。在量测数据显示围岩已经达成稳定后,可以不必用喷射混凝土将钢拱架完全覆盖,但应在施作内层衬砌时采用普通混凝土填筑密实。

(7)对所架钢拱架应经常检查,如发现喷射混凝土起鼓、开裂、脱落严重,或钢拱架变形严重、倾斜、沉降,必须立即采取加强措施,如补喷混凝土、加打锚杆、增加钢拱架或替换大规格的钢拱架。补喷混凝土应将钢拱架包裹埋置;钢拱架的顶替应先顶后拆,以免引起围岩的进一步松弛甚至坍塌。

四、联合支护

在隧道工程中,为适应地质条件和结构条件的变化,常将各种单一支护材料和结构进行恰当组合,共同构成人工复合支护结构体系,称为"联合支护",如图6-13所示。这些联合支护的施工应当注意的是:宜联不宜散,彼此要直接并尽可能多地牢固相连,以充分发挥支护的联合效应。具体来说,联合支护的施工应满足以下技术要求:

(1)钢筋网及钢拱架要尽可能多地与锚杆头焊连,因此锚杆要有适量的露头。

(2)钢筋网要被喷射混凝土包裹、覆盖密实,钢拱架一般要求被喷射混凝土包裹、覆盖密实。只有在作为研究项目考察钢拱架的有效性和经济性,并且当量测数据显示围岩已经达成稳定时,才可以不必用喷射混凝土将钢拱架完全覆盖,但在施作内层衬砌之前,仍然应该喷满覆盖。

(3)分次施作的联合支护,应尽快将其相联,如超前锚杆与系统锚杆及钢拱架的联结等。

(4)分次施作的联合支护,要在量测指导下进行,检验其有效性,必要时应进行适当调整,以做到及时、有效、经济地控制围岩变形,保证围岩稳定。

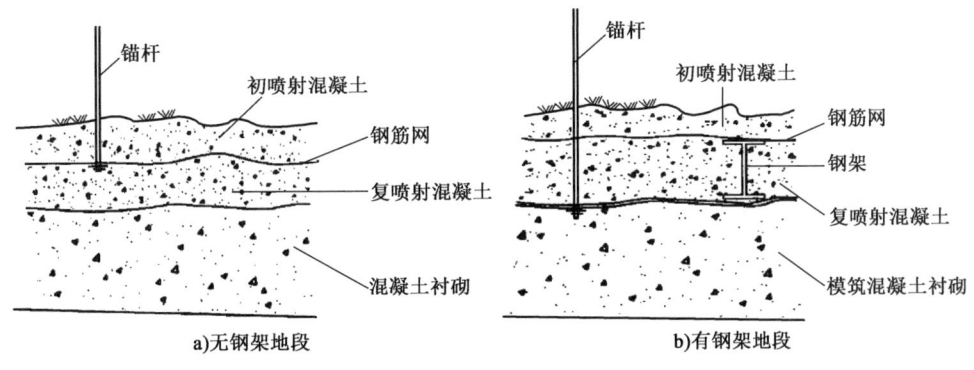

图6-13 锚喷支护(系统锚杆+钢筋网+喷射混凝土)

第二节 防排水措施

在中华人民共和国成立初期,我们修建的铁路隧道,防水方法是以混凝土自身的防水性能和向衬砌背后压浆为主。只要工艺到位,就可以满足结构防水的要求。如今,由于防水板的出现,隧道的防水技术有了发展,因此近年修筑的公路隧道、铁路隧道基本上取消了向衬砌背后压浆,而采用防水板。应该说,在很多情况下,是不需要防水板防水的,仅仅靠混凝土自身的防水功能就可以满足防水的要求。但是近几年新修筑的铁路隧道和高等级公路隧道,为了确保后期运营的安全和顺畅,都加大了防排水工程的投入,衬砌一般都修筑为以防为主、防排结合的复合式防水结构,即在设置防水板的同时,还要考虑衬砌背后设置通畅的排水设施,将水从隧道背后排出,而不是流入隧道内。而隧道内的排水沟等,则是为排出洞内清洗水、雨水等而设置的。

一般来说,隧道结构的防水应根据结构的性质、重要性等按表6-5设定防水等级。

不同防水等级的适用范围 表6-5

防水等级	适用范围
一级	①人员长期停留的场所; ②因有少量湿渍会使物品变质、失效的储物场所及严重影响设备正常运转和危及工程安全运营的部位; ③极重要的战备工程
二级	①人员经常活动的场所; ②在有少量湿渍的情况下不会使物品变质、失效的储物场所及基本不影响设备正常运转和工程安全运营的部位; ③重要的战备工程
三级	①人员临时活动的场所; ②一般战备工程
四级	对渗漏水无严格要求的工程

电气化铁路隧道、地下铁道区间隧道、城市公路隧道、公路隧道等属有少量湿迹基本不影响设备正常运转和工程安全运营的场所,防水等级一般定为二级。地下铁道车站顶部属有少量湿迹会严重影响设备正常运转和危及工程安全运营的部位,防水等级一般定为一级。

隧道防水技术主要有两大类,一类是强化混凝土自身的防水功能,即混凝土的自防水;另一类是结构的外防水技术,其中包括防水板、排水管、背后注浆等。

一、防水措施

隧道防水问题,应尽可能地在初期支护施工中就解决好。常见的防水措施有防水板防水、衬砌自防水以及注浆堵水。塑料板防水、衬砌自防水主要用于水量不大、压力较小的地层条件。注浆堵水主要用于水量大、压力大的地层条件。

1. 超挖回填及注浆堵水

隧道施工中,在Ⅰ、Ⅱ、Ⅲ级围岩条件下,开挖质量比较容易控制,超、欠挖量一般不会太大。对于少量局部超挖,应在施作初期支护时,采用喷射混凝土喷填平顺。

在Ⅳ、Ⅴ级石质围岩条件下,开挖质量控制比较困难,超、欠挖量会比较大。对于较大的超挖部分,隧道施工规范允许采用普通混凝土或片石混凝土回填。实际操作时,可先利用初期支护的钢拱架、锚杆、钢筋网和喷射混凝土形成壳体,然后分区段(分仓)采用泵送普通混凝土回填。

前面已经介绍过,用超前小导管或超前长钢管将适宜的胶结材料压注到地层节理、裂隙、孔隙中,不仅可以加固围岩,同时也起到了堵水作用,更可以防止地下水大量流失,较好地保护地下水环境。

2. 塑料板防水

在施作初期支护后,若仍然有大面积裂隙滴水、流水,且水量、压力都不太大时,可在施作内层衬砌之前,大面积铺设塑料板堵水,见图6-14。

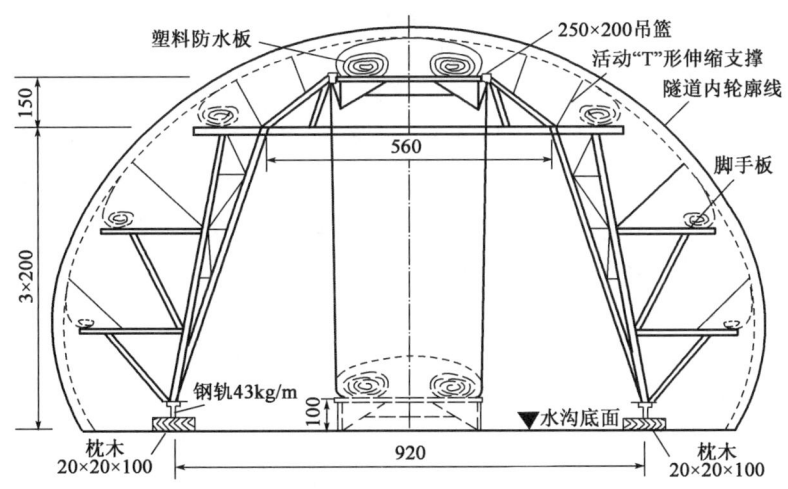

图6-14 塑料防水板铺设台架示意图(尺寸单位:cm)

塑料板防水层是近十多年发展起来的一项防水新技术,它具有优良的防水性能和耐腐蚀性能,在隧道及地下工程中得到了日益广泛的应用。现代隧道一般均设计满铺塑料防水板。塑料板厚度一般为1.2mm。挂防水板前应割除锚杆头等尖锐物,防止防水板遭到破坏。铺设塑料板时不能绷得太紧,要预留一定的松弛度,焊缝要按工艺要求焊接牢固,防止在灌注内层衬砌混凝土时,由于塑料板向凹处张拉变形过度而受到破坏。

3. 混凝土衬砌自防水

衬砌的自防水包括两个方面:一是采用防水混凝土,二是处理好各种施工缝、变形缝等的防水。

(1)防水混凝土。

在地下工程中,一般应采用防水混凝土。防水混凝土的关键是提高混凝土的密实度,同时防止混凝土的开裂,特别是贯通开裂。因此,应通过调整配合比,掺加外加剂、掺合料配制而成。一般来说,防水混凝土的防水性能是按抗渗等级确定的。一般情况下,防水混凝土的抗渗等级不得小于P6。防水混凝土的施工配合比应通过试验确定,抗渗等级应比设计要求提高一级(0.2MPa)。

防水混凝土的设计抗渗等级,应符合表6-6的规定。

防水混凝土的设计抗渗等级　　　　　　　　表6-6

工程埋置深度(m)	<10	10~20	20~30	30~40
设计抗渗等级	P6	P8	P10	P12

防水混凝土的环境温度,不得高于80℃;处于侵蚀性介质中的防水混凝土的耐侵蚀系数,不应小于0.8。

防水混凝土结构底板的混凝土垫层,强度等级不应小于C15,厚度不应小于100mm,在软弱土层中厚度不应小于150mm。

(2)自防水混凝土施工缝、变形缝的防水。

防水混凝土自身的防水性能是比较好的,只要完全按照施工工艺操作,就可以获得满意的防水混凝土。但如果施工缝、变形缝等防水薄弱环节处理不好,防水混凝土就会失去防水的作用。因此,做好施工缝、变形缝的防水极为重要。

首先,防水混凝土应连续浇筑,宜少留施工缝。当留设施工缝时,应遵守下列规定:

①墙体水平施工缝不应留在剪力与弯矩最大处或底板与侧墙的交接处,应留在高出底板表面不小于300mm的墙体上。拱(板)墙结合的水平施工缝,宜留在拱(板)墙接缝线以下150~300mm处。墙体有预留孔洞时,施工缝距孔洞边缘不应小于300mm。

②垂直施工缝应避开地下水和裂隙水较多的地段,并宜与变形缝相结合。

施工缝防水的构造形式见图6-15。

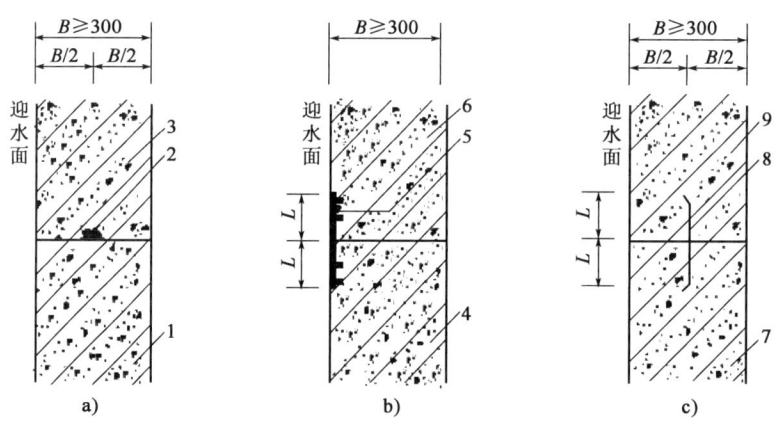

图6-15 施工缝的防水基本构造(尺寸单位:mm)

1、4、7-先浇混凝土;2-遇水膨胀止水条;3、6、9-后浇混凝土;5-外贴防水层;8-中埋式止水带

施工缝的施工应符合下列规定:

①水平施工缝浇灌混凝土前,应将其表面浮浆和杂物清除,先铺净浆,再铺30~50mm厚的1:1水泥砂浆或涂刷混凝土界面处理剂,并及时浇灌混凝土。

②垂直施工缝浇灌混凝土前,应将其表面清理干净,并涂刷水泥净浆或混凝土界面处理剂,并及时浇灌混凝土。
③选用的遇水膨胀止水条应具有缓胀性能,其7d的膨胀率不应大于最终膨胀率的60%。
④遇水膨胀止水条应牢固地安装在缝表面或预留槽内。
⑤采用防水板和中埋式止水带时,应确保位置准确、固定牢靠。

二、防水板铺设作业

在基面严格按照要求处理完成后,进行防水板铺设。防水板铺设包括铺设准备、垫层及防水板铺设、防水板固定、防水板焊接等环节。其施工工艺流程见图6-16。

微课6.3 隧道防水施工前后准备

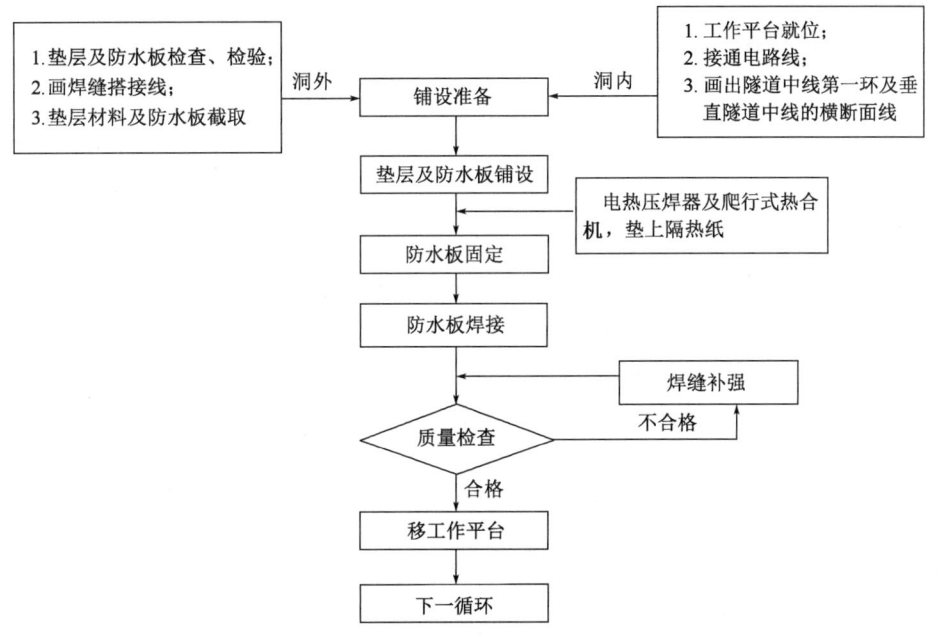

图6-16 防水板施工工艺流程图

1. 施作步骤与方法

(1)铺设准备。

洞外检查、检验垫层材料及防水板质量,对检查合格的防水板,用特种铅笔画焊接线及拱顶中线,并按每循环设计长度截取,对称卷起备用;洞内在铺设基面标出拱顶中线,画出隧道中线第一环及垂直隧道中线的横断面线。

防水板宜采用专用台车铺设,台车应满足以下要求:
①防水板专用台车应与模板台车的行走轨道为同一轨道,轨道的中线和轨面高程误差应小于±10mm。
②台车前端应设有初期支护表面及衬砌内轮廓检查刚架,并有整体移动(上下、左右)的微调机构。

③台车上应配备能到达隧道周边任一部位的作业平台。
④台车上应配备辐射状的防水板支撑系统。
⑤台车上应配备提升(成卷)防水板的卷扬机和铺放防水板的设施。
⑥台车上应设有激光(点)接收靶。

(2)垫层铺设。

对于设计为分离式的防水板,先进行垫层铺设,垫层材料根据设计选用,一般采用射钉固定(图6-17)。

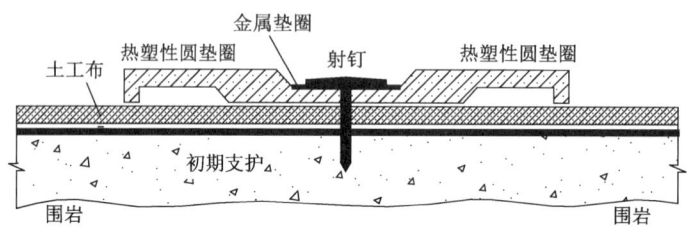

图6-17 暗钉圈固定垫层示意图

垫层铺设的具体步骤如下:

①在隧道拱部标出纵向中线。
②使缓冲层垫衬基本与洞室轴线直交,留足基面凹凸部位的余量,由两边墙向拱部铺设。
③用带热塑性圆垫圈的射钉将垫层平整顺直地固定在基层上,每幅防水板布置适当排数垫圈,一般拱部0.5~0.8m,边墙0.8~1.0m,底部1~1.5m,呈梅花形排列,并左右、上下成行固定。
④垫层接缝搭接宽度为50mm,一般仅设环向接缝,当长度不够时,设轴向接缝应确保上部(靠近拱部的一张)由下部(靠近底部的一张)垫层压紧。

(3)防水板铺设。

①防水板铺设应超前二次衬砌施工9~20m,并设临时挡板,防止机械损伤和电火花灼伤防水板,同时应与开挖掌子面保持一定的安全距离。
②铺设前进行精确放样,弹出标准线进行试铺后确定防水板一环的尺寸,尽量减少接头。
③采用从下向上的顺序铺设,下部防水板应压住上部防水板,松紧应适度并留有余量(实铺长度与弧长的比值为5:4),保证防水板全部面积均能抵到围岩。
④分段铺设的卷材的边缘部位预留至少60cm的搭接余量并且对预留部分边缘部位进行有效的保护。
⑤对于避车洞处防水板的铺设,如成形不好,须用浆砌片石或模筑混凝土使其外观平顺后,方可铺设防水板,对于热合机不易焊接的部位用热风枪手工焊接,并确保其质量。
⑥两幅防水板的搭接宽度不应小于150mm(图6-18)。

(4)防水板固定。

①对于设计为分离式的防水板,可用热风枪或热合机,使防水板融化,与热塑性圆垫圈黏结牢固。

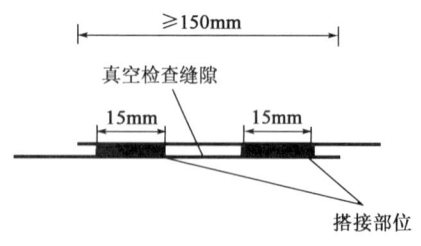

图6-18 防水层焊接示意图

②对于设计为复合式的防水板,则按设计要求在铺设基面打设膨胀锚栓或射钉,采用悬吊法固定。

③在凹凸较大的基面上,在断面变化处增加固定点,保证其与混凝土表面密贴。

(5)防水板焊接。

①开始焊接前,应在小块塑料片上试焊,以掌握焊接温度和焊接速度。

②焊接时,接缝处必须擦洗干净,且焊缝接头应平整,不得有气泡、褶皱及空隙。

③防水板之间的搭接缝应采用具有双焊缝、调温、调速热楔式功能的自动爬行式热合机热熔焊接,细部处理或修补采用手持焊枪。

④单条焊缝的有效焊接宽度不应小于15mm(图6-18)。

⑤防水板纵向搭接与环向搭接处,除按正常施工外,应再覆盖一层同类材料的防水板材,用热焊焊接。

⑥在焊缝搭接的部位,焊缝必须错开,不允许有三层以上的接缝重叠(图6-19)。焊缝搭接处必须用刀刮成缓角后拼接,使其不出现错台。

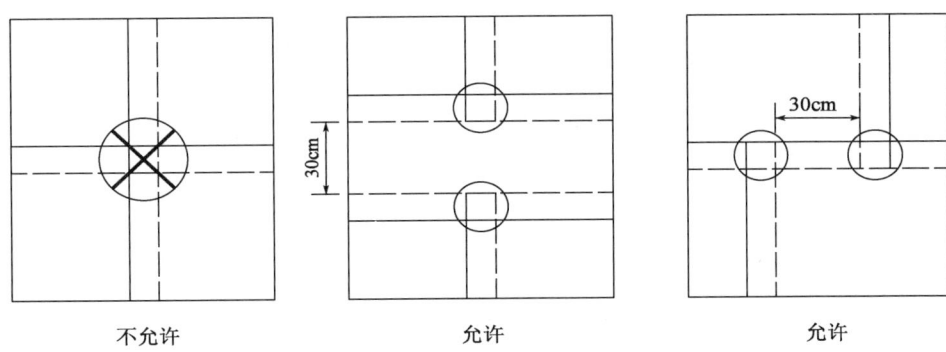

图6-19 防水板搭接示意图

⑦焊缝若有漏焊、假焊应予补焊;若有烤焦、焊穿处以及外露的固定点,必须用塑料片焊接覆盖。

2. 施工控制要点

(1)防水板应存放在室内,库房应整洁、干燥、无火源,自然通风要好,并应远离高温热源及油脂等污物。

(2)任何材料、工具在铺设时应尽量远离已铺好的地段堆放。

(3)安装孔位时,要严格控制方向和排列距离,避免安装时搭接困难。

(4)挡头板的支撑物接触防水板处必须加设橡皮垫层。

(5)绑扎钢筋和安装模板及衬砌台车就位时,在钢筋保护层垫块外包覆土工布,防止碰撞和刮破防水板。

(6)浇筑混凝土时,应防止碰击防水板,二次衬砌中埋设的管料与防水板间距不小于5cm,以防止防水板破损,浇筑时应有专人观察,发现损伤应立即修补。

三、隧道结构排水

在排水型隧道中必须做好衬砌背后的排水系统,使水流通畅地排出。一般来说,隧道衬砌排水系统的构造见图6-20。

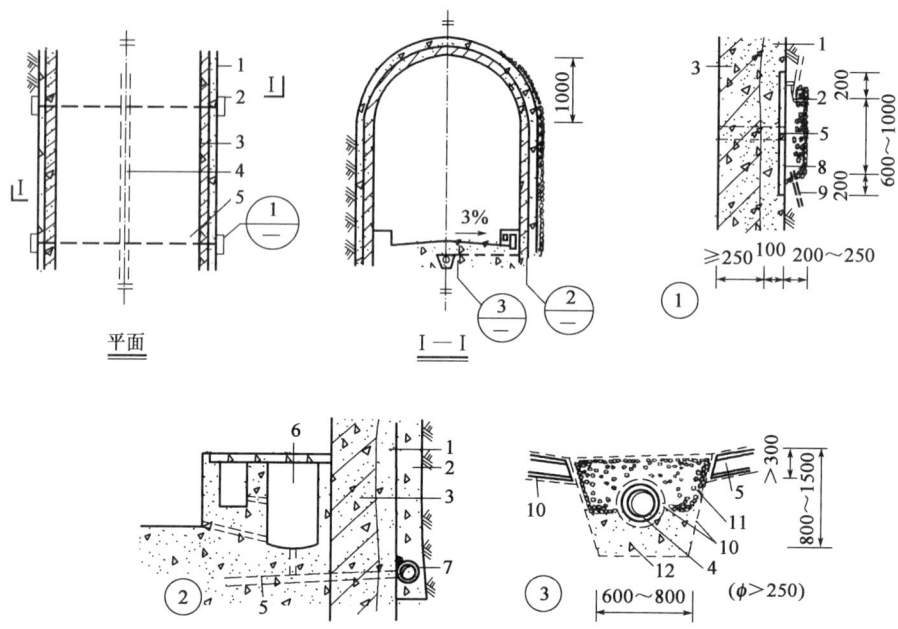

图6-20 衬砌背后的排水构造(尺寸单位:mm)

1-初期支护;2-盲沟;3-主体结构;4-中心排水盲管;5-横向排水管;6-排水明沟;7-纵向排水盲管;8-隔浆层;9-引流孔;10-无纺布;11-无砂混凝土;12-管座混凝土

衬砌背后的围岩渗漏水可通过盲沟、盲管(导水管)、暗沟导入基底衬砌背后的排水系统中排出。

1. 盲沟排水

采用盲沟排水时,盲沟的设置应符合下列规定:

(1)盲沟宜设在衬砌与围岩间。拱顶部位设置盲沟困难时,可采用钻孔引流措施。

(2)盲沟沿洞室纵轴方向设置的距离宜为5~15m。

(3)盲沟断面的尺寸应根据渗水量及洞室超挖情况确定。

(4)盲沟宜先设反滤层,后铺石料,铺设石料粒径由围岩向衬砌方向逐渐减小。石料必须洁净、无杂质,含泥量不得大于2%。

(5)盲沟的出水口应设滤水箅子或反滤层,寒冷及严寒地区应采取防冻措施。

2. 盲管(导水管)排水

采用盲管(导水管)排水时,盲管(导水管)的设置应符合下列规定:

(1)盲管(导水管)应沿隧道、坑道的周边固定于围岩表面。

(2)盲管(导水管)的间距宜为20m,水量较大的位置可增设1~2道。

盲管(导水管)与混凝土衬砌接触部位应外包无纺布。

排水暗沟可设置在衬砌内,宜采用塑料管或塑料排水带等。

3. 基底排水系统

基底排水系统由纵向排水盲管、横向排水管、排水明沟、中心排水盲管和导水管组成。中央排水盲管及导水管是永久性结构物，施工后的检查和补修都极为困难，因此，要对基础的稳定性、排水坡度、管路结合、过滤材料等给予充分的注意。在进行铺底混凝土施工时注意不要堵塞盲管。

4. 截水沟与排水沟

为防止地表水冲刷洞口及边、仰坡的水流入隧道，隧道、明洞和辅助坑道的洞口应设置截水沟和排水沟，其洪水频率按1/25设计，如图6-21所示。

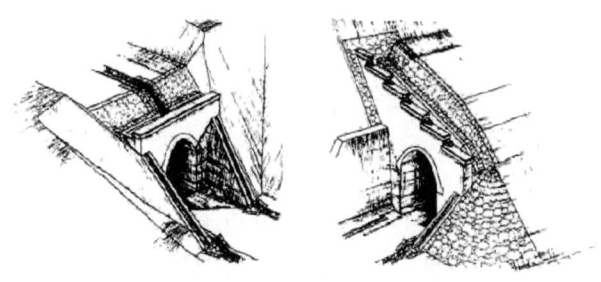

图6-21 隧道洞口截水沟和排水沟

5. 排水盲管施工

排水盲管一般包括环向排水盲管、纵向排水盲管、横向排水管，三者采用变径三通连为一体，形成完整的排水系统。其中，纵向排水盲管在整个隧道排水系统中是一个中间环节，起着承上启下的作用，是关键环节。

环向、纵向排水盲管施工主要有钻定位孔、安装锚栓、铺设盲管等环节，其施工流程见图6-22。

图6-22 环向、纵向排水盲管施工工艺流程图

(1) 排水盲管布置。

环向排水盲管沿纵向设置的间距根据设计要求布置，根据洞内渗、漏水的实际情况，在初期支护（喷射混凝土层）完成之前视情况埋设排水半管或线形排水板，形成暗埋、永久式排水通道系统，将水引入隧道纵向排水盲管或通过盲沟（管）引入排水沟排出洞外。在地下水量较大的地段应加密设置排水盲管。

①对集中出水点，沿水源方向钻孔，然后将单根引水盲管插入其中，并用速凝砂浆将周围封堵，以使地下水从盲管中集中引出；

②当隧道开挖后在围岩表面有线流或股流时，均设排水半管或线形排水板，在排水管周围喷射厚度为1~2cm的水泥砂浆后，再进行喷射混凝土作业；

③在无渗漏水地段有必要时，每隔一定间距，在其喷层表面上、下打设排水孔，安装排水半管或线形排水板，使隧道在使用期内因地下水的迁移变化而产生的渗漏水能顺利排出洞外；

④纵向排水盲管安设的坡度必须满足设计要求。

(2)施作步骤与方法。

①按规定画线,以使盲管位置准确、合理;

②钻定位孔,定位孔间距为 30~50cm;

③将膨胀锚栓打入定位孔;

④用无纺布包住盲管,用扎丝捆好,用卡子卡住盲管,然后固定在膨胀螺栓上;

⑤铺设排水半管时,利用工作平台,根据裂缝形状或打孔位置,使排水半管紧贴岩面,用水泥钉每隔30cm对称钉牢,然后喷射速凝水泥砂浆封固;

⑥对环、纵向排水盲管采用三通相连。

(3)横向排水盲管施工。

横向排水盲管是连接纵向排水盲管与中央排水盲管(沟)的水力通道,通常采用硬质塑料管,其设置应符合设计要求,施工中先在纵向排水盲管上预留拼接,然后在仰拱及填充混凝土施工前接长至中心排水盲管(沟)。

(4)施工控制要点。

①画线时注意盲管尽可能走基面的低凹处和有出水点的地方;

②盲管用无纺布等渗水材料包裹,防止泥沙、喷射混凝土或杂物进入堵塞管道;

③纵向排水盲管用防水卷材包裹,使从上部下流之水在纵向排水盲管位置尽量流入管内;

④隧道同一断面只能铺设一道排水半管,避免造成初期支护出现薄弱断面或薄弱带;

⑤初期支护中埋设排水半管时,喷射混凝土应分为 2~3 层,施工中必须严格控制各喷层厚度,保证排水半管埋设数量,避免凿槽或返工。各层排水半管铺设或各喷层的间歇时间,必须在前一层喷射混凝土终凝后进行。

6. 排水盲管安装质量检查

(1)盲管尽量与岩壁密贴,盲管与支护的间距不得大于5cm、与支护脱开的最大长度不得大于10cm。

(2)施工中三通管留设位置准确,接头应牢固。

(3)盲管无泥沙、喷射混凝土或杂物堵塞,泄水孔通畅。

第三节　二次衬砌施工

一、二次衬砌的施作时机及施工方法

1. 二次衬砌(内层衬砌)的施作时机

就模筑混凝土衬砌的施工技术和工艺而言,采用新奥法施工的"二次衬砌",与采用传统矿山法施工的"单层衬砌"相比较,没有什么区别。但是二次衬砌是复合衬砌的一部分,它在整个隧道结构力学体系中的作用以及施作时机,与单层衬砌有着显著的不同。

按照传统松弛荷载理论和传统矿山法施作的单层衬砌是主要的承载结构,需要尽早施作。但是按照现代隧道工程理论和新奥法施作的二次衬砌,却主要是"提供安全储备",承受后期围岩压力(围岩或围岩加初期支护是承载的主体),因此,可以在围岩或围岩加初期支护稳定后的适当时机施作。

根据《公路隧道施工技术规范》(JTG/T 3660—2020),当各测试项目表明围岩无明显的流变,且位移有较明显的减缓趋势;水平收敛小于 $0.1 \sim 0.2$ mm/d,拱顶下沉小于 $0.07 \sim 0.15$ mm/d,而且位移值占总位移值的 $80\% \sim 90\%$ 以上时,即可施作二次衬砌。

值得注意的是,这一规定只适宜于无明显流变性质的围岩条件。根据我国金家岩隧道、乌鞘岭隧道等强流变围岩条件的工程实际,常规参数的初期支护已很难达成。仅依靠初期支护来获得围岩的基本稳定,就需要大幅加大支护参数(已突破规范规定)。这说明在强流变围岩条件下,初期支护的约束能力不足时,一味地加大初期支护参数所取得的效用却很低,也是不经济的,而且初期支护尤其是锚杆(锚索)的耐久性还没有可靠的证明。在此条件下,需要及时采用刚度更大的混凝土或钢筋混凝土内层衬砌,来更为有效地阻止围岩变形,保证围岩稳定和安全。

另外,在强流变等特殊地层中,初期支护的有效性降低时,出于经济考虑,可以提前调用二次衬砌,让二次衬砌尽早承载,避免发生护后坍塌,保证施工安全。

2. 二次衬砌的施工方法

复合式衬砌施工的基本程序:一般是先施作初期支护,在初期支护施作完成,隧道已成型且基本稳定后,再就地模筑或现场拼装混凝土或钢筋混凝土衬砌。在隧道纵深方向,二次衬砌需要分段施作。上部拱墙施工,通常采用整体模板台车配混凝土输送泵分段灌注。下部仰拱、填充和底板,则只需配备挡头板就可进行灌注。

在现代隧道工程中,由于施作锚喷初期支护以后,就可以获得洞室的基本稳定,因此,现代隧道工程理论及新奥法均要求:二次衬砌,应尽可能地采用"完全顺作法"施工,即先施作下部仰拱、填充和底板,后施作上部拱墙,由下到上顺序施工。"完全顺作法"具有施工程序简化、无逆作施工缝、施工安全等优点,可以避免结构受力状态的转换,保证二次衬砌的整体性和受力状态良好。

我国浙江省余杭市安吉县天荒坪抽水蓄能电站工程中,已在其输水隧道(斜井,倾角58°,直径7m)采用整体滑动模板,将整圈衬砌一次模筑完成,成为"完全顺作"的成功案例。

二、仰拱、填充和底板

隧道仰拱、填充和底板的施工,需要占用洞内运输道路,对隧道内进料运输、出渣运输等作业造成一定程度的干扰。因此,应对仰拱和填充、底板的施作时间、分段(或分块)施作顺序进行合理安排,以减少与运输的相互干扰。

隧道仰拱、填充和底板,通常是"纵向分段、横向分幅"施作的。横向分幅施工,导致仰拱、填充和底板存在纵向施工缝,其完整性降低。因此,我国《高速铁路隧道工程施工技术指南》明确规定:模筑混凝土内层衬砌必须采用"完全顺作法"施工,仰拱、填充和底板只能"纵向分段"施作,不得"左右分带"施作,仰拱和隧底填充应分开施作,不得一次灌注。仰拱栈桥施工技术应运而生。

仰拱栈桥是专用于仰拱、填充和底板的简易桥梁,见图6-23。仰拱栈桥施工技术可以避免因横向分幅施作破坏结构完整性的问题,既能保证隧道内运输道路的畅通,又能保证栈桥下面底板、仰拱和填充作业的正常进行。我国高速铁路隧道的二次衬砌已严格要求采用仰拱栈桥施工技术,并按照"完全顺作法"进行仰拱、填充和底板施工,但普通铁路隧道和高速公路隧道还没有推行。

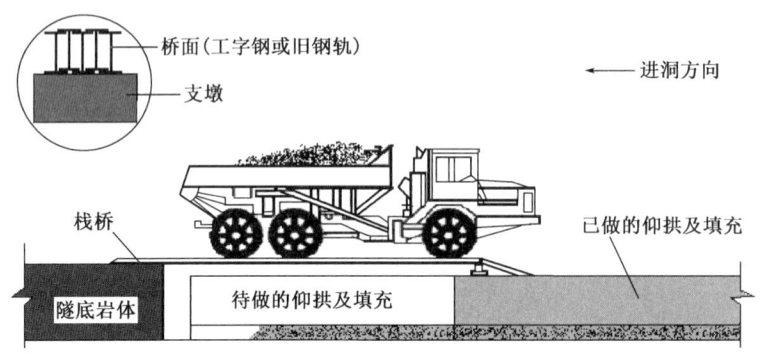

图6-23 仰拱栈桥示意图

我国高速铁路隧道中使用的仰拱栈桥多为简易单跨组合钢梁桥,采用旧钢轨或工字钢扣放连接单片梁,两片梁连接组成临时栈桥。梁的长度通常为12m,有效跨度为8m,桥下可一次施作8m长的仰拱。钢轨或工字钢的根数和规格,应根据重车荷载及支墩跨度来确定,一般用4H250×2片。仰拱栈桥架设必须保证整桥的稳定和行车安全,而且要拆卸组装和拖拉移位方便快捷。

在围岩稳定性较好时,一般仅设计底板(铁路)或调平层,在围岩稳定性较差时才设仰拱、填充。仰拱、填充和底板施工若没有采用仰拱栈桥技术,而是采用左右分带施工,就应该注意安排好纵向分段长度,以及左右幅交替施工的周期,以减少与洞内其他作业之间的相互干扰。

设计仰拱时,分段长度一般为9~18m,以免墙脚暴露过长,致使上部支护变形过大甚至造成边墙挤入或坍塌。设计底板时,分段长度可长一些,但仍应注意观察上部拱墙的稳定。此外,还应注意到施工缝、伸缩缝、沉降缝及衬砌形式变化之处。

灌筑仰拱和底板混凝土前,必须把基底的虚渣、杂物及淤泥清除干净,并排除积水。超挖部分应采用同级混凝土或片石混凝土灌筑密实,挡头板应安装稳固。

三、拱墙衬砌模板类型

常用的拱墙模板类型有整体移动式模板台车、穿越式分体移动模板台车、拼装式拱架模板。

1. 整体移动式模板台车

整体移动式模板台车是将台架、大块钢模板、轨道走行机构、振捣机构(背附式)、脱模机构(机械或液压)集装成整体的混凝土模筑设备,见图6-24。它已经成为隧道工程中常规的混凝土生产设备。

目前,常用的模板台车的长度为9~12m,一次灌注混凝土量通常为80~120m³,并配套使用混凝土输送泵联合作业。模板台车的长度即一次模筑段长度,是根据施工进度要求、混凝土生产能力和灌注技术要求以及曲线隧道的曲线半径等条件来确定的。考虑一次连续灌注混凝土的体积太大时,很可能因大体积混凝土的收缩而致使衬砌产生裂缝,因此,当隧道断面较大时,模板台车的长度不宜太长,一般以不超过隧道跨度为宜。

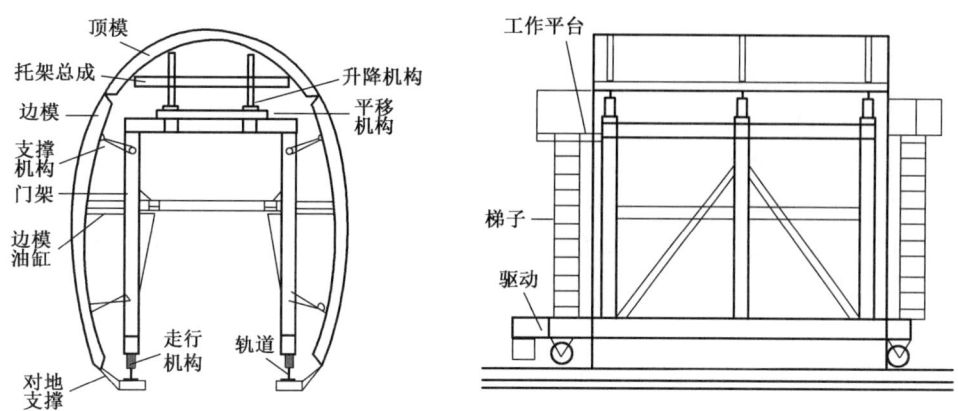

图6-24 整体移动式模板台车(铁路单线隧道用)

整体移动式模板台车走行方便、就位快捷,墙拱连续灌注一次成型,施工速度快,衬砌表面光洁美观。但一次性设备投资较大,其长度和断面尺寸固定,不能适用于多种断面尺寸。当应用于不同断面形状和尺寸的隧道时,则需要换装模板。

2. 穿越式分体移动模板台车

穿越式分体移动模板台车是将走行机构与整体模板分离,因此一套走行机构可以解决几套模板的移动问题,既提高了走行机构的利用率,又可以多段衬砌同时施作。因需要铺设较长的走行轨道,故实际工程中应用得不多,只在长隧道中考虑采用,见图6-25。

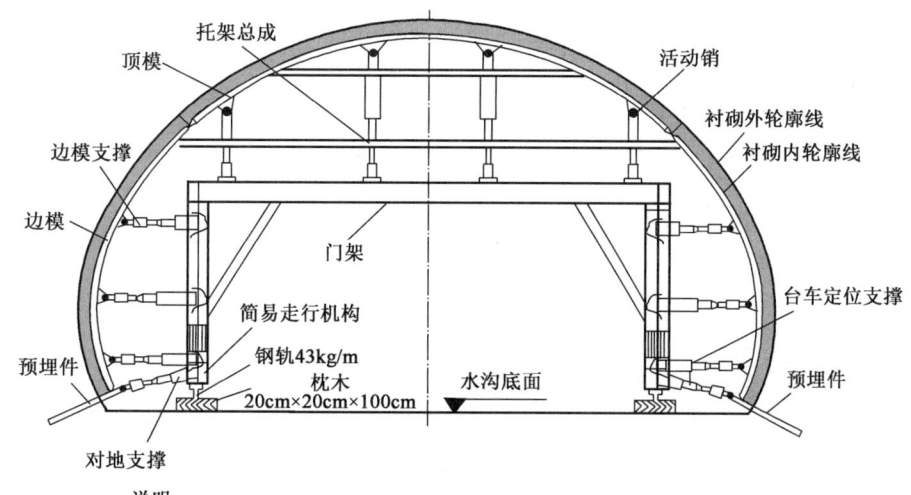

说明:
1. 台车脚采用在边墙脚内的预埋件固定,以防混凝土灌注时模板内移。
2. 靠近拱脚处的模板支撑采用套筒螺杆,其余部分采用油缸调节模板。

图6-25 穿越式分体移动模板台车(公路双车道隧道用)

3. 拼装式拱架模板

拼装式拱架模板就是采用型钢或钢筋加工成模板架,然后在上铺设模板,形成模板仓,目前在铁路、公路隧道工程中已很少使用。

拼装式拱架模板既适用于顺作,也适用于逆作,灵活性大,适应性强,尤其适用于曲线地段。但因其拼装、拆模较费工费时,生产能力较模板台车低,现在很少使用。传统的施工方法中,因受开挖方法及支护条件的限制,其衬砌施作多采用拼装式拱架模板。

拼装式拱架模板的一次模筑长度,应与围岩地质条件、施工进度要求、混凝土生产能力,以及开挖后围岩的动态等情况相适应。一般分段长度为 2~9m,松软地段最长不超过 6m。拱架间距应视未凝混凝土荷载大小及隧道断面大小而定,一般可采用 90cm、120cm 及 150cm。拼装式拱架模板可设置锚杆作为拱架的稳定装置,避免设置过河撑,以免影响洞内通行。

为便于安装和运输拼装式拱架模板,常将整榀拱架分解为 2~4 节,进行现场组装,其组装连接方式有夹板连接和端板连接两种形式。为减少安装和拆卸工作量,可以做成简易移动式拱架,即将几榀拱架连成整体,并安设简易滑移轨道。

拼装式拱架模板多采用厂制定型组合钢模板,其厚度均为 5.5cm,宽度有 10cm、15cm、20cm、25cm、30cm,长度有 90cm、120cm、150cm 等。局部异形及挡头板可采用木板加工。

四、拱墙衬砌混凝土模筑

模筑拱墙衬砌混凝土,要先进行隧道中线和水平控制测量;再根据中线和水平检查开挖断面,并放线定位;然后台车就位(立模),进行混凝土制备和运输;最后进行混凝土灌注、振捣,以及拆模和养护等项工作。

1. 断面检查

根据隧道中线和水平,检查开挖断面是否符合设计要求,轮廓大小欠挖部分按规范要求进行修凿,并做好断面检查记录。

隧道底部及墙脚地基应挖至设计高程,并找平支承面。有仰拱时,应保证仰拱弧度符合设计要求。在灌注前,应清除虚渣,排除积水。

2. 定位放线

根据隧道的设计位置及断面尺寸,测量确定立模位置,并放线定位。采用模板台车时,就是要确定台车端头的起止里程、中线位置、中线高程(坡度)。

采用整体移动式模板台车时,实际是确定轨道的铺设位置。轨道铺设应稳固,其位移和沉降量均应符合施工误差要求。轨道铺设和台车就位后,都应进行位置、尺寸检查。

定位放线时,为了保证衬砌不侵入建筑限界,须预留施工误差量和预留衬砌沉落量,并注意曲线加宽。预留施工误差量是考虑放线测量误差、模板就位误差和模板变形误差。为保证衬砌净空尺寸,一般将衬砌内轮廓尺寸扩大 5cm。因此,在制作模板台车和确定施工开挖轮廓线时,就要加上这部分尺寸。考虑未凝混凝土的荷载作用会使拱架模板变形和下沉,后期围岩压力作用和衬砌自重作用(尤其是先拱后墙法施工时的拱部衬砌)会使衬砌变形和下沉,故须预留衬砌沉落量。预留衬砌沉落量根据实测数据确定或参照经验确定。预留施工误差量和预留衬砌沉落量应在拱架模板定位放线时一并考虑确定,并按此架设拱架模板和确定模板架的加工尺寸。

3. 台车或拱架模板整备

使用整体移动式模板台车时,在洞外组装并调试好各机构的工作状态,检查好各部尺寸,保证进洞后投入正常使用。每次脱模后应予检修。

使用拼装式拱架模板时,立模前应在洞外样台上将拱架和模板进行试拼,检查其尺寸、形状,不符合要求的应予修整。配齐配件,模板表面要涂抹防锈剂。洞内重复使用时,亦应注意检查修整。拱架模板尺寸应按计算的施工尺寸放样到放样台上,并注意曲线加宽后的衬砌及模板尺寸。

4. 台车就位或拱架模板立模

根据放线位置,模板台车就位或拱架模板架设。就位或架设后,应做好各项检查。台车就位检查较为简单,拱架模板架设检查较为复杂。这些检查包括位置、尺寸、方向、高程、坡度、稳定性等,并注意处理好以下几个问题:

(1)采用整体移动式模板台车时,应注意检查其起止里程、中线位置、中线高程(坡度),以及检查振捣系统、脱模机构、定位机构、走行机构等是否运行正常,走行轨道是否铺设稳定,轨枕间距是否适当,道床是否振捣密实。在软土隧道中,应先施作隧道底板或仰拱,防止模板台车下沉。设有排水盲管、防水板、止水带/条时,应先行安装好,并注意挡头板不得损伤防水材料,以免影响防水效果。检查挡头板是否安装牢固,挡头板常用木板加工,现场拼铺,以便于与岩壁之间的缝隙嵌堵严密,也可以采用气囊式堵头。

(2)采用拼装式拱架模板时,则应注意:每排拱架应架设在垂直于隧道中线的竖直平面内,不得倾斜;对于曲线隧道,因曲线外弧长、内弧短,则应分段调整拱架方向和模板长度。拱架模板的架设和加强,均应考虑其腹部的通行空间,以保证洞内运输的畅通。拱架应立于稳固的地基上,并架设牢固稳定,保证其不产生过量位移。拱架下端一般应焊接端头板,以增大支承面,减少下沉;当地基较软弱时,应先用碎石垫平,再用短枕木支垫,此垫木不得伸入衬砌混凝土中。拱架的固定方法:横向有过河撑(断面较小时采用)、斜撑(断面较大时采用)、锚杆(锚固于围岩,穿过衬砌、模板、墙架、带木,用螺栓垫板固定,拉住墙架);纵向有带木,拱架间撑木,拉杆及斜撑;拱架与围岩之间的顶撑等。其中,锚杆应先行安设,并作抗拔力的施工验算。拱架立好后还应对其稳定性进行检查。

5. 混凝土制备与运输

隧道内衬混凝土多在洞外拌制好后,用运输工具运送到工作面再灌注,并应及时灌注完毕。由于洞内空间狭小,尤其是长大隧道和运距较远时,应结合具体工程情况,选用合适的混凝土搅拌机、运输车、输送泵等机械,做到装卸方便、运输快速,保证拌制好的混凝土在运输过程中不发生漏浆、离析泌水、坍落度损失和初凝等现象。

6. 混凝土灌注

在做好上述准备工作后,即可进行混凝土灌注。隧道衬砌混凝土的灌注应注意以下几点:

(1)保证捣固密实,使衬砌具有良好的抗渗防水性能,尤其应处理好施工缝。

(2)整体模筑时,应注意对称灌注,两侧同时或交替进行,以防止未凝混凝土对拱架模板产生偏压而使衬砌尺寸不合要求。

(3)按相关规范规定,混凝土应连续灌注,中间暂停时间不得超过90min。若因故超过这个时间,则应按规定进行接茬处理。衬砌接茬面应为半径方向,必要时应加放连接钢筋。

(4)边墙基底以上1m范围内的超挖,宜用同级混凝土同时灌注。其余部分的超、欠挖应按设计要求及有关规定处理。

(5)衬砌的分段施工缝应与设计沉降缝、伸缩缝及设备洞位置统一考虑,合理确定位置。

(6)封口方法。若采用整体移动式模板台车,一般均配备混凝土输送泵进行混凝土灌注,并在输送管与模板接口处设置封口装置,按要求操作就可实现封口。若采用拼装式拱架模板,封口比较复杂,已经很少采用。

7. 拆模与养护

二次衬砌的拆模时间应根据混凝土强度增长情况来确定。一般至少应待混凝土强度达到2.5MPa时,方可拆模。围岩变形速度快,压力增长快时,则对衬砌有承载要求,此时应根据具体受力条件来确定拆模时间。必要时应加强模板强度和刚度,以保证混凝土在低龄期不至于遭到破坏。

多数情况下隧道施工过程中,洞内的湿度能够满足混凝土的养护条件要求。但在干燥无水的条件下,以及旱季洞口段衬砌施工时,应注意进行洒水养护。采用普通硅酸盐水泥拌制的混凝土,其养护时间一般不少于7d。掺有外加剂或有抗渗要求的混凝土,其养护时间一般不少于14d。养护用水的温度应与环境温度基本相同。

五、施工缝、变形缝的防水

二次衬砌的施工缝、变形缝处是隧道防水的薄弱环节,一般采用一种或几种防水措施,在施工中应按照设计要求认真施作。

工程中常见设计止水带的施工缝防水构造形式见图6-26、图6-27。

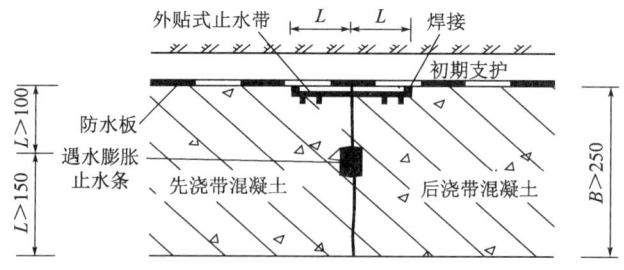

图6-26 施工缝外贴式止水带和止水条防水复合构造形式(尺寸单位:mm)

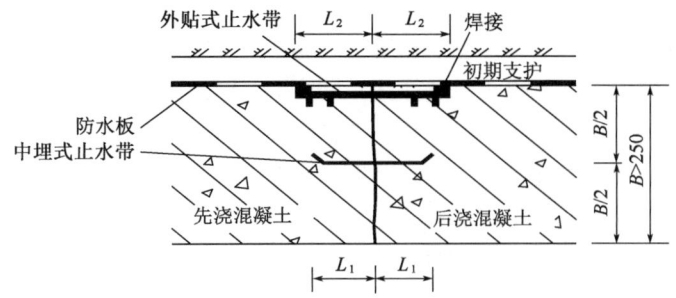

图6-27 施工缝外贴式和中埋式止水带防水复合构造形式(尺寸单位:mm)

变形缝常用的防水构造形式见图6-28、图6-29。

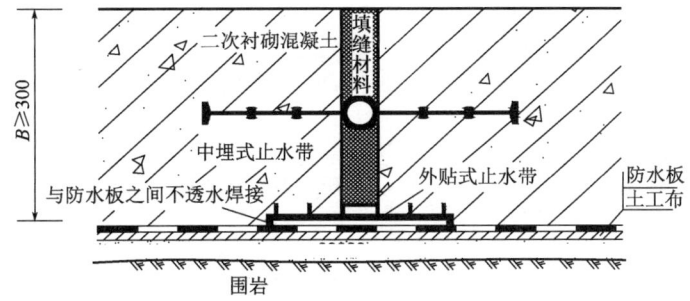

图6-28 变形缝中埋式止水带与外贴式止水带复合使用(尺寸单位:mm)

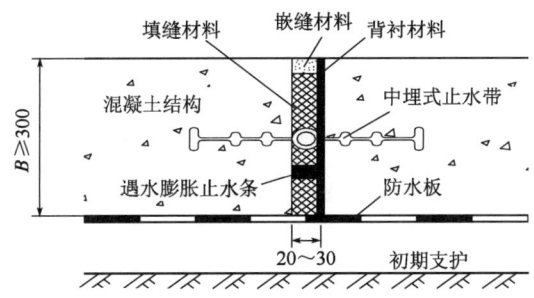

图6-29 变形缝中埋式止水带、遇水膨胀止水条与嵌缝材料复合使用(尺寸单位:mm)

1. 外贴式止水带施工

(1)施工工艺流程。

外贴式止水带施工包括定位放线、基面处理、止水带固定、灌注混凝土等几个环节,其施工工艺流程如图6-30所示。

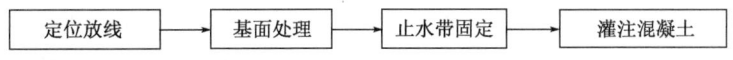

图6-30 外贴式止水带施工工艺流程图

(2)施工方法及步骤。

①位置确定。外贴式止水带一般用于整体式衬砌施工缝处,设置在衬砌结构施工缝、变形缝的外侧,施工时按设计要求先在需要安装止水带的位置放出安装线。

②基面处理。对于直接设置在岩壁或初期支护找平层上的外贴式止水带,设置的部位须预先用氯丁胶乳水泥砂浆进行抹平处理,防水砂浆抹面的宽度应大于外贴式止水带宽度20cm以上。

对于设计有防水板的,还须将接缝处擦洗干净。

③止水带固定。施工缝处设计有防水板的,如止水带材质与防水板相同,则采用双焊缝热焊机将止水带固定在防水板上;如止水带为橡胶止水带,则采用黏结法将其与防水板连接。

施工缝处设计没有防水板的,止水带采用黏结法固定在岩壁或初期支护找平层上。

2. 中埋式止水带施工

(1)施工工艺流程。

中埋式止水带施工包括挡头模板钻钢筋孔、固定钢筋卡、固定止水带等环节,其施工工艺流程如图6-31所示。

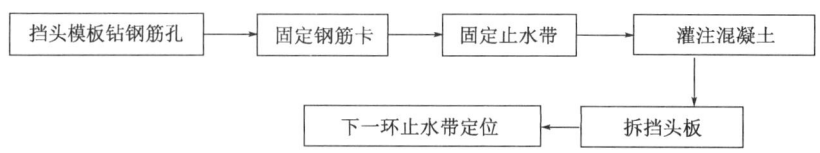

图6-31 中埋式止水带施工工艺流程图

(2)施工方法及步骤。

沿衬砌轴线每隔0.5～1.0m钻一φ12的钢筋孔。将制成的钢筋卡穿过挡头模板,内侧卡紧止水带一半,另一半止水带平靠在挡头板上,待混凝土凝固后拆除挡头板,将止水带拉直,然后弯钢筋卡紧止水带。其施作方法示意图见图6-32。

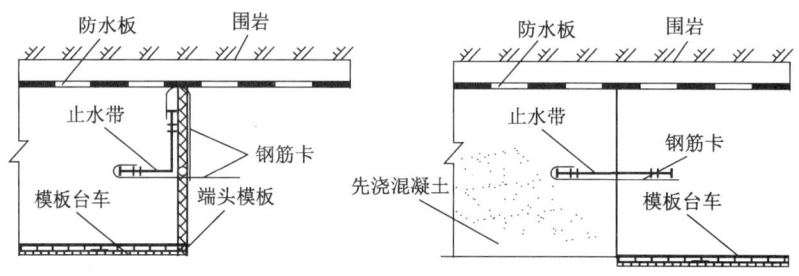

图6-32 中埋式止水带施作方法示意图

3. 止水带施工控制要点

(1)止水带埋设位置应准确,其中间空心圆环应与变形缝重合。

(2)中埋式止水带应固定在挡头模板上,先安装一端,浇筑混凝土时另一端应用箱形模板保护,固定时只能在止水带的允许部位上穿孔打洞,不得损坏止水带本体部分。

(3)固定止水带时,应防止止水带偏移,以免单侧缩短影响止水效果。

(4)止水带定位时,应使其在界面部位保持平展,不得使橡胶止水带翻滚、扭结,如发现有扭结不展现象,应及时进行调正。

(5)止水带的长度应根据施工要求事先向生产厂家定制(一环长),尽量避免接头。如确需接头,搭接形式参见图6-33。

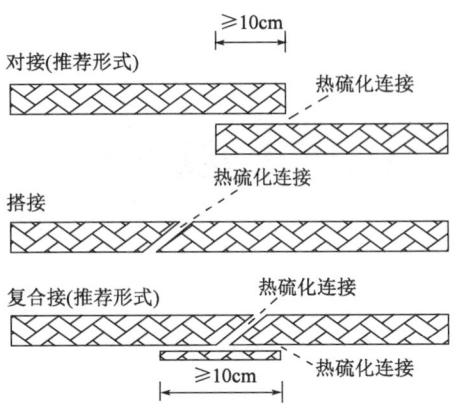

图6-33 止水带常用接头形式

(6)橡胶止水带接头必须黏结良好,不应采用不加处理的"搭接"。

(7)止水带黏结前应做好接头表面的清刷与打毛,接头处选在衬砌结构应力较小的部位,黏结可采用热硫化连接的方法,搭接长度不得小于10cm,焊接缝宽不小于50cm。冷接法应采用专用黏结剂,冷接法搭接长度不得小于20cm。

(8)设置止水带接头时,应尽量避开容易形成壁后积水的部位,宜留设在起拱线上下。

(9)在浇捣靠近止水带附近的混凝土时,应严格控制浇捣的冲击力,避免力量过大而刺破橡胶止水带,同时还必须充分振捣,保证混凝土与橡胶止水带的紧密结合,施工中如发现有破裂现象应及时修补。

(10)衬砌脱模后,若检查发现施工中有走模现象发生,致使止水带过分偏离中心,则应适当凿除或填补部分混凝土,对止水带进行纠偏。

4. 止水带安装检查

(1)止水带安装的横向位置,用钢卷尺量测内模到止水带的距离,与设计位置比较,偏差不应超过5cm。

(2)止水带安装的纵向位置,通常止水带以施工缝或伸缩缝为中心两边对称,用钢卷尺检查,要求止水带偏离中心不能超过3cm。

(3)用角尺检查止水带与衬砌端头模板是否正交,否则会降低止水带的有效长度。

(4)止水带接头的检查:

①检查接头处上下止水带的压茬方向,此方向应以排水畅通、将水外引为正确方向,即上部止水带靠近围岩,下部止水带靠近隧道衬砌。

②接头强度检查:用手轻撕接头。

③观察接头强度和表面打毛情况,接头外观应平整光洁。抗拉伸强度不低于母材的80%,不合格时重新焊接或粘接。

第七章
复杂条件下的隧道施工

学习目标

(1) 了解多种特殊地质地段隧道的施工方法。
(2) 熟悉多种超前支护和预加固围岩措施的施工要点。

思考与练习

1. 课前思考
(1) 超前锚杆与系统锚杆相比有何不同之处?
(2) 什么情况下需要进行超前支护或预加固围岩?
(3) 超前小导管与超前锚杆有什么不同?
2. 课堂讨论或练习
超前管棚与深孔预注浆有何异同?(提示:从作用形式、适用条件等几个方面深入展开)
3. 课后练习
(1) 膨胀土围岩对隧道施工的危害主要体现在哪几个方面?
(2) 概括描述黄土隧道的施工方法。
(3) 适当展开描述超前支护与预加固围岩的方法特点及适用条件。

第一节　特殊地质地段隧道施工

一、概述

在修建隧道时,常遇到一些不利于施工的特殊地质地段,如膨胀土围岩、黄土、溶洞、断层、松散地层、流砂、岩爆等。在开挖、支护和衬砌过程中,由于各种因素的影响,可能发生土石坍塌,坑道支撑变形,衬砌结构断裂,严重影响施工进度、安全和质量。隧道穿越含有瓦斯的地层,更是严重地威胁施工安全。

微课7.1
隧道地质超前预报

隧道通过特殊地质地段施工时,应注意以下几点:

(1)施工前,应对设计所提供的工程地质和水文地质资料进行详细分析、了解,深入细致地进行施工调查,制定相应的施工方案和措施,备足有关机具及材料,认真编制和实施施工组织设计,使工程安全、优质、高效。

(2)特殊地质地段隧道施工,以"先治水、短开挖、弱爆破、强支护、早衬砌、勤检查、稳步前进"为指导原则。在选择和确定施工方案时,应以安全为前提,综合考虑隧道工程地质及水文地质条件、断面形式、尺寸、埋置深度、施工机械装备、工期和经济可行性等因素。同时,应考虑围岩变化时施工方法的适应性及其变更的可能性,以免造成工程失误和增加投资。

(3)隧道开挖方式,无论是采用钻爆开挖法、机械开挖法,还是采用人工和机械混合开挖法,应视地质、环境、安全等条件来确定。如采用钻爆开挖法施工时,采用光面爆破和预裂爆破技术,既能使开挖轮廓线符合设计要求,又能减少对围岩的扰动破坏。爆破应严格按照钻爆设计进行施工,如遇地质变化,应及时修改、完善设计。

(4)隧道通过自稳时间短的软弱破碎岩体、浅埋软岩和严重偏压、岩溶流泥地段、砂层、砂卵(砾)石层、断层破碎带以及大面积淋水或涌水地段时,为保证洞体稳定,可采用超前锚杆、超前小钢管、管棚、地表预加固地层和围岩预注浆等辅助施工措施,对地层进行预加固、超前支护或止水。

(5)为了掌握施工中围岩和支护的力学动态及稳定程度,以及确定施工工序,保证施工安全,应实施现场监控量测,充分利用监控量测指导施工。对软岩浅埋隧道须进行地表下沉观测,这对及时预报洞体稳定状态、修正施工方案十分重要。

(6)穿过未胶结松散地层和严寒地区的冻胀地层等,施工时除应采取相应的措施外,均可采用锚喷支护施工。爆破后如开挖工作面有坍塌可能,应在清除危石后及时喷射混凝土护面。如围岩自稳性很差,开挖难以成形,可沿设计开挖轮廓线预打设超前锚杆。锚喷支护后仍不能提供足够的支护能力时,应及早装设钢架支撑加强支护。

(7)当采用构件支撑作临时支护时,支撑要有足够的强度和刚度,能承受开挖后的围岩压力。围岩出现底部压力,产生底膨现象或可能产生沉陷时应加设底梁。当围岩极为松软破碎时,应先护后挖,暴露面应用支撑封闭严密。根据现场条件,可结合管棚或超前锚杆等支护,形成联合支撑。支撑作业应迅速、及时,以充分发挥构件支撑的作用。

(8)围岩压力过大,支撑受力下沉侵入衬砌设计断面,必须挑顶(即将隧道顶部提高)时,其处理方法是拱部扩挖前发现顶部下沉,应先挑顶后扩挖。当扩挖后发现顶部下沉时,应立好拱架和模板先灌注满足设计断面部分的拱圈,待混凝土达到所需强度并加强拱架支撑后,再行挑顶灌注其余部分。挑顶作业宜先护后挖。

(9)对于极松散的未固结围岩和自稳性极差的围岩,当采用先护后挖法仍不能成形时,宜采用压注水泥砂浆或化学浆液的方法,以固结围岩,提高其自稳性。

(10)特殊地质地段隧道衬砌,为防止围岩松弛,地压力作用在衬砌结构上,致使衬砌出现开裂、下沉等不良现象,采用模筑衬砌施工时,除应遵守隧道施工技术规范的有关规定外,还应注意:当拱脚、墙基松软时,灌注混凝土前应采取措施加固基底。衬砌混凝土应采用高标号或早强水泥,提高混凝土等级,或采用掺速凝剂、早强剂等措施,提高衬砌的早期承载能力。仰拱施工,应在边墙完成后抓紧进行,或根据需要在初期支护完成后立即施作仰拱,使衬砌结构尽早封闭,构成环形改善受力状态,以确保衬砌结构的长期稳定坚固。

二、膨胀土围岩

膨胀土是指土中黏土矿物成分主要由亲水性矿物组成,同时具有吸水显著膨胀软化和失水收缩硬裂两种特性,且具有湿胀干缩往复变形特点的高塑性黏性土。决定膨胀性的亲水性矿物主要是蒙脱石黏土矿物。

1. 膨胀土围岩的特性

穿过膨胀土地层的隧道,常常出现开挖后不久围岩因开挖而产生变形,或者因浸水而膨胀,或因风化而开裂等现象,使坑道的顶部及两侧向内挤入,底部膨起,随着时间的推移,围岩失稳,支撑、衬砌变形和破坏。这些现象说明膨胀土围岩性质是极其复杂的。它与一般土质的围岩性质有着根本的区别。

膨胀土围岩的基本特性,主要有以下三方面:

(1)膨胀土围岩大多具有原始地层的超固结特性,使土体储存较高的初始应力。当隧道开挖后,引起围岩应力释放,强度降低,产生卸荷膨胀。因此,膨胀土围岩常常具有明显的塑性流变特性,开挖后将产生较大的塑性变形。

(2)膨胀土中有各种形态发育的裂隙,形成土体的多裂隙性。膨胀土围岩实际上是土块与各种裂隙和结构面相互组合形成的膨胀土体。由于膨胀土体在天然原始状态下具有高强度特性,隧道开挖后洞壁土体失去边界支撑而产生胀缩,同时因风干脱水使原生隐裂隙张弛,使围岩强度急剧衰减。因此,在隧道施工开挖过程中,常有初期围岩变形大、发展速度快等现象。

(3)膨胀土围岩因吸水而膨胀,因失水而收缩,土体中干湿循环产生胀缩效应。一是使主体结构破坏,强度衰减或丧失,围岩压力增大。二是造成围岩应力变化,无论膨胀压力或收缩压力,都将破坏围岩的稳定性,特别是膨胀压力将对增大围岩压力起叠加作用。

2. 膨胀土围岩的隧道施工要点

(1)加强调查、量测围岩的压力和流变。

在膨胀土地层中开挖隧道,除了认真按设计文件所提出的技术要求实施外,在施工过程中,应对围岩压力及其流变情况进行充分的调查和量测,分析其变化规律。对地下水亦应探明分布范围及规律,了解地下水对施工的影响程度,以便根据围岩动态采取相应的施工措施。

如原设计难以适应围岩动态情况,也可据此进行适当修正。

(2)合理选择施工方法。

膨胀土隧道围岩压力的施工效应是导致隧道变形病害的主要原因。采用合理的施工方法,对维持隧道的稳定性有着十分重要的作用。因此,在施工中应以尽量减少对围岩产生扰动和防止水的浸湿为原则,宜采用无爆破掘进法,如采用掘进机、风镐、液压镐等开挖。在开挖过程中,尽可能缩短围岩暴露时间,并及时衬砌,以尽快恢复洞壁因土体开挖而解除的部分围岩应力,减少围岩膨胀变形。开挖宜不分部或少分部,多采用正台阶法、侧壁导坑法和"眼镜法"。正台阶法适用于跨度小的隧道,它分部少,相互干扰小,且能较早地使支护(衬砌)闭合。侧壁导坑法和"眼镜法"较适用于跨度较大的隧道,它具有防止上半断面支护(衬砌)下沉的优点,但全断面闭合时间较迟,必须注意防止边墙混凝土受压向隧道内挤。

(3)防止围岩湿度变化。

隧道开挖后,膨胀土围岩风干脱水或浸水,都将引起围岩体积变化,产生胀缩效应。因此,隧道开挖后应及时喷射混凝土,封闭和支护围岩。在有地下水渗流的隧道中,应采取切断水源并加强洞壁与坑道防、排水的措施,防止施工积水对围岩的浸湿等。如局部渗流,可采用注浆堵水阻止地下水进入坑道或浸湿围岩。

(4)合理进行围岩支护。

膨胀土围岩支护必须适应围岩的膨胀特性。在施工时应注意以下几点:

①锚喷支护,稳定围岩。锚喷支护作为开挖膨胀土围岩的施工支护,可以加强围岩的自承能力,允许有一定的变形而又不失稳。采用锚喷支护,应紧跟开挖,必要时在喷射混凝土的同时采用钢筋网,也可采用钢纤维混凝土提高喷层的抗拉和抗剪能力。当膨胀压力很大时,可用锚喷及钢架或格栅联合支护,在隧道底部打设锚杆,也可以在隧道顶部打入超前锚杆或小导管支护。膨胀土围岩隧道的支护,应尽可能使其在开挖面周壁上迅速闭合。如果是台阶开挖,可在上半部开挖后尽快做出半部闭合,使围岩尽早受到约束。总之,无论采用哪一种类型的支护,都必须根据工程实际情况及围岩变形状态而定。

②衬砌结构及早封闭。膨胀土围岩隧道开挖后,围岩向内挤压变形一般是在四周同时发生,所以施工时要求隧道衬砌及早封闭。从理论上讲,拱部、边墙及仰拱宜整体完成,衬砌受力条件最好,但受施工条件的限制往往难以实现。因此,在灌筑拱圈部分时,应在上部台阶的底部先设置临时混凝土仰拱或喷射混凝土作临时仰拱,以使拱圈在边墙、仰拱未完成前,自身形成临时封闭结构。然后在进行下部台阶施工时,再拆除临时仰拱,并尽快灌筑永久性仰拱。

三、黄土

黄土是在干燥气候条件下形成的一种具有褐黄、灰黄或黄褐等颜色,并有针状大孔、垂直节理发育的特殊性土。黄土在我国分布较广。黄河中游的河南西部、山西南部、陕西和甘肃的大部分地区为我国黄土的主要分布区。这些地区的黄土分布厚度大、地层全而连续,发育亦较典型。

1. 黄土对隧道施工的影响

(1)黄土节理:在红棕色或深褐色的古土壤黄土层,常具有各方向的构造节理,有的原生节理呈X形,成对出现,并有一定延续性。在隧道开挖时,土体容易顺着节理张松或剪断。如果这种地层位于坑道顶部,则极易产生"塌顶";如果位于侧壁,则普遍出现侧壁掉土,若施工时处理不当,常会引起较大的坍塌。

(2)黄土冲沟地段:在黄土冲沟或塘边地段进行隧道施工时,当隧道在较长的范围内沿着冲沟或塬边平行走向,而覆盖较薄或偏压很大的情况下,容易发生较严重的坍塌或滑坡现象。

(3)黄土溶洞与陷穴:黄土溶洞与陷穴,是黄土地区经常见到的不良地质现象。隧道若修建在其上方,则有基础下沉的危险;隧道若修建在其下方,常有发生冒顶的危险;隧道若修建在其邻侧,则有可能承受偏压。

(4)黄土中水对隧道施工的影响:在含有地下水的黄土层中修建隧道,由于黄土在干燥时很坚固,承压力也较高,施工可顺利进行;当其受水浸湿,呈不同程度的湿陷后,会突然发生下沉现象,使开挖后的围岩迅速丧失自稳能力,如果支护措施适应不了变化后的情况,极容易造成坍塌。

施工中洞内排水不畅,洞内道路会泥泞难行,无论是无轨运输还是有轨运输,都会给道路的维护、机械的使用与保养、隧道的铺底或仰拱施工作业等带来很大的困难。

2. 黄土隧道的施工注意事项

(1)黄土隧道施工,应做好黄土中构造节理的产状与分布状况的调查。对因构造节理切割而形成的不稳定部位,在施工时采取加强支护措施,防止坍塌,以利于安全施工。

(2)施工中应遵循"短开挖、少扰动、强支护、实回填、严治水、勤量测"的施工原则,使施工工序紧密衔接。

(3)应采用短台阶法或分部开挖法(留核心土法),初期支护应紧跟开挖面施作。

(4)黄土围岩开挖后暴露时间过长,围岩周壁风化至内部,围岩体松弛加快,进而发生塌方。因此,宜采用复合式衬砌,开挖后以喷射混凝土、锚杆、钢筋网和钢支撑作初期支护,以形成严密的支护体系。必要时可采用超前锚杆、管棚支撑加固围岩。在初期支护基本稳定后,进行永久支护衬砌。衬砌背后回填要密实,尤其是拱顶回填。

(5)做好洞顶、洞门及洞口的防排水系统工程,并妥善处理好陷穴、裂缝,以免地面积水浸蚀洞体周围,造成土体坍塌。在含有地下水的黄土层中施工时,洞内应施作良好的排水设施。水量较大时,应采用井点降水等法将地下水位降至隧道衬砌底部以下,以改善施工条件,加快施工速度。在干燥无水的黄土层中施工,应管理好施工用水,不使废水漫流。

四、溶洞

溶洞是以岩溶水的溶蚀作用为主,间有潜蚀和机械塌陷作用而造成的沿基本水平方向延伸的通道。溶洞是岩溶现象的一种。岩溶是指可溶性岩层,如石灰岩、白云岩、白云质灰岩、石膏、岩盐等,受水的化学和机械作用产生沟槽、裂缝和空洞以及由于空洞的顶部塌落使地表产生陷穴、洼地等类现象和作用。我国石灰岩分布极广,常会遇到溶洞。因此,在这些地区修建隧道,必须予以注意。

溶洞地段隧道施工的注意事项:

(1)当施工达到溶洞边缘时,各工序应紧密衔接,支护和衬砌赶前。同时应利用探孔或物探作超前预报,设法探明溶洞的形状、范围、大小、充填物及地下水等情况,据此制定施工处理方案及安全措施。

(2)在施工中注意检查溶洞顶部,及时处理危石。当溶洞较大、较高且顶部破碎时,应先喷射混凝土加固,再在溶洞顶部附近打入锚杆,并应设置施工防护架或钢筋防护网。

(3)在溶蚀地段的爆破作业应尽量做到多打眼、打浅眼,并控制爆破药量,以减少对围岩的扰动。防止在一次爆破后溶洞内的填充物突然大量涌入隧道,或溶洞水突然袭击隧道,造成严重损失。

(4)在溶洞充填体中掘进,如充填物松软,可采用超前支护施工。如充填物为极松散的砾石、块石堆积或流塑状黏土及砂黏土等,可于开挖前采用地表注浆、洞内注浆或地表和洞内注浆相结合的方式进行加固。如遇颗粒细、含水率大的流塑状土壤,可采用劈裂注浆技术,注入水泥浆或水泥水玻璃双液浆进行加固。

(5)溶洞未做出处理前,不要将弃渣随意倾填于溶洞中。因弃渣覆盖了溶洞,不但不能了解其真实情况,反而会造成更多困难。

五、塌方

隧道开挖时,导致塌方的原因有多种,可归结为两类:一是自然因素,即地质状态、受力状态、地下水变化等;二是人为因素,即不适当的设计或不适当的施工作业方法等。由于塌方往往会给施工带来很大困难和很大经济损失,因此需要注意排除会导致塌方的各种因素,尽可能避免塌方的发生。

预防塌方的施工措施:

(1)选择安全合理的施工方法和措施。在掘进到地质不良围岩破碎地段时,应采取"先排水、短开挖、弱爆破、强支护、早衬砌、勤量测"的施工方法,必须制定出切实可行的施工方案及安全措施。

(2)加强塌方的预测。为了保证施工作业安全,及时发现塌方的可能性及征兆,并根据不同情况采用不同的施工方法及控制塌方的措施,需要在施工阶段进行塌方预测。预测塌方常用的几种方法:

①观察法。

a. 在掘进工作面采用探孔对地质情况或水文情况进行探察,同时应对掘进工作面进行地质素描,分析、判断掘进前方有无可能发生塌方。

b. 定期和不定期地观察洞内围岩的受力及变形状态;检查支护结构是否发生了较大的变形;观察岩层的层理、节理裂隙是否变大,坑顶或坑壁是否松动掉块;喷射混凝土是否发生脱落;地表是否下沉;等等。

②一般量测法。按时量测观测点的位移、应力,对测得数据进行分析、研究,及时发现不正常的受力、位移状态及有可能导致塌方的情况。

③微地震学测量法和声学测量法。前者采用根据地震测量原理制成的灵敏的专用仪器;后者通过测量岩石的声波分析、确定岩石的受力状态,并预测塌方。

(3)加强初期支护,控制塌方。当开挖出工作面后,应及时、有效地完成锚喷支护或喷锚网联合支护,并应考虑采用早强喷射混凝土、早强锚杆和钢支撑支护措施等。这对防止局部坍塌、提高隧道整体稳定性具有重要的作用。

六、松散地层

松散地层结构松散，胶结性弱，稳定性差，在施工中极易发生坍塌。如极度风化破碎已失岩性的松散体，漂卵石地层、砂夹砾石和含有少量黏土的土壤以及无胶结松散的干沙等。隧道穿过这类地层，应减少对围岩的扰动，一般采取先护后挖、密闭支撑、边挖边封闭的施工原则，必要时可采用超前注浆改良地层和控制地下水等措施。下面简述几种主要施工方法：

1. 超前支护

隧道开挖前，先向围岩内打入钎、管、板等构件，用以预先支护围岩，防止坑道掘进时岩体发生坍塌。

（1）超前锚杆或超前小钢管。在爆破前，将超前锚杆或小钢管打入掘进前方稳定的岩层内；末端支撑在拱部围岩内的悬吊锚杆或格栅拱支撑上，使其起到支护掘进进尺范围内拱部上方的作用，有效地约束围岩在爆破后的一定时间内不发生松弛坍塌。超前锚杆宜采用早强型砂浆锚杆，以尽早发挥超前支护作用。

（2）超前管棚法。此法适用于围岩为砂黏土、黏砂土、亚黏土、粉砂、细砂、砂夹卵石夹黏土等非常散软、破碎的土壤，钻孔后极易塌孔的地层。采用此法时，应按地质情况选用管棚长度，但应保证开挖后管棚有足够的超前长度。为增加管棚刚度，可在钢管内灌入混凝土或设置钢筋笼，注入水泥砂浆。于是，在地层中建立起一个临时承载棚，在其防护下施工。

2. 超前小导管预注浆

超前小导管预注浆是沿开挖外轮廓线，以一定角度打入管壁带孔的小导管，并以一定压力向管内压注水泥或化学浆液的措施。它既能预加固洞周围岩体，又能起超前预支护作用。此法适用于自稳时间很短的砂层、砂卵（砾）石层等松散地层施工。

3. 降水、堵水

松散地层中含水，对隧道施工的危害极大。排除施工部位的地下水，有利于施工。降水、堵水的方法较多，如可在洞内或辅助坑道内井点降水。在埋深较浅的隧道中，可用深井泵降水，在洞外地面隧道两侧布点进行。

在地下水丰富，而且排水条件较差或排水费用太高的情况下，经过技术、经济比选，可采用注浆堵水措施。注浆堵水又分为地面预注浆和洞内开挖工作面预注浆。具体采用哪种方法，应综合分析隧道埋深、工程地质和水文地质情况，钻孔和压浆设备能力，以及技术、经济、工期等方面后确定。

七、流砂

流砂是砂土或粉质黏土在水的作用下丧失其内聚力后形成的，多呈糊浆状，对隧道施工危害极大。由于流砂可引起围岩失稳坍塌，支护结构变形，甚至倒塌破坏，因此，治理流砂必先治水，以减少砂层的含水率为主。一般宜采取以下措施进行治理：

(1)加强调查,制定方案。在施工中应调查流砂特性、规模,了解地质构成、贯入度、相对密度、粒径分布、塑性指数、地层承载力、滞水层分布、地下水压力和透水系数等,并制定切实可行的治理方案。

(2)因地制宜,综合治水。隧道通过流砂地段,应因地制宜,采用"防、截、排、堵"的治理方法。

①防——建立地表沟槽导排系统及进行仰坡地表局部防渗处理,防止降雨和地表水下渗。

②截——在正洞之外水源一侧,采用深井降水,将储藏丰富的构造裂隙水,通过深井抽水排走,减少正洞的静水压力和动水压力,对地下水起到拦截作用。

③排——对有条件的隧道,在正洞水源下游一侧开挖一条洞底低于正洞仰拱的泄水洞,用以降排正洞的地下水,或采用水平超前钻孔真空负压抽水的办法,排除正洞的地下水。

④堵——采用注浆方法充填裂隙,形成止水帷幕,减少或堵塞渗水通道。

以上几种治理方法,应根据工程地质、水文地质条件和地下水的性质、类型、赋存部位以及工期要求和经济效益等因素综合分析,合理选用。

(3)先护后挖,加强支护。开挖时必须自上而下分部进行,先护后挖,密闭支撑,边挖边封闭,遇缝必堵,严防砂粒从支撑缝隙中逸出。也可采用超前注浆,以改善围岩结构,注入水泥浆或水泥水玻璃为主的注浆材料,或用化学药液注浆加固地层,然后开挖。

在施工中应观测支撑和衬砌的实际沉落量的变化,及时调整预留量。架立支撑时,应设底梁并纵横、上下连接牢固,以防箱架断裂倾倒。应加强拱架刚度,架立时设置底梁平垫并楔紧,拱脚下垫铺牢固。支撑背面用木板或槽型钢板遮挡,严防流砂从支撑间逸出。在流砂溢出口附近较干燥围岩处,应尽快打入锚杆或施作喷射混凝土,加固围岩,防止逸出扩大。

(4)尽早衬砌,封闭成环。流砂地段,拱部和边墙衬砌混凝土的灌注应尽量缩短时间,尽快与仰拱形成封闭环。这样,即使围岩中出现流砂,也不会对洞身衬砌造成破坏。

第二节　超前支护与预加固围岩

一、超前支护

(一)超前锚杆加固前方围岩

1. 构造组成及作用

超前锚杆是沿开挖轮廓线,以稍大的外插角,向开挖面前方一定范围内安装斜向锚杆。超前锚杆可以形成对前方围岩的预锚固,在提前形成的围岩锚固圈的保护下进行开挖等作业。这是一种先加固后开挖的逆序作业,即锚杆安装先于岩体开挖,故称为"超前锚杆",见图7-1。

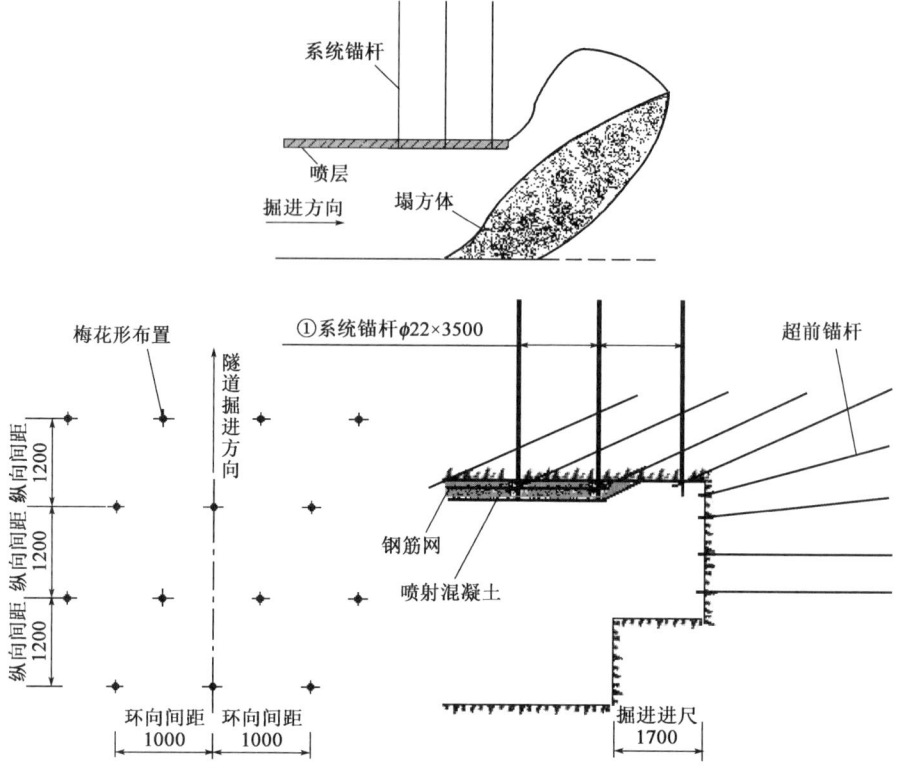

图 7-1 开挖面坍塌失稳示意图及超前锚杆加固前方围岩(尺寸单位:mm)

2. 性能特点及适用条件

超前锚杆可以与系统锚杆焊接,以增强其对围岩的整体加固作用,但由于超前锚杆的柔性较大而整体刚度较小,因此其对前方围岩的整体加固效果一般,而且加固范围也有限,故超前锚杆主要适用于应力不太大、地下水也很少的一般软弱破碎围岩的隧道工程中。如土砂质地层、弱膨胀性地层、流变性较小的地层、裂隙发育的岩体、断层破碎带等围岩条件,以及浅埋无显著偏压的隧道。一般应与系统锚杆同时使用,形成联合支护。应力较大的严重软弱破碎围岩中,超前锚杆的后期支护刚度就有些不足,不宜使用。

3. 设计、施工要点

(1)超前锚杆的超前加固范围,即锚杆加固的超前长度、加固圈厚度,应视围岩工程地质条件、坑道断面大小、掘进循环进尺和施工条件而定。可根据要求的超前加固范围确定相应的超前量、外插角、环向间距、锚杆直径、锚固方式等参数。一般来说,超前长度宜为循环进尺的 3~5 倍,采用 3~5m;外插角宜为 10°~30°;搭接长度宜为超前长度的 40%~60%,即大致形成双层锚杆。

(2)同一层超前锚杆的环向间距宜为 0.3~1.0m;相邻两层锚杆应环向错列,以便于与梅花形布置的系统锚杆相协调和连接。

(3)超前锚杆材料可用不小于 $\phi22$ 的螺纹钢筋,宜用早强水泥砂浆全长黏结式锚固。

(4)超前锚杆的安装误差,一般要求孔位偏差不超过10cm,外插角偏差不超过2°,实际锚固长度不小于设计锚固长度的96%。

(5)开挖时,应注意保持开挖面落后于超前锚杆加固的超前量,即保证开挖面前方留有一定长度的锚固区,以使前方尚未加固的围岩在开挖面岩体的覆压作用下不出现坍塌,且使超前锚杆的前端有一个临时支点。若开挖面出现滑坍现象,则应及时喷射混凝土封闭开挖面,并尽快打入下一排超前锚杆,然后才能继续开挖。下一循环的开挖应考虑适当缩短掘进循环进尺。

(6)开挖后应及时且尽可能多地将超前锚杆的尾端与系统锚杆及钢筋网焊接,并尽快施作喷射混凝土,以充分发挥它们的联合支护效应和封闭支护作用。

(7)在施工过程中,应密切观察锚杆变形及喷射混凝土层的开裂、起鼓等情况,以掌握围岩动态,及时调整开挖及支护参数。施工过程中如遇少量地下水出露,一般可钻孔引排,但应密切注意地下水是否变混浊及流量增减情况。必要时应在洞内钻孔进行超前地质探察,以便针对突然出现的不良地质情况,制定相应的预备施工方案和紧急处理措施。

(二)超前管棚支护前方围岩

1. 构造组成及作用

对于软弱破碎围岩,为阻止围岩的掉块、坍塌以及流砂、突泥,应考虑向掌子面前方打入钢管,形成纵向超前管棚,并在逐步开挖的过程中,逐榀架设钢拱架、挂钢筋网和喷射混凝土。

微课7.2
大管棚施工技术

微课7.3
洞外超前支护管棚质量控制要点

超前管棚是利用沿开挖轮廓线以较小的外插角向开挖面前方打入的钢管与钢拱架构成的一种钢结构棚架。超前管棚可以预先支护开挖面前方的围岩,然后在其保护下进行开挖等作业。这是一种先支护后开挖的逆序作业,即管棚安装先于岩体开挖,故称为"超前管棚",见图7-2。

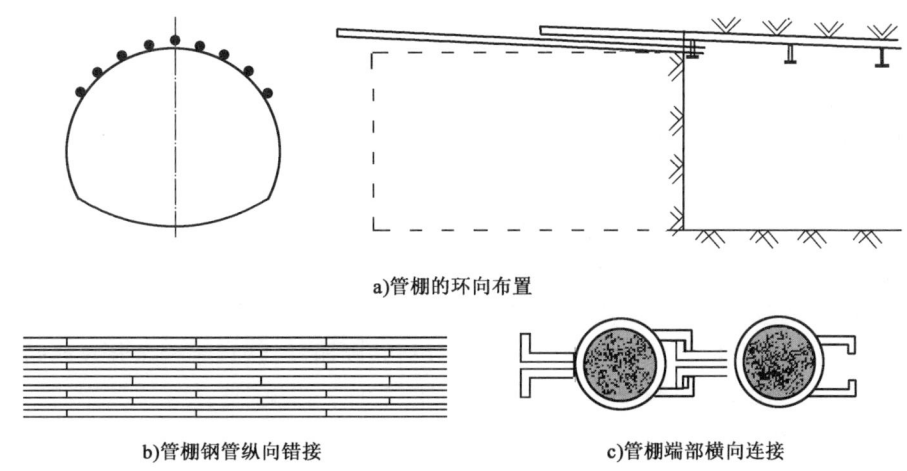

图7-2 超前管棚预支护前方围岩(长管棚)

2. 性能特点及适用条件

因管棚采用先行插入前方围岩内的钢管作纵向支撑,又采用钢拱架作环向支撑,并采用锚杆、钢筋网和喷射混凝土作为连接和整合介质,故其整体刚度较大,限制围岩变形的能力较强,且能提前承受早期围岩压力。因此,管棚主要适用于早期围岩压力来得快、来得大的软弱破碎围岩,且对围岩变形及地表下沉有较严格限制要求的隧道工程中。如土砂质地层、强膨胀性地层、强流变性地层、裂隙发育的地层、断层破碎带等围岩条件,以及浅埋有显著偏压的隧道。在这些地层中,若还存有地下水,则需要同时考虑水的危害程度和类型,采取有效措施进行治理。若水量不大、水压力不大,补给源又很有限,则一般不会造成大规模的水土流失或围岩坍塌,此种情况应考虑按照"以排为主,排堵结合;先排后堵,分开实施"的原则进行治理,即主要将"注浆"工序从"开挖"和"初期支护"作业循环中分离出来,主要靠初期支护和超前小导管形成的"小管棚"来维护工作面的稳定和施工安全,待小管棚形成并与掌子面有一定距离后,再择机实施注浆,实现堵水和加固围岩的目的(此时可能需要适当加密管棚,即减小钢管环向间距,减小钢拱架纵向间距)。若水量较大、水压力较大,补给源又很丰富,则应按照"以堵为主,坚决封堵;先堵后挖,防突防涌"的原则进行治理,即将管棚与注浆结合,形成超前小导管注浆或超前深孔帷幕注浆,封堵地下水,减少水土流失,避免大规模围岩坍塌,防止涌水突泥。

3. 设计、施工要点

(1)超前管棚支护结构一般按松弛荷载理论进行设计。采用长度小于10m、较小直径钢管的称为"短管棚"或"超前小导管";采用长度为10～45m、较大直径钢管的称为"长管棚"或"超前大管棚"。板棚采用的钢插板长度一般不超过10m。

(2)管棚的结构形式及各项技术参数要视围岩工程地质条件和施工技术条件而定。长棚管长度不宜小于10m;管径70～180mm,孔径比管径大20～30mm;环向间距0.2～0.8m;外插角1°～2°;两组管棚间的纵向搭接长度不小于1.5m;钢拱架常采用工字钢拱架或格栅钢架。

(3)短管棚一次超前量少,基本上与开挖作业交替进行,占用循环时间较多,但因钢管较短,其钻孔安装或打入安装均较容易。长管棚因钢管较长,一般均需采用专用机械进行钻孔安装。虽然单次钻孔安装长钢管的作业时间较长,但安装钢管的次数减少了。安装一次长钢管,就可以在其有效的超前区段内进行多次岩土挖除→安装钢拱架的循环作业,减少了长钢管的钻孔安装作业与岩土挖除作业之间的干扰,也更适于采用大中型机械进行洞内岩土的快速挖除。

(4)长钢管应用4～6m的管节逐段接长,第一节钢管前端要加工成尖锥状,以利导向插入。打入一节,再接续后一节,连接头应采用厚壁管箍,上满丝扣,丝扣长度不应小于15cm。为保证管棚受力的均匀性,钢管接头应纵向错开,一般按编号,偶数第一节用4m,奇数第一节用6m,以后各节均采用6m。要打一眼,装一管,按自上而下的顺序进行。

(5)钢拱架应安装稳固,其垂直度允许误差为±2°,中线及高程允许误差为±5cm。钢管应从工字钢腹板圆孔穿过,或穿过花钢拱架的腹筋;为保证钢管不侵入开挖轮廓线以内且不至于外插角过大,应用测斜仪检查、控制钻孔方向;孔口在开挖面上的位置误差不得大于15cm,角度误差不得大于0.5°。

(6)当需增强管棚刚度时,可在安装好的钢管内注入水泥砂浆。一般在第一节管的前段管壁交错钻 10~15mm 孔若干,以利排气和出浆;或在管内安装排气导管,浆注满后方可停止压注。水泥砂浆应用牛角泵或其他能满足要求的设备灌注。砂浆标号可用 C20~C30,并适当加大灰砂比。

(7)钻孔时如出现卡钻或坍孔,应注浆后再钻,有些土质地层则可直接将钢管顶入。

二、注浆加固围岩

(一)注浆加固围岩的作用机理及方法

1. 注浆加固围岩和堵水的作用机理

"注浆"就是采用某种方法,将某种胶结材料渗入或挤入岩体的空隙或裂隙中。由于浆液被渗入或挤入岩体的空隙或裂隙中并硬化后,将岩块或土体颗粒胶结为整体,或以高强夹层的形式将黏土分隔包围,从而提高岩体的完整性,增强岩体的稳定能力,也就是起到了加固围岩的作用。而且填塞了空隙或裂隙,阻断了地下水渗流的通道,也就是起到了堵水作用。因此,在隧道及地下工程中,若遇到围岩软弱、破碎严重、地下水丰富或出现塌方,常采用注浆以达到对岩体的加固效果,同时也起到堵水作用。

2. 注浆方法

注浆的方法,可分为压力注浆和电动化学注浆两类。压力注浆是常用的方法,是在各种压力下使水泥浆液或化学浆液挤入充填土的孔隙或岩层缝隙。电动化学注浆是在施工中以注浆管为阳极、滤水管为阴极,通过直流电,在电渗作用下孔隙水由阳极流向阴极,在土中形成渗浆通道,化学浆液随之渗入孔隙而使土体结硬。

大多数地层条件可采用压力注浆。但在软黏土中,土的渗透性很差,压力注浆效果极差,因此可采用电动化学注浆。但电动化学注浆由于受电压梯度、电极布置等条件限制,其注浆范围较小,目前仅在公路上的少数既有结构物地基加固工程中应用。

压力注浆又可以按注浆压力大小分为渗透注浆和劈裂注浆两种。

(1)渗透注浆:在有一定渗透性的地层(如破碎岩层、砂卵石层、中砂、细砂、粉砂层等)中,采用中低压力将胶结材料压注到地层中的空穴、裂缝、孔隙里,待其凝固后,岩体的结构体或土颗粒胶结为整体,称为"渗透注浆"。

(2)劈裂注浆:在渗透性较差甚至不透水的地层,如含水率较大且颗粒较细的黏土地层、软土地层中,采用较高压力将胶结材料强行挤入钻孔周壁,胶结材料将黏土层劈裂成缝并充塞凝结于其中,从而对黏土地层或软土地层起到加固的作用,称为"劈裂注浆"。劈裂注浆加固的作用机理:强行挤入黏土层或软土层中的胶结材料将黏土分隔包围;凝固以后的胶结材料在软弱土层中形成高强夹层,相当于在软弱土体中"加筋加骨",使软弱土层的整体性和强度大大提高。此外,由于在封闭条件下进行高压注浆,对地层也起到一定的压密作用。

(二)注浆加固的工艺

隧道及地下工程中,常按照注浆管的构造组成、性能特点及适用范围,把注浆分为超前小导管注浆和超前深孔帷幕注浆两种工艺形式。其构造组成、性能特点、工艺流程及适用条件分述如后。

1. 超前小导管注浆

(1)超前小导管注浆的定义。

超前小导管注浆是在开挖前,先用喷射混凝土将开挖面和一定范围内的坑道周边岩面封闭,然后沿坑道周边轮廓在前方围岩内打入带孔小导管,并通过小导管向围岩内压注起胶结作用的浆液,待浆液硬化后,坑道周围岩体就可形成一定厚度的加固圈。在此加固圈的保护下即可安全地进行开挖等作业,见图7-3。若在小导管前端焊一个简易钻头(一次性不回收),则可将钻孔、插管两个动作一并完成,既简化了施工程序,又避免了钻孔过程中的坍孔问题。这种锚杆称为自进式注浆锚杆。

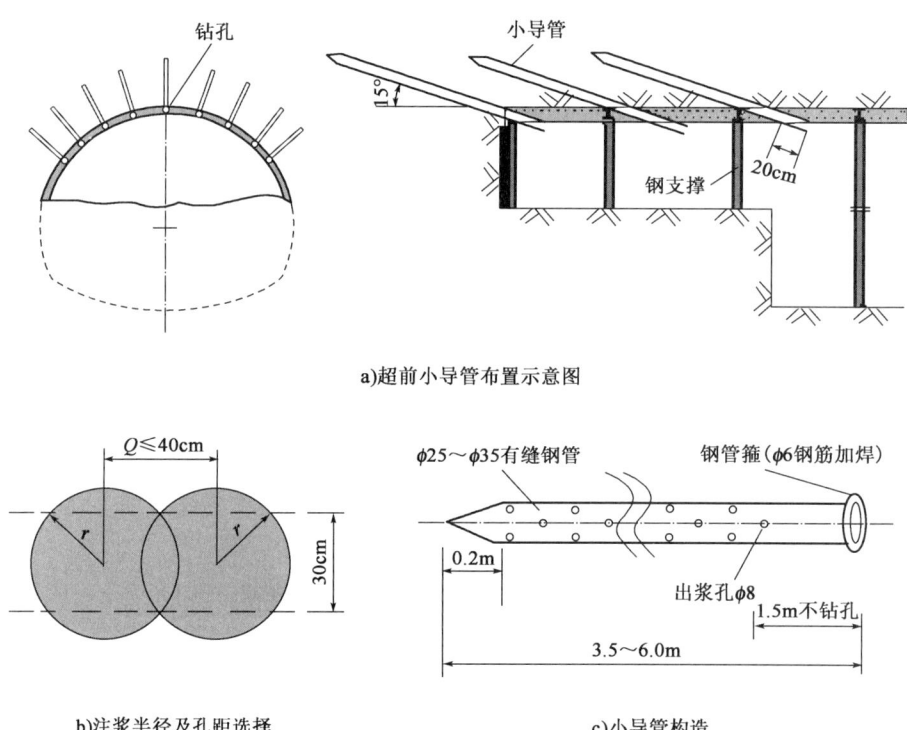

图7-3 超前小导管注浆加固前方围岩

自进式注浆锚杆又称迈式锚杆,它是将超前锚杆与超前小导管注浆相结合的一种先进的超前支护设备。厂制成品出售的自进式注浆锚杆主要进行了以下改进:其一,它在小导管的前端焊接了一个简易的一次性钻头或尖端,从而同时完成钻孔和顶管,缩短了导管安装时间,尤其适用于钻孔易坍塌的地层;其二,对于可以采用水泥浆的地层,它改用水泥砂浆作为胶结材料,可进一步降低造价;其三,它的管体采用波纹或变径外形,以增加黏结力和锚固力,增强了加固效果。

(2)超前小导管注浆工艺流程。

超前小导管注浆工艺流程见图7-4。

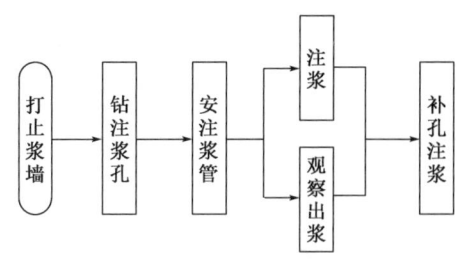

图7-4 超前小导管注浆工艺流程图

(3)超前小导管注浆的适用条件。

超前小导管注浆,对围岩加固的范围和加固处理的程度是有限的,注浆压力较低。因此,超前小导管注浆主要适用于渗透系数较大的无地下水或水量和压力较小的一般软弱破碎岩体的地层条件。若用于渗透性差的地层,则注浆功效十分有限。

2. 超前深孔帷幕注浆

(1)超前深孔帷幕注浆方法。

超前深孔帷幕注浆是在开挖前,先用喷射混凝土将开挖面和一定范围内的坑道周边岩面封闭,然后沿坑道周边轮廓在前方围岩内打入带孔长钢管,并通过长钢管向围岩内压注起胶结作用的浆液,待浆液硬化后,坑道周围岩体就可形成一定厚度的加固圈。在此加固圈的保护下,即可安全地进行开挖等作业,见图7-5。超前深孔帷幕注浆的工艺流程与超前小导管注浆的工艺流程基本相同。

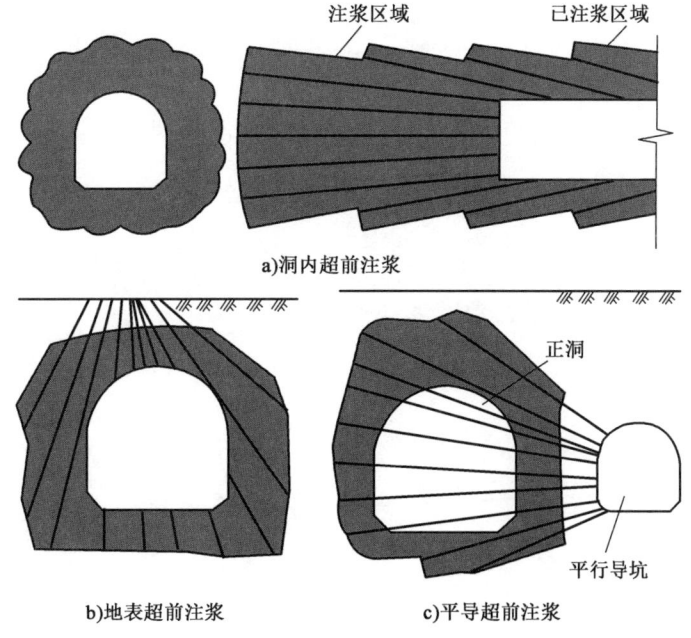

图7-5 超前深孔帷幕注浆

(2)超前深孔帷幕注浆的适用条件。

超前深孔帷幕注浆可以保证提前形成较长范围内(隧道纵向)的筒状封闭加固和堵水区,而且可以形成较高的注浆压力。因此,超前深孔帷幕注浆不仅适用于无地下水或水量和压力较小的一般软弱破碎岩体的地层条件,尤其适用于水量和压力均较大的破碎岩体的地层条件。在含水率较大而颗粒较细的黏土地层、软土地层中,还可以采用超前深孔帷幕劈裂注浆。超前深孔帷幕注浆,已成为隧道及地下工程中改良地层、增强软弱岩体的稳定性、封堵地下水的有效措施和常用手段。

(3)超前深孔帷幕注浆的优点。

超前深孔帷幕注浆作业可以在洞内进行,也可以在辅助坑道内进行。当隧道埋置较浅时,还可以在洞顶地面上进行。超前深孔帷幕预注浆钻孔和注浆作业不需要进入洞内施工作业循环,因而占用较少甚至不占用洞内作业循环时间,较好地解决了钻孔和注浆作业与洞内开挖等作业之间的相互干扰问题,施工工期也相应缩短。

超前深孔帷幕注浆一般可比开挖面超前 30~50m,在这么长的筒状加固区内进行洞内开挖等项作业,既保证了施工安全,也更便于采用大中型机械施工,加快了施工速度。

第八章
隧道养护与维修管理

学习目标

(1) 熟悉结构检查各项重点内容。
(2) 熟悉水害的预防、检查和治理思路。
(3) 了解裂缝等其他常见病害的处治方法。

思考与练习

1. 课前思考
(1) 隧道维修管理的基本理念是什么?
(2) 土建结构的养护工作包括哪些内容?
2. 课堂讨论或练习
(1) 应急检查和专项检查有何不同?
(2) 描述什么是变异。
(3) 绘图说明如何划分隧道衬砌部位。
(4) 隧道衬砌裂缝如何分类?
3. 课后练习
(1) 简述隧道病害的原因。

(2)什么是定期检查?描述其周期、方法、工具。
(3)描述漏水调查的主要内容。
(4)适当展开描述隧道结构无损检测的方式或方法。
(5)描述防水板张挂前初期支护背面修整的施工工艺。
(6)描述防水板铺设质量的检查方法。
(7)描述处治无水裂缝的埋管灌浆法。

第一节 概 述

一、养护维修的必要性

截至2008年底,中国公路通车总里程达到373.02万km,比中华人民共和国成立初期的8万km增长了约45倍。到了2019年末,公路总里程数增长到501.25万km,其中高速公路里程14.96万km,位居世界第一。伴随着公路建设的快速发展,公路隧道的修建也发展迅速。进入21世纪,公路隧道以每年单洞300km的速度递增,近5年来每年新增运营公路隧道长度皆在1000km以上,截至2017年底,我国大陆等级运营公路隧道有16229座,总长约15280km;截至2019年底,我国公路隧道数量为19067座,隧道总长度达到1896.66万m。但是,我国地域辽阔,各地自然条件差异很大,公路隧道所穿越山体的工程地质及水文地质条件复杂多变,加之设计、施工及运营管理等因素也会影响公路隧道的使用,使得公路隧道出现的病害也越来越多,有些隧道的病害已严重影响车辆的正常行驶,甚至危及行车和养护人员的安全,公路的养护维修变得十分必要。

二、维修管理的基本认识

维修管理是指在结构物使用期间,保持结构物性能在容许范围内的技术行为。

在合适的设计、施工和维修管理条件下,隧道结构物会具有良好的承载性、耐久性和满足耐久性要求的使用寿命。但若设计、施工不当,或对某些潜在的因素考虑不周,或维修管理不善,就会出现劣化现象或加快劣化,从而造成结构物耐久性降低或使用寿命缩短。维修管理的目的就是保证隧道良好的运营条件和结构物的使用性能,不断延长结构物的使用寿命。

从维修管理角度看,结构物的性质中有以下几点需要关注:

(1)隐蔽性:使我们无法迅速发现结构物的变异,增加了判断结构物变异原因的难度。

(2)环境影响:隧道的运营环境,如列车运行振动引起的结构疲劳、电力的杂散电流等对结构物使用寿命的影响。地下结构物除受自然环境的影响外,还受到地下环境(如围岩和地下水条件)变动的影响。

(3)可维修性:工程结构一般都是可维修的,只是有的易于维修,有的难以维修而已。隧道属于难以维修的一类,它的可维修性是比较差的。因此,在隧道结构物的设计施工中建立"少维修"的概念是非常重要的。

（4）既有结构物的状态：既有结构物使用时间的长短、结构物变异状态和程度等，对维修管理的影响是巨大的。

我国铁路隧道的修建已有100多年的历史，许多隧道已经进入高维修管理阶段。公路隧道正进入建设的高潮期，应该从一开始就引入"少维修"的概念，使结构物具有符合要求的耐久性。

因此，不管是新建还是既有建筑物，都要消除"免维修或不能维修"的误解，而建立起"把劣化构件或构件的性能恢复到设计的使用水准以上的补修、补强"的概念。也就是说，要构筑一个把设计、施工、维修管理结合到一起的体系，这也是当前各国土建发展趋势。

三、隧道维修管理的基本理念

1. 预防为主

预防维修管理是最好的维修管理方法。也就是说，在劣化发生之前进行详细的检查，并采取必要对策不让劣化发生是最经济的维修管理方法。因此，建立一个完善的检查体系是十分重要的。

2. 早期发现

隧道变异的发生一般都是有前兆的，早期发现这些前兆，并做出正确的判定，及时处理可能发生的变异。早期发现、正确诊断、推定变异发生原因应该成为我们进行维修管理的重要内容。

3. 及时维护

拖延处理发生的变异，只会使变异继续发展，最后可能导致隧道各种事故的发生。实践证明：出现了变异，就要及时处理，这样会收到"事半功倍"的效果。隧道是修筑在地下的线状结构物，围岩动态及环境条件是十分复杂的。因此，即使进行了详细的调查，有时也很难充分掌握隧道的变异状态。在变异发生的初期，只要采取一些简单的措施就可解决问题。但如在发展过程中，就必须采取强有力的措施了。

4. 对症下药

隧道的变异是各种各样的，整治的方法也是各种各样的，应对症下药。

四、隧道养护总则

隧道养护的范围包括土建结构、机电设施以及其他有关设施。隧道养护管理机构应参与土建结构、机电设施和其他有关工程设施的交工和竣工验收，接收、整理和分析隧道竣工资料和工程技术档案，为养护工作提供原始的技术依据。

应根据每一座隧道实际的围岩地质条件、结构和设施状况、交通营运条件以及病害程度等，制订相应的养护方案。

养护维修完成后，应适时进行跟踪观察和监测，了解处治效果。

隧道内养护作业不中断交通时，应采取措施，保证安全并减少对交通的干扰。

五、隧道变异的概念

初次缺陷:施工时发生的开裂和蜂窝麻面、施工缝、砂筋等。
损伤:地震和外力等造成的开裂和剥离,是在短时间内发生的,其变异不随时间而发展。
劣化:由劣化外力造成的、随着时间而发展的开裂和剥离等,与损伤有所区别。
以上三者,统称变异。

六、公路隧道病害及其产生原因、处治措施综述

(一)公路隧道的病害检查

公路隧道既是道路工程构造物,又是地下工程结构。它涉及工程地质、结构力学、空气动力学、光学、自动控制和工程机械等多种学科,技术较为复杂。而且,公路隧道一般位于崇山峻岭之中,无绕行可能,如果隧道内出现严重渗漏水、衬砌开裂或设施故障等情况,就会妨碍交通,进而使整个交通线完全处于中断状态,给公路交通造成恶劣影响。对公路隧道运营阶段的病害检测与治理,应本着"预防为主、早期发现、及时维护、对症施治"的原则,要经常性地对隧道进行检查,及时发现问题,建立数据库,确定需要整治的技术指标,并采用有效措施进行整治,对整治完的隧道要制定质量验收标准,力争做到检测程序化,处治规范化,验收标准化。我国交通运输部于2015年1月发布了《公路隧道养护技术规范》(JTG H12—2015),提出了土建结构的养护工作应包括日常巡查、清洁、结构检查与技术状况评定、保养维修和病害处治等内容,尤其对公路隧道结构检查的基本内容和采取的常规对策给出了明确的规定。

公路隧道检查是为了掌握隧道的现状,发现对隧道安全和功能有影响的病害,为隧道进行合理的养护管理收集和积累资料,建立隧道养护维修的数据库,为决策提供基础数据,以便尽早采取防治病害的措施,确保隧道安全畅通。公路隧道的检查分为经常检查、定期检查、应急检查和专项检查。

经常检查是为了及时发现隧道结构的早期破损、显著病害或其他异常情况,经常检查原则上与道路巡回检查一并进行。《公路隧道养护技术规范》(JTG H12—2015)规定经常检查的频率在养护等级为1级时应不小于1次/月,特别是在雨季或冰冻季节更应增加经常检查的频率。检查的内容包括隧道衬砌的裂缝、错台、起层、剥落以及排水设施的破损、堵塞、积水和结冰等。

定期检查是按规定频率对隧道结构的基本状况进行全面检查,检查的目的是系统掌握隧道的基本技术状况,为制订养护工作计划提供依据。检查以徒步的目视检查为主,配备必要的检查工具或设备,检查的内容除了上文提及的结构病害外,还应扩展到运营的通风、照明、噪声、环保、路面抗滑系数等,检查周期宜设为1年,最长不得超过3年。检查宜安排在春季或秋季,定期检查完成后应提交定期检查报告以及隧道展开图和其他有关检测记录资料。

应急检查是在隧道遭遇地震、洪水等自然灾害,发生火灾、交通事故或出现其他异常事件后对隧道进行的检查,检查的目的是及时掌握隧道结构受损情况。应急检查难以判明破损原因和程度时,应作专项检查。

专项检查是根据经常检查、定期检查和应急检查的结果,或者通过其他途径判断,需要进

一步查明某些破损或病害的详细情况而进行的更深入的专门检测,例如隧道火灾后的结构损伤评价检查,检查时要邀请一些有经验的专家并辅以专门的检查设备。通过专项检查,应完整掌握病害的详细资料,为其是否实施处治以及采取何种治理病害的措施等提供技术依据。

(二)公路隧道病害的分类及危害程度

公路隧道病害的类型主要有水害、冻害、衬砌裂损、衬砌侵蚀等。隧道病害发生较多的地段,从地质情况看,一般是断层破碎带、风化变质岩地带、裂隙发育的岩体、岩溶地层、软弱围岩地层等;从地形情况看,多为斜坡、滑坡构造地带、岩堆崩塌地带等。隧道内各种病害一般不是单独存在的,而是互相影响、互相作用的。其中,最常见的病害形式是水害,隧道水害不仅增加隧道内湿度,造成电路短路等事故,危及运输安全,还引发其他病害。隧道渗漏水、积水,将会造成衬砌开裂或使原有裂缝发展扩大,加重衬砌裂损。当地下水有侵蚀性时,会使衬砌混凝土产生侵蚀,且随着渗漏水的不断发展,混凝土侵蚀日益严重。在寒冷地区,水是影响隧道围岩冻胀和导致衬砌开裂的重要因素。隧道衬砌裂损病害主要表现为衬砌的变形、开裂和错台。而衬砌一旦开裂,将会给地下水打开一条外渗的通道,引发隧道严重水害,进而就会产生衬砌混凝土的侵蚀,冬季还会产生冻害等。冻害循环发生,进而使衬砌混凝土再产生开裂变形,导致衬砌承载力下降。春夏季衬砌产生冻害部位解冻,被冻结的冰融化成水,致使衬砌产生渗漏水。在含有侵蚀性地下水的围岩中,地下水的侵蚀将造成衬砌混凝土的疏松、剥落,致使衬砌裂损,承载力降低。总之,隧道内各种病害并不是单独作用的,而是几种情况共同作用,对衬砌结构产生连锁破坏,致使衬砌混凝土开裂变形,产生剥落掉块等,有效厚度减薄,承载力降低,安全可靠性减小。随着病害的持续发展,衬砌结构最终失稳破坏。

1. 隧道水害的种类及危害程度

隧道的水害主要是指隧道围岩的地下水或部分地表水,以渗漏或涌出方式进入隧道内造成的危害。它包括:

(1)隧道漏水和涌水。隧道漏水和涌水会对隧道的电力设备造成不同程度的损坏,使照明设备产生锈蚀,影响设备的正常运行,降低使用寿命,增加维修费用。渗漏水使混凝土衬砌风化、剥落,造成衬砌结构破坏。渗漏水还会软化围岩,引起围岩变形;有些隧道渗水中含有对路面的侵蚀性介质,造成一般的混凝土碱化;在寒冷地区造成边墙结冰、拱部挂冰,侵入建筑限界。渗漏水还会造成路面翻浆,危及汽车的安全行驶。严重渗漏水还会引发隧道基础的沉陷,进而造成地面和地面建筑物的不均匀沉降和破坏,使得地表水和含水层水大量流失,破坏周围的生态环境。

(2)隧道衬砌周围积水。运营隧道中地表水和地下水向隧道周围渗流汇集,水压力较大时会导致衬砌破裂和拱脚下沉,使围岩的结构面软化或泥化,使膨胀性围岩体积膨胀。在寒冷地区造成冰胀和围岩冻胀。在黄土隧道衬砌周围的水还会离析土中的胶体并带出黄土,使周围的衬砌变成空洞。

(3)潜流冲刷。潜流冲刷主要是指地下水渗流和流动产生的冲刷和溶蚀作用,使得隧道衬砌基础下沉。它可使边墙开裂或者仰拱、隧道内路基下沉开裂;围岩滑移错动可导致衬砌变形开裂;对超挖回填不密实或未全部回填者,引起围岩坍塌,导致衬砌结构破坏。

2. 隧道冻害的种类及危害程度

我国冻土地区分布广泛,其中多年冻土占整个陆地面积的1/5,在冻土地区修建的公路隧道易产生冻害现象,例如新疆的天山二号隧道因渗漏水侵蚀和冻胀破坏而报废,青海的大阪山隧道成为"冰河",甘肃的七道梁隧道因渗漏水和冰冻而被迫向洞内送暖气,辽宁的八盘岭隧道和吉林的密江隧道因渗漏水而被迫在混凝土衬砌内加复衬。

1) 拱部挂冰、边墙结冰

渗漏的地下水通过隧道衬砌混凝土裂缝逐渐渗出,在渗水点出口处受低温影响在拱部形成冰溜子(又称为挂冰),边墙积成冰柱,尤其在施工接缝处渗水点多,结冰明显,累积十至几十厘米厚的挂冰。如清理不及时,挂冰就会越积越大,最终侵入限界,危及行车安全。公路隧道排水沟相关设施保温不良引起冰冻,称冰塞子。水沟因结冰堵塞,使地下排水困难,水沟(管或槽)冻裂破损。隧道衬砌周边因水结冰而冻胀,致使隧道内各种冻害接踵而至,特别是路面结冰严重,危及汽车的安全行驶。

2) 围岩冻胀破坏

隧道修筑在不良地质地段时,如果围岩层面及结构内含水多,冬季就易发生冻胀破坏,致使隧道拱部和边墙衬砌发生变形与开裂。边墙壁后排水不畅,积水成冰,产生冻胀压力,会造成拱脚移动,或者墙顶内移;有的虽然墙顶不动但墙中发生内鼓现象,也有的墙顶内移致使断裂多段。如果隧道衬砌混凝土设计标号较低,抗渗性差,在地下水丰富地区,水就渗入混凝土内部。到冬季,水在混凝土结构内结冰,膨胀产生冻胀压力,经多年冻融循环使衬砌结构变酥、强度降低,造成结构破坏。隧道衬砌除结构内因含水受冻害外,由于岩体冻胀压力的作用,衬砌也会产生纵向裂纹和环向裂纹。

3. 隧道衬砌裂损的种类及危害程度

1) 隧道衬砌裂损的种类

隧道衬砌裂损的类型主要有衬砌变形、衬砌开裂、衬砌腐蚀破坏、衬砌背后空洞、拱脚下沉以及仰拱破碎(进而引起路基下沉、路面翻浆冒泥)等。根据裂缝走向,隧道衬砌开裂分为纵向裂缝、环向裂缝和斜向裂缝三种。

2) 隧道衬砌裂损的危害程度

衬砌裂损的危害不言而喻,它可导致隧道结构变形、掉块甚至塌落;降低衬砌结构对围岩的承载能力;使隧道的净空变小,侵入建筑限界,影响车辆安全通过;衬砌裂缝还会成为渗漏水的通道。

环向裂缝一般对衬砌结构正常承载影响不大,拱部和边墙的纵向及斜向裂纹对隧道结构的整体性危害较大。

4. 隧道衬砌侵蚀的种类及危害程度

建在富含腐蚀性介质地区的公路隧道,其衬砌背后的腐蚀性环境水,容易沿衬砌的工作缝、变形缝、毛细孔及其他孔洞渗流到衬砌内侧,成为隧道渗漏水,对衬砌混凝土和砌石、灰缝产生物理性或化学性的侵蚀作用,造成衬砌侵蚀。

1) 衬砌侵蚀的种类

衬砌侵蚀分为物理侵蚀和化学侵蚀两类。物理侵蚀主要有冻融交替部位的冻胀性裂损和干湿交替部位的盐类结晶性胀裂损坏两种。化学侵蚀是一个很复杂的物理化学过程。综合国内外的研究成果,根据主要物质因素和腐蚀破坏机理,化学侵蚀可分为硫酸盐侵蚀、镁盐侵蚀、溶出性侵蚀(软水侵蚀)、碳酸盐侵蚀和一般酸性侵蚀五种。

2)衬砌侵蚀的危害程度

隧道衬砌侵蚀,使衬砌出现起毛、疏松、蜂窝麻面、起鼓剥落、孔洞露石、集料分离等材质破坏,衬砌厚度变薄,还会导致衬砌内的钢筋腐蚀,使得衬砌结构强度减弱,降低隧道衬砌的承载能力,缩短使用寿命,危及行车安全。

(三)公路隧道病害的成因与防治

1. 隧道病害的防治原则

(1)病害防治应尽量不中断运营或尽量减少对运营的影响。
(2)摸清病害产生的原因,根据围岩地质等具体因素,选择合理的整治方案。
(3)整治病害时宜尽量利用既有的临时设施,如便道、房屋、水池等,以降低病害整治费。

2. 水害的成因及防治方法

1)水害的成因

隧道水害的成因是修建隧道破坏了山体原始的水系统平衡,隧道成为所穿越山体附近地下水集聚的通道。在工程勘测设计中对其工程地质及水文地质情况了解得不够仔细,对衬砌周围地下水源、水量、流向及水质勘察不全;有时还缺乏反映防水材料性能的室内实验数据和对结构抗渗、抗腐蚀的具体要求;另外,施工和监理中存在的问题也是形成水害的原因;目前,国内许多厂家生产的防水材料质量不过关也是一个很重要的原因。

2)水害的防治方法

隧道治水的具体措施就是防、排、堵、截相结合,刚柔相济,因地制宜,综合治理,使之既能自成体系,又能互相配合,形成一个完整的隧道防治水体系。主要的处治方法有:

(1)完善或者补充地表和地下截水。
(2)在垭口和地质不利的地方通过截留和引排使水远离隧道。
(3)贯通隧道内的原有排水系统。
(4)衬砌背面注浆。
(5)在渗漏水的衬砌部位设置排水设施,包括引水管、泄水管和引水渡槽。
(6)在衬砌内贴防水层。
(7)在施工缝和变形缝处用止水带、遇水膨胀橡胶等密封防水材料进行封堵。
(8)对严重漏水的隧道应进行套拱加固。

3. 冻害的成因及防治方法

1)冻害的成因

气温变化是产生冻害的主要原因。如果在设计过程中,对围岩的岩性即冻胀性没有考虑或考虑不周,隧道的排水设施如埋在冻结圈(衬砌周围冬季冻结、夏季融化范围的围岩沿衬砌周围各最大冻结深度连成的圈)内则在冬季易发生冰塞。

2)冻害的防治方法

隧道冻害的根本原因就是围岩地下水的冻结,如果能将水排除在冻结圈以外,杜绝水进入冻结圈,就能达到防治冻害的目的,综合治理是防治冻害的最基本措施。为防治冻害而采取的治水措施主要有:

(1)消灭衬砌漏水缺陷,保证衬砌圬工不再充水受冻。

(2)加强结构层和接缝防水(所用防水材料要有一定的抗冻性)。

(3)对有冻害的地段,保证排水系统畅通,不允许衬砌背后积水,并防止冻结圈外的地下水向冻结圈内迁移。

(4)衬砌背后空隙用砂浆回填密实。

(5)保证排水设施或泄水沟在任何季节、任何条件下不冻结。

(6)在严寒地区可采用中心深埋泄水洞措施。

(7)更换土壤、增加保温材料防冻、防止融坍、加固结构等。

4. 衬砌裂损的成因及防治方法

1)衬砌裂损的成因

隧道设计时围岩级别划分不准、衬砌类型选择不当,造成衬砌结构与围岩实际载荷不相应而引发裂损病害。客观上因隧道穿越山体的工程地质和水文地质条件复杂多变,受勘测设计工作的数量、深度所限,大量的隧道只有较少的地质钻孔,在设计阶段难以取得完整、准确的资料,可能出现一些地段的围岩级别划分不准、衬砌类型选择不当的情况。如果在施工中得不到纠正,或施工中进行了错误的设计变更,都会造成这些地段的衬砌结构与围岩实际载荷不相适应。例如,对一些具有膨胀性围岩地段未采取曲墙加仰拱衬砌,偏压地段未采取偏压衬砌,断层破碎带、褶皱区等局部围岩松散压力或构造应力较大的地段未采取相应的衬砌结构加固措施,对地基软弱和易风化泥化地段未设可靠防排水设施等。施工时受技术条件限制,方法不当,管理不善,造成工程质量不良。例如先拱后墙法施工时拱架变形下沉,造成拱部衬砌产生不均匀下沉,拱腰和拱顶出现施工早期裂缝;拱顶与围岩不密贴;过早拆除模板支撑使衬砌承受超容许的荷载,易发生裂损。上述这些问题包括水害均可能造成隧道衬砌的裂损。

2)衬砌裂损的防治方法

整治衬砌裂损病害,首先要消灭已有的衬砌裂损对结构及运营的一切危害,并防止裂损扩大。其次是采取以稳固围岩为主,稳固岩体与加固衬砌相结合的综合治理措施。稳固围岩的措施有治水稳固岩体、锚杆加固岩体、注浆加固岩体、支挡加固岩体、衬砌背后空洞压浆、回填和换填等。衬砌更换与加固的方法有压浆加固、嵌补加固、锚喷加固、套拱加固、更换衬砌等。

5. 衬砌侵蚀的成因及防治方法

1)衬砌侵蚀的成因

环境水对混凝土和水泥砂浆的侵蚀作用主要可归纳为三种:溶出性侵蚀(即非结晶性侵蚀)、结晶性侵蚀和复合性侵蚀(溶出性侵蚀和结晶性侵蚀同时作用或交替作用)。对溶出性侵蚀,只要能解决衬砌的渗漏水问题,彻底治理好水,就能达到防蚀的目的。结晶性侵蚀是指水泥中的化合物与水作用后的新生成物或水中盐类介质析出结晶,发生体积膨胀而导致材料破坏,而析出结晶的条件是混凝土中的干湿变化,干湿变化越频繁,侵蚀速度越快。因此,对于这类侵蚀,只防止渗漏而不防止混凝土充水是不行的,即不仅要防渗漏,还要防止混凝土浸水,避免侵蚀水与混凝土发生作用。复合性侵蚀包含上述两种侵蚀的特性。

产生侵蚀的三个原因:第一,腐蚀介质的存在;第二,易腐蚀物质的存在;第三,地下水存在且具有活动性。

2)衬砌侵蚀的防治方法

针对侵蚀产生的原因和条件,对公路隧道衬砌侵蚀采取的防治措施主要有:

(1)提高混凝土的密实性和衬砌的整体性。

(2)外掺加料法。

(3)选用耐侵蚀水泥。

(4)加强衬砌外排水措施,使用密实的与混凝土不起化学反应的材料在衬砌外表面做隔离防水层。

(5)采用与侵蚀性环境水不起化学反应的天然石料砌筑衬砌。

(6)向衬砌背后压注防蚀浆液。

(7)使用防腐蚀混凝土等。

七、养护等级与技术状况评定

(一)养护等级

微课8.1
隧道养护等级

根据公路等级、隧道长度和交通量大小,公路隧道养护可分为三个等级,分级标准宜按表8-1和表8-2执行。

高速公路、一级公路隧道养护等级分级　　表8-1

单车道年平均日交通量 [pcu/(d·ln)]	隧道长度(m)			
	$L>3000$	$1000<L\leq3000$	$500<L\leq1000$	$L\leq500$
≥10001	一级	一级	一级	二级
5001~10000	一级	一级	二级	二级
≤5000	一级	二级	二级	三级

二级及二级以下公路隧道养护等级分级　　表8-2

单车道年平均日交通量 [pcu/(d·ln)]	隧道长度(m)			
	$L>3000$	$1000<L\leq3000$	$500<L\leq1000$	$L\leq500$
≥10001	一级	二级	二级	三级
5001~10000	二级	二级	三级	三级
≤5000	二级	三级	三级	三级

(二)技术状况评定

公路隧道技术状况评定应包括隧道土建结构、机电设施、其他工程设施技术状况评定和总体技术状况评定。公路隧道技术状况评定应采用分层综合评定与隧道单项控制指标评定相结合的方法,先对隧道各检测项目进行评定,然后对隧道土建结构、机电设施和其他工程设施分别进行评定,最后进行隧道总体技术状况评定。

公路隧道总体技术状况评定应分为1类、2类、3类、4类和5类,评定类别描述及养护对策见表8-3。养护等级划分后,对重要隧道,或总体技术状况评定为4类和5类的隧道,或处于不良地质发育地段或恶劣气候地区的隧道,养护等级应提高1~2级。《公路隧道养护技术规范》(JTG H12—2015)给出了土建结构技术状况评定标准,如表8-4所示。

公路隧道总体技术状况评定 表8-3

技术状况评定类别	评定类别描述		养护对策
	土建结构	机电设施	
1类	完好状态。无异常情况,或异常情况轻微,对交通安全无影响	机电设施完好率高,运行正常	正常养护
2类	轻微破损。存在轻微破损,现阶段趋于稳定,对交通安全不会有影响	机电设施完好率较高,运行基本正常,部分易耗部件或损坏部件需要更换	应对结构破损部位进行监测或检查,必要时实施保养维修;机电设施进行正常养护,应对关键设备及时修复
3类	中等破损。存在破坏,发展缓慢,可能会影响行人、行车安全	机电设施尚能运行,部分设备、部件和软件需要更换或改造	应对结构破损部位进行重点监测,并对局部实施保养维修;机电设施需进行专项工程
4类	严重破损。存在较严重破坏,发展较快,已影响行人、行车安全	机电设施完好率较低,相关设施需要全面改造	应尽快实施结构病害处治措施;对机电设施应进行专项工程,并应及时实施交通管制
5类	危险状态。存在严重破坏,发展迅速,已危及行人、行车安全	—	应及时关闭隧道,实施病害处治,特殊情况需进行局部重建或改建

土建结构技术状况评定标准 表8-4

状况值	评定因素			
	缺损程度	发展趋势	对行人、车辆安全的影响	对隧道结构安全的影响
0	无或非常轻微	无	无影响	无影响
1	轻微	趋于稳定	目前尚无影响	目前尚无影响
2	中等	较慢	将来会影响行人、车辆安全	将来会影响隧道结构安全
3	较严重	较快	已经影响行人、车辆安全	已经影响隧道结构安全
4	严重	迅速	严重影响行人、车辆安全	严重影响隧道结构安全

应采用土建结构和机电设施两者中最差的技术状况类别作为隧道总体技术状况的类别。公路隧道检查及技术状况评定工作流程如图8-1所示。

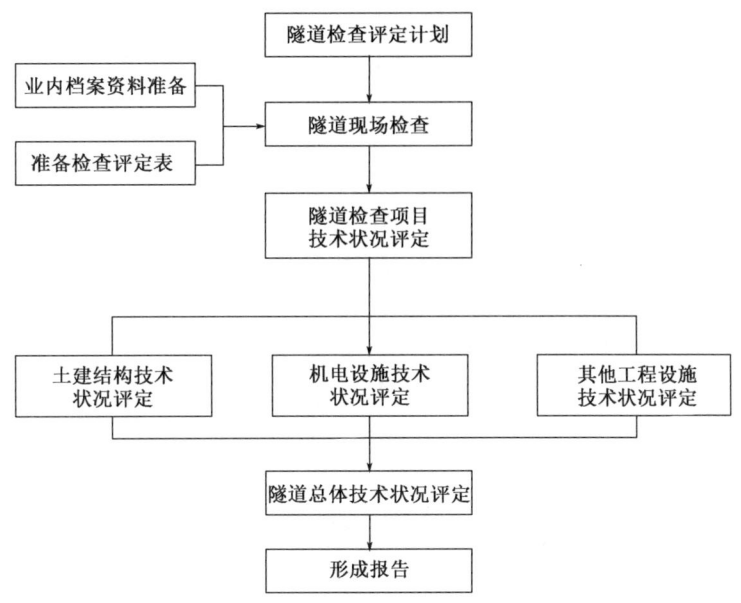

图8-1　公路隧道检查及技术状况评定工作流程图

第二节　土建结构的养护与检查

一、土建结构养护

土建结构主要是指隧道的各类土木建筑工程结构物,包括洞口边仰坡、洞门、衬砌、路面、防排水设施、斜(竖)井、检修道及风道等结构物。

土建结构的养护工作应包括日常巡查、清洁维护、结构检查、保养维修和病害处治等内容。这几部分工作,内容互不相同,具有相对的独立性,但又彼此衔接,相互关联。

日常巡查应对隧道洞口、衬砌、路面是否处在正常工作状态、是否妨碍交通安全等进行检查。

清洁维护的工作内容应包括扫除隧道内垃圾、清除结构物脏污、清理(疏通)排水设施,保持结构物外观的干净整洁。

结构检查的工作内容应包括发现结构异常情况,系统掌握结构技术状况,判定结构物功能状态,确定相应的养护对策或措施。

保养维修的工作内容应包括预防性地对结构物进行维护,修复结构物轻微破损,经常保持结构物完好状态。

病害处治的内容应包括修复破损结构,消除结构病害,恢复结构物设计标准,维持良好的技术功能状态。

二、日常巡查

日常巡查是指在巡视车上或通过步行目测以及其他信息化手段对土建结构外观和技术状况进行的一般巡视检查,并及时记录检查结果。巡查频率宜不低于1次/d,雨季、冰冻季节和极端天气情况下,应增加巡查次数。日常巡查包括下列内容:

(1)隧道洞口边仰坡是否存在边坡开裂滑动、落石等现象。
(2)隧道洞门结构是否存在大范围开裂、砌体断裂、脱落等现象。
(3)隧道衬砌是否存在大范围开裂、明显变形、衬砌掉块等现象。
(4)是否存在地下水大规模涌流、喷射,路面出现涌泥沙或大面积严重积水等威胁交通安全的现象。
(5)隧道路面是否存在散落物,或严重隆起、错台、断裂等现象。
(6)隧道洞顶预埋件和悬吊件是否存在断裂、变形或脱落等现象。

三、清洁维护

应经常性、周期性地对土建结构进行清洁维护,其周期应综合考虑隧道养护等级、交通量大小及组成、结构物脏污程度、清洁方式及效率、环境条件等因素加以确定,并尽量减少对交通营运的干扰。按照养护等级,隧道清洁频率宜不低于表8-5和表8-6的规定。

高速公路、一级公路隧道清洁频率　　　　表8-5

清洁项目	养护等级		
	一级	二级	三级
路面	1次/d	2次/周	1次/旬
内装饰、检修道、横通道、标志、标线、轮廓标	1次/月	1次/2月	1次/季度
排水设施	1次/季度	1次/半年	1次/半年
顶板	1次/半年	1次/年	1次/2年
斜井	1次/半年	1次/年	1次/2年
侧墙、洞门	1次/2月	1次/季度	1次/半年

二级及二级以下公路隧道清洁频率　　　　表8-6

清洁项目	养护等级		
	一级	二级	三级
路面	1次/周	1次/半月	1次/月
内装饰、侧墙、洞门、检修道、横通道、标志、标线、轮廓标	1次/季度	1次/半年	1次/年
排水设施	1次/半年	1次/年	1次/年
顶板	1次/年	1次/2年	1次/3年
斜井	1次/年	1次/2年	1次/3年

四、结构检查

(一)概述

1. 分类

土建结构检查应包括经常检查、定期检查、应急检查和专项检查,并应满足下列要求:

(1)经常检查是对土建结构的外观状况进行一般性定性检查。

(2)定期检查是按规定周期对土建结构的基本技术状况进行全面检查。

(3)应急检查是在隧道遭遇自然灾害、发生交通事故或出现其他异常事件后对遭受影响的结构进行详细检查。

(4)专项检查是根据经常检查、定期检查和应急检查的结果,对需要进一步查明缺损或病害的详细情况的隧道,进行更深入的专门检测、分析等工作。

2. 工作流程

当经常检查的判定结果为B时,应进行监视、观测或做应急检查;当应急检查或定期检查的判定结果为B时,应做专项检查。经常检查、定期检查、应急检查和专项检查的工作流程如图8-2所示。

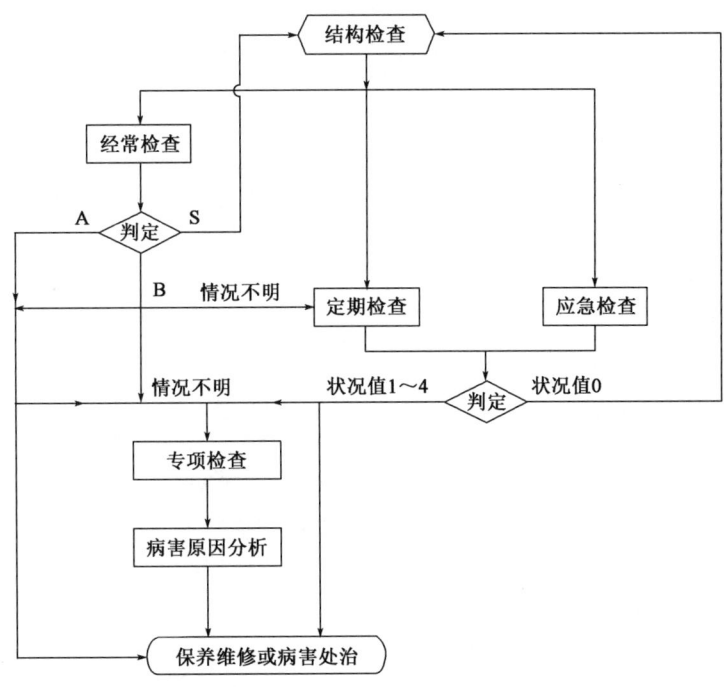

图8-2 土建结构检查工作流程图
A-严重异常;B-一般异常;S-情况正常

(二)经常检查

按照公路隧道养护等级,土建结构经常检查频率应不低于表8-7的规定,且在雨季、冰冻季节或极端天气情况下,或发现严重异常情况时,应提高经常检查频率。

公路隧道土建结构经常检查频率　　　　　　　　　　　　　　　　表8-7

检查类别	养护等级		
	一级	二级	三级
经常检查	1次/月	1次/2月	1次/季度

通过经常检查,及时发现早期缺损、显著病害或其他异常情况,确定对策措施,并应符合下列规定:

(1)经常检查宜采用人工与信息化手段相结合的方式,配以简单的检查工具进行。简单检查工具是指皮尺、钢卷尺、铁锤、手电筒和粉笔等常用的、易于携带的工具。

(2)经常检查以定性判断为主,检查内容及判定标准宜按表8-8执行,检查结果应及时填入"经常检查记录表"(表8-9);经常检查破损状况判定分三种情况:情况正常(S)、一般异常(B)、严重异常(A)。

经常检查内容及判定标准　　　　　　　　　　　　　　　　　　　表8-8

项目名称	检查内容	判定描述	
		一般异常	严重异常
洞口	边仰坡有无危石、积水、积雪;洞口有无淤塞、构造物有无开裂、倾斜、沉陷等	存在危石、积水、积雪;洞口局部挂冰;构造物局部开裂、倾斜、沉陷,有妨碍交通的可能	坡顶落石、积水漫流或积雪崩塌;洞口挂冰掉落路面;构造物因开裂、倾斜或沉陷而剥落或失稳;边沟淤塞,已妨碍交通
洞门	有无结构开裂、倾斜、沉陷、错台、起层、剥落;有无渗漏水(挂冰)	侧墙出现起层、剥落状况;存在渗漏水或结冰,尚未妨碍交通	拱部及其附近部位出现剥落;存在喷水或挂冰等,已妨碍交通
衬砌	有无结构裂缝、错台、起层、剥落	衬砌起层,且侧壁出现剥落状况,尚未妨碍交通,将来可能构成危险	衬砌起层,且拱部出现剥落状况,已妨碍交通,并有继续恶化的可能
	(施工缝)有无渗漏水	存在渗漏水,尚未妨碍交通	大面积漏水,已妨碍交通
	有无挂冰、冰柱	存在结冰现象,尚未妨碍交通	拱部挂冰,形成冰柱,已妨碍交通
路面	有无落物、油污;有无滞水或结冰;有无路面拱起、坑洞、开裂、错台等	存在落物、滞水、结冰、裂缝等,尚未妨碍交通	拱部落物,存在大面积路面滞水、结冰或裂缝,已妨碍交通
检修道	有无结构破损;有无盖板缺损;有无栏杆变形、损坏	栏杆变形、损坏;道板缺损;结构破损,尚未妨碍交通	栏杆局部毁坏或侵入建筑限界;道路结构破损,已妨碍交通
排水设施	有无破损、堵塞、积水、结冰	存在破损、积水或结冰,尚未妨碍交通	沟管堵塞,积水漫流,结冰,设施破损严重,已妨碍交通

续上表

项目名称	检查内容	判定描述	
		一般异常	严重异常
吊顶	有无变形、破损、漏水（挂冰）	存在破损、漏水,尚未妨碍交通	破损严重,或吊顶板漏水严重,已妨碍交通
内装饰	有无脏污、变形、破损	存在破损,尚未妨碍交通	破损严重,已妨碍交通

经常检查记录表 表8-9

隧道名称：_____ （上行洞/下行洞） 路线名称：_____
隧道编码：_____ 路线编码：_____
养护机构：_____ 检查日期：___年___月___日 天气：___

里程桩号/异常位置	项目名称	检查内容	异常描述（性质、范围、程度等）	判定		养护措施		
				一般异常	严重异常	跟踪监测	维修处治	定期或专项检查

检查人： 记录人：

当经常检查中发现隧道存在一般异常情况时,应进行监视、观测或做进一步检查;当经常检查中发现隧道存在严重异常情况时,应及时采取措施进行处治;当对其产生原因及详细情况不明时,尚应做定期检查或专项检查。

(三)定期检查

定期检查是按规定周期对土建结构的基本技术状况进行全面检查。通过定期检查,应系统掌握结构基本技术状况,评定结构物功能状态,为制订养护工作计划提供依据。

定期检查的周期宜为1年,最长不得超过3年。当经常检查中发现重要结构分项技术状况评定值为3或4时,应立即开展一次定期检查。定期检查宜安排在春季或秋季（春融期后或汛期到来前后）进行。新建隧道应在交付使用1年时进行首次定期检查。

检查需配备必要的检查工具或设备,进行目测或量测检查。检查时,应尽量靠近结构,依次检查各个结构部位,注意异常情况和原有异常情况的发展变化。对于有异常情况的结构,应在其适当位置作出标记。检查结果宜尽可能量化。

为达到技术状况评定的定性与定量要求,应提高定期检查的技术水平。定期检查必要的工具和设备主要有：

(1)尺寸测量——卷尺、游标卡尺、水准仪、激光断面仪等。
(2)裂缝检查——带刻度的放大镜、宽度测定尺、测针、标线、裂缝测宽测深仪等。
(3)材料结构检查——锤子、回弹仪、超声波仪、地质雷达等。
(4)漏水检查——pH试验纸、温度计等。
(5)路面检查——摩擦系数测定仪、平整度仪等。
(6)照明器具——卤素灯或目测灯、手电筒。
(7)记录工具——隧道展示图纸、记录本、照相机或摄像机。
(8)升降设备——可移动台架、升降台车。

此外，清扫用具、交通控制标志牌板等也是需要的。在条件允许时，养护单位使用车载式隧道快速扫描或摄像设备，能够提高检查精度和速度，也有利于检查结果的电子化存储和使用。

定期检查项目中，围岩检查主要针对无衬砌隧道。

定期检查的内容宜按表8-10执行，应根据隧道的实际情况进行选择。

定期检查内容 表8-10

项目名称	检查内容
洞口	山体滑坡、岩石崩塌的征兆及其发展趋势；边坡、碎落台、护坡道的缺口、冲沟、潜流涌水、沉陷、塌落等及其发展趋势
	护坡、挡土墙的裂缝、断缝、倾斜、鼓肚、滑动、下沉的位置、范围及其程度，有无表面风化、泄水孔堵塞、墙后积水、地基错台、空隙等现象及其程度
洞门	墙身裂缝的位置、宽度、长度、范围或程度
	结构倾斜、沉陷、断裂范围、变位量、发展趋势
	洞门与洞身连接处环向裂缝开展情况、外倾趋势
	混凝土起层、剥落的范围和深度，钢筋有无外露、是否锈蚀
	墙背填料流失范围和程度
衬砌	衬砌裂缝的位置、宽度、长度、范围或程度，墙身施工缝开裂宽度、错位量
	衬砌表层起层、剥落的范围和深度
	衬砌渗漏水的位置、水量、浑浊程度、冻结状况
路面	路面拱起、沉陷、开裂、错台、溜滑的范围和程度，路面积水、结冰等范围和程度
检修道	检修道毁坏、盖板缺损的位置和状况，栏杆变形、锈蚀、缺损等的位置和状况
排水系统	结构缺损程度，中央窨井盖、边沟盖板等完好程度，沟管开裂漏水状况；排水沟（管）、积水井等淤泥堵塞、沉沙、滞水、结冰等状况
吊顶及各种预埋件	吊顶板变形、缺损的位置和程度；吊杆等预埋件是否完好，有无锈蚀、脱落等危及安全的现象及其程度；漏水（挂冰）范围及其程度
内装饰	表面脏污、缺损的范围和程度；装饰板变形、缺损的范围和程度等
标志、标线、轮廓标	外观缺损、表面脏污状况，连接件牢固状况，光度是否满足要求等

从隧道的一般断面来看，拱脚附近为非常薄弱的构造。在外部压力作用下，结构变形往往首先发生在这个部位，如基脚膨胀、路基下部冻胀、上拱、下沉等，于是出现路面裂缝、施工

缝错裂等。在定期检查时,对边沟内部的裂缝、边沟盖板的凹凸和倾斜、路面裂缝、接缝错裂等状况都要进行观察并记录于隧道展示图中。

一般要求将裂缝绘入隧道展示图,标明裂缝的宽度、长度,为评价裂缝开裂程度及养护维修提供基本资料。

检查结果应当场填入"定期(应急)检查记录表"(表8-11),将检查数据及病害绘入"隧道展示图"(图8-3,其图例按图8-4采用)。

定期(应急)检查记录表　　　　　　　　　　　　　　　　　　　表8-11

隧道名称:＿＿＿＿＿＿＿＿　　　　　路线名称:＿＿＿＿＿＿＿＿
隧道编码:＿＿＿＿＿＿＿＿　　　　　路线编码:＿＿＿＿＿＿＿＿
养护机构:＿＿＿＿＿＿＿＿　　　　　检查日期:＿＿年＿＿月＿＿日　　天气:＿＿

里程桩号	项目名称	缺损位置	检查内容	状态描述 (性质、范围、程度等)	状况值 (0~4)	影像或图片 (编号/时间)

检查人:　　　　　　　　　　　　　　　　　　记录人:

土建结构	桩号	
	左墙	
	拱部	
	右墙	

隧道名称:＿＿＿＿＿＿＿＿＿＿　　　　检查日期:＿＿年＿＿月＿＿日
检查人:　　　　　　　　　　　　　　　记录人:

图8-3　隧道展示图

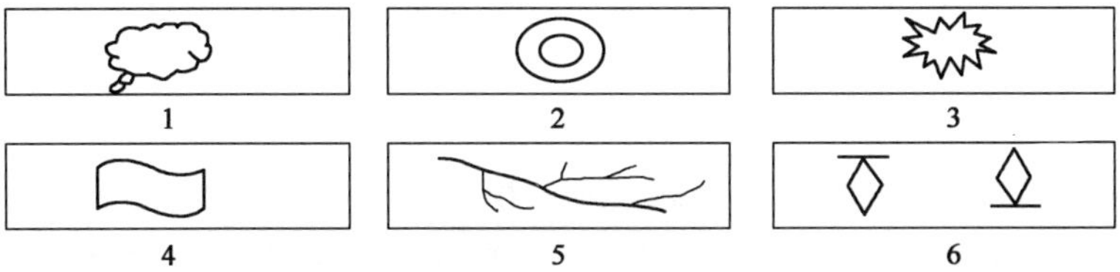

图8-4　病害表述图例
1-出水冒泥;2-衬砌凸起;3-围岩碎落;4-墙体变形;5-衬砌或围岩开裂;6-漏水、挂冰、堆冰

发现评定状况值为2以上的情况,应做影像记录,并详细、准确地记录缺损或病害状况,分析成因,对结构物的技术状况进行评定。当定期检查中出现评定状况值为3或4的项目,且其

产生原因及详细情况不明时,应做专项检查。

定期检查完成后,应编制土建结构定期检查报告,内容应包括:

(1)定期(应急)检查记录表、隧道展示图及相关调查资料等。

(2)对土建结构的技术状况评定。

(3)对土建结构的养护维修状况的评价及建议。

(4)需要实施专项检查的建议。

(5)需要采取处治措施的建议。

定期检查报告综合了各个结构物的检查结果,对土建结构的技术状态和使用功能作出评价,并根据检查中发现的问题,对养护工作提出改进建议或措施;当异常原因不明时,应提出进行专项检查的建议,内容包括进行专项检查的原因、项目、目的、要求等;对于已确定的结构病害,应提出采取处治措施的建议,内容包括实施处治的原因、项目、措施、所需的工程费用以及时间等。

"隧道展示图"的正面为图(坐标纸),背面为文字记录,逐年记录,以便把握病害发展规律,评价隧道安全程度。比较而言,照片、摄像和扫描能更客观、准确地记录结构实际状况,有助于正确判定结构技术状况,应积极采用。近年来,隧道车载连续摄像技术和激光扫描技术已有发展,在国内外均已有成功应用的专业设备。

(四)应急检查

应急检查是在隧道遭遇自然灾害、发生交通事故或出现其他异常事件后,对遭受影响的结构立即进行的详细检查。通过应急检查,应及时掌握结构受损情况,为采取对策措施提供依据。

应根据受异常事件影响的结构,决定采取的检查方法、工具和设备。

进行应急检查时,应按表8-11针对受异常事件影响的结构或结构部位作重点检查,掌握其受损情况。

应急检查应按定期检查的标准判定,当难以判明破损的原因、程度等情况时,应做专项检查。

应急检查的方法与定期检查基本相同,携带必要的仪器和设备,检查的内容相比定期检查有所侧重,主要针对异常事件的影响而展开;检查的目的是了解异常事件对结构的影响,掌握结构受损情况,确保人员、车辆、结构和设施的安全;检查完成后,应编制应急检查报告,总结检查内容和结果,评估异常事件的影响,确定合理的对策措施。

(五)专项检查

专项检查是根据经常检查、定期检查或应急检查的结果,判断需要进一步查明某些破损或病害的详细情况而进行的更深入的专门检测。通过专项检查,应完整掌握破损或病害的详细资料,为其是否实施处治以及采取何种处治措施等提供技术依据。

由于某些检测需要专业的检测手段和设备,所以需要委托专业的检测机构实施检查。此外,当一次检查不足以提供详细资料时,还需进行连续的或长期的检查。

检查人员应对有关的技术资料、档案进行调查,并对隧道周围的地质及地表环境等展开实地调查,以充分掌握相关的信息,分析土建结构发展变化的原因,探索其规律,确保专项检查结果的准确性。

专项检查的项目、内容及其要求,可按表8-12的内容选择实施。

专项检查项目　　　　　　　　　　　　　　表8-12

检查项目		检查内容
结构变形检查	道路线形、高程检查	道路中线位置、路面高度、缘石高度,以及纵、横坡度等测量
	隧道横断面检查	隧道横断面测量,周壁位移测量(与相邻或完好断面比较)
	净空变化检查	隧道内壁间距测量(自身变化比较)
裂缝检查	裂缝调查	裂缝的位置、宽度、长度、开展范围或程度等
	裂缝检测	裂缝的发展变化趋势及其速度,裂缝的方向及深度等
漏水检查	漏水调查	漏水的位置、水量、浑浊程度、冻结及原有防(排)水系统的状态等
	漏水检测	水温检查、pH值检查、导电度检测、水质变化分析
	防排水系统	拥堵、破坏情况
材质检查	衬砌强度检查	强度简易测定,钻孔取芯,各种强度试验等
	衬砌表面病害	起层、剥落、蜂窝、麻面、孔洞、露筋等
	混凝土碳化深度检测	采用酚酞液检查混凝土的碳化深度
	钢筋锈蚀检测	剔凿检测法、电化学测定法、综合分析判定法
衬砌及围岩状况检查	无损检查	无损检测衬砌厚度、空洞、裂缝和渗漏水等,以及钢筋、钢拱架、衬砌配筋位置及保护层厚度、围岩状况、仰拱充填层密实程度及其下岩溶发育情况
	钻孔检查	钻孔测定衬砌厚度等,内窥镜观测衬砌及围岩内部状况
荷载状况检查	衬砌应力及拱背压力检查	衬砌不同部位的应力及其变化,拱背压力的分布及其变化
	水压力检查	地下水丰富的隧道检查衬砌背后水压力大小、分布及变化规律

检查完成后,应提交专项检查报告。报告的内容应包括:

(1)检查的主要经过,包括检查的组织实施、时间和主要工作过程等。

(2)所检查结构的技术状况,包括检查方法、试验与检测项目及内容、检测数据与结果分析,以及对破损结构的技术评价等。

(3)对病害的成因、范围、程度等情况的分析,及其维修处治对策、技术以及所需资金等建议。

1. 结构变形检查

(1)道路线形、高程检查:通过测量结构高度、角度、坡度等的变化,发现结构的变形,掌握其发展变化的趋势。一般使用经纬仪、水准仪、花杆、卷尺等工具进行测量,根据测量的内容、方法等设置测点。

(2)隧道横断面检查:根据结构的变化状况,在可能发生断面倾斜、顶部下沉等变形的地方,测量隧道横断面尺寸,通过与相邻横断面的比较,发现变形的有无和变化程度。

简单的横断面测定:布设横、竖测线,测量隧道各部尺寸,即可基本掌握横断面的形状,如

图8-5所示。

如果需要更准确地掌握隧道横断面尺寸,可用激光式横断面测量仪进行测量。激光式横断面测量仪在操作性、作业效率等方面具有优越性,便于处理测量数据、显示横断面形状并输出测量结果等。

(3)净空变化检查:净空变化的测量方法较多,一般是在隧道内壁安装锚销、布设测线,测量锚销间距的变化,测线布置如图8-6所示。推测断面可能变形的地方,通过测量左右侧墙间距、拱部的水平测线或斜测线的长度,掌握净空变化的有无和发展速度。

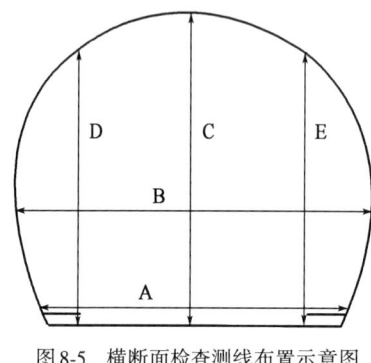

图8-5 横断面检查测线布置示意图
A、B、C、D、E-测线

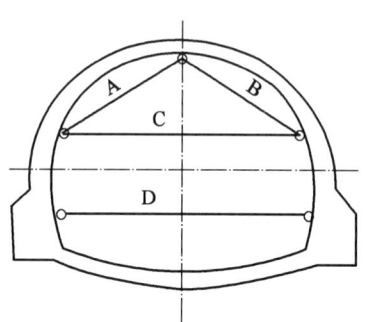

图8-6 净空变化检查测线布置示意图
A、B、C、(D)-测线

测线的设置方法根据变化的倾向、顶板的有无等可能有所不同。对于受偏压作用的隧道,斜测线的设置很重要;对于膨胀围岩作用下的隧道,宜在路基下部设置锚销,测量其与拱顶测点间的长度变化。

2. 裂缝检查

根据检查要求的不同,将裂缝检查分为裂缝调查和裂缝检测。

(1)裂缝调查:使用简易的测量器具或方法,查明裂缝有无及其发展变化。图8-7所示为四种简易检查方法:

①砂浆扁饼——横跨裂缝涂以拌和砂浆(扁饼),观察裂缝有无新的发展(由于振动等原因,砂浆扁饼可能掉落,因此不宜设置在隧道拱部)。

②标记——目测裂缝末端位置并标记,用油漆等标明检查日期。

③裂缝测量计——横跨裂缝设置机械式宽度测量计,测量裂缝宽度变化。

④标点——横跨裂缝设置标点,用卡尺测量其间距变化。

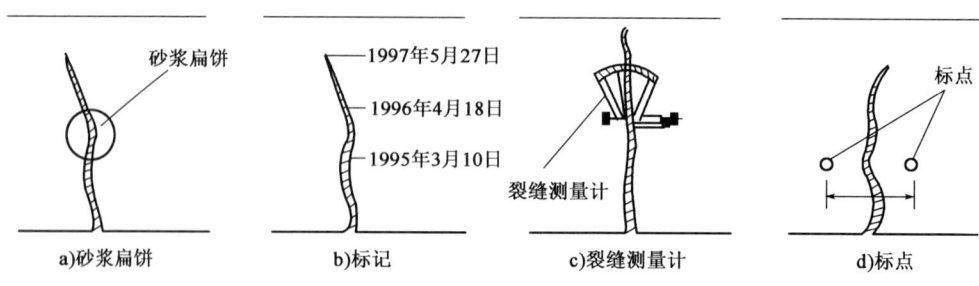

图8-7 裂缝调查

（2）裂缝检测：主要针对裂缝的发展变化进行连续观测，可采用电阻丝应变型的裂缝变形计进行测量，图8-8为裂缝检测示例。由于季节的变化，裂缝宽度会随着混凝土的热胀冷缩而变化，因此宜连续测量1年以上的时间，将检查结果按时间顺序记录整理，掌握裂缝发展规律等。

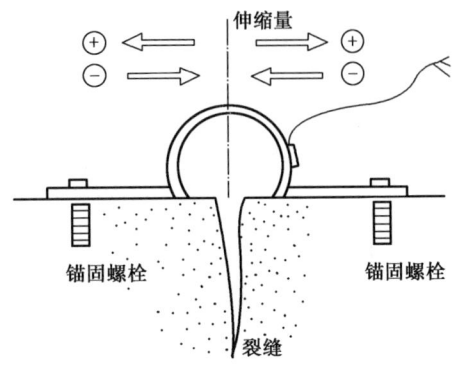

图8-8 裂缝检测示意图

检查时间和周期参考如下：

周期：3个月内，1次/月；3个月后，1次/3个月。

当确认裂缝处于变化中时，可根据其发展变化程度适当增加检查次数；地震（4级以上）、暴雨后宜增加检查次数。

时间：1～2年（之后监视即可）。

检查裂缝的深度或方向，可通过钻孔取芯的方法进行，如图8-9所示。

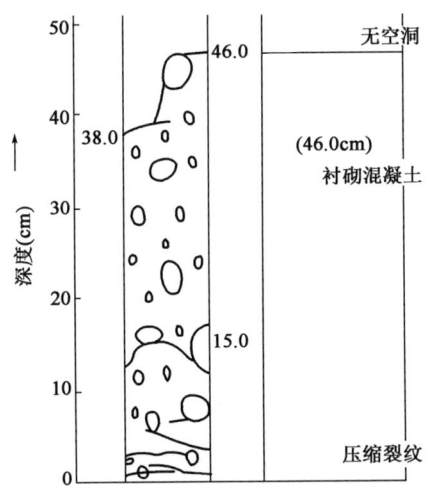

图8-9 钻孔取芯结果示例

此外，超声波无损检测也可应用于裂缝检测：根据超声波在衬砌混凝土中的传播速度，得出行程-时间曲线；然后，固定超声波发射器位置，使接收器沿衬砌某一方向移动，根据裂缝位置处超声波传播时间的变化，如延迟时间等，即可计算出裂缝深度，如图8-10所示。超声波检测方法简便易用，对检测结构无损害，应在结构检查中推广应用。

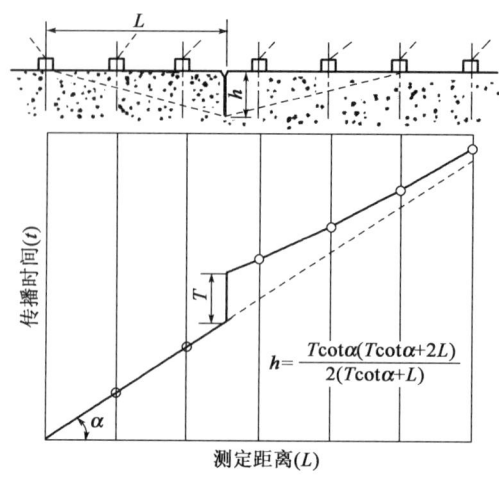

图 8-10 超声波探查裂缝深度示意图

T-超声波延迟时间;α-超声波传播曲线倾角;L-裂缝位置与超声波发射点的距离;h-裂缝深度

3. 漏水检查

根据检查的内容、要求等,将其分为两类检查。

1)漏水调查

调查漏水的位置、流量、浑浊程度、pH 值、冻结以及原有防(排)水设施的状况,内容主要包括:

(1)位置:检查漏水位置是否会阻碍车辆行驶和妨碍坑洞内各种设备的功能。特别是在冬季冰冻地区,行车道处的漏水由于结冰、堆冰等而妨碍车辆行驶;不规则暴露层表面湿润的漏水表明结构材质不良或存在裂缝,并对这些缺陷起促进作用。检查清楚后,将漏水位置和范围标记于隧道展示图上。

(2)漏水量:检查漏水流量、漏水状态以及排水沟内的水流状态等。根据漏水压力、流量等因素,将漏水状态分为四类,如图 8-11 所示。在漏水显著的情况下,可用秒表和计量容器等测定其流量。

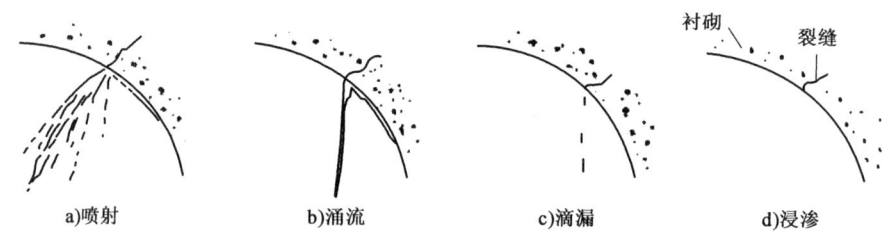

图 8-11 漏水状态的分类

(3)浑浊程度:漏水如果是浑浊的,需要检查砂土是否和漏水一起流出;如是,需测定每处砂土流出量(如水槽内堆积的砂土量)。降雨后出现浑浊漏水的隧道,有必要进行详细的检查。

(4)pH 值:漏水是助长衬砌材质劣化的原因之一,特别是当漏的水显示出强酸性时,混凝土有严重劣化的危险,必须引起注意。检查时,一般使用 pH 试纸对漏水的酸碱度作简易测定。

(5)冻结:冬季漏水冻结,引起衬砌混凝土发生冻害、路面结冰和堆冰等,妨碍交通安全。

主要检查以下项目:
①位置——在隧道延长方向和断面方向的分布。
②程度——挂冰、堆冰、路面结冰等的规模大小和发展速度。
③温度——累计的寒冷温度、最低温度,长隧道内的温度分布等。

此外,当冻害可能使材质损坏时,还需对衬砌材质进行检测试验。在高寒冰冻地区,由于岩体冻结,其形状有可能发生变化,因而需对其形状变化的发展(发生显著季节性变动时)、岩体的地质状况、温度等进行检查。

(6)原有防(排)水设施:检查原有防(排)水设施的设置及技术状况,其功能是否发挥正常,能否满足现在的防(排)水要求。

2)漏水检测

当漏水可能具有劣化作用时,应对其水质进行检测。通过对漏水和流入隧道中的地表水的温度、pH值、导电度等的测定,可查明混凝土劣化的原因,大致推定漏水的流径。简单的漏水检测一般需要如下工具:

(1)水温检查——温度计。
(2)pH值检查——pH值测定器、比色管(水的酸碱性的表示)。
(3)导电度检查——导电计(全溶解物质及其数量的推定)。

通过测量水温,掌握各处水温的季节性变动,可判明漏水与地下水、地表水的关系。在同一地点,如确认漏水温度有明显的季节性变动,表明漏水与地表水有直接关系。

当需要详细检查漏水所含成分时,可取漏水水样,送交专业的水质检测机构进行详细的水质分析。与混凝土接触的水的pH值,其安全判断标准可参考表8-13。当漏水具有强酸性时,对混凝土有很强的劣化作用,必须引起重视。

漏水pH值的判定　　　　　　　　　　　　　　　　　　　　　　　表8-13

pH值	对混凝土的作用	判定结果
4.0以下	水泥溶解崩溃	危险
4.1~5.0	在短时间内表面凹凸不平	危险
5.1~6.0	表面易损坏	注意
6.1~7.9	在混凝土使用初期要注意	较安全
8.0以上	—	安全

4. 材质检查

材质检查主要是对衬砌混凝土强度进行检测,目的在于掌握衬砌混凝土材质的劣化和强度变化。

衬砌混凝土的材质,可通过目测或铁锤敲击等方法进行诊断,能在一定程度上了解其劣化的状况。

要准确掌握衬砌材料劣化状况,可取其试件进行检测试验,检测项目可参考表8-14。其中,试件可由衬砌钻孔取得;在强度试验中,试件的标准尺寸为$\phi=100mm, L=200mm$,数量宜不少于3个。

衬砌混凝土的检测项目　　　　　　　表8-14

检测项目	检测内容
单轴压缩试验	单轴压缩强度(σ_c)、弹性模量(E_s)、静泊松比(μ_s)
超声波传播速度检测	P波速度(v_p)、S波速度(v_s)、动弹性模量(E_D)、动泊松比(μ_D)
单位体积重量试验	单位体积重量(γ_t)、含水率(w)
单轴拉伸试验	单轴拉伸强度(σ_t)

超声波传播速度与混凝土品质、强度的关系如无实测资料,可参考表8-15进行推断。

超声波传播速度与混凝土品质、强度的关系　　　　　表8-15

（Ⅰ）美国和加拿大的一例		（Ⅱ）苏联的一例		
纵波速度(m/s)	品质	纵波速度(m/s)	品质	强度(kgf/cm²)
>4600	优	>4500	卓越	400以上
>3700且≤4600	良	>4000且≤4500	优良	略低于400
>3100且≤3700	合格	>3500且≤4000	良好	250左右
>2100且≤3100	不合格	>3000且≤3500	合格	100左右
≤2100	恶劣	>2000且≤3000	不合格	40左右
—	—	≤2000	恶劣	—

注:1kgf/cm²=0.0980665MPa。

5. 衬砌及围岩状况检查

此项检查的目的在于查明衬砌混凝土厚度及其背后围岩状况,分析混凝土劣化的原因,并提供处治所需的资料。

1)无损检查

土建结构的无损检查一般通过敲击、超声波、电磁波等方式进行。

(1)敲击法:通过测量敲击声的强度、频率、音质等,判断结构有无异常情况。在衬砌厚度、拱背空洞、有无剥离以及混凝土劣化等检查中应用效果较好。

敲击法又称为打击声法。这本来是一个古老而传统的方法,凭感觉在大范围内进行简便的检查。最近几年由于电子技术的发展,打击声法获得了很大的发展。

健全的衬砌打击声是清音,有变异的衬砌打击声是浊音。以下是打击声法的一个例子(图8-12、图8-13)。

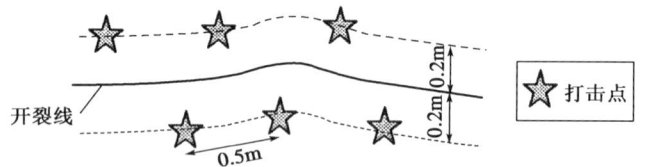

图8-12　打击声检查示例

①为了判定内部状态,用锤在1个地点锤击3次以上。
②锤击间隔在50cm左右。
③在开裂的0.2m范围内进行。
④记录变异展开图。

图 8-13　打击声检查的实施状况

图 8-14 是打击声检查的结果。

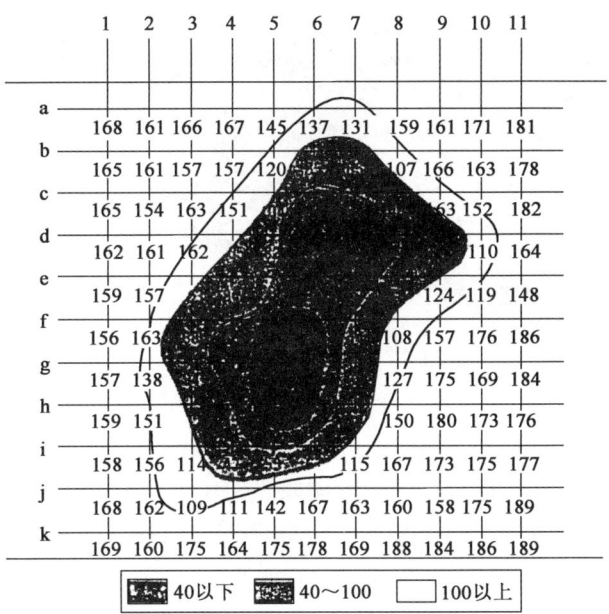

图 8-14　打击声检查背后剥离的状态

但打击声检查也存在以下问题：
①很难掌握衬砌内部的状态。
②记录检查结果的作业需要时间。
③容易产生人为的误差。
④衬砌拱顶的检查非常困难。
为此，目前正在开发自动打击声检查系统，并且该系统已经开始实用化。图 8-15 是自动打击声检查系统的模式图。

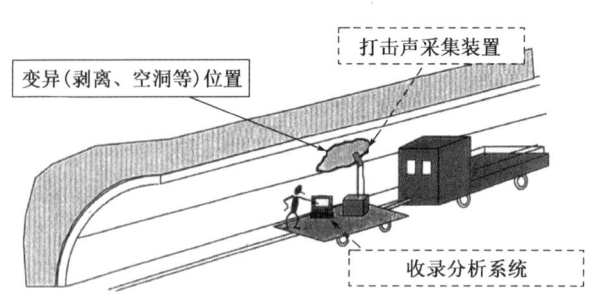

图 8-15 自动打击声检查系统模式图

佐藤工业开发的隧道衬砌自动打击声检查装置如图 8-16 所示。采用能够检出加振力的脉冲锤,根据锤击声的不同,获得客观判断的结果。脉冲锤和麦克风一体化的打击声检测装置,可设置在台车上的走行钢轨上,能够在隧道纵向12m,圆周方向2.5m的范围内移动。一次可检查约30m²的面积,可瞬时解析打击声,自动判断变异地点。钢轨能够伸缩、倾斜,可检查任意形状的隧道。60m²面积,按50cm间隔打击,共240个点的测定时间约40min。

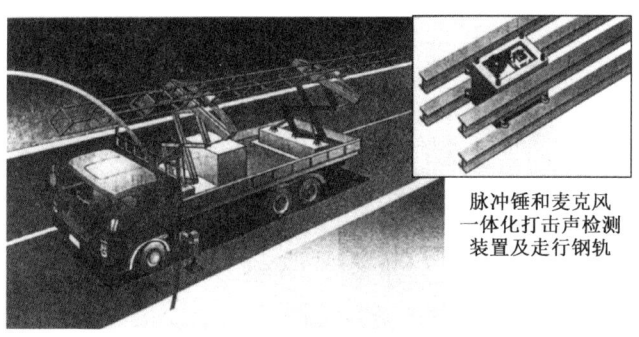

图 8-16 自动打击声检测装置

(2)超声波法:通过测量超声波的反射行程时间,计算出衬砌厚度,并且根据其传播速度可推算混凝土的强度和劣化状态。其探查原理如图 8-10 所示。

(3)电磁波法:将数兆赫兹至数吉赫兹的高频电磁波由衬砌表面向混凝土中发射,接收反射回来的电磁波;经过对电磁回波的处理、分析,从而获得衬砌厚度、拱背空洞等结构物的信息。其探测模式如图 8-17 所示。

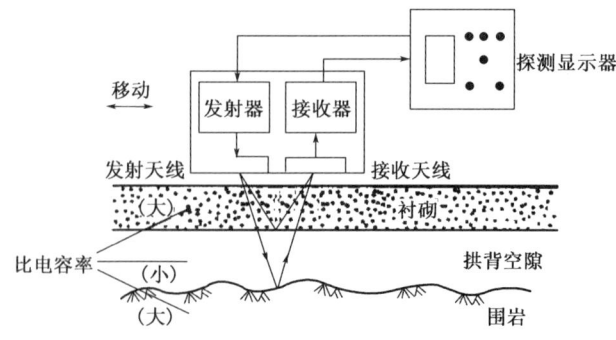

图 8-17 电磁波探测示意图

2)钻孔检查

通过钻孔直接观察和测定衬砌厚度、空洞深度和墙背地质状况等,检查方法包括利用内窥镜插入钻孔观察结构内部状况、利用钻孔所取材料进行试验等。

(1)钻孔取芯:钻孔的位置和深度,因检查目的不同而异,图8-18为钻孔位置示意图和简易钻孔机示例。检查衬砌厚度、拱背空洞和地质状况时,深度一般为从衬砌表面到岩体内1m;当为了计划处治对策,必须掌握隧道围岩的地质状况和进行有关物理试验时,钻孔深度可为3~10m,此时需使用较大型的钻孔机械。

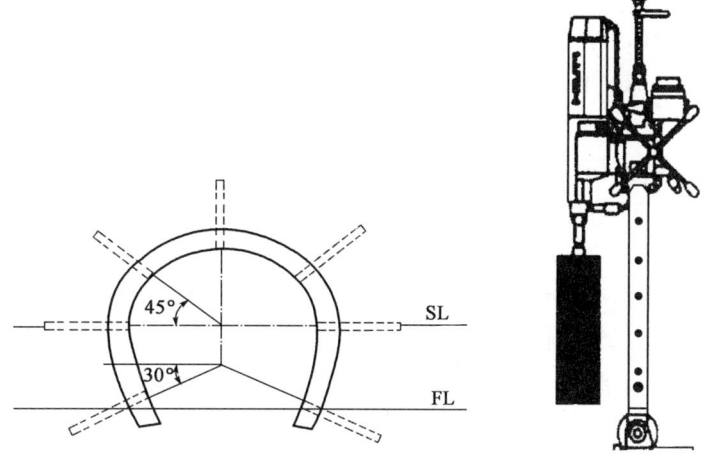

图8-18　钻孔位置示意图和简易钻孔机示例

(2)钻孔完成后,可将内窥式观察镜插入钻孔中,观察衬砌内部状况、衬砌背面空洞和围岩地质状况等,并可连接摄像机记录结构实际面貌。图8-19为内窥式观察镜使用示意图。

6. 荷载状况检查

为了查明结构应力或压力的状况及变化规律,需要测量衬砌应力和拱背压力。衬砌应力和拱背压力可用仪器直接测量,不同的设置方式,测量的结果可能存在差异。

测量衬砌应力,可将应力测定仪安装在混凝土内进行测量。对于已建成的隧道,可将测量仪安装在结构表面进行测量。

测量衬砌压力或拱背土压力,是为了查明压力的变化及发展规律,图8-20为拱背土压力测量示意图。

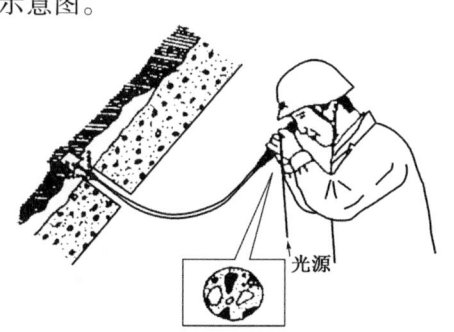

图8-19　内窥式观察镜使用示意图

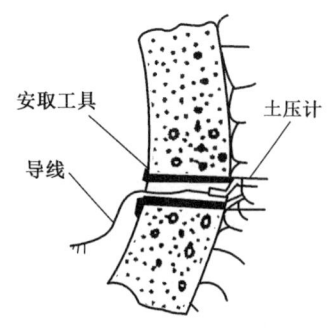

图8-20　拱背土压力测量示意图

通常,测量仪器的设置方式对检测结果有较大影响,要想得到准确的结果比较困难。需要注意的是,测得数值并非原有应力或压力,而是仪器安装后的应力或压力。此外,压力的大小还因测量支架和衬砌的刚度不同而异。因此,在测量时,需要注意其对测量结果的影响。

（六）资料与环境调查

资料调查和隧道周围地质及地表环境调查是专项检查的重要内容,对确定破损或病害的成因及其发展趋势等有重要作用。

1. 资料调查

资料调查一般要收集以下资料：

（1）设计文件(包括隧道长度、洞门形式、断面形状、衬砌厚度、材料、埋置深度、支护、衬砌等)和地质调查报告。

（2）施工方法(包括主要开挖方法、特殊施工方法等)。

（3）检查记录(包括断面净空检查报告、围岩变化记录、各种试验报告与测量报告等)。

（4）衬砌修复加固记录、漏水处治施工记录、路面变形记录(含维修记录)、气温及降雨量记录、洞口明挖段遭受自然灾害记录等。

（5）裂缝、剥落、错位、漏水等破损或病害的现场检查记录。

2. 地表环境调查和围岩变化调查

（1）地表环境调查。

隧道附近山体可能出现坡面排水不畅、坑凹积水、山体裂缝、溶洞发展、山体失稳滑动等,其原因可能是隧道处在滑坡区内或其边缘;隧道处在断裂岩层或其附近;岩石节理发育,支离破碎;山体植被破坏,水土流失以及溶洞发展等。通过了解隧道外地表状况,可有助于分析隧道内发生的异常情况。检查时,可对隧道周围的地形、地貌、地表开裂、塌陷、林木状况等予以注意,如图8-21所示。

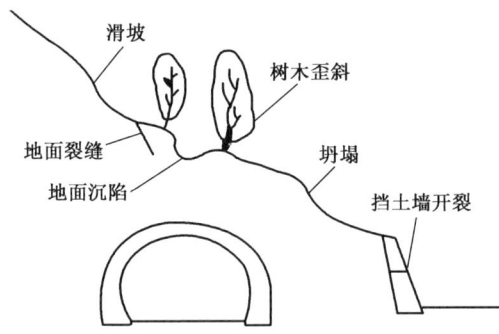

图8-21 隧道外地表环境的异常情况

（2）围岩变化调查。

主要针对围岩内部变化进行检测,目的在于监视围岩变形,发现结构变化的原因,监视临近工程的影响或对策处治时围岩或衬砌的变化。通常在围岩内设置位移计或倾斜计,测定轴向变形或垂直轴向的变形。地表的变形则可通过地面位移计测量。

①围岩变形调查:将围岩变形计插入钻孔中,计量围岩任意点间的变化。

围岩变形调查用于确认偏压的有无、岩体松动范围,监视临近工程的影响,处治施工时的监视和效果判断等。

②围岩倾斜调查:将倾斜计插入钻孔中,测量围岩水平方向的变形。

③地表滑移调查:在地面位移异常的区域内外,分别设置移动桩和固定桩,在固定桩上安装地面位移计,以钢线与移动桩相连,将地面的滑移通过钢线长度变化反映出来。

(七)技术状况评定标准

土建结构各分项技术状况评定值(表8-16~表8-25)是在关于专项检查判定依据的基础上,吸取国内外相关规范的成果,从定量和定性的角度,并考虑破损对行车安全和结构功能的影响程度、破损发展变化趋势而制定的。评定结果应填入"土建结构技术状况评定表"(表8-26),各分项权重宜按表8-27取值,技术状况评定分类界限值宜按表8-28规定执行。

隧道洞口技术状况评定标准 表8-16

状况值	技术状况描述
0	完好,无破坏现象
1	山体及岩体、挡土墙、护坡等有轻微裂缝产生,排水设施存在轻微破坏
2	山体及岩体裂缝发育,存在滑坡、崩塌的初步迹象,坡面树木或电线杆轻微倾斜,挡土墙、护坡等产生开裂、变形,土石零星掉落,排水设施存在一定裂损、阻塞
3	山体及岩体严重开裂,坡面树木或电线杆明显倾斜,挡土墙、护坡等产生严重开裂、明显的永久变形,墙角或坡面有土石堆积,排水设施完全堵塞、破坏,排水功能失效
4	山体及岩体有明显而严重的滑动、崩塌现象,挡土墙、护坡断裂、外倾失稳、部分倒塌,坡面树木或电线杆倾倒等

隧道洞门技术状况评定标准 表8-17

状况值	技术状况描述
0	完好,无破坏现象
1	山体及岩体、挡土墙、护坡等有轻微裂缝产生,排水设施存在轻微破坏
2	山体及岩体裂缝发育,存在滑坡、崩塌的初步迹象,坡面树木或电线杆轻微倾斜,挡土墙、护坡等产生开裂、变形,土石零星掉落,排水设施存在一定裂损、阻塞
3	山体及岩体严重开裂,坡面树木或电线杆明显倾斜,挡土墙、护坡等产生严重开裂、明显的永久变形,墙角或坡面有土石堆积,排水设施完全堵塞、破坏,排水功能失效
4	山体及岩体有明显而严重的滑动、崩塌现象,挡土墙、护坡断裂、外倾失稳、部分倒塌,坡面树木或电线杆倾倒等

衬砌破损技术状况评定标准 表8-18

状况值	技术状况描述	
	外荷载作用所致	材料劣化所致
0	结构无裂损、变形和背后空洞	材料无劣化
1	出现变形、位移、沉降和裂缝,但无发展或已停止发展	存在材料劣化,钢筋表面局部腐蚀,衬砌无起层、剥落,对断面强度几乎无影响
2	出现变形、位移、沉降和裂缝,发展缓慢,边墙衬砌背后存在空隙,有扩大的可能	材料劣化明显,钢筋表面全部生锈、腐蚀,断面强度有所下降,结构物功能可能受到损害

续上表

状况值	技术状况描述	
	外荷载作用所致	材料劣化所致
3	出现变形、位移、沉降,裂缝密集,出现剪切性裂缝,发展速度较快;边墙处衬砌压裂,导致起层、剥落,边墙混凝土有可能掉下;拱部背面存在大的空洞,上部落石可能掉落至拱背;衬砌结构侵入内轮廓限界	材料劣化严重,钢筋断面因腐蚀而明显减小,断面强度有相当程度的下降,结构物功能受到损害;边墙混凝土起层、剥落,混凝土可能掉落或已有掉落
4	衬砌结构发生明显的永久变形,裂缝密集,出现剪切性裂缝,裂缝深度贯穿衬砌混凝土,并且发展快速;拱顶裂缝密集,衬砌开裂,导致起层、剥落,混凝土块可能掉下;衬砌拱部背面存在大的空洞,且衬砌有效厚度很薄,空腔上部可能掉落至拱背;衬砌结构侵入建筑限界	材料劣化非常严重,断面强度明显下降,结构物功能损害明显;拱部材料劣化,导致混凝土起层、剥落,混凝土块可能掉落或已有掉落

衬砌渗漏水技术状况评定标准　　　　　　　　　　　　　　　　　　　　　　　表8-19

状况值	技术状况描述
0	无渗漏水
1	衬砌表面存在侵渗,对行车无影响
2	衬砌拱部有滴漏,侧墙有小股涌流,路面有侵渗但无积水,拱部、边墙因渗水少量挂冰,边墙脚积冰,不久可能会影响行车安全
3	拱部有涌流,侧墙有喷射水流,路面积水,砂土流出,拱部衬砌因渗水形成较大挂冰、胀裂,或涌水积冰至路面边缘,影响行车安全
4	拱部有喷射水流,侧墙存在严重影响行车安全的涌水,地下水从检查井涌出,路面积水严重,伴有严重的砂土流出和衬砌挂冰,严重影响行车安全

隧道路面技术状况评定标准　　　　　　　　　　　　　　　　　　　　　　　　表8-20

状况值	技术状况描述
0	路面完好
1	路面有侵渗、轻微裂缝、落物等,引起使用者轻微不舒适感
2	路面有局部的沉陷、隆起、坑洞、表面剥落、露骨、破损、裂缝,轻微积水,引起使用者明显的不舒适感,可能会影响行车安全
3	路面出现较大面积的沉陷、隆起、坑洞、表面剥落、露骨、破损、裂缝,积水严重,影响行车安全;抗滑系数过低引起车辆打滑
4	路面出现大面积的明显沉陷、隆起、坑洞,路面板严重错台、断裂、表面剥落、露骨、破损、裂缝,出现漫水、结冰或堆冰,严重影响交通安全,可能导致交通事故

检修道技术状况评定标准　　　　　　　　　　　　　　　　　　　　　　　　　　　　　　　　表 8-21

状况值	技术状况描述	
	定性描述	定量描述
0	护栏、路缘石及检修道面板均完好	—
1	护栏变形,路缘石或检修道面板少量缺角、缺损,金属有局部锈蚀,尚未影响其使用功能	护栏、面板、路缘石损坏长度≤10%,缺失长度≤3%
2	护栏变形损坏,螺栓松动、扭曲,金属表面锈蚀,部分路缘石或检修道面板缺损、开裂,部分功能丧失,可能会影响行人和交通安全	护栏、面板、路缘石损坏长度>10%且≤20%,缺失长度>3%且≤10%
3	护栏倒伏、严重损坏,侵入限界,路缘石或检修道面板缺损开裂或缺失严重,原有功能丧失,影响行人和交通安全	护栏、面板、路缘石缺失率>20%,缺失长度>10%

洞内排水设施技术状况评定标准　　　　　　　　　　　　　　　　　　　　　　　　　　　　表 8-22

状况值	技术状况描述
0	设施完好,排水功能正常
1	结构有轻微破损,但排水功能正常
2	轻微淤积,结构有破损,暴雨季节出现溢水,可能会影响交通安全
3	严重淤积,结构较严重破损,溢水造成路面局部积水、结冰,影响行车安全
4	完全阻塞,结构严重破损,溢水造成路面积水漫流、大面积结冰,严重影响行车安全

吊顶及预埋件技术状况评定标准　　　　　　　　　　　　　　　　　　　　　　　　　　　　表 8-23

状况值	技术状况描述
0	吊顶完好
1	存在轻微变形、破损、浸水,尚未妨碍交通
2	吊顶破损、开裂、滴水,吊杆等预埋件锈蚀,尚未影响交通安全
3	吊顶存在较严重的变形、破损,出现涌流、挂冰,吊杆等预埋件严重锈蚀,可能影响交通安全
4	吊顶严重破损、开裂甚至掉落,出现喷涌水、严重挂冰,各种预埋件和悬吊件严重锈蚀或断裂,各种桥架和挂件出现严重变形或脱落,严重影响行车安全

内装饰技术状况评定标准　　　　　　　　　　　　　　　　　　　　　　　　　　　　　　表 8-24

状况值	技术状况描述	
	定性描述	定量描述
0	内装饰完好	—
1	个别内装饰板或瓷砖变形、破损,不影响交通	损坏率≤10%
2	部分内装饰板或瓷砖变形、破损、脱落,对交通安全有影响	损坏率>10%且≤20%
3	大面积内装饰板或瓷砖变形、破损、脱落,严重影响行车安全	损坏率>20%

交通标志、标线技术状况评定标准

表 8-25

状况值	技术状况描述	
	定性描述	定量描述
0	完好	—
1	存在脏污、不完整,尚未妨碍交通	损坏率≤10%
2	存在脏污、部分脱落、缺失,可能会影响交通安全	损坏率>10%且≤20%
3	大部分存在脏污、脱落、缺失,影响行车安全	损坏率>20%

土建结构技术状况评定表

表 8-26

隧道情况	隧道名称		路线名称		隧道长度		建成时间	
评定情况	管养单位		上次评定等级		上次评定日期		本次评定日期	

洞门、洞口技术状况评定	分项名称	位置	状况值	权重 ω_i	检测项目	位置	状况值	权重 ω_i
	洞口	进口			洞口	进口		
		出口				出口		

编号	里程	状况值							
		衬砌破损	渗漏水	路面	检修道	排水设施	吊顶及预埋件	内装饰	标志、标线
1									
2									
3									
4									
5									
6									
7									
8									
9									
10									
11									
12									
13									
14									
15									
16									
17									
18									
19									
20									
$\max(\mathrm{JGCI}_{ij})$									
权重 ω_i									

续上表

编号	里程	状况值							
		衬砌破损	渗漏水	路面	检修道	排水设施	吊顶及预埋件	内装饰	标志、标线
$JGCI = 100 \times \left[1 - \frac{1}{4}\sum_{i=1}^{n}\left(JGCI_i \times \frac{\omega_i}{\sum_{i=1}^{n}\omega_i}\right)\right]$					土建结构评定等级			
养护措施建议								
评定人					负责人			

土建结构各分项权重 表8-27

分项		分项权重ω_i	分项	分项权重ω_i
洞口		15	检修道	2
洞门		5	排水设施	6
衬砌	结构破损	40	吊顶及预埋件	10
	渗漏水	15	内装饰	2
	路面	15	标志、标线	5

土建结构技术状况评定分类界限值 表8-28

技术状况评分	土建结构技术状况评定分类				
	1类	2类	3类	4类	5类
JGCI	≥85	≥70,<85	≥55,<70	≥40,<55	<40

对评定划定的各类隧道土建结构,应分别采取不同的养护措施:
①1类隧道应进行正常养护。
②2类隧道存在评定状况值为1的分项时,应按需进行保养维修。
③3类隧道存在评定状况值为2的分项时,应对局部实施病害处治。
④4类隧道应进行交通管制,尽快实施病害处治。
⑤5类隧道应及时关闭,然后实施病害处治。
⑥重要分项以外的其他分项评定状况值为3或4时,应尽快实施病害处治。

衬砌是公路隧道中关系结构安全和行人、行车安全的最重要的土建结构。表8-29~表8-35提供了基于变形速度等一些复杂异常的不同情况而制定的技术状况评定标准。

基于变形速度的评定标准 表8-29

结构	变形速度v(mm/年)				评定状况值
	$v \geq 10$	$3 \leq v < 10$	$1 \leq v < 3$	$v < 1$	
衬砌	是				4
		是			3
			是		2
				是	1

当裂缝存在发展时的评定标准　　　　　　　　　　　　　　　　　　表8-30

结构	裂缝宽度 b(mm)		裂缝长度 l(m)		评定状况值
	$b>3$	$b\leq3$	$l>5$	$l\leq5$	
衬砌	√		√		3/4
	√			√	2/3
		√	√		2
		√		√	2

当无法确定裂缝是否存在发展时的评定标准　　　　　　　　　　　　　表8-31

结构	裂缝宽度 b(mm)			裂缝长度 l(m)			评定状况值
	$b>5$	$3<b\leq5$	$b\leq3$	$l>10$	$5<l\leq10$	$l\leq5$	
衬砌	√			√			3/4
	√				√		2/3
	√					√	2/3
		√		√			3
		√			√		2/3
		√				√	2
			√	√			1/2

衬砌起层、剥落的评定标准　　　　　　　　　　　　　　　　　　　表8-32

结构	部位	掉落的可能性		评定状况值
		有	无	
衬砌	拱部	√		4
			√	1
	侧墙	√		3
			√	1

衬砌断面强度降低、起层和剥落的评定标准　　　　　　　　　　　　表8-33

结构	主要原因	起层和剥落的可能性		劣化程度			评定状况值
				有效衬砌厚度/设计衬砌厚度			
		有	无	<1/2	1/2~2/3	>2/3	
拱部	劣化、冻害、设计或施工不当等	√					4
			√				1
				√			3
					√		2
						√	1
侧墙		√					3
			√				1
				√			3
					√		2
						√	1

钢材腐蚀的评定标准   表8-34

结构	主要原因	腐蚀程度	评定状况值
衬砌	盐害、渗漏水、酸(碱)化等	表面或小面积的腐蚀	1
		浅孔蚀或钢筋全周生锈	2
		钢材断面减小程度明显,钢结构功能受损	3

渗漏水的评定标准   表8-35

结构	主要异况	漏水程度				是否影响行车		评定状况值
		喷射	涌流	滴漏	浸渗	是	否	
拱部	漏水	√				√		4
			√			√		3
				√		√		2
					√		√	1
	挂冰					√		3
							√	1
侧墙	漏水	√				√		2
			√			√		2
				√		√		2
					√		√	1
	冰柱					√		3
							√	1
路面	砂土流出					√		3/4
							√	1
	积水					√		3/4
							√	1
	结冰					√		3/4
							√	1

1)外荷载作用所致

(1)衬砌的变形、移动、沉降一般为逐渐变化,在地震、滑坡、暴雨后可能发生明显的变化。在北方寒冷地区,结构由于冻胀而变形,并随季节的循环而反复发生。

洞口附近的覆盖层厚度较薄,结构的变形、移动、沉降即使不大,也可能导致斜坡不稳、拱背产生空洞和漏水增加等,检查时需充分注意。当断面变形时,一般是路面、边沟等处首先发生变化,因此检查时需特别留意这些地方。国内外在进行技术状况评定时,对外荷载作用所致变形也有定量评定标准,见表8-29。

(2)对衬砌开裂等破损进行评定时,应考虑裂缝有无发展情况等。国内外对于衬砌开裂也有定量评定标准,参照表8-30、表8-31执行。表中主要以水平方向的裂缝或剪断裂缝为对象,对于横向裂缝,将评定状况值相应地降低1个等级即可。当宽度为3mm以上的裂缝的分布密度大于200cm/m²时,可升高1个评定等级或者采用判定分类中较高的判定。

此外,当裂缝众多时,宜将宽度最大的裂缝作为主要检查对象。

(3)对衬砌起层、剥落等破损的判定,可参考表8-32执行。

对于混凝土衬砌的起层、剥落,如果可能落下,则在拱部评定为4,在侧墙评定为3;对于防水砂浆等材料的掉落,由于剥落层较薄,可降低1个评定状况值。

(4)关于突发性坍塌,国外资料显示,当拱背存在高30cm以上的空洞且有效衬砌厚度小于30cm时,空腔落石就可能砸坏衬砌结构,国外曾有过类似事例。因此,发现类似情况时,可按3/4状况值评定。尤其是曾经发生塌方的地方或节理发育、漏水严重的地段,应给予充分的注意。

2)衬砌材质劣化

对衬砌材质劣化等破损,主要从结构物的功能和行车安全性的角度进行评定。因此,以衬砌混凝土的强度要求和混凝土剥落的有无为评定因素。对于钢筋混凝土结构物等,还应从钢材腐蚀的角度进行附加评定。对于衬砌混凝土的起层、剥落,从确保行车安全的角度看,其评定标准与外荷载作用时的评定标准一致。材质劣化的速度,除火灾等异常情况外,与外荷载作用产生的变化相比,一般比较缓慢,通过采取适当的措施,有可能防止或抑制劣化的发展,国内外对此也有定性和定量评定标准,见表8-33、表8-34。

衬砌断面强度的变化以有效衬砌厚度和设计衬砌厚度之比来表示。所谓有效衬砌厚度,是指混凝土强度不小于设计标准强度的衬砌的厚度,当不了解设计标准强度时,可取15MPa(150kgf/cm²)为标准。例如,设计衬砌厚度为50cm,实际衬砌厚度为60cm,其中低于设计标准强度的部分厚度为20cm,有效衬砌厚度就为40cm,则衬砌劣化程度就是40/50,尚有2/3以上部分是符合设计要求的。实际的有效衬砌厚度必须确保不小于30cm,如小于30cm即可考虑评定状况值为2/3,再考虑其他有关因素综合判定。

3)裂缝或施工缝漏水

对于裂缝或施工缝漏水,一般无须采取紧急措施的居多。当漏水与冻害或盐害以及其他病害结合时,可能会促使衬砌材质劣化、混凝土腐蚀等,对此需引起注意。国内外对此也有定性评定标准,见表8-35。

漏水范围扩大和漏水量增加可能与拱背岩体松动和降水量增加有关。前者可能是由于岩体松动,产生新的水流通路,使漏水范围扩大;后者可能是由于降水量增加,渗入地下,使地下水量增大。

路面积水不仅影响车辆行驶,积水渗入路基会降低其强度,破坏铺砌部分。在寒冷地区,积水结冰,严重影响行车。因此,应经常保持排水畅通。

五、保养维修

(1)土建结构的保养维修工作主要包括经常性或预防性的保养和轻微破损部分的维修等内容,以恢复和保持结构的良好使用状态。

(2)当日常检查的判定结果为A时,应及时对土建结构进行保养和维修。

①洞口。及时清除洞口边仰坡上的危石、浮土,冬季应清除积雪和挂冰,保持洞口边沟和

边仰坡上截(排)水沟的完好、畅通,修复洞口挡土墙、护坡、排水设施和减光设施等结构物的轻微损坏,维护洞口花草树木的完好。

②洞身。无衬砌隧道出现的碎裂、松动岩石和危石,应本着少清除多稳固的原则加以处理;围岩的渗漏水,应开设泄水孔接引水管,将水导入边沟排出;冬季应及时清除洞顶挂冰。有衬砌隧道出现的衬砌起层或剥离,应及时加以清除或加固;对衬砌的渗漏水,可将水流引入边沟排出;冬季应及时清除洞顶挂冰等。

③路面。及时清除隧道内外路面上的塌(散)落物,及时修复、更换损坏的窨井盖或其他设施的盖板;当路面出现渗漏水时,应及时处理,将水引入边沟排出,防止路面积水或结冰;冬季应及时清除洞口处积雪。

④人行和车行横洞。横隧道内严禁存放任何非救援用物品,及时清除散落杂物,修复轻微破损结构,定期保养横洞门,确保横洞清洁、畅通。

⑤斜(竖)井。及时清除井内可能损伤通风设施或影响通风效果的异物;维护井内排水设施的完好,保持水沟(管)的畅通;对井内的检查通道或设施进行保养,防止其锈蚀或损坏。

⑥风道。清理送(排)风口的网罩,清除堵塞网眼的杂物;定期保养风道板吊杆,防止其锈蚀或损坏;及时修复风口或风道的破损,更换损坏的风道板。

⑦排水设施。维护隧道内外排水设施的完好,发现破损及时修复;排水管堵塞时,可用高压水或压缩空气疏通。

⑧吊顶和内装饰。吊顶和内装饰应保持完好和整洁美观,如有破损、缺失应及时修补恢复,不能修复的应及时更新。

⑨人行道或检修道。维护人行道或检修道的完好和畅通,道板如有破损或缺失,应及时进行修复和补充;定期保养人行道或检修道护栏,防止其锈蚀、损坏。

(3)寒冷地区隧道的防冻保温设施应做好保养维护,如有损坏及时维修,确保其使用功能正常。

(4)洞口设有防雪设施的隧道,应做好防雪设施的保养维护,并在大雪降临前完成设施的维修加固。

(5)隧道的交通标志应保持外观完整、清晰、醒目,保持位置、高度和角度适当,确保交通信息传递无误。

①及时清洗标志牌面的脏污,清除遮挡标志的障碍。

②及时修补变形、破损的标牌,修复弯曲、倾斜的支柱,紧固松动的连接构件。

③对锈蚀损坏、老化失效的标志,应及时更换,缺失的应及时补充。

(6)隧道的交通标线应保持完整、清洁和醒目。

①及时清洗脏污的标线,对破损严重和脱落的标线应及时补画。

②清除突起路标的脏污和杂物,及时紧固松动的路标,发现损坏或丢失的,应及时修复或补换。

六、病害处治

(1)病害处治应根据结构检查结果,针对病害产生原因,按照安全、经济、合理的原则确定方案。处治方案可由一种或多种处治方法组成,处治方法可按表8-36选用。

（2）选定病害处治方法,重要的是要正确把握病害产生的原因。为了找出病害产生原因,有必要对有关隧道设计和施工技术资料、地质资料和病害发生至今的过程做综合分析和研究。隧道病害产生原因大体分类如下:

①松弛压力(含突发性崩溃);

②偏压;

③地层滑坡;

④膨胀性土压;

⑤承载力不足;

⑥静水压;

⑦冻胀力;

⑧材质劣化;

⑨渗漏水;

⑩衬砌背面空隙;

⑪衬砌厚度不足;

⑫无仰拱。

上述病害原因很少单独出现,大部分为几种原因重复出现,设计的欠缺、材料性质和施工不当,常常会引起病害。

在选定病害处治方法时,对表8-36中各项处治方法要进行综合研究,充分考虑单项和组合的处治方法,并且应考虑施工时的交通管理、安全和工期。

病害处治方法 表8-36

处治方法	病害原因												病害现象特征	预期效果
	外力引起的变化									其他				
	松弛压力	偏压	地层滑坡	膨胀性土压	承载力不足	静水压	冻胀力	材料劣化	渗漏水	衬砌背面空隙	衬砌厚度不足	无仰拱		
衬砌背面注浆	★	★	★	★	★	★	★		○	★			衬砌裂纹、剥离、剥落	衬砌与岩体紧密结合,荷载作用均匀,衬砌和围岩稳定
增设防护网								★					①衬砌裂纹、剥离、剥落;②衬砌材料劣化	防止衬砌局部劣化

续上表

处治方法	病害原因												病害现象特征	预期效果
	外力引起的变化									其他				
	松弛压力	偏压	地层滑坡	膨胀性土压	承载力不足	静水压	冻胀力	材料劣化	渗漏水	衬砌背面空隙	衬砌厚度不足	无仰拱		
喷射混凝土	○	☆		☆	☆	○	○	☆			☆		①衬砌裂纹、剥离、剥落；②衬砌材料劣化	防止衬砌局部劣化
锚杆加固	☆	★	☆	★	★	○		☆			☆	★	①拱部混凝土和侧壁混凝土裂纹,侧壁混凝土挤出；②路面裂缝,路基膨胀	①岩体改善后岩体稳定性提高,防止松弛压力扩大；②通过施加预应力,提高承受膨胀性土压和偏压的能力
排水止水	○	○	☆	○	○	★	★		★				①衬砌裂纹或施工缝漏水增加；②随衬砌内渗水流出大量砂土	①防止衬砌劣化,保持美观；②恢复排水系统功能,降低水压
套拱	○	☆	☆	☆	☆	○	○	☆				★	①衬砌裂纹、剥离、剥落；②衬砌材料劣化	由于衬砌厚度增加,衬砌抗剪强度得到提高
增设绝热层							★						①拱部混凝土和侧壁混凝土裂纹,侧壁混凝土挤出；②随季节变化而变动	①防止衬砌劣化；②防止冻胀压力的产生
滑坡整治		☆	★										①衬砌裂缝、净空宽度缩小；②路面裂缝,路基膨胀	防止岩层滑坡

续上表

处治方法	病害原因												病害现象特征	预期效果
	外力引起的变化									其他				
	松弛压力	偏压	地层滑坡	膨胀性土压	承载力不足	静水压	冻胀力	材料劣化	渗漏水	衬砌背面空隙	衬砌厚度不足	无仰拱		
围岩压浆	○	○			○			○		☆	☆	☆	①拱部混凝土和侧壁混凝土裂纹,侧壁混凝土挤出;②路面裂缝,路基膨胀	周边岩体改善,提高岩体的抗剪强度和黏结力
灌浆锚固	☆	★	★	★	★					○		★	①拱部混凝土和侧壁混凝土裂纹,侧壁混凝土挤出;②路面裂缝,路基膨胀	由于施加预应力,提高膨胀性岩层、偏压岩层的强度
增设仰拱		★		★	★	○	☆					★	①拱部混凝土和侧壁混凝土裂纹,侧壁混凝土挤出;②路面裂缝,路基膨胀	提高对膨胀围岩压力和偏压的抵抗力
更换衬砌	☆	☆	☆	☆	☆	○	○	★		☆	★	★	①拱部混凝土和侧壁混凝土裂纹,侧壁混凝土挤出;②路面裂缝,路基膨胀	更换衬砌,提高耐久性

注:1. ★-对病害处治非常有效的方法;☆-对病害处治较有效的方法;○-对病害处治有些效果的方法。
    2. 松弛压力中包括突发性崩溃的情况。

（3）衬砌背面空隙主要指在隧道施工时,由于回填不密实或其他原因,在衬砌与围岩之间存在空隙。从隧道内或地表向衬砌背面注浆,试图使衬砌与围岩紧密结合形成整体,约束衬砌因外力作用而产生变形。

①在单向行驶的隧道,当有车线规定时,考虑车辆通行,钻孔有困难,可采取上下线注浆,其钻孔位置布置如图8-22所示。

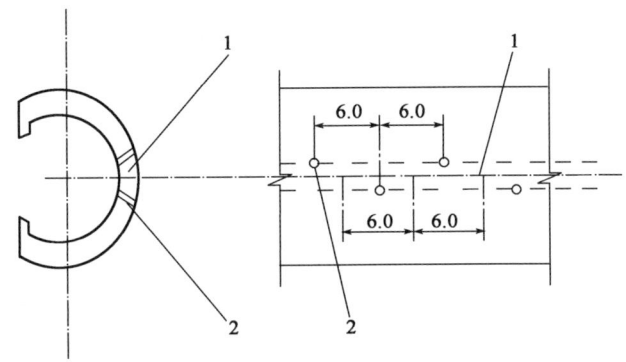

图 8-22　注浆孔设置(尺寸单位:m)
1-确认孔;2-注入孔

②注浆设备主要有拌合器和压浆泵,注浆施工如图 8-23 所示。

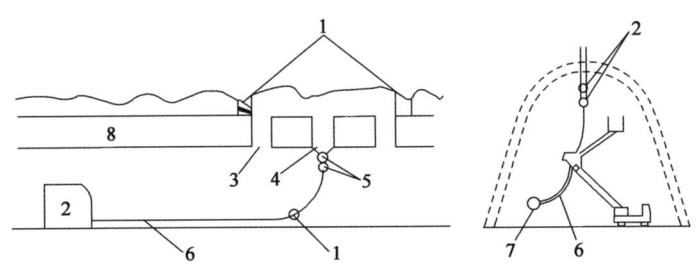

图 8-23　注浆施工示意图
1-灌浆堵塞;2-注浆设备;3-流出孔;4-压入孔;5-阀;6-ϕ50压送管;7-压力机;8-拱部混凝土

③超声脉冲波传播速度、衰减与介质的种类及密实程度有关,材料越密实,传播速度越快,衰减越小。遇到不同介质界面时,存在反射与折射。当有空洞或裂缝存在时,便破坏了材料的整体性,超声脉冲波只能绕过空洞或裂缝传播到接收换能器,因此传播的路程增加,测得的声波必然偏长或声速降低,衰减也较大。根据这一原理,可判断空洞或裂缝的位置和范围。

(4)衬砌在较小范围内的裂纹、施工缝等由于材料劣化,局部有松动落下的危险,可在衬砌内表面上用锚栓固定防护网,防止落下。防护网必须避免因通行车辆形成的风而掉落,可按每平方米 2 根以上的锚栓固定。

(5)采用喷射混凝土施工,无论干喷或湿喷,拌合料设计必须符合下列要求:必须能向上喷射到指定的厚度且回弹量少;在速凝剂用量满足可喷性和早期强度的要求下,必须达到设计的 28d 强度;有良好的耐久性;不发生管路堵塞。

①胶集比。喷射混凝土的胶集比,即水泥与集料之比,通常为 1:4.5～1:4。水泥过少,回弹量大,初期强度增长慢;水泥过多,不仅粉尘量增多,使施工条件恶化,而且硬化后的混凝土收缩也增大,对喷射混凝土后期强度的增长有不利的影响。原铁道部科学研究院西南研究所的研究结果表明,当水泥用量超过 $400kg/m^3$ 时,喷射混凝土强度并不随水泥用量的增大而提高,见表 8-37。

水泥用量对喷射混凝土抗压强度的影响　　　　表8-37

混凝土的材料用量(kg/m³)						混凝土抗压强度	表观密度
水泥		砂		石		(MPa)	(kg/m³)
设计	实测	设计	实测	设计	实测		
380	526	950	883	950	810	31.4	2450
542	689	812	698	812	730	22.6	2370
692	708	692	716	692	644	19.0	2360

②砂率。砂率,即砂质量在整个粗细集料质量中所占的百分比。砂率对喷射混凝土施工性能及力学性能的影响见表8-38。综合权衡砂率大小所带来的利弊,喷射混凝土拌合料的砂率以45%~55%为好。

砂率对喷射混凝土性能的影响　　　　表8-38

性能	砂率		
	<45%	45%~55%	>55%
回弹损失	大	较小	较小
管路堵塞	易	不易	不易
湿喷时的可泵性	不好	较好	好
水泥用量	少	较少	多
混凝土强度	高	较高	低
混凝土收缩	较小	较小	大

③水灰比。水灰比是影响喷射混凝土强度的主要因素。经测定,适宜的水灰比值应为0.4~0.5。偏离这一范围,不仅降低喷射混凝土强度,同时也要增加回弹损失。

④速凝剂掺量。由于国内目前生产的速凝剂在不同程度上降低混凝土的最终强度,所以应严格控制速凝剂的掺量,红星一型及711型速凝剂的掺量不应大于水泥质量的4%,782型速凝剂的掺量不应大于水泥质量的8%。国内常用速凝剂的种类见表8-39。

常用速凝剂的种类　　　　表8-39

种类	主要成分	常用掺量(占水泥质量百分比)
红星一型	铝氧熟料、碳酸钠、生石灰	2.5%~4%
711型	铝矾土、纯碱、石灰、无水石膏	2.5%~3.5%
782型	铝矾土、矾泥、石灰石、碳酸钠	6%~7%
尧山型	铝矾土、土碱、石灰石	3.5%

⑤配合比。目前,国内常用的喷射混凝土配合比可根据表8-40确定。

喷射混凝土配合比 表 8-40

喷射部位	指标				配合比
	集胶比	砂石比	砂率(%)	水灰比	水泥:中粗砂:砾石
侧墙	1~4	1:1~1:0.8	50~55	0.4~0.5	1:2:(2~2.5)
拱部					1:2:(2~1.5)

注:1. 可掺速凝剂以减少喷射的回弹量。
2. 可掺钢纤维以提高强度,28d抗压强度达20MPa。
3. 可掺加气剂、防水密实剂或特种水泥,以抗渗漏。
4. 抗渗混凝土标号根据水头大小决定,一般用C40。
5. 使用级配砾石比碎石更好,优先选用砾石。

(6)自进式锚杆自身带有钻头,可钻眼、注浆一次完成锚杆的安装。自进式锚杆的施工顺序如图 8-24 所示。

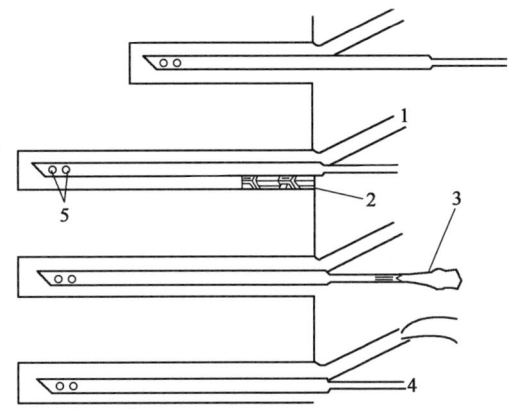

图 8-24　自进式锚杆施工顺序
1-回流软管;2-密封材料;3-注入;4-回流确认;5-出浆孔

(7)隧道由于漏水产生的病害,应根据围岩的地质条件和水文地质条件进行综合分析判断,采取以排水为主,截、堵、排综合治水的原则进行处治。

①当隧道局部出现涌水时,应采用外置排水管或开槽埋管排水的方法直接将地下水引入隧道边沟。

②止水施工方法是采用堵水措施,抑制地下水沿衬砌裂缝和施工缝渗漏,常用的有开凿U形槽注浆止水法和裂纹直接压浆止水法。

③有裂纹的隧道,应在防水板上根据需要设置监视窗,主要目的是观测裂纹的发展,并在需要的时候及时采取处治措施。

(8)套拱的设计应根据围岩压力和建筑限界确定。

(9)在高寒地区,为确保隧道结构物的安全使用,减轻冻害,关键是防止隧道漏水,另外应使用导热系数小的材料设置在衬砌表面,防止热量散失,从而防止冻害的产生。保温材料种类较多,其中导热系数较小的材料和制成品见表 8-41。各种制成品可粘贴在需要部位,受潮后更换,脱落损坏后宜用原装修材料修补、更换。防冻胀法包括保温材料插入法和保温材料表面处理法。

(10)隧道养护中,不仅要及时处治主体结构所发生的病害,还应切实注意隧道所处的山体及其附近的保护、缺陷修复,以防止因山体及其附近出现问题而引起隧道较大破坏。

保温材料及制成品　　　　　　　　　　　　表8-41

名称	特性	密度(kg/m³)	导热系数[W/(m·K)]
蛭石	防火保温吸声	120～150	0.06～0.08
膨胀蛭石	防火保温吸声	100～300	0.04～0.06
膨胀珍珠岩	防火保温吸声	40～300	0.021～0.053
矿渣棉	防火保温吸声	176～200	0.048～0.06
浮石	防火保温吸声	—	—
油毛毡	防火保温吸声	120～150	0.055～0.065
玻璃棉	保温隔热吸声	100～120	0.045～0.05
加气混凝土制品	保温隔热吸声	400～600	0.125～0.19
泡沫水泥制品	保温隔热吸声	340～400	0.066～0.10
泡沫粉煤灰混凝土	防水吸潮少	750～850	0.17～0.20
沥青玻璃棉毡	耐温抗冻	80～90	0.03～0.035
水泥膨胀蛭石	—	300～1280	0.031～0.074

注:1. 以上材料的抗压强度和质量(容量)随水泥用量的增加而增加。

2. 水泥膨胀蛭石的配合比:水泥160～170kg,蛭石0.53～0.85m³;水灰比为1～2.2时,28d抗压强度为2～4.3MPa。

隧道附近可能出现坡面排水不畅、坑凹积水、山体裂缝、溶洞发展等造成山体失稳滑动。其原因主要有隧道处在滑坡区或其边缘;隧道处在岩体的断层上或其附近;岩石节理发达、破碎;山体植被破坏、水土流失,坡面积水等。

根据存在的问题应采取相应的山体保护措施,当隧道附近的山体已出现影响隧道安全的滑动时,应及时采取补救措施,滑坡的治理可根据观测资料进行设计,视具体情况的不同,可采取保护性填土、保护性挖土、增设锚固桩群等措施,如图8-25所示。

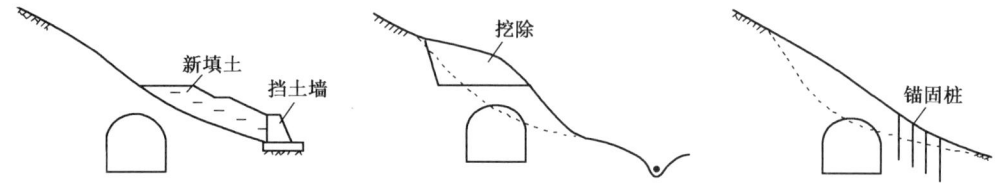

图8-25　稳定山体措施示意图

(11)注浆压力是浆液在裂隙中扩散、充填、压实、脱水的动力。注浆压力太小,浆液就不能充填裂缝,扩散范围也有限,注浆质量也差。注浆压力太大,会引起裂隙扩大、岩层移动和抬升,浆液易扩散到预定注浆范围之外,造成浪费。特别是在浅埋隧道,会引起地表隆起。因此,合理选择注浆压力,是注浆成功的关键。

对于注浆效果,通常是在分析资料的基础上采取钻孔取芯法进行检查。有条件时,还可采用物探等方法进行检查。钻孔取芯法是按设计要求在注浆薄弱地方,钻检查孔,检查浆液扩散、固结情况。

(12)地基为膨胀性岩层或承载力不足,则会引起局部下沉,造成隧道边墙挤出、路面裂纹。

如果下沉不严重,可通过扩大基础提高其承载能力;如果下沉较严重,可在路面下加设仰拱。在仰拱施工中应加强交通管理及采取相应的施工安全措施,必要时可封闭交通以便施工。

(13)拱部衬砌更换施工,可按下列顺序进行:

①拆除拱部衬砌;

②增补砂浆锚杆;

③补喷混凝土;

④补齐钢筋网;

⑤增设防水层;

⑥设纵、横向排水管;

⑦浇筑拱部混凝土;

⑧浆砌片石充填空洞。

第三节 常见病害的防治措施

一、防水板施工注意事项与渗漏水病害治理

设置防水板是保证隧道防水功能的重要措施。自从在隧道中采用防水板技术以来,隧道的防水功能有所强化,但存在的问题也不少。其中突出地表现在防水板质量上,如破损严重、接头不密实、铺设过紧过松等,极大地影响了防水功能的发挥。许多隧道建成后,漏水现象十分严重,这与防水板施工有密切关系。

造成防水板破损的原因是多方面的,归纳起来大致有以下几种情况:

(1)喷射混凝土表面或围岩表面显著凹凸不平,防水板铺设过松过紧。

(2)锚杆突出喷射混凝土表面,防水板直接与之接触。

(3)灌注混凝土时的摩擦力,使防水板过度绷紧,结合部被拉开。

塑料防水板可选用乙烯-醋酸乙烯共聚物(EVA)、乙烯-醋酸乙烯共聚物沥青(ECB)、聚氯乙烯(PVC)、高密度聚乙烯(HDPE)、低密度聚乙烯(LDPE)类或其他性能相近的材料。

塑料防水板应符合下列要求:

(1)幅宽宜为2~4m。

(2)厚度宜为1~2mm。

(3)耐刺穿性好。

(4)耐久性、耐水性、耐腐蚀性、耐菌性好。

塑料防水板物理力学性能应符合表8-42的规定。

塑料防水板物理力学性能　　　表8-42

项目	拉伸强度(MPa)	断裂延伸率(%)	热处理变化率(%)	低温弯折性	抗渗性
指标	≥12	>200	≤2.5	-20℃无裂纹	0.2MPa,24h不透水

几种常用的塑料防水板的基本性能列于表 8-43。

几种常用塑料防水板的性能　　　　表 8-43

项目	不同品种塑料防水板					
	ECB	EVA	LLDPE	LDPE	HDPE	P 型 PVC 优等品
	Q/SSJ·J02.01—1999					GB 12952—2011
拉伸强度(MPa)	≥15.5	≥20	≥20	≥16	≥20	≥15
断裂延伸率(%)	≥560	≥600	≥600	≥500	≥600	≥250
热处理变化率(%)	≤2.5	≤2	≤2	≤2	≤2	≤2
低温弯折性	−35℃无裂纹					−20℃无裂纹
抗渗透性	0.2MPa,24h 无渗水					不透水

(一)防水板施工注意事项与质量检查

1. 背面修整

由于初期支护为喷-锚-网-喷支护结构,表面粗糙、凹凸不平、锚杆头外露等,如不处理必将影响防水层的施工质量。具体施工工艺如下:

(1)开挖断面尺寸,用断面仪或其他实用的简易工具检查支护断面是否满足设计尺寸,对侵限部分严格按验标要求进行处理。

(2)基面渗漏水,采用注浆堵水或埋设排水管直接排水到边沟,保持基面无明显漏水。

(3)将混凝土衬砌表面外露的锚杆头、钢筋尖头等硬物割除,其处理方式参见图 8-26~图 8-29。

①对钢筋网的凸出部分,切断后用锤打,再平抹砂浆素灰(图 8-26)。

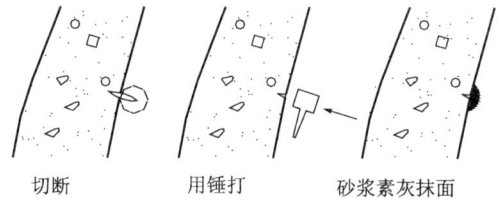

图 8-26　初期支护钢筋网凸出部分的处理

②对有凸出的管道,先切断后用砂浆抹平(图 8-27)。

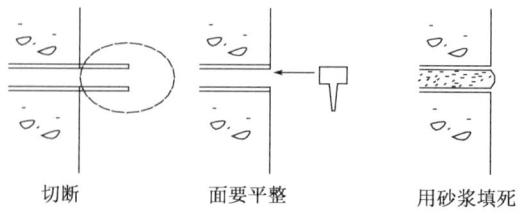

图 8-27　初期支护管道凸出部分的处理

③当锚杆有凸出部位时,螺头顶预留 5mm 切断后,用塑料帽处理(图 8-28)。

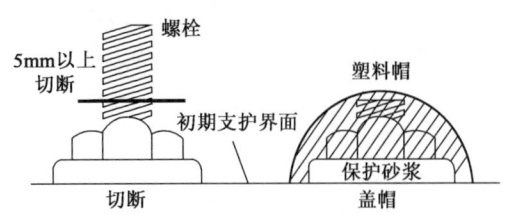

图 8-28　初期支护锚杆露头的处理

④对初期支护表面凸凹不平处先喷平,使混凝土表面平顺,凸凹面满足 $D/L=1/10\sim 1/6$ [D 为两凸凹面间凹进深度,L 为两凸凹面间距离,见图 8-29b)]。如设置格栅或钢支撑,不要在 2 榀支撑间留有较大的凹槽,而应予以喷平。

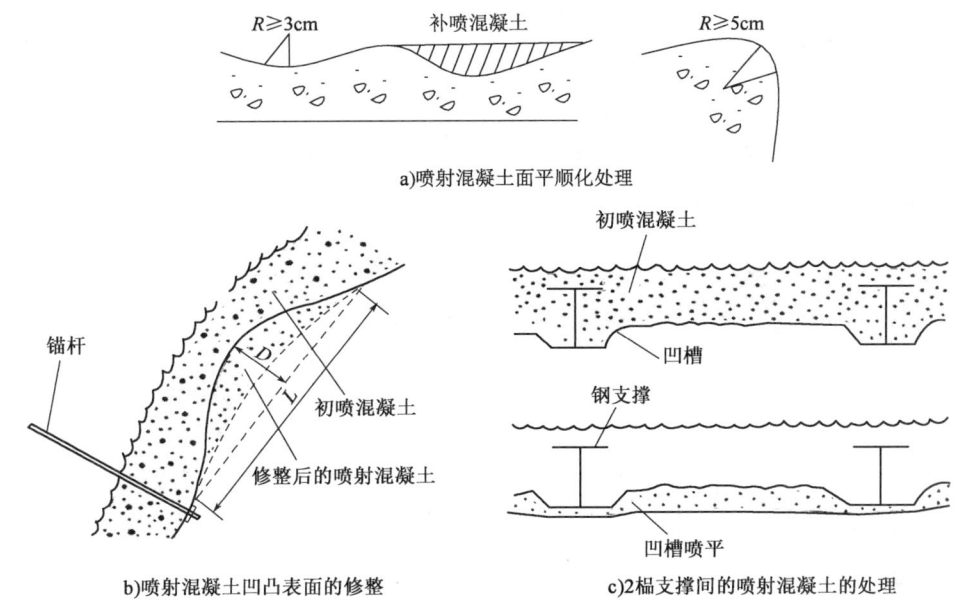

图 8-29　初期支护凸凹不平部位的处理

2. 张挂

防水板应在初期支护基本稳定并经验收合格后铺设。

板的张挂,要考虑基底的状态、板的材质及张挂时的富余等,选择适当的方法。

板应从喷射混凝土面的下方顺次张挂。张挂时,应确保有一定的富余长度,即板的长度应比围岩或喷射混凝土的轮廓线长度大 10% 以上。特别是在表面有凹槽的情况时,张挂不要过紧;应考虑在灌注混凝土的挤压下,能够与混凝土密贴,留出富余长度。

防水施工后的钢筋组装和灌注混凝土中,要注意不要损伤防水板:

(1)施工前应对喷射混凝土面的极端的凹凸部分、锚杆的头部及集中涌水地点的导水等进行适当的处理。

(2)安装防水板时,应确保与既有防水板的接合和与基底的密贴。同时,采用钉子时,应对板的破损部分进行适当的处理。

(3)防水板的现场接合,应确切地获得充分的止水性和均匀的接合强度。
(4)防水板的作业台架和设备,应根据安全性、施工特点等采用。
(5)衬砌作业时,要特别注意不使板发生破损。
(6)做好局部处理。

3. 防水板安装

防水板的安装,通常使用混凝土打钉机进行。防水板有单一的防水板和与背后缓冲材复合的防水板。复合防水板的安装方式有先将防水板和背后缓冲材加工好的一体施工方式以及先安装背后缓冲材再安装防水板的分离施工方式。

分离施工方式的重点是铺设防水板前先铺缓冲层,缓冲层应用暗钉圈固定在基层上。铺设防水板时,边铺边将其与暗钉圈焊接牢固,见图8-30。

两幅防水板的搭接缝应为双焊缝,焊接严密,不得焊焦焊穿。环向铺设时,先拱后墙,下部防水板应压住上部防水板。

防水板的铺设应超前衬砌混凝土的施工,并设临时挡板,防止机械损伤和电火花灼伤防水板。衬砌混凝土施工时应符合下列规定:

(1)振捣棒不得直接接触防水板。
(2)浇筑拱顶时应防止防水板绷紧。

局部设置防水板防水层时,其两侧应采取封闭措施。

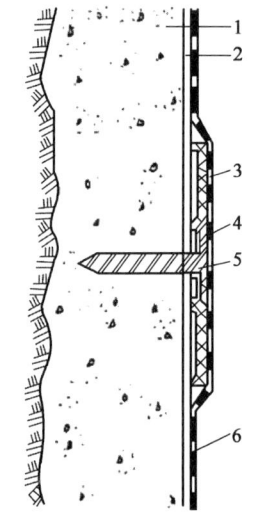

图8-30 防水板与暗钉圈焊接
1-初期支护;2-缓冲层;3-热塑性圆垫圈;4-金属垫圈;5-射钉;6-防水板

4. 防水板的结合

防水板在隧道横断面方向是沿全长铺设的,但在隧道纵断面方向,要根据重量和作业特点,采用宽度为1~2m的防水板,相邻的防水板要在现场结合。目前,为增强防水功能和使施工更合理,开始采用宽度为4m的防水板。

1)结合方法

结合方法有热焊结合和黏着结合两种,但多采用对气温和湿气影响不敏感的焊接结合方法。一般采用能够进行双重焊接的自行式焊接机进行焊接。

2)结合形态

结合形态有重叠结合和折叠结合两种。基底面比较平滑时采用重叠结合,但一般来说基底面都是不平整的,因此采用几乎不受平整度影响的折叠结合方式,见图8-31。

5. 防止防水板的损伤

在衬砌模板移动和安装时及混凝土灌注时,防水板也可能破损,要加以注意。

1)防止堵头板施工时的防水板破损

堵头板一般在现场采用木板加工而成,在与防水板接触时,也可能使防水板破损,因此在板之间要配置缓冲垫。

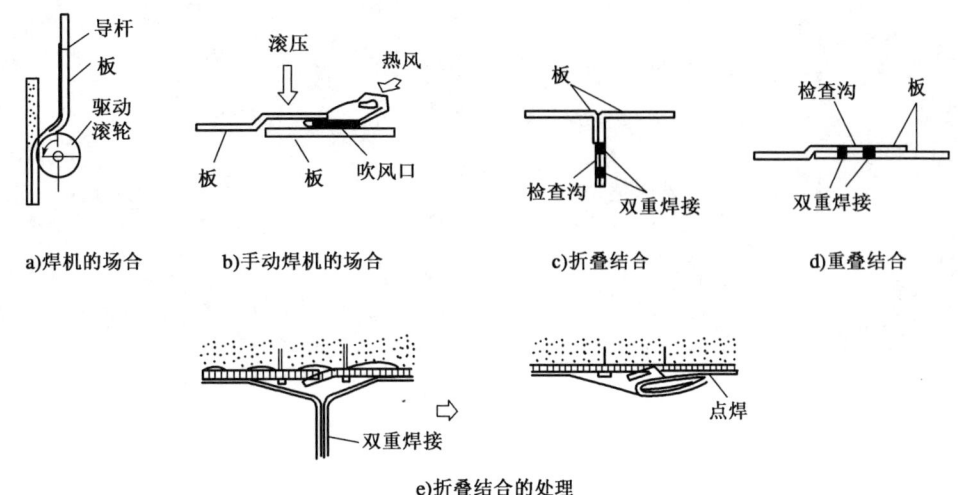

图 8-31 防水板结合形态

采用气囊式的堵头板,可以较好地解决这个问题。

2)防止灌注时的防水板破损

采用混凝土泵灌注混凝土时,在灌注孔附近涌出的混凝土,直接接触防水板,也可能使防水板破损,要进行必要的防护。

采用捣固器时也要注意防水板可能破损。

3)防止悬吊夹具固定地点的漏水

衬砌采用钢筋加强时,在防水板的内侧配置钢筋,要固定好。一般来说,贯穿防水板的钢筋要采用夹具,但也有非贯穿的。

6. 铺设质量检查

防水板铺设质量的检查是非常重要的,不能忽略任何一个施工环节。如果在这方面注意不够,常常会导致"劳而无功""功亏一篑"。

为了保证防水板与二次衬砌间不留空隙,必要时应进行充填压注,特别是在拱顶附近。一般压注管在拱顶附近,沿轴向每隔 2~3m 设置一个,二次衬砌养生后,开始压注。

施工时,要掌握施工状况,重点检查损伤和不良地点。检查的方法有以下几种:

1)目视检查

通过目视,判定防水板表面有无损伤和焊接不良点,发现异常时,应进行修补。

2)压缩空气检查

焊缝检测即采用气密性试验仪现场检测防水板焊接质量。先堵住空气道的一端,然后用气密性试验仪从另一端打气加压,直至压力达到 0.25MPa,保持压力不少于 15min,允许压力下降不超过 10%。如达到要求,说明防水板结合部位气密性完全合格,否则须用检测液(如肥皂水)找出漏气部位,用热熔焊器修补后再次检测,直到完全合格。图 8-32 所示为某工程进行的气密性现场检测。

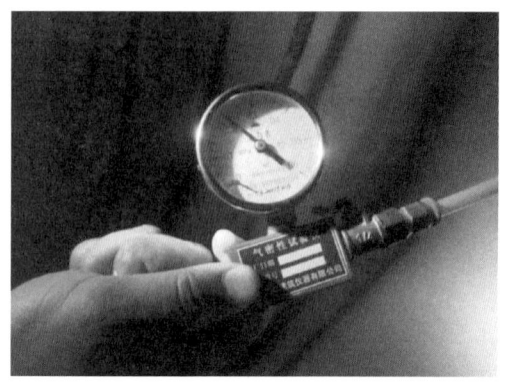
a)气密性试验仪

b)防水板气密性检测

图8-32 防水板结合部位气密性检查

3)负压检查

检查方法(图8-33)是在检查处涂上能够发泡的检查液,并安装真空半圆盖,用真空泵形成一定的负压[0.8mm厚的防水板,负压约50mmHg(1mmHg=133.322Pa)]。如果不产生气泡,就说明没有漏气。原则上应对所有补修点进行负压检查。

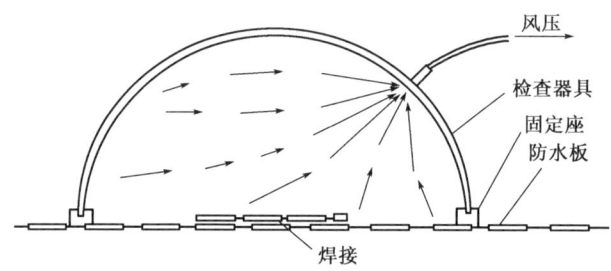

图8-33 破损防水板修补真空负压检查示意图

安装防水板时,要充分进行涌水时的基底处理。同时,灌注混凝土时,不要损伤防水板。防水板的端部处理、与排水设施的接续、模板设置时的堵头板的结合等都要进行适当的处理和确认。

7. 防水板破损处修理

如发现防水板有破损,必须及时修补。先取一小块防水板剪成圆角,补丁边缘距破损边缘的距离不得小于7cm,除净防水板上的灰尘后,将其置于破损处,然后用手动电热熔器熔接,如图8-34所示。

(二)隧道渗漏水治理工程实例

330国道丽缙段(即原330国道丽缙复线)公路为"四自"工程,按二级山岭重丘标准建设,1997年底开通,全线长25.427km,有5座隧道,其中有3座的长度超过1000m,运营后均不同程度存在渗漏水现象,局部位置常年滴水,5年多来滴水甚至造成水泥路面穿孔。侧墙及拱顶由于渗漏水潮湿,表面沉积尘土,无法刷白而常年漆黑,洞壁反光不足,给行车带来安全隐患。为彻底治理隧道渗漏水以及消除安全隐患,丽水市公路管理处于2003年5月组织技术力量对隧道进行全面调查,设计并实施了治理工程,效果明显,达到了预期的效果。下面对工程实施情况进行简单介绍。

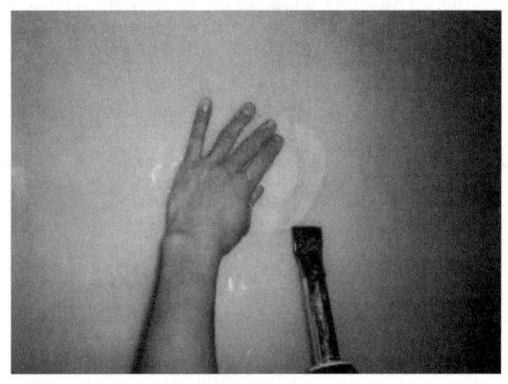
a)破损修补1

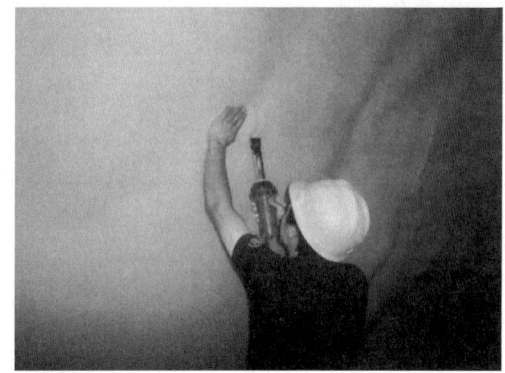
b)破损修补2

图8-34 破损防水板的修补

1. 渗漏水成因分析

造成330国道丽缙段隧道渗漏水的原因多种多样,其中最主要的原因有以下三种:

1)设计原因

330国道丽缙段隧道建于20世纪90年代,由于当时隧道防水意识和防水材料都很欠缺,设计中只考虑排水,而没有考虑防水,隧道没有设置防水层,甚至连施工缝止水条也没有设置。

2)气候地质原因

该地区气候温和,属亚热带季风气候,四季分明,雨量充沛,年均降雨量达1450mm,隧道所在山体岩石节理发育,在地表水和山体内部泉水的共同作用下,山体内部岩石裂隙水源源不断得到补充。

3)施工原因

1998年初,因为施工超挖回填不密实和衬砌厚度不足,330国道桃花岭隧道和大湾山隧道相继出现冒顶事故。事故发生后,业主单位要求施工单位对拱顶衬砌空洞采用水泥灌浆处理,致使原设置的部分排水管被灌浆堵死,岩层裂缝水变成了压力水,通过衬砌的施工缝和混凝土裂缝等薄弱处渗漏出来。

2. 治理原则及方案

经全面调查,330国道丽缙段隧道渗漏水主要有以下几种类型:

(1)拱顶施工缝渗漏。

(2)直墙和拱脚之间接缝渗漏。

(3)不规则裂缝渗漏水。

(4)孔洞点渗漏水。

(5)大面积渗漏水等。

治理原则:以引水为主、堵水为辅,表面处理相结合。

(1)引水是把裂缝漏水及施工渗漏水通过引水系统引入道路两边的排水沟中。引水系统设置在混凝土内部,选择刚性防水材料和柔性防水材料的合理组合进行封缝,以每一条环形裂缝及渗漏水的施工缝为主引水通道,将其他不规则渗漏裂缝和渗漏点引入引水道,从主引水道两端把水引入两边排水沟,形成引水网络系统,如图8-35所示。

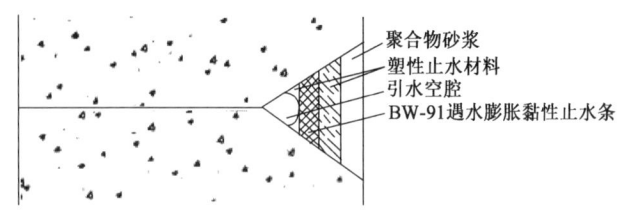

图8-35 渗漏水引水处理示意图

(2)堵水是指在不需引水的混凝土裂缝或空洞处理中尽可能地选择合适的防水材料和工艺封闭混凝土内部的向外渗水通道和空隙,从而达到综合治理,取得良好的效果。对于一些孤立的和不需引水的无压力渗漏水点、裂缝,采取化学灌浆办法和直接封堵的方法。化学灌浆,就是将一定的化学材料配制成浆液,用灌浆设备将其灌入缝隙或孔洞中,使其扩散凝固,从而达到防渗、堵漏、补强和加固的目的,如图8-36所示。

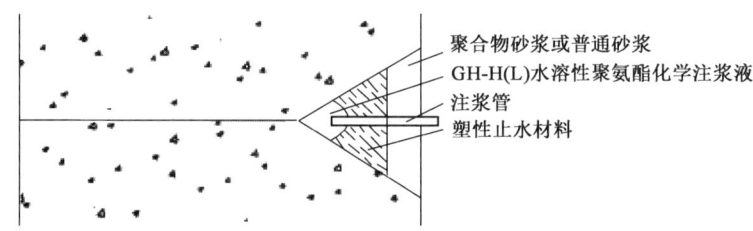

图8-36 裂缝(孔洞)止水处理示意图

(3)表面处理是将一般裂缝封缝,对大面积的渗漏水在经过引水和堵水综合处理之后,在表面涂刷合成高分子防水涂料和无机抗渗材料,采用凝胶时间长、起始黏度低的化学灌浆材料,用于混凝土细微裂缝和孔隙的渗漏处理,全面封堵一般性细裂缝,增强混凝土的表面抗渗水能力。

(4)对大流量漏水如涌水的处理,可采用瞬间固化的化学灌浆材料。

3. 材料选择

合理地采用最合适的防水材料是隧道渗漏水治理成功的关键,因此必须了解各种防水材料的技术性能,合理地加以利用。330国道丽缙段隧道渗漏水治理工程采用的主要材料及技术指标如下:

(1)GH-H(L)水溶性聚氨酯化学注浆液有两种型号,具有良好的亲水性,遇水可分散、乳化进而凝固,适用于潮湿或带水部位的防渗堵漏处理。GH-L水溶性聚氨酯的固结体是一种弹性体,伸长率达300%;而且遇水会膨胀,其体积膨胀率达250%。具有弹性止水和以水止水的双重功能。尤其适用于变形缝的处理。GH-H水溶性聚氨酯的可灌性好、强度高;GH-H和GH-L可以以任何比例混合配制成不同强度的弹性灌浆材料,以满足各种工程的需要。几种常用化灌材料的性能见表8-44。

GH-H(L)水溶性聚氨酯化学注浆液的物理力学性能 表8-44

材料	性能		
	黏结强度（MPa）	抗压强度（MPa）	遇水体积膨胀率（%）
GH-L水溶性聚氨酯化学注浆液	1.70	—	273
GH-H水溶性聚氨酯化学注浆液	2.80	19.8	—
GH-L:GH-H=80:20	1.86	14.8	30

（2）GH-DL堵漏宝具有快凝、快硬、快速止水堵漏、抗渗防裂、永久防水等特点,与新老混凝土、砖、石、铁皮基层黏结牢固,可带水作业,防火、无毒,可广泛用于房屋、地下、水下、人防、隧道等工程的堵漏止水、抢修。

（3）聚合物水泥砂浆是一种常用的刚性密封材料,是采用水泥和聚合物作为表胶结料来胶结集料的砂浆。当水泥与水反应形成水泥石时,聚合物乳液本身脱水干燥在砂浆集料表面形成了有自黏性和黏结性的聚合物薄膜,封闭了砂浆内的细微裂缝和毛细通道,将水泥石和填料牢固地结合在一起。因此,聚合物水泥砂浆具有优良的防水、抗冻、防腐、防碳化及其他物理力学性能,已在水电、冶金、交通及土建、环境、市政等工程中得到广泛的应用。针对混凝土表面防渗材料的要求和聚合物水泥砂浆的特性,华东勘测设计研究院科研所研制了903聚合物水泥砂浆。与普通的水泥砂浆相比,903聚合物水泥砂浆的黏结强度提高了2~3倍,极限拉伸值提高了3~4倍,抗拉弹模降低了1/3~1/2,抗裂系数提高了20多倍,防碳化能力提高了约3倍;903聚合物水泥砂浆具有明显的减水性,优良的耐久性、抗冲刷性和耐老化性。它施工方法简便,工效高,可在潮湿面施工。其主要力学性能见表8-45。

903聚合物水泥砂浆的主要力学性能 表8-45

性能	指标
黏结强度 R_b	3.5~4.2MPa
抗拉强度 R_t	3.7~4.7MPa
极限拉伸值 E_u	$700 \times 10^{-6} \sim 800 \times 10^{-6}$
抗拉弹模 E	7000~8000MPa
抗裂系数 K	$5.5 \times 10^{-6} \sim 7.5 \times 10^{-4}$
抗渗标号	$>S_{12}$

（4）BW-91遇水膨胀黏性止水条是由主体材料和胶结材料组成的横截面为20mm×30mm的带有黏性的矩形条状固体,使用时直接粘贴在混凝土施工表面,或者直接将其填塞于混凝土接缝中,遇水后能膨胀堵塞施工缝,达到可靠的防渗漏水要求。

BW-91遇水膨胀黏性止水条主体材料为无机材料,使用中被包裹在混凝土中,有很好的耐久性,膨胀率大于100%,能可靠地遇水膨胀以水止水,其主要性能指标见表8-46。

BW-91遇水膨胀黏性止水条主要性能 表8-46

性能	指标	性能	指标
膨胀率	>100%	剥离强度	0.01MPa
耐高温	150℃不流淌	剪切强度	0.06MPa
耐低温	-20℃不变脆	抗渗强度	>0.6MPa

4. 施工程序和方法

1)引水的施工方法(图8-35)

(1)对整个隧道表面进行清洗和清理工作,为下一个工序做好准备。

(2)凿槽。沿渗漏水裂缝或施工缝凿成"V"形槽,槽的宽度和深度根据实际渗漏水的流量而定,一般宽10~15cm,深10~12cm。

(3)做引水空腔。根据具体情况埋设专用引水材料做引水空腔,每一条环形裂缝及拱圈和直墙相接起拱线的纵向缝形成主引水通道网,将其余的渗漏裂缝和渗漏点引入主引水道;在每一条环形裂缝两端把水引入两边排水沟,以形成引水网络系统。

(4)封缝。封缝材料采用GH-DL塑性止水材料。

(5)嵌涂柔性防水材料。在封缝之后嵌上BW-91遇水膨胀黏性止水条,以适应缝的变形及热胀冷缩,达到永久防水的目的。

(6)在止水条外面压上铁丝网,用塑性材料进行封闭。

(7)表面加固。用普通砂浆或高分子聚合物砂浆将槽压实抹平,加强表面防渗能力。

2)堵水的施工方法

对于一些孤立的渗漏水点、不便引水的渗漏裂缝或需要补强加固的裂缝,采用以化学灌浆为主的施工方法。具体施工方法如下(图8-36):

(1)根据隧道裂缝凿成6cm×5cm的槽,清理表面污物,清洗已打好的槽。

(2)做灌浆空腔和埋设注浆管,外面用塑性材料进行封缝,再涂刷一道复合防水涂料,防止封缝材料开裂,注浆管埋设的间距根据裂缝粗细和深浅而定,在埋设的注浆管头上做一些技术处理,防止灌浆时产生漏浆现象。

(3)检查止封效果,重新封闭漏气处。

(4)浆液配制,根据当时气温等当地条件,配制灌浆用的浆液。

(5)灌浆。用专门的灌浆设备进行灌浆。灌浆压力视裂缝开度、吸浆量、工程结构情况而定。灌浆顺序一般由下而上,由深到浅。当邻孔出现浆液后,暂停灌浆;将灌浆管移至邻孔继续灌浆。在灌浆时如出现渗漏浆液情况,先停止灌浆,待渗漏处封闭后再继续灌浆,直至达到灌浆标准再结束。

(6)待浆液凝固后凿去注浆管,表面用高分子聚合物砂浆或抗渗宝压实抹平。表面处理是在引水和堵水的基础上,对于大面积的渗漏水,除了要对主要裂缝进行处理外,还应采用凝胶时间长、起始黏度低的化学灌浆材料,对细微裂缝和孔隙进行处理,对表面进行凿毛,清除表面污渍,用高分子聚合物砂浆或抗渗宝压实抹平。

5. 效果

330国道丽缙段的余岭隧道(1203m)、大湾山隧道(1610m)、桃花岭隧道(1415m)三隧道渗漏水经过治理后,检测总湿渍面积小于6‰;任意100m²面积上的湿渍不超过三处,单个湿渍的最大面积不大于0.2m²,达到了地下工程防水二级标准,经2004年及2005年雨季的检验,至今未发现湿渍有扩展现象,防渗漏水治理效果稳定。

二、裂缝分类及处治

(一)衬砌开裂的危害性与监测的意义

隧道混凝土衬砌开裂是工程中普遍存在的问题,裂缝又关系着工程质量及渗漏水的防治,二衬混凝土裂缝会对隧道结构体的受力、防排水、外观等产生不良影响。混凝土是一种由砂石集料、水泥、水及其他外加材料混合而成的非均质脆性材料。由于混凝土施工和本身变形、约束等一系列问题,硬化成型的混凝土中存在着众多的微孔隙、气穴和微裂缝,正是这些初始缺陷的存在才使混凝土呈现出一些非均质的特性。微裂缝通常是一种无害裂缝,对混凝土的承重、防渗及其他一些使用功能不产生危害。但是在混凝土受到荷载、温差等作用之后,微裂缝就会不断地扩展和连通,最终形成我们肉眼可见的宏观裂缝,也就是混凝土工程中常说的裂缝。混凝土建筑和构件通常都是带缝工作的,裂缝的存在和发展通常会使内部钢筋等材料腐蚀,降低钢筋混凝土材料的承载能力、耐久性及抗渗能力,影响建筑物的外观、使用寿命,很多工程的失事都是由于裂缝的不稳定发展所致。因此,对隧道二衬混凝土进行裂缝普查,找出存在的裂缝,并对有代表性的典型裂缝及时进行动态的观测,判断二衬混凝土裂缝的危害程度,决定是否采取进一步的措施予以处理,对隧道施工有指导意义。

(二)裂缝分类及修补方法

隧道衬砌裂缝一般是指二次衬砌混凝土表面的可见裂缝,它多发生在二次衬砌混凝土中的不连续面,这些薄弱部位是引起混凝土破坏的主要部位。公路隧道裂缝就其外观表现,依据裂缝走向和裂缝宽度可作如下分类:

1. 根据裂缝与隧道轴线的走向关系分类

(1)纵向裂缝:隧道衬砌纵向裂缝平行隧道轴线,在拱部、边墙都会发生,这种裂缝的危害性最大,其发展可能引起隧道掉拱、边墙断裂甚至造成隧道塌方(图8-37)。

(2)环向裂缝:隧道衬砌环向裂缝垂直隧道轴线,多发生在施工缝、沉降缝处,或发生在洞口、不良地质地带与完整岩石地层的交接处。环向裂缝的危害性相对不大(图8-38)。

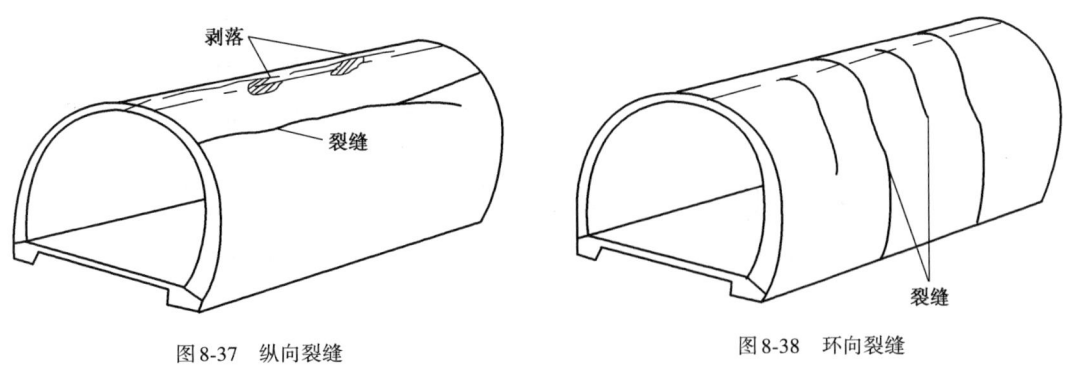

图 8-37 纵向裂缝　　　　　　图 8-38 环向裂缝

(3)斜向裂缝:隧道衬砌斜向裂缝一般和隧道纵轴呈45°角左右,在拱部、边墙都会发生。其危害性仅次于纵向裂缝。

2. 根据裂缝的宽度分类

参考国内外大量的文献资料和工程经验,一般的隧道根据裂缝宽度 W 大小可分为四级:
(1)毛裂缝:$W \leqslant 0.3\text{mm}$,可认为其对结构使用功能和承载能力无明显影响或影响轻微。
(2)小裂缝:$0.3\text{mm} < W \leqslant 2\text{mm}$,其影响程度可定为轻微。
(3)中裂缝:$2\text{mm} < W \leqslant 20\text{mm}$,其影响程度可定为中等。
(4)大裂缝:$W > 20\text{mm}$,其影响程度可定为比较严重或非常严重。

3. 根据衬砌受力特点分类

按衬砌受力变形形态和裂口特征,主要分为衬砌受弯张口型裂纹[图8-39a)]、内缘受挤压闭口型裂纹、衬砌受剪错台型裂纹[图8-39b)]、收缩性环向裂纹等四种,见表8-47。其中,以拱腰受弯张口型纵向裂纹最为常见,衬砌向内位移,相应拱顶部位产生内缘受挤压闭口型裂纹,向上位移。纵向和斜向裂纹,使隧道衬砌环向节段的整体性遭到破坏。当拱腰和边墙中部出现两条以上粗大的张裂错台型裂纹,并与斜向、环向裂纹配合,衬砌被切割成小块状时,容易造成结构失去稳定、发生塌落,对运营安全威胁最大。

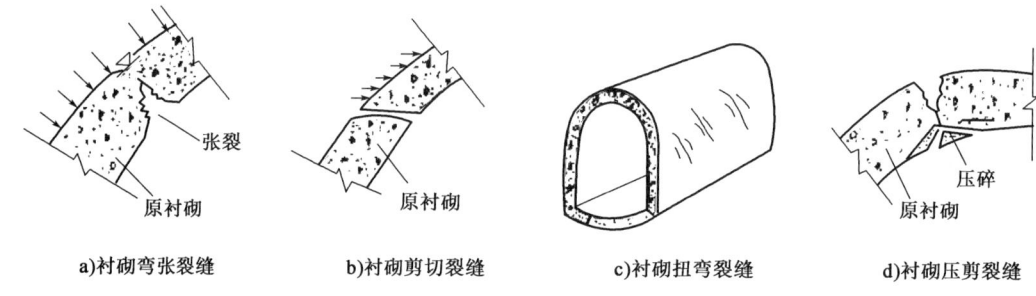

a)衬砌弯张裂缝　　b)衬砌剪切裂缝　　c)衬砌扭弯裂缝　　d)衬砌压剪裂缝

图8-39　衬砌裂损受力特征

按衬砌受力变形形态和裂口特征分类　　表8-47

序号	裂纹种类	隧道混凝土衬砌受力变形形态和裂口特征
1	衬砌受弯张口型裂纹	常见在拱腰部位,边墙中部,衬砌承受较大的地层压力作用,衬砌受弯向内位移,内缘拉应力超过混凝土的极限抗拉强度,从而发生张口型裂纹
2	内缘受挤压闭口型裂纹	常见在对应于两拱腰发生较严重的纵向张裂内移地段的拱顶部位,出现闭口型纵裂,衬砌向上位移,其中较严重处,拱顶内缘在高挤压应力作用下发生剥落掉块
3	衬砌受剪错台型裂纹	偶见于拱腰部位衬砌,在其背后局部松动滑移围岩的推力作用下,沿水平工作缝较薄弱处,有一侧的衬砌变形突出,形成错台型裂纹
4	收缩性环向裂纹	多见在隧道靠洞口地带,受气温变化影响较大,混凝土衬砌环向施工缝出现收缩性裂纹

4. 隧道衬砌部位划分

将隧道衬砌的拱部分为左右两半,边墙分左右两边,仰拱作为一个部分,整个隧道衬砌共分为五部分,除仰拱外每一部分依其内缘周长再划分为四个等份,将全断面分为14个部位,如图8-40所示。

5. 隧道二次衬砌混凝土裂缝的修补措施

参考国内外大量的文献资料和工程经验,对于一般的隧道,宽度小于0.3mm的裂缝对隧道的正常使用、承载、防腐都无太大影响,故宽度小于0.3mm的裂缝结构称为毛裂缝结构。对裂缝宽度大于0.3mm的二次衬砌混凝土裂缝的修补,一般按以下原则进行:对干缩裂缝以充填封闭为主;对渗水裂缝以堵为主,排堵结合,渗水处混凝土应加固和补强。

若裂损严重,拱圈有多道裂缝,部分失去承载能力,原则上拆除重建,一般用锚网喷或喷射早强钢纤维混凝土;若开裂严重,但拱圈基本形状无较大变形,可采用素喷或网喷混凝土整治。

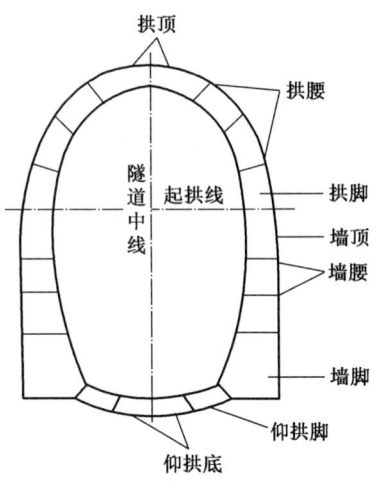

图8-40 隧道衬砌部位划分图

1)无水裂缝的处理

无水衬砌裂缝为原衬砌混凝土开裂,从而在表面形成的裂缝。处理施工中,遵循先环向后纵向的顺序。对纵向延伸较长的裂缝,逐段进行处理;对裂缝密度大的区域,逐条进行处理。

(1)直接涂抹法。

直接涂抹法主要针对裂缝宽度大于0.3mm的环向裂缝,且无明显的剪切滑移和渗漏水迹象,对结构的承载能力影响不大,不影响结构安全和正常使用的裂缝,采用水泥基渗透结晶型材料进行涂抹处理。具体施工步骤如下:

①用凿除、喷砂、酸洗、钢丝刷洗、高压水或风冲等方法,让裂缝周围的基面粗糙、干净。

②将涂抹材料的各组分按比例调和,搅匀。

③用抹子、滚筒、尼龙刷、专用喷枪等工具将混合料涂刷或喷射到基面上,涂刷时应注意来回用力,以保证凹凸处都能涂上;喷涂时,喷嘴距涂层要近些,以保证灰浆能喷射进表面微孔或微裂隙中;一次涂刷厚度不宜超过0.2mm。

④涂抹后必须加强养护,涂层初凝后宜用材料或工具,防止洒水时涂层破坏。

⑤在夏季施工时,如温度超过30℃,建议在早、晚进行,以防止涂抹材料过快干燥失水;如在冬季施工,温度低于5℃时,应采用防冻措施。

(2)埋管灌浆法。

衬砌混凝土宽度大于0.5mm的纵向裂缝或斜向裂缝,尤其是拱墙上部及拱顶上的贯穿性斜向裂缝(或纵向裂缝)对隧道的使用功能和承载能力会产生一定的影响,应采用埋管直接注浆法修补、加固。处理过程为:沿裂缝延伸方向凿宽度与深度均达5cm的沟槽,槽长度由裂缝起止点各向外延伸10cm,用毛刷刷净槽内浮尘,对深度大于5cm的裂缝,每隔0.5~0.8m设置1根17cm长的ϕ10注浆钢管,再用环氧树脂砂浆嵌补沟槽并固定注浆管。待环氧树脂砂浆凝固后,通过注浆管压注环氧树脂浆液,注浆压力为0.3~0.5MPa。注浆结束后,割掉注浆管外露部分,并涂刷刮抹料和调色料。

2)有水裂缝的治理

一种是渗水裂缝,长度不大且呈不规则的放射状,属于不便引排的孤立的渗水点,应该采用凿槽封堵等方式进行整治;另一种是贯穿裂缝,通常用引排的方法,在前文水害治理部分已做了一定介绍。这里只以前者为例,强调这种裂缝的治理思路。

(1)凿槽封堵。

开槽的断面形状有矩形、梯形、倒梯形、梯形加矩形等。倒梯形开凿较麻烦,封槽后比较牢固,不易剥落。矩形槽应在槽的两侧加纵向沟,增加封堵的牢固性。开槽的深度宜不大于8cm,并不小于4cm。太深了影响结构强度,也不易于切槽机操作。太浅了,封堵不牢,表面层不易施作,宽度以4~6cm为宜。

封堵工艺流程:沿裂缝切槽(用手持式切割机)—凿除混凝土—清理槽内渣子—对流水成线的渗漏水可做临时引排—将容易堵的沟槽用堵水材料封好—将引排部位封堵—检查封堵效果—对仍然渗水的部位凿除返修。最后,在堵漏材料的外面抹防水砂浆和相应的涂料,保持和原隧道表面颜色一致。

(2)注浆封堵。

如果横坑隧道发现的渗水裂缝处于水位线以下,仅采用凿槽封堵的方式可能无法彻底治理,也可能复发率很高,这时采用超细水泥浆注浆封堵的方式较为合理。而且该渗水裂缝较窄,裂缝水量不大,主要是渗漏水,因此耗浆量不多,注浆材料固化后强度高,与原混凝土有较好黏结密封性,使水无法透过。

注浆封堵施工工艺:

①将渗水的杂物清理干净,找出漏水点。

②确定需要注浆的裂缝长度,用切割机沿渗水缝两侧切槽;槽宽4~5cm,深5cm左右。

③用电铲或其他工具凿除中间的混凝土,并清理干净。

④埋设注浆管,注浆管底部要对准渗水处,然后用速凝堵漏剂封堵管周围空隙,注浆管埋设后应进行检查,除水从注浆管流出外,其余部位不应再渗漏,否则要进行修补。

⑤注浆管埋设完毕后,连接好管路和泵自下而上进行注浆。

⑥注浆完毕后,检查注浆效果,清除外露注浆管,将裂缝表面处理平整。

注浆材料水浆比:$W:C=(0.6~0.8):1$;注浆压力:$0.4~0.5\text{MPa}$。

3)严重裂损变形的整治

(1)裂缝整修。

对严重裂损变形的隧道衬砌,以往的临时加固措施和施工安全防护措施,常使用钢拱架支护,当隧道净空足够时,可在衬砌内边架设;当净空不富裕时,采用凿槽嵌入衬砌内的方式。过去的永久性加固措施,当净空富裕时,过去常采用在隧道内增设钢筋混凝土套拱加固的方式;当衬砌严重裂损变形,侵入隧道建筑限界地段时,则采用更换衬砌的办法整治。但套拱与更换衬砌的办法,都有施工进度慢、劳动强度大、工程费用高、行车干扰大等缺点。特别是爆破拆除旧衬砌时,不可避免地要对围岩产生再一次扰动,导致地层压力进一步增大,塌方断道事故时有发生,不但增加工程处理难度,而且严重干扰正常运营。

某隧道试验表明,一般2~10cm厚的素喷混凝土和10~16cm厚的网喷混凝土可分别用来加固一般裂损和严重裂损隧道混凝土衬砌。锚喷加固裂损衬砌,喷层与原衬砌之间具有紧密黏结能力,使新旧拱形成刚度更大的组合拱结构,可以恢复和提高原衬砌的承载能力;布设了钢筋网后,大大提高了组合拱结构的抗裂性和抗弯、抗剪强度,因而可大幅度提高衬砌的承载能力。相比套拱、换拱的旧方法,锚喷加固衬砌新技术还具有施工进度快、劳动强度小、工程费用低、行车干扰少、安全可靠性高等优点。

某项研究试验表明,对既有线模筑混凝土隧道衬砌三心圆尖拱式断面,常见的"马鞍形"不利荷载组合(即拱腰承受较大的地层压力,而拱顶空载),在采用钢筋网喷射混凝土加固裂损衬砌的同时,还需要对拱背空隙压浆回填,以增加拱顶抗力,改善衬砌结构外部的受力条件,这也是提高既有隧道衬砌结构承载能力的重要措施。

喷射早强钢纤维混凝土,具有早期强度特别高,抗裂、抗渗、抗震、抗硫酸盐腐蚀性能好等优点,适用于运营隧道裂损、腐蚀病害的综合整治。

(2)衬砌背后空洞压浆。

压浆可以填充拱背(墙背)空隙,约束衬砌变形,固结稳定衬砌背后松散围岩,填充衬砌裂缝空隙,因此,对衬砌背后空洞进行压浆是惯用的方法。

压浆填充拱背空隙,是改善衬砌受力状态、提高衬砌承载能力的一项必要措施。隧道压浆耗费水泥量较大,为了节省水泥和投资,可选用水泥粉煤灰砂浆、水泥沸石粉砂浆、水泥黏土砂浆等可灌性好,抗渗性、耐腐蚀性较好的廉价材料。如成昆线南段黑井、法拉等隧道通过含硫酸盐地层,衬砌产生裂损、漏水、腐蚀病害,采用网喷混凝土和压注水泥-粉煤灰砂浆综合整治,取得较好效果。

(3)底板的稳定处理。

底板既是传力结构又是受力结构,底板不稳定直接影响仰拱的稳定性。易风化泥化的泥质岩类隧底,排水不良,铺底容易损坏,产生翻浆冒泥病害,它是运营线中较常见的一种病害。一般采用改建加深侧沟或增建深侧沟、更换铺底方法整治。当为黏土质泥岩或有膨胀特性的页岩时,宜增设仰拱,以防止边墙下沉、内移和隧底隆起。

加深排水沟,疏干地下水,消除底板软化。对已软化的底板,可采取置换或注浆加固方式。

(4)换拱、换边墙。

隧道承载力模型试验证明,开裂的衬砌仍然具有一定的承载能力。即便是严重裂损错台,并局部侵限的衬砌,在钢拱架的临时支护下,可采用凿除其侵限部分,加强网喷的办法来恢复和提高其承载能力。所以,换拱、换边墙一般情况下不宜采用。只有在衬砌严重变形、其断面大部分侵入建筑限界,必须拆除扩大限界的情况下,才采用更换衬砌的整治方法。

三、岩溶地段隧道整治关键技术

根据超前地质报告揭示的岩溶大小、规模、充填物、具体位置及有无水情况,同时结合溶洞形态及其与线路的关系,采用相应处理方案,以保证隧道结构安全。

1. 隧道遇到无水、已停止发育溶洞的处理措施

根据溶洞与隧道相交的位置及其充填情况,采取回填、支顶、跨越等方法,利用混凝土、浆砌片石或干砌片石予以回填封闭,根据地质情况决定是否需要加深边墙基础。

当溶洞洞穴位于隧道下方时,按图8-41处理。
当溶洞洞穴位于隧道两侧时,按图8-42处理。

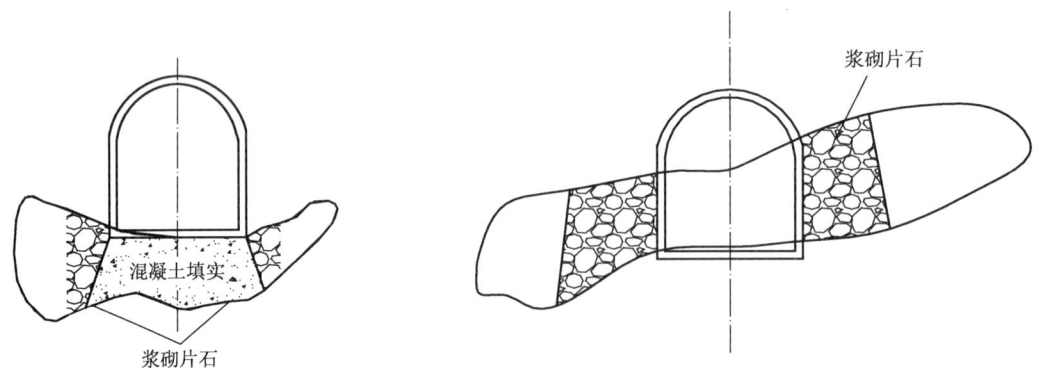

图8-41 溶洞洞穴位于隧道下方时的溶洞堵填方法图　　图8-42 溶洞洞穴位于隧道两侧时的溶洞堵填方法图

当溶洞洞穴位于隧道上方时,可视溶洞的岩石破碎程度采用锚喷支护加固,或加设护拱及拱顶回填的办法,按图8-43处理。

2. 隧道在不同部位遇到溶洞的跨越措施

当溶洞较大、较深时可采用梁、拱跨越。梁端或拱座置于稳固可靠的基岩上,必要时用圬工加固。

当隧道一侧遇到狭长而较深的溶洞时,可加深该侧的边墙基础,按图8-44处理。

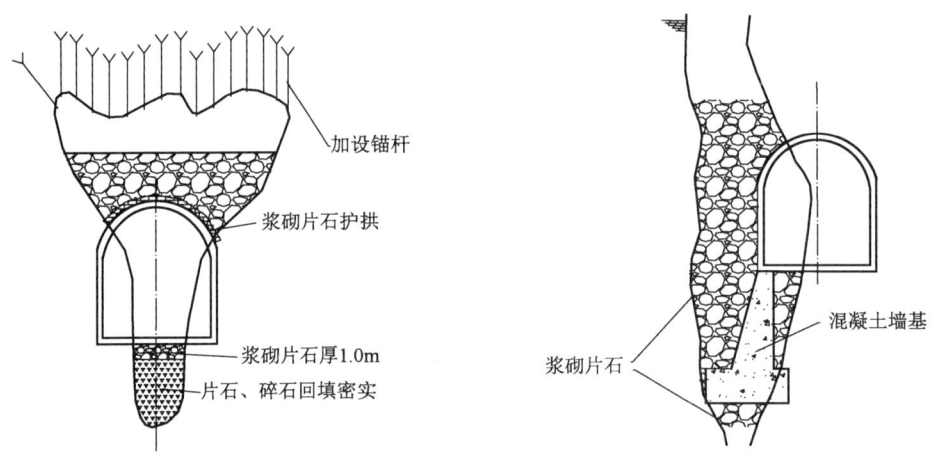

图8-43 溶洞洞穴位于隧道上方时的溶洞堵填方法图　　图8-44 加深边墙基础溶洞处理方法图

当隧道底部遇到较大溶洞且有流水时,可在隧底以下砌筑浆砌片石支墙,支承隧道结构,并在支墙内套设涵管引排溶洞水,按图8-45处理。

当隧道边墙部位遇到较大、较深的溶洞,不宜加深边墙基础时,在边墙部位或隧底以下筑拱跨过,按图8-46处理。

当溶洞上大下小,且有部分充填物时,可将隧道顶部的充填物清除,然后在隧道底部高程以下设置钢筋混凝土横梁及纵梁,横梁两端嵌入岩层,按图8-47处理。

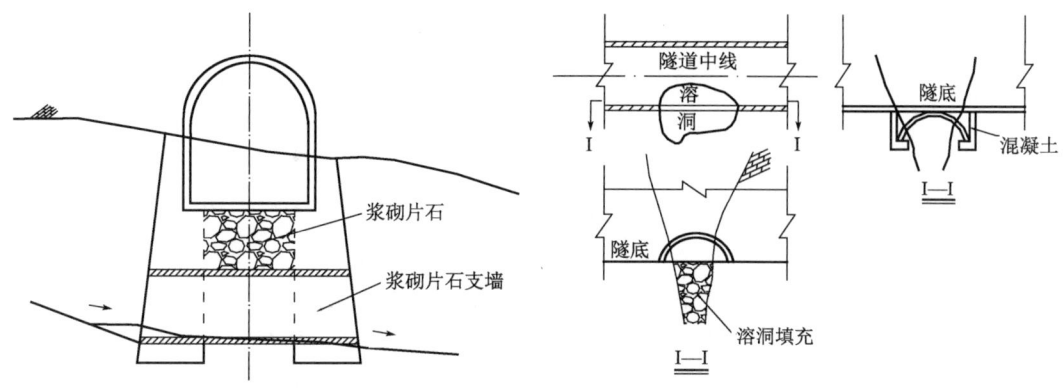

图 8-45 支墙内套设涵管溶洞处理方法图　　图 8-46 筑拱跨过溶洞处理方法图

当隧道中部及底部遇到深狭的溶洞时,可加强两边墙基础,并根据情况设置桥台架梁通过,按图 8-48 处理。

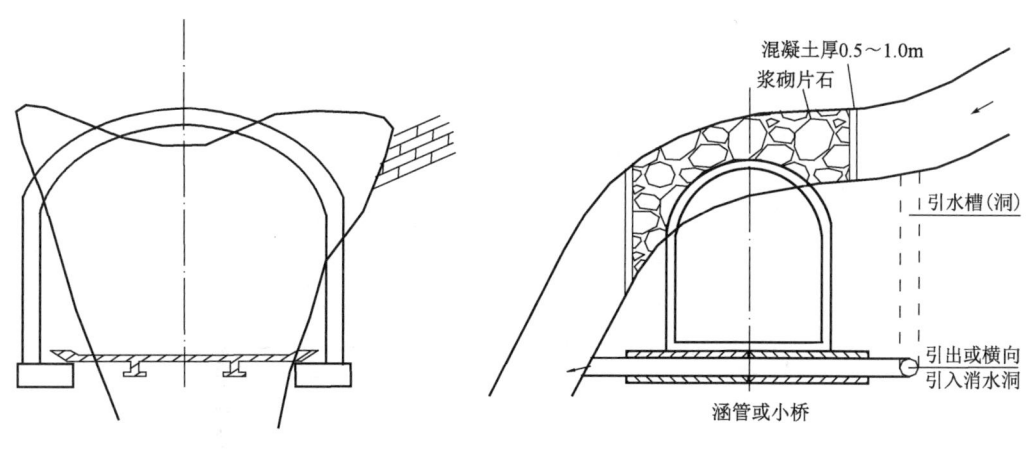

图 8-47 架梁跨过溶洞处理方法图　　图 8-48 引水槽溶洞处理方法图

3. 岩溶地段隧道施工注意事项

了解地表水、出水地点的情况,并对地表进行必要的处理,以防止地表水下渗。

当施工达到溶洞边缘时,各工序紧密衔接,据已探明溶洞的形状、范围、大小、充填物,地下水等情况,以及施工处理方案,制订安全措施。

在施工中加强溶洞顶板检查,及时处理危石。当溶洞较大、较高时,设置施工防护架或钢筋防护网。

在溶蚀地段的爆破作业中,做到多打眼、打浅眼,并控制药量。

在溶洞充填体中掘进,遇充填物松软,用超前支护法施工。遇充填物为极松散的堆积砾石、块石或有水,在开挖前采取预注浆加固。

对溶洞未做出处理方案前,不将弃渣随意倾填于溶洞中。

四、隧道塌方处治案例

随着经济社会的发展,近几年,公路隧道在公路的建设中被广泛采用,隧道施工方法也日渐成熟,但公路隧道围岩情况千差万别,盲目地套用其他项目的施工方法就会发生塌方、冒顶等问题,对工程建设的进度、成本、安全造成不利影响。下面通过对大岭背隧道施工塌方原因的分析,总结了两种可以避免在类似围岩施工中发生塌方的施工方法改进措施。

(一)工程概况

大岭背隧道属于公路改建工程K1+995~K2+545处,全长550m,净宽7.5m,行车道净高4.5m,纵断面采用单向坡,坡度为1.8%的上坡,为单洞双向交通隧道,设计速度30km/h。

大岭背隧道位于低山丘陵区,山势陡峻,隧道主要穿越中风化砾岩和微风化砾岩,隧道两洞口端地表覆盖第四纪残积含砾黏性土及碎石土,下卧围岩为紫红色粉砂岩及紫红色夹白色砾岩,强风化状,岩体呈镶嵌状,第四纪覆盖层厚度为2.10~10.50m,全风化带厚度为1.00~7.00m。

(二)隧道塌方情况

隧道施工时间为2010年4月,2010年5月1日隧道洞口边仰坡发生塌方,见图8-49。

(三)塌方原因分析

初步分析,有以下几个方面的直接原因:

(1)据相关部门的统计,2010年上半年,同期降雨量约为往年的1.5倍,掌子面渗水较为严重。明洞开挖后,开挖面渗水较为严重,同时边仰坡排水工作也未到位。

(2)从桩号K2+508开始,开挖出现孤石,个别体积较大,需爆破处理,泥夹石加上渗水,使掌子面不稳定。边仰坡和明洞处土质较为复杂,仰坡上部为残积土,其余部分为全风化砾岩,遇水即软化,注浆效果差,很难通过注浆改善围岩。这就使得挂网锚喷难以达到边仰坡防护的效果。

(3)环形开挖为机械开挖,开挖面积太大,同时预留核心土太短,超前支护不到位。

(4)边坡挡土墙和排水沟都没有到位。出洞口K2+470~K2+545为V级围岩,设计在洞口段30m范围内的V级围岩采用管棚超前支护,其余V级围岩段采用超前小导管预支护,V级围岩的施工方案采取留核心土环形开挖法。2010年8月16日桩号K2+503处施工时,在环形开挖后,立好工字钢时,发现掌子面渗水量加大,开始塌方,接着掌子面上部有大块孤石掉下,共砸坏3榀钢拱架,8月19日塌方处冒顶,见图8-50~图8-52。

图8-49 大岭背隧道洞口处塌方现场

图8-50 施工掌子面塌方现场

图8-51 塌方处冒顶

图8-52 施工掌子面渗水量加大

(四)特殊地质条件下施工改进的工法

众所周知,常见的指导公路隧道施工的理论有两种:一种是松弛荷载理论,是传统的矿山法设计施工的依据;另一种就是岩承荷载理论,新奥法施工就是该理论的具体运用,由于采用新奥法施工相对安全、经济、合理,现在公路上普遍采用,但新奥法在特殊地质条件下的运用,不是生搬硬套,大岭背隧道Ⅴ级围岩是全风化岩层,遇水即软化成泥浆,受山体内水系和下雨时地表水影响较大,围岩的注浆效果差,经过本次塌方原因的分析,大家一致认为必须调整施工工法才能避免类似洞内塌方,可采取以下两种施工工法:

1. 小管棚下的三台阶环形开挖法

新奥法施工的基本原则是"少扰动,早锚喷,勤量测,紧封闭",本工法的要点是上部核心土采取3m+3m+3m的三台阶;环形开挖必须为人工开挖,目的是确保核心土足够长,能够对掌子面起到足够的支撑作用;环形人工开挖,可以尽量减少开挖面积,大大降低对掌子面的扰动;开挖后钢拱架需及时跟进支护(必要时加强),开挖面及时锚喷封闭,从而使得钢拱架与超前小导管、系统锚杆、钢筋网片形成整体共同受力(图8-53、图8-54)。

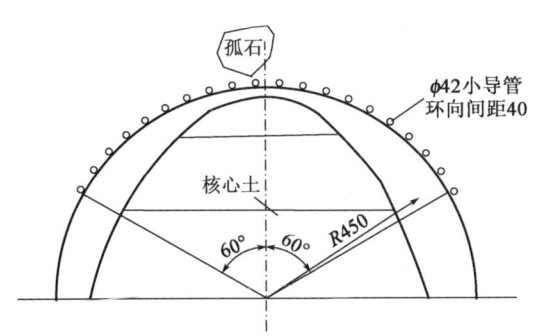
图8-53 三台阶环形开挖横向施工示意图(尺寸单位:cm)

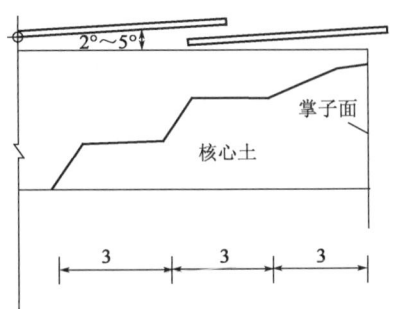
图8-54 三台阶环形开挖纵向施工示意图(尺寸单位:m)

2. 采用小插板超前支护

大岭背隧道Ⅴ级围岩较为软弱,全风化岩遇水变软易呈流体状,其中K2+500~K2+508拱顶上部有孤石,随时会发生坍塌,工作面极不稳定,围岩也难以形成自然承载拱,此时若仍然采用常规的支护措施和施作顺序,不能有效地控制围岩的变形,防止孤石的掉落和阻止坍塌,需采取钢插板施工法(根据本隧道地质,适合采用钢板材料)。钢插板施工法又称麦塞尔插板法,可以加固开挖面前方的围岩,防止围岩松动,这种施工方法是采用特殊加工的钢插板,用千斤顶将其顶入围岩中(但岩层中夹有鹅卵石时,施工困难),在大岭背隧道的砂岩和泥岩中可以取得显著效果(图8-55、图8-56)。特别是面对这种拱顶围岩不稳定、有大孤石位于拱顶上面的情况,钢插板超前施工能很好地形成隧道掘进的工作面,确保拱顶安全。

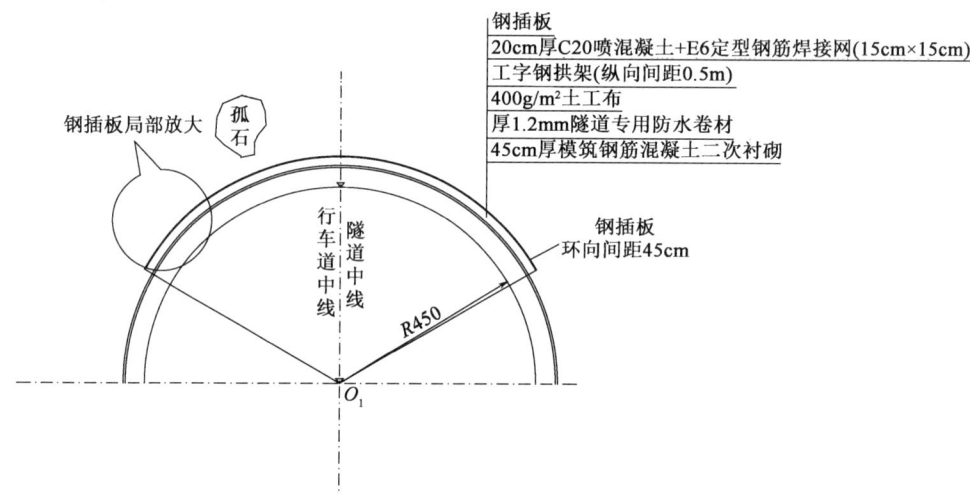

图8-55 钢插板环向布置图

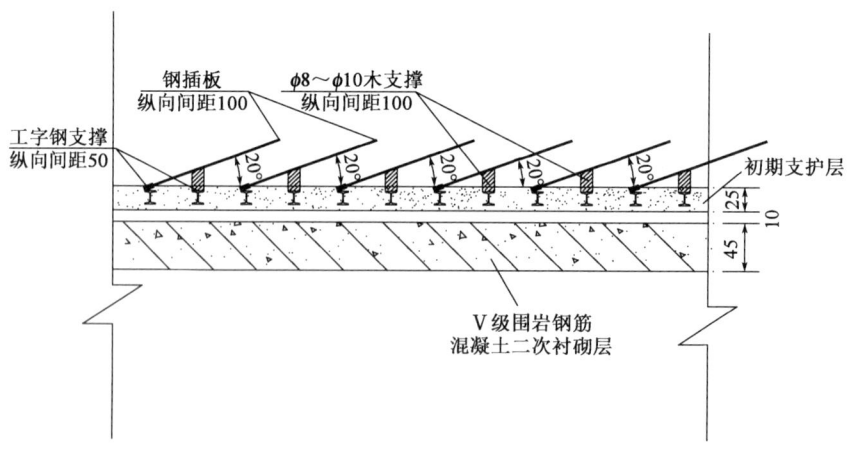

图8-56 钢插板纵断面布置图(尺寸单位:cm)

(五)总结

隧道在软弱破碎等自稳能力较差的围岩条件下,应采用特殊的、有针对性的施工工法和支护措施,以确保围岩和掌子面的稳定,具体把握的原则:"先护后挖,逆序施作",也就是先支护和加固,然后开挖,应逆序施作、短进尺,谨慎开挖,千万不能冒进,应加强支护、快衬砌,及时封闭,重视观察、勤量测。对施工工法和支护措施的选择不要囿于新奥法,在选择时可以进行安全性和经济性比较,本案例提到的钢插板法的施工应该更接近传统矿山法,可以说,是传统矿山法和松弛荷载理论的发展改进和应用,因此,在隧道的实际施工过程中,施工工法应该根据实际情况灵活选择,及时调整,在Ⅴ级围岩的施工过程中,特别是像大岭背隧道这样,锚喷支护难以形成受力圈,超前小导管施工注浆效果差,围岩加固难以奏效时,可以选择钢插板超前支护工法。小管棚下的三台阶法,更强调的是减少人为扰动,重视核心土的支撑作用,施作原则同样是"先护后挖,逆序施作",但由于小导管环向间距有40cm,各小导管之间存在间隙,若渗水量较大,容易在间隙处形成不稳定点,因此必须加强地质超前预报,对围岩特别软弱的位置进行小导管加密,必要时加强支护并且应及时锚喷,封闭拱顶和掌子面围岩,以确保掌子面和拱顶的稳定。

五、综合案例分析

(一)丽龙高速马岭头隧道病害维修加固工程

1. 项目概况

丽龙高速公路起于丽水市区的富岭,经丽水市莲都区、云和县,终于龙泉市,全长102km。马岭头隧道位于丽龙高速公路云和段。

2. 加固历史

根据2006年整理的竣工资料,2005年马岭头隧道右洞发现YK40+700～YK40+950(2015年后调整为K2645+739.8～K2645+989.8)段左侧墙出现纵、横向裂缝,左侧水沟、电缆槽向内下侧倾斜或拱起,以及YK40+900(2015年后调整为K2645+939.8)处汽车横向通道两侧墙体附近出现横向裂缝等病害,如图8-57所示。

采取的加固措施:①对YK40+700～YK40+950段重新施作钢筋混凝土仰拱;②仰拱拱底增设纵向排水沟并将水引至边沟;③每5m布设一道横向排水管,将渗漏水集中引至边沟;④用环氧树脂浆液以从上至下、从低到高灌封为原则对裂缝进行封闭。

3. 病害情况

2015年6月9日,隧道检测单位在检查时发现马岭头隧道(上行线)右洞存在病害,主要表现有路面纵向裂缝、左侧纵向裂缝和车行横向通道环向裂缝、右侧纵向裂缝,病害里程K2645+723～K2645+995,共272m。根据马岭头隧道2015年定期检查报告和2016年3月专项检测结果,马岭头隧道病害主要表现为衬砌纵向开裂、环向开裂,隧道渗漏水,以及路面裂缝等,如图8-58、图8-59所示。

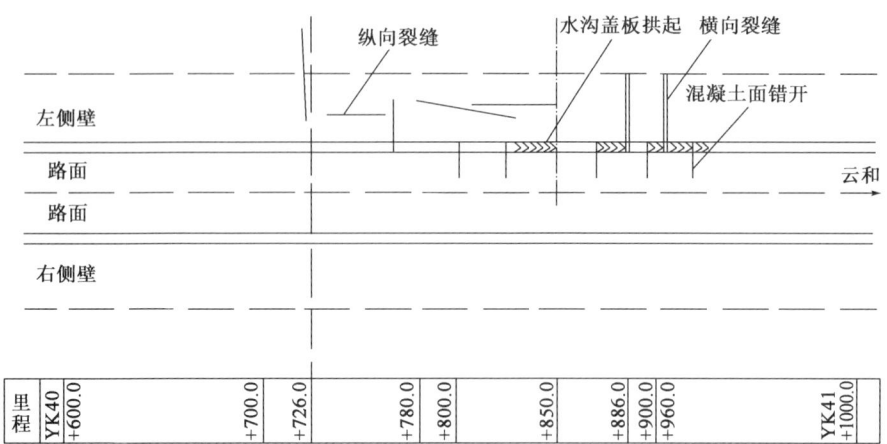

图 8-57 病害分布图

图 8-58 K2645+732～K2645+756 段路面纵向裂缝

a) K2645+960 右拱腰　　　b) K2645+946 车行横向通道右侧

图 8-59 渗漏水状况

4. 原因分析

为掌握既有隧道的围岩情况、结构状况,为病害整治提供技术依据,2016年3月14—25日,对马岭头隧道进行了专项检查。检查主要包括检测和勘察两部分:检测衬砌结构强度、厚度、背后空洞,采用超声波法检测主要部位纵向裂缝宽度和深度,对K2645+732~K2645+756段路面纵向裂缝钻芯取样,检测隧道断面净空侵限情况等;通过地质调绘、钻探工程等手段,深入掌握地层的空间分布情况及地下水的运动规律,如图8-60所示。

a)操作地质雷达

b)断面净空检测

c)混凝土回弹测试

d)裂缝宽度和深度检测

e)K2645+930左边墙钻芯取样勘探

f)K2645+930左边墙芯样

图8-60 为深入掌握病害成因及发展规律而实施的专项检查

1)路面开裂原因

查核地勘资料,得知路面开裂路段下方存在断层破碎带(图8-61)。隧道建成后,左墙角地下水富集,遇到断层破碎带中膨胀性岩石后,产生向上的膨胀力,由于弯矩过大引起路面混凝土开裂,裂缝上窄下宽。

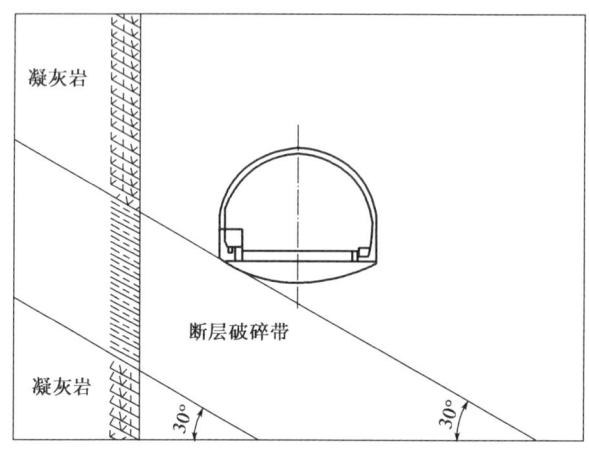

图8-61 路面下方的断层破碎带

2)隧道右洞左侧裂缝产生的原因

由于隧道的建设,地下水长期滞留于隧道左上方形成"V"字形区域。断层破碎带岩体吸水膨胀,对周围产生膨胀力,作用于隧道左侧,导致隧道左侧弯矩过大,从而产生开裂(图8-62)。

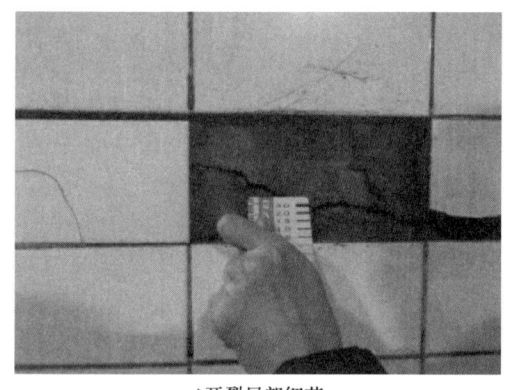

a)开裂局部细节　　　　　　　　　　　b)开裂范围

图8-62 隧道右洞左边墙裂缝情况

3)车行横向通道处病害原因

车行横向通道处于断层破碎带与隧道相交位置,隧道左侧存在积水区,膨胀土吸水后产生膨胀力,从而引起车行横向通道处隧道病害(图8-63)。

通过对地质条件和病害特征进行深入的分析,基本可以断定断层破碎带的膨胀变形是导致隧道产生病害的根本原因。2002年修建马岭头隧道时,由于对断层破碎带的研究不够深入,没有对膨胀性围岩进行特殊处治,随后于2005年产生了病害,在2006年整治病害时,对仰拱下方膨胀性岩土进行换填,并增加横向排水管。仰拱换填后,隧道除K2645+732~K2645+

756段路面有纵向裂缝外,其他段目前没有上拱等病害。由于膨胀性泥岩为弱透水层,断层破碎带内部几乎没有地下水,所以,通过横向排水管排出地下水的方案并没有任何效果。

a)病害一　　　　　　　　b)病害二

图8-63　车行横向通道处病害

5. 治理方案

1)二衬加固方案

重新施作二衬拱部结构(图8-64),衬砌厚度为30~35cm,与原结构一致。先在凿除段路面设置保护垫层以保护路面结构,接着对二次衬砌每隔1m进行1次切割,切割后用铣挖机挖除二次衬砌;加固施工间隔进行,施工一模后,隔一模衬砌进行施工,待衬砌混凝土强度达到90%后,再返回施工。

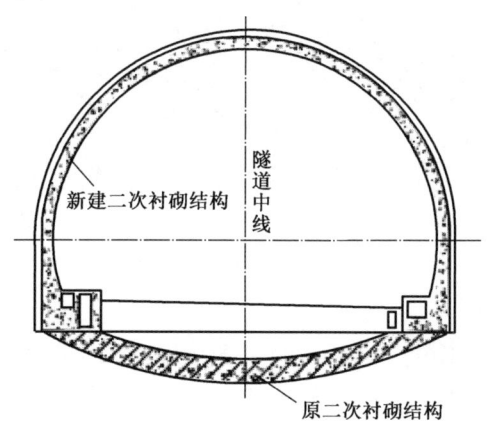

图8-64　二次衬砌加固措施

2)导水方案

隧道病害产生的根本原因在于具有膨胀性的断层破碎带,在地下水的影响下产生膨胀变形,进而使得隧道衬砌结构发生变形破坏。鉴于此,实施帷幕灌浆将断层破碎带与地下水进行隔离处理,同时布置导水孔完成导水。

6. 取得的成效

采用二次衬砌加固措施修复投入使用后,隧道结构基本稳定,无明显变形、裂缝,路面良好。

7. 经验总结

在隧道日常养护管理过程中,要特别注意膨胀性围岩病害,要及时检查隧道裂缝渗水的情况,如果隧道出现环形裂缝、宽度较大裂缝,应该请专业的机构进行特殊检查,并在专项设计后进行处置。

(二)猫狸岭隧道火烧抢险维修加固工程

1. 工程概况

1)隧道运营概况

猫狸岭隧道(图8-65)位于甬台温高速公路台州二期路段,靠近上三高速公路吴岙枢纽,起讫桩号为K1605+573~K1609+189,隧道长度为3616m,设计日均流量折算成小车25000辆,该路段为隧道群路段,由牛官头、岩下徐、猫狸岭、羊角山连续四座隧道组成,隧道群单幅总长度5.2km,起止总长度6.2km,于2000年12月建成通车。猫狸岭隧道按双洞单向行车双车道设计(上下行分离),设计速度为80km/h,隧道净宽为10.25m,其中,侧向宽度为2×0.5m,路缘带宽度为2×0.5m,行车道宽度为2×3.75m,检修道宽度为0.75m,建筑限界净高为5.0m。猫狸岭隧道群机电设备主要包括通风系统、照明系统、供配电系统、监控系统、消防系统、紧急电话与有线广播系统、火灾检测与报警系统等。

a)右洞进口　　　　　　　　　　　　b)左洞出口

图8-65　猫狸岭隧道

2)猫狸岭隧道群概况

隧道群由牛官头隧道(长度1343m,桩号:K1603+562~K1604+905)、岩下徐隧道(长度168m,桩号:K1605+145~K1605+313)、猫狸岭隧道(长度3616m,桩号:K1605+573~K1609+189)、羊角山隧道(长度195m,桩号:K1609+602~K1609+797)连续四座隧道组成,如图8-66所示。

受地理环境限制,吴岙枢纽(K1603+250)分、合流点与牛官头隧道过近,合流时容易发生尾随相撞和同向剐蹭事故;分流时容易发生车道选择错误导致的随意停车及倒车等违法行为,极易引起拥堵和事故;猫狸岭隧道群为"人"字形纵坡,在营运桩号K1607+110前为3.9km的连续上坡,平均纵坡坡度为1.485%,其后为6.1km的连续下坡,平均纵坡坡度为1.43%。

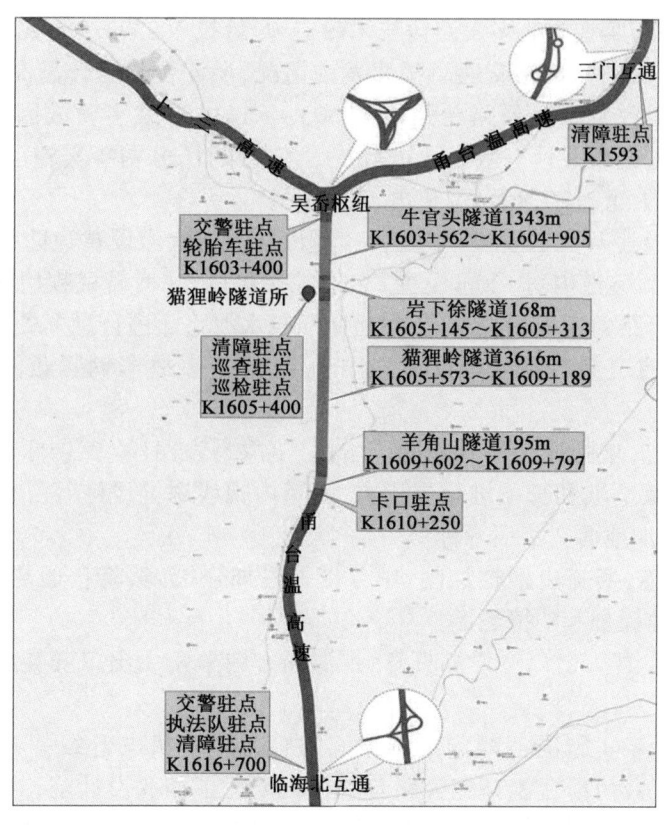

图 8-66　猫狸岭隧道群

3）猫狸岭隧道群流量概况

"十三五"期间，该路段双向日均混合流量由 3.6 万辆增长至 4.4 万辆。该路段最新日均车流量为 4.8 万辆，历史最高日均车流量达到 8.6 万辆，货车占比 47.8%，是典型的混合车流。由于通行速度慢，大货车占用快车道等原因，易形成非连续、离散的车队，干扰了有序的交通流，极易导致交通事故的发生。此外，猫狸岭隧道群日均危化品运输车通行量达到 467 辆（0:00—6:00 禁行），平均每小时 26 辆，营运管理难度较大。

4）隧道群运营期间事故情况

猫狸岭隧道群在 2006—2008 年连续三年被列为省级事故多发路段，2008 年以来，公司高度重视高速安全运行及保畅工作，加大设施设备的投入，积极联合交警以及路政等部门强化管理，在隧道群车流量持续增长的情况下，实现事故总量总体下降，事故量由最高峰的 1520 起下降至 2019 年的 607 起，总降幅超过 60%。"十三五"期间，该路段累计发生主线交通事故 4634 起，年事故量由 1021 起下控至 752 起，累计开展清障施救 6377 次。

5）隧道地质概况

猫狸岭隧道平均埋深 180m，最大埋深 330m，隧道地质情况为岩性较单一，完整性好，大部分在 Ⅱ~Ⅲ 级围岩区段，稳定性较好。

2. 猫狸岭隧道管养历史

1）2008—2019 年改造提升情况

2008—2019 年改造提升共投入 1.04 亿元，主要实施项目有：

(1)2008—2009年实施事故多发路段技术改造项目(投入2393.8万元)。针对甬台温高速公路台州段K1603~K1616道路交通事故多发的情况,浙江台州甬台温高速公路有限公司委托长安大学进行"甬台温高速公路台州段K1603~K1616事故多发成因分析与改善措施研究",并委托浙江交通勘察设计有限公司进行技术改造设计,分两年实施了事故多发路段技术改造项目,合计投入土建2120.8万元、机电273万元。

①隧道内速度及违章变道管控措施。完善限速标志牌、增设黄色防滑震颤减速标线,增设超速抓拍设备1套,隧道内每120m设置1台监控摄像机,并增设视频检测分析系统、硬盘录像机等。隧道进出口路面实施稀浆封层,隧道中间段水泥路面进行抛丸处理。

②在隧道间和隧道周边路段增设紧急停车带,用于事故车辆紧急停靠,减少二次事故发生。

③完善指路标志,增强道路引导功能。增设"事故易发路段"警告标志、"追尾危险,保持车距"警告标志、连续下坡和长下坡警告标志、隧道内视线诱导设施等。增设LED指路标志,增设可变情报板,增加地面文字引导标识。

④完善安全设施,实施边护栏加固、中分带护栏加强措施,将普通热熔标线改为震荡标线、防滑标线,增设防撞桶和防撞轮胎。

⑤在宁波方向牛官头出口增设高杆灯,在温州方向羊角山出口安装路灯,增加夜间亮化功能。

(2)2012—2013年实施猫狸岭隧道群路面"白改黑"及机电升级等专项改造项目(投入2123.7万元)。浙江台州甬台温高速公路有限公司委托了相关设计院,对该路段路面和安全设施、机电设备进行了改造提升,合计投入土建1406.4万元、机电717.3万元。

①采取水泥路面上加铺1cm应力吸收层+4cm ARAC-13橡胶沥青,完成了对水泥路面的改造。

②维修完善隧道群交通安全设施,更换破旧的标志牌、轮廓标、防撞桶等设施。实施隧道监控墙改造,增设车辆检测器、高清卡口设备、门架式情报板和LED信息发布屏,更新隧道群高杆灯灯盘、隧道监控视频矩阵,更换消防灭火器,并对隧道配电房供配电设备及UPS进行局部改造,实现了该路段无盲区监控,提高设备稳定性,提升营运管理能力。

(3)2014—2015年实施隧道机电设施安全隐患排查整治(投入655.6万元)。完成隧道紧急电话与有线广播系统、隧道火灾监测与报警系统、猫狸岭隧道配电房低压配电柜更新等升级改造,项目实施后机电设施技术得到了进一步提升,有效保障了隧道的安全运营。

(4)2017—2019年,实施隧道路面、交通安全设施及机电设施改造(共投入3528万元,其中土建2118万元、机电1410万元)。

①隧道路面采取铣刨回铺、1cm碎石纤维封层+6cm AC-20掺聚酯纤维+4cm AC-13。

②交通安全设施改造。实施隧道口水泥混凝土护栏改造及检修道抬升、隧道壁轮廓标更换、隧道口防滑标线增设等。

③加强隧道机电设备改造,提升设备安全稳定性。将隧道照明从传统钠灯升级为LED灯具,增设智能照明控制器,改造照明灯架和风机、汽通门、标志灯,更新消防泵和消防阀门、人通门、施救电源箱、出口限速标,增设情报板、吴岙高清监控和预警系统,抬升猫狸岭隧道温州方向风机等。

2)2008—2019年的主要管理措施

(1)2008年8月在吴岙枢纽广场建立全省唯一的交警主线管理驻点(吴岙驻点)。该驻点共设置交警12人,实行3班、24小时运转制。每班4人,在温向隧道发生事故时,1人负责卡口,1人负责事故点处置,2人分别在上三线及甬台温线后方负责预警,就近快速出警。

(2)2009年隧道群实施客货分流。在早上8点至晚上8点实施客货分流,在大流量及实施卡口后车辆拥堵时暂时取消客货分流,并在相关的情报板上进行告知。

(3)2010年纳入台州地市两级政府应急管理体系。

(4)2011年协调交警开展路面纯经损事故快处快撤措施。

(5)2008年委托长安大学对该路段进行事故多发成因分析与改善措施研究,并于2009年开始持续进行安全专项提升改造,于2012年底进行改造后评价。2013年又委托华杰工程咨询有限公司,对全线安全性进行评价评估,持续进行安全提升改造,并于2014年底进行改造后评价。

(6)2014年完善隧道营运安全管理手册,规范隧道突发事件处置流程,明确隧道主要设备设施检查维养标准,实行了"节假日分区包干联动机制""日常流量三色调控法""五同处置"等措施。

(7)2017年成立甬台温管理处台州运行管理分中心,实施清障、执勤融合管理,预警救援协同作业,全面推行隧道管理洞长制。

(8)2018年开展清障施救标准化建设,依托智慧高速指挥调度系统平台开展施救一体化作业。

(9)2019年增设三门清障施救驻点,提升施救效率。

3. 事故及隧道受损情况

1)事故概况

2019年8月27日,G15甬台温高速公路台州段宁波往台州方向猫狸岭隧道(右洞)K1607+520~K1607+550位置,发生一起货车起火事故(图8-67)。该事故导致隧道衬砌结构、机电设施、道路路面出现不同程度的损坏。

图8-67 货车起火现场

2)隧道受火区域划分

根据现场调查,确定将隧道火烧区域(图8-68)划分为直接火烧区(K1607+520~K1607+550)和间接火烧影响区(K1607+480~K1607+520和K1607+550~K1607+590)两段。

```
                          行车方向
         K1607+480   K1607+520    K1607+550   K1607+590
        ┌──────────┬──────────┬──────────┐
  左边墙 │间接火烧影响区│ 直接火烧区 │间接火烧影响区│
        ├──────────┼──────────┼──────────┤
  拱顶中线├──────────┼──────────┼──────────┤
  右边墙 │          │          │          │
        └──────────┴──────────┴──────────┘
```

图 8-68　隧道火烧区域

3）隧道衬砌混凝土损伤

（1）直接火烧区。

直接火烧区 K1607+520～K1607+550 外观检查损伤为：衬砌剥落，剥落面积 $S_{总}=325m^2$，主要位于左侧拱腰、拱顶、右侧拱腰、侧墙位置，左侧剥落平均深度约为 4.2cm，右侧剥落平均深度约为 10cm。其中，拱顶区域 K1607+527 剥落最大深度约 15cm，左侧拱腰区域 K1607+523 剥落最大深度约 10cm，右侧拱腰区域剥落深度普遍在 10cm 以上。直接火烧区局部损伤情形如图 8-69 所示。

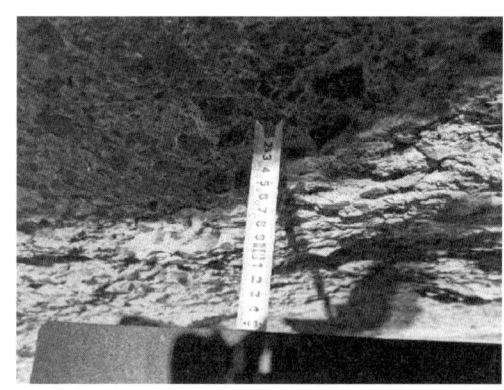 

a) 拱顶混凝土剥落　　　　　　　　b) 混凝土龟裂

图 8-69　直接火烧区损伤情形

（2）间接火烧影响区。

间接火烧影响区 K1607+480～K1607+520、K1607+550～K1607+590 外观检查主要损伤为：衬砌混凝土表面局部剥落，剥落面积 $S_{总}=11m^2$，剥落深度范围为 3～5cm；龟裂面积 $S_{总}=140m^2$。间接火烧影响区局部损伤情形如图 8-70 所示。

直接火烧区和间接火烧影响区衬砌混凝土损伤的展开图如图 8-71 所示。

4）隧道内装饰损坏

隧道直接火烧区 K1607+520～K1607+550 外观检查损伤为：右侧瓷砖全部脱落，左侧顶部一半区域瓷砖全部脱落；其他区域瓷砖均有不同程度的损坏，其中左侧较右侧脱落严重。瓷砖脱落面积 $S_{总}=148m^2$。隧道衬砌表面熏黑严重，污损长度约 300m，如图 8-72 所示。

5）隧道衬砌渗水

隧道直接火烧区 K1607+520～K1607+550 外观检查损伤为：出现部分点状漏水和面状漏水（图 8-73），主要集中在 K1607+538 位置。经分析，衬砌渗水的原因有以下几点：

(1)主要是衬砌受火烧影响,出现裂损、剥落等情况。
(2)运营多年,防水层出现老化、损坏等情况,使得防水性能下降。

a)混凝土局部剥落

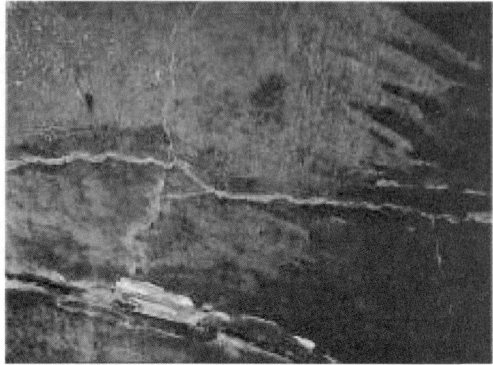
b)混凝土开裂

图 8-70　间接火烧影响区局部损伤情形

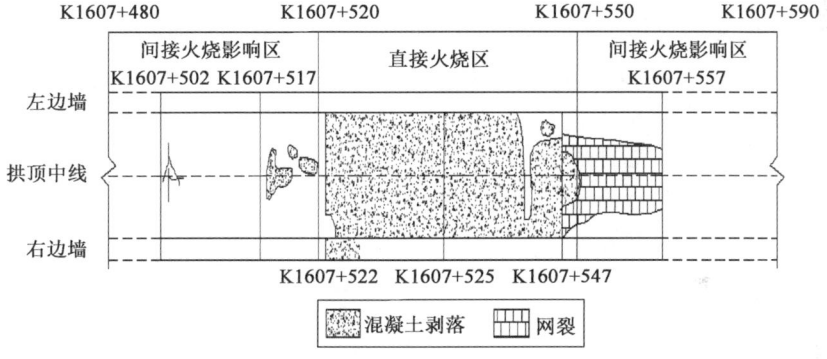

图 8-71　隧道衬砌混凝土损伤展开图

a)内装饰剥落

b)内装饰熏黑

图 8-72　隧道内装饰损坏情形

a)局部浸渗　　　　　　　　　　　　　b)浸渗涌流

图 8-73　隧道衬砌渗漏水情形

4. 事故点位隧道结构概况

发生事故的猫狸岭隧道,设计规范为《公路隧道设计规范》(JTJ 026—1990),采用明洞明挖施工和暗洞新奥法施工。事故发生地点位于猫狸岭隧道(右洞)K1607+520～K1607+550之间,围岩等级为Ⅱ级,采用复合式衬砌,路面铺装为改性 AC-13 沥青混凝土 4cm 加改性 AC-20 沥青混凝土 6cm。事故发生地点隧道支护形式如下:

1)主线隧道正常段

φ25 先锚后灌式砂浆锚杆(局部)+5cm 厚 20 号喷混凝土+400g/m² 土工布+JS-18 型橡胶防水卷材+30cm 厚模筑 25 号混凝土二次衬砌,如图 8-74 所示。

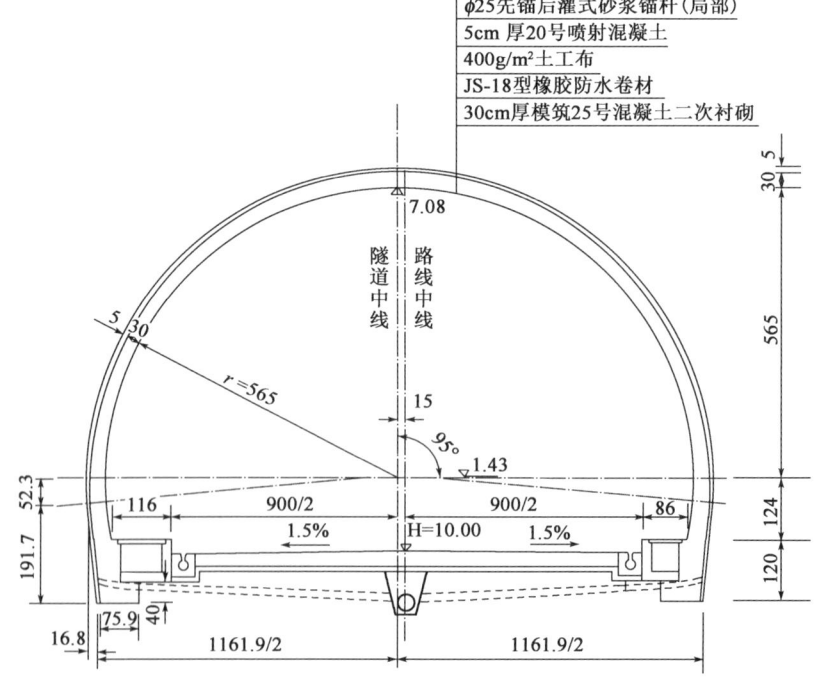

图 8-74　Ⅱ级围岩衬砌结构图(尺寸单位:cm)

2)主线隧道加强段(紧急停车带前后10m范围)

φ25超前先锚后灌式砂浆锚杆(长3.0m)+[15cm厚20号喷混凝土+BQ3030金属扩张网(10cm×20cm)]+400g/m²土工布+JS-18型橡胶防水卷材+35cm厚模筑25号混凝土二次衬砌,如图8-75所示。

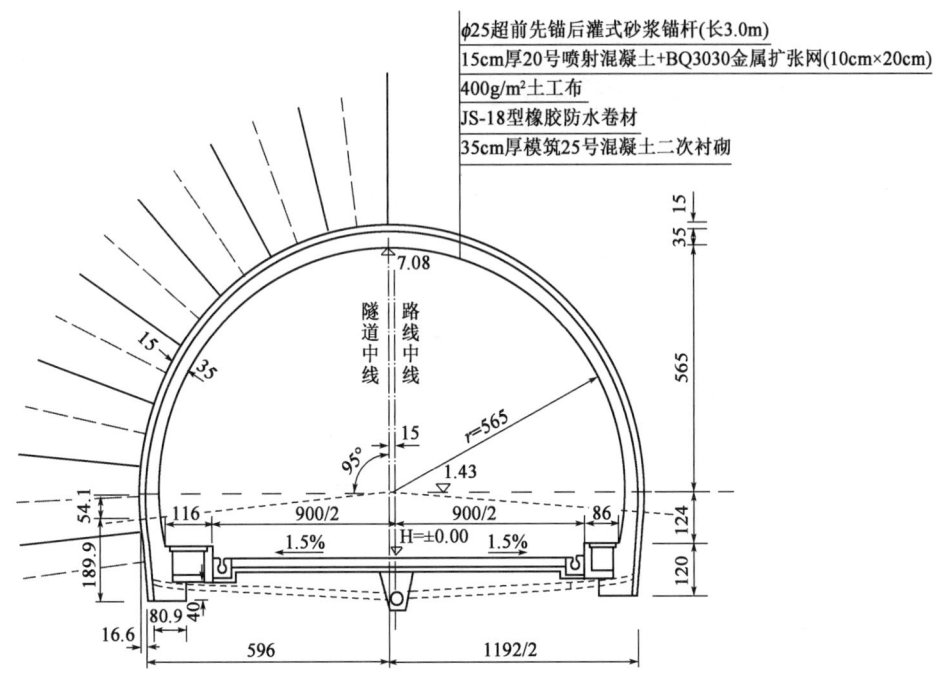

图8-75　Ⅱ级围岩过渡段衬砌(尺寸单位:cm)

3)主线隧道紧急停车带扩大断面

φ25先锚后灌式砂浆锚杆(长3.0m)+[15cm厚20号喷混凝土+BQ3030金属扩张网(10cm×20cm)]+400g/m²土工布+JS-18型橡胶防水卷材+40cm厚模筑25号混凝土二次衬砌,如图8-76所示。

5. 应急处治措施

1)交通管制措施

因抢险需要,事故发生后对沈海高速双向吴岙枢纽至临海北路段进行交通管制,因沈海高速交通流量较大,交通管制后上三高速、甬台温宁波段均协助进行分流,如图8-77所示。

2)应急检查措施

(1)事故发生后,养护管理中心专业技术人员和浙江交工集团股份有限公司设计分公司技术人员第一时间到达事故点,对现场进行查看。

(2)委派隧道专业检测单位(北京九通衢检测技术股份有限公司)第一时间对隧道受损情况进行检测,主要采用裂缝测宽仪对隧道受损部位裂缝宽度进行检测和采用混凝土强度回弹仪对受损部分混凝土强度进行检测。

(3)养护管理中心及时通知浙江省交通集团检测科技有限公司调用雷达扫描设备,对隧道衬砌情况进行全面检测。

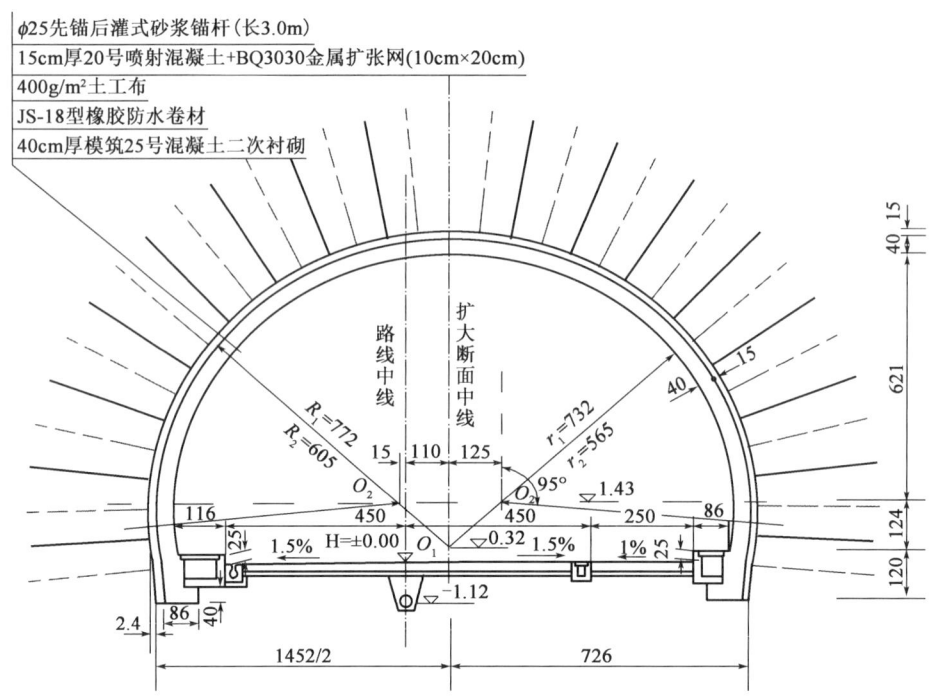

图 8-76　Ⅱ级围岩紧急停车带扩大断面衬砌（尺寸单位：cm）

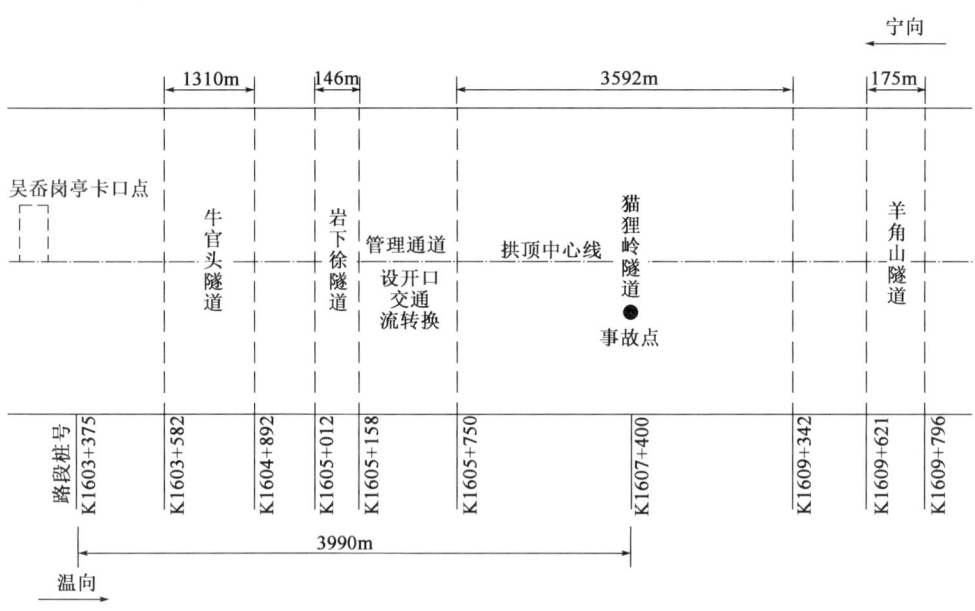

图 8-77　应急抢险路段交通管制示意图

6. 处治方案

1) 衬砌混凝土修复

（1）修复方案。

隧道原有地质为较高等级的围岩，初期支护未受到病害影响，支护牢固，针对这两个条件,选择用锚喷混凝土法来进行衬砌修复。

①直接火烧区。

对混凝土剥落受损严重的直接火烧区,采用"锚杆+钢筋网+超韧性水泥基材"的处治方案。要点如下:

a. 凿除衬砌表面松散、破碎混凝土,露出集料新鲜面,用高压水枪冲洗熏黑部位,待衬砌表面洁净后作进一步细致检查,确认是否存在裂缝、破损等病害。

b. 充分凿毛混凝土表面,植入锚杆,先喷射首次超韧性水泥基材,修平二衬的坑洼。如统一修平整理后的深度比较深,则再进行二次整体喷射,而后挂设钢筋网片,再喷射超韧性水泥基材至原二衬厚度;如统一修平整理后的深度不深,则不再进行二次整体喷射,直接挂设钢筋网片,再喷射超韧性水泥基材至原二衬厚度,如图8-78所示。

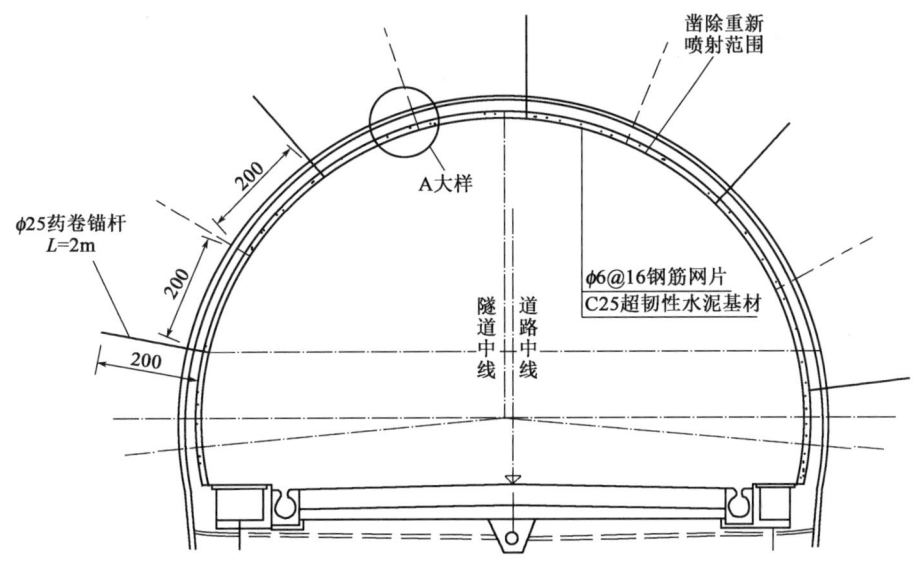

图8-78 直接火烧区处治断面(尺寸单位:cm)

②间接火烧影响区。

a. 清理衬砌表面,用高压水枪冲洗熏黑部位,待衬砌表面洁净后做进一步细致检查,确认是否存在裂缝、破损等病害。

b. 充分凿毛衬砌混凝土表面,而后在衬砌表面喷射2cm厚超韧性水泥基材,如图8-79所示。

(2)修复工艺。

①直接火烧区修复流程。

直接火烧区修复流程如图8-80所示。

②衬砌表面凿除。

在原有衬砌凿除施工中,采用大型混凝土破碎机进行施工作业。在凿除线(损伤与未损伤交界线)处采用切割机开槽,保证凿除时裂缝不传递到预留衬砌部分。同时,在破碎机凿除作业完成后,对原有一衬松散局部混凝土进行人工修复、对新老混凝土交界面进行人工凿毛,以保证喷射混凝土有效受力,如图8-81所示。

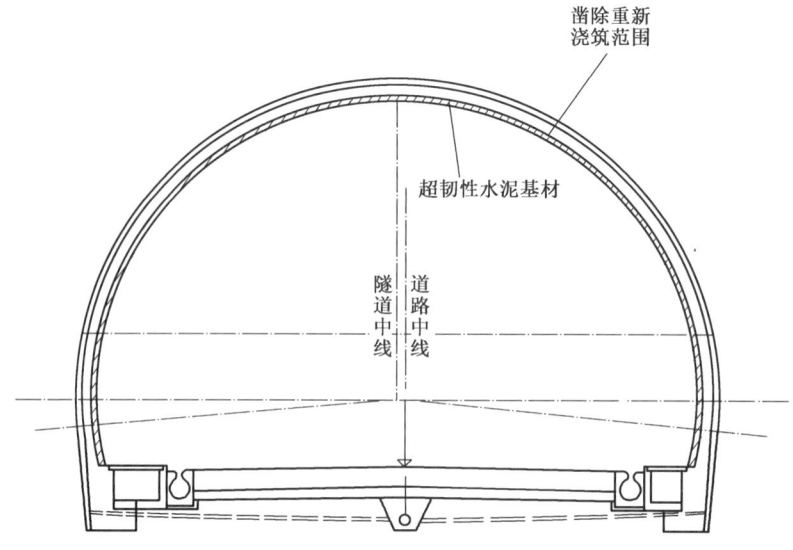

图 8-79 间接火烧影响区处治断面

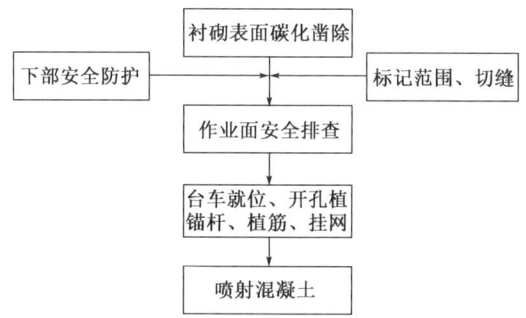

图 8-80 直接火烧区修复工艺流程图

a)作业现场1

b)作业现场2

图 8-81 衬砌表面凿除作业现场

③凿除防护。

a. 凿除施工前,先进行二次封道。设置专人卡口限制非施工人员、车辆进入,防止坠落砸伤。

b. 对边侧水沟、电缆沟进行覆盖防护。根据严重程度,可采用贝雷架搭设防护或采用方木加竹胶板进行覆盖。

c. 对消防设施、机电管线进行标记,凿除时避免误碰损毁。

d. 与机电部门、管养单位进行现场核对,标记预埋件位置。

e. 关闭衬砌凿除部位通电电线,防止触电伤害。

④锚杆开孔。

根据设计锚杆布设要求,对修复区域进行锚杆开孔放样。开孔前采用登高车或者拱架措施平台,由技术员在工程师的指导下按照设计要求进行孔位标记。锚杆开孔施工,是锚杆植入前的一个重要工序,需要按照设计要求将锚杆垂直植入隧道围岩内部。通过药卷进行锚杆全长黏结,然后与钢筋网片、喷射混凝土形成一个整体,这个整体是二次衬砌修复的关键受力结构。

选用三臂凿岩机作业(图 8-82),施工工效、开孔垂直度等施工质量指标远优于人工作业,安全性大大提高。

图 8-82　三臂凿岩机钻凿锚杆孔

⑤锚杆植入。

选择了人工锚杆植入,根据钻孔位置,开孔 135 处,植入锚杆 135 处。锚杆使用化学环氧类药剂,在 3m 孔深内填充药剂条 6 根,插入锚杆使药剂填充均匀饱和,并进行拉拔试验。根据试验结果,拉拔力大于 70kN,满足设计要求。锚杆按照设计呈 1.5m 梅花状布置,锚杆植入高程控制,按照原有衬砌拉线放样反算锚杆外露长度,如图 8-83 所示。

⑥超挖位置填充及钢筋网铺设。

采用 E6 钢筋网片对超挖位置进行补强,同时对超挖位置进行混凝土喷射。在钢筋网片安装时,测量找出深度大于 17cm 的位置,进行钢筋网片局部绑扎,钢筋网片固定在已植入的锚杆上,某些位置难以固定的采用膨胀螺栓固定。

a)作业前锚杆存放　　　　　b)作业中锚杆定位

图 8-83　锚杆植入作业

本阶段钢筋网片分两种形式：(a)超挖部分局部 E6 钢筋网片安装；(b)其余部分采用 HRB400 钢筋网现场绑扎后整体安装。E6 钢筋网片采用原厂加工网片，检验合格证齐全，监理现场抽检网眼尺寸、钢筋直径、焊接强度都满足施工要求。HRB400 钢筋网采用现场绑扎方式，检验合格证齐全，安装规范，搭接长度满足设计及规范要求，如图 8-84 所示。

a)铺设前　　　　　　　　b)铺设中

图 8-84　钢筋网铺设作业

⑦喷射混凝土施工。

喷射混凝土浇筑，采用第三方喷射混凝土试验配合比，集中厂拌法进行施工。具体喷射过程如下：植入锚杆后，先喷射第一道超韧性水泥基材而后挂设钢筋网片，再喷射第二道超韧性水泥基材。超韧性水泥基材总喷射厚度为 10cm，钢筋网片保护层厚度大于 3cm。超挖部分需额外增加一道超韧性水泥基材。喷射过程混凝土附着力满足施工要求，且试块强度需满足设计要求，如图 8-85 所示。

⑧间接火烧区修复施工流程。

施工流程为：移除机电部分→凿除二次衬砌→清理衬砌表面→喷射超韧性水泥基材。凿除二次衬砌时，对电力、通信管线进行保护。施工前应由专业人员对隧道机电设施及接线方式进行记录，结构加固完成后，按照记录重新安装机电设施。清理衬砌表面时，用高压水枪冲洗熏黑部位，待衬砌表面干净再充分凿毛，而后在衬砌表面喷射 2cm 厚超韧性水泥基材。

 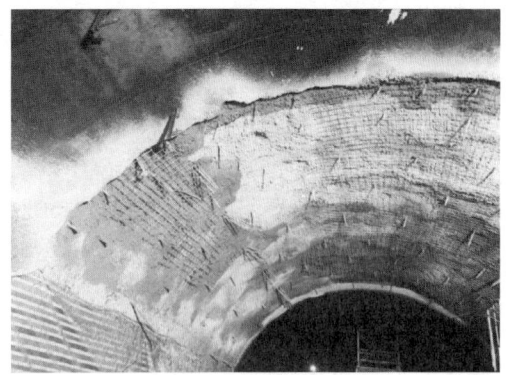

a)作业场景1　　　　　　　　　　　　b)作业场景2

图8-85　喷射混凝土现场

2）衬砌内装饰修复

隧道主要采用瓷砖和防火涂料对衬砌表面进行装饰，瓷砖采用白色釉面砖，设置高度与原有瓷砖高度一致，为2.5m。对衬砌拱部进行防火涂装，防火涂料采用耐腐蚀、耐老化、可冲洗的防火涂料，防火涂料耐火时间不得低于2h，厚度根据涂料性能可适当调整，但不宜小于20mm。

3）隧道衬砌渗水处治

对于隧道现场集中的点状渗水、面状渗水，采用堵、排相结合的方式，先对渗水点用超韧性水泥基材进行堵漏，再在衬砌上沿渗漏水位置凿14cm×10cm的环向倒梯形槽，凿槽埋管长度应向未漏水裂缝以上延伸不小于10cm，向下至电缆槽；在槽中心用2mm厚弧形铝合金管卡固定φ100聚氯乙烯半圆排水管，并将半圆管与φ100圆管连通将水排出衬砌，如图8-86所示。

图8-86　堵、排结合的渗水处治

4)后续提升措施

2020年,针对猫狸岭隧道的结构特点,采用浙江省交通集团检测科技有限公司设计研发的桥隧结构物轻量化安全监测软件平台(扁鹊云)对火烧点位进行实时监测。该平台是基于Web技术开发的数据展示系统,通过SaaS+Cloud模式为管养单位提供数据与运维服务,能够将隧道远程自动化监测数据在网页端实时展示出来,采用信息化的手段对猫狸岭隧道进行变形、渗水、温湿度监测分析(图8-87、图8-88)。该系统具有以下功能:

(1)实时采集功能:基于物联网技术的无线传感器监测网络可按照需求对岩土体、环境等要素进行全方位动态实时监测。

(2)长期数据存储与分析功能:结合移动通信网络的同步接入,将采集到的变形、渗水、温湿度监测数据实时传输到云计算服务器,实现隧道远程健康状态评价。

(3)隧道预警报警功能:实时监测变形、渗水数据异常情况,进行橙色预警或红色报警。

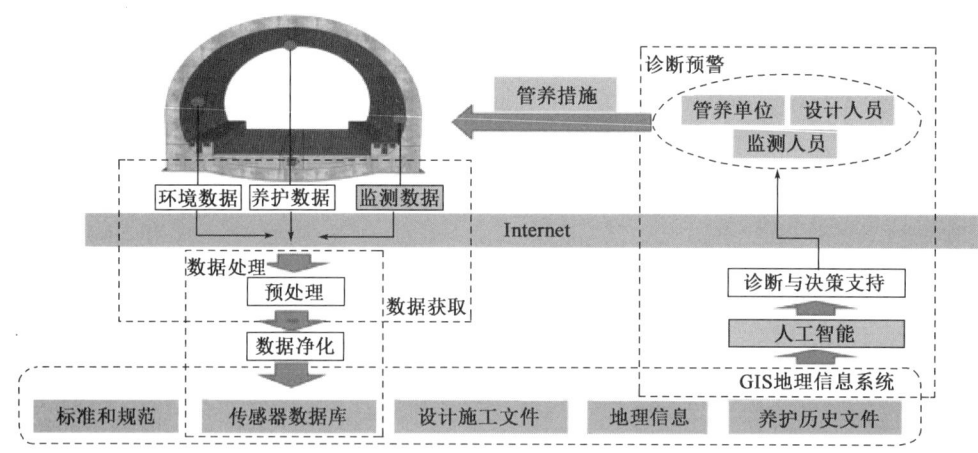

图8-87 扁鹊云为管养单位提供数据与运维服务

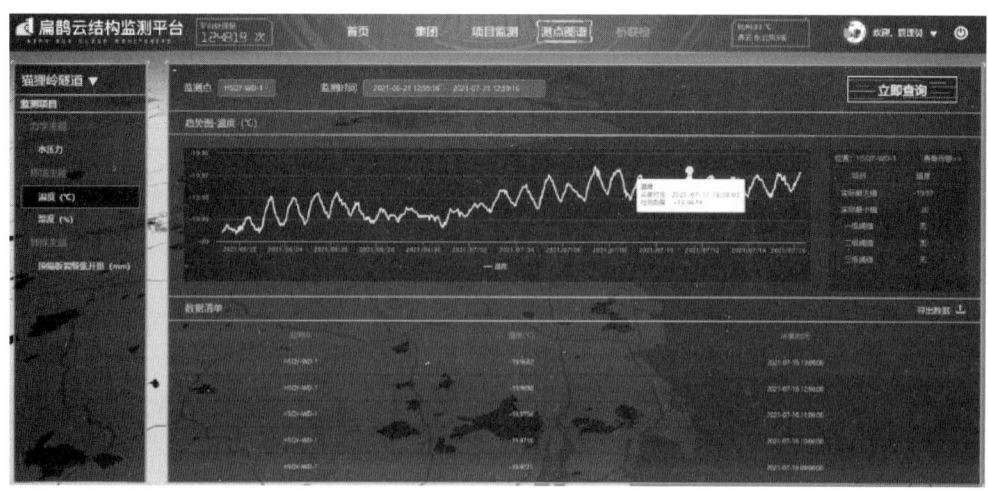

图8-88 扁鹊云监测平台界面

7. 取得的成效

加固措施完成并投入使用后,隧道结构基本稳定,无明显变形、裂缝,路面良好。通过扁鹊云监测平台,猫狸岭隧道火损断面各项监测指标稳定,未超预警值,结构状态稳定。

8. 经验总结

本项目工程采取"边设计边施工"的方式,同步开展项目推进工作,业主代表、监理、设计、检测单位采用现场办公模式,针对现场出现的问题,及时处治、动态调整,缩短流程管理时间,为保障抢修工程工期起到了很好的作用。

本项目工程采用先进的钻孔设备,大大提高了施工效率,平均2~3min能完成一个孔的钻设,一天时间135个孔全部完成。但设备进场施工前,水管发生堵塞,对工程进度有一定的影响。建议加强施工前的设备保养检查,避免施工期间出现设备故障对工程进度、质量造成影响。

超韧性水泥基材全名为超韧性纤维增强水泥基复合材料,材料性能优于普通混凝土,但施工过程中,喷射厚度为10cm,容易产生滴落现象,厚度控制较为困难,同时初凝时间较短,抹面较难达到光滑,容易导致表观粗糙。由于超韧性水泥基材韧性较强,拌和后的砂浆黏稠度较大,其中纤维类物质较多,且价格高昂,所以对喷射设备要求较高,需要专用配套大功率喷涂设备。

参 考 文 献

[1] 中华人民共和国交通运输部. 公路隧道设计规范 第一册 土建工程:JTG 3370.1—2018[S]. 北京:人民交通出版社股份有限公司,2019.
[2] 中华人民共和国交通运输部. 公路隧道施工技术规范:JTG/T 3660—2020[S]. 北京:人民交通出版社股份有限公司,2020.
[3] 中华人民共和国交通运输部. 公路隧道养护技术规范:JTG H12—2015[S]. 北京:人民交通出版社股份有限公司,2015.
[4] 中华人民共和国交通运输部. 公路隧道加固技术规范:JTG/T 5440—2018[S]. 北京:人民交通出版社股份有限公司,2019.
[5] 中华人民共和国交通运输部. 公路工程技术标准:JTG B01—2014[S]. 北京:人民交通出版社,2014.
[6] 中华人民共和国铁道部. 铁路隧道工程施工技术指南:TZ 204—2008[S]. 北京:中国铁道出版社,2008.
[7] 中华人民共和国铁道部. 铁路隧道防排水技术规范:TB 10119—2000[S]. 北京:中国铁道出版社,2001.
[8] 中国铁路总公司. 铁路隧道工程施工质量验收标准:TB 10417—2018[S]. 北京:中国铁道出版社,2019.
[9] 中国铁路总公司. 高速铁路隧道工程施工质量验收标准:TB 10753—2018[S]. 北京:中国铁道出版社,2019.
[10] 中国铁路总公司. 铁路隧道设计规范:TB 10003—2016[S]. 北京:中国铁道出版社,2017.
[11] 中国铁路总公司. 铁路隧道监控量测技术规程:Q/CR 9218—2015[S]. 北京:中国铁道出版社,2015.
[12] 中华人民共和国住房和城乡建设部,中华人民共和国国家质量监督检验检疫总局. 岩土锚杆与喷射混凝土支护工程技术规范:GB 50086—2015[S]. 北京:中国计划出版社,2015.
[13] 中华人民共和国住房和城乡建设部,中华人民共和国国家质量监督检验检疫总局. 地下工程防水技术规范:GB 50108—2008[S]. 北京:中国计划出版社,2009.
[14] 陈小雄,李红岩. 隧道施工技术[M]. 北京:人民交通出版社,2011.
[15] 王成. 隧道工程[M]. 北京:人民交通出版社股份有限公司,2019.
[16] 赵勇. 隧道设计理论与方法[M]. 北京:人民交通出版社股份有限公司,2019.
[17] 彭立敏,施成华. 隧道工程[M]. 长沙:中南大学出版社,2017.
[18] 瞿万波,王毅. 隧道工程施工[M]. 成都:西南交通大学出版社,2019.
[19] 蒋雅君,方勇. 隧道工程[M]. 北京:机械工业出版社,2021.
[20] 杨新安,黄宏伟. 隧道病害与防治[M]. 上海:同济大学出版社,2003.
[21] 陈金顺,何伟军,叶千秋,等. 330国道丽缙段隧道渗漏水治理工程简介[J]. 浙江交通科技,2005(2):3.

[22] 何杰. 公路运营隧道检测评估及维修处治技术[M]. 北京：北京工业大学出版社，2021.
[23] 高峰，张求书. 公路工程造价[M]. 北京：北京理工大学出版社，2020.
[24] 黄成光. 隧道工程施工[M]. 北京：人民交通出版社，2009.
[25] 关宝树. 隧道工程施工要点集[M]. 北京：人民交通出版社，2011.
[26] 朱维申，何满潮. 复杂条件下围岩稳定性和岩体动态施工力学[M]. 北京：科学出版社，1996.
[27] 中国铁道博物馆. 詹天佑与京张铁路[M]. 北京：中国铁道出版社，2019.
[28] 巩江峰，唐国荣，王伟，等. 截至2021年底中国铁路隧道情况统计及高黎贡山隧道设计施工概况[J]. 浙江交通科技，2022，42(3)：508-517.
[29] TANG C A. Numerical simulation on progressive failure leading to collapse and associated seismicity[J]. International Journal. Rock Mechanics and Mining Sciences,1997,34(2):249-261.
[30] AHREN T J,O'KEEFE J D. Shock melting and vaporization of lunar rocks and minerals[J]. The Moon,1972,4(1-2):214-249.
[31] HOEK E. Strength of jointed rock masses[J]. Rankine Lecture, 1983,33(3):187-223.
[32] RABCEWICZ. Stability of tunnels under rook load[J]. Water Power,1969,21(8):297-302.
[33] PEIDS S. A new model for coupled rock-coal deformation and gas leak flow in mining engineering[J]. Journal of Applied Sciences,2006,6(11):2444-2449.
[34] BHASIN, RAJINDER, KAYNIA, et al. Static and dynamic simulation of a 700-m high rock slope in western Norway[J]. Engineering Geology,2004,71(3/4):213-226.